INITIATION À LA CULTURE FRANÇAISE

FOURTH EDITION

CLAUDIE F. HESTER
Menlo College
CLIFFORD S. PARKER
Late, University of New Hampshire
PAUL L. GRIGAUT
Late, University of Michigan Museum of Art

HEINLE & HEINLE PUBLISHERS
A Division of Wadsworth, Inc.
Boston, Massachusetts 02116

Sponsoring Editor: George J. Telecki
Special Projects Editor: Ellen H. Antoville
Project Editor: Richard T. Viggiano
Designer: Michel Craig
Production Supervisor: Will C. Jomarrón
Photo Researcher: Myra Schachne
Compositor: Syntax International Pte. Ltd.

INITIATION À LA CULTURE FRANÇAISE, Fourth Edition

Library of Congress Cataloging in Publication Data

Parker, Clifford Stetson, Date-
    Initiation à culture française.

    Includes index.
    1. French language—Readers—France.   I. Grigaut,
Paul L., joint author.   II. Hester, Claudie F.
III. Title.
PC2127.F7P3 1977   448'.6'421   77-23229
ISBN 08384-3686-2

TABLE DES MATIÈRES

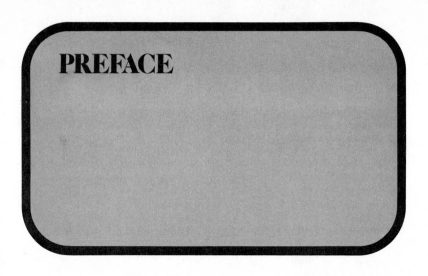

PREFACE

The intermediate student of French, for whom Initiation à la culture française, Fourth Edition, *is primarily intended, will find in easily assimilable form more than a thousand years of French history condensed into less than three hundred generously illustrated pages. In clear, straightforward language, the narrative of political events is interwoven with descriptions of the regions of France and of the cultural achievements of the French people. Special sections are devoted to social and economic problems, science, education, and intellectual and artistic movements. The broadly interpreted integration of history, geography, and culture is one of the most important characteristics of this book.*

Perhaps its most commodious feature is its length, which allows for an overall view of French civilization—within one semester. In conformity with this objective some sections of previous editions have necessarily been shortened or deleted, while others have been expanded or added in order to keep pace with present-day developments. All parts have been supplemented by sections on music; many of the chapters on education, arts, and letters have been rewritten; the fourth part now includes new sections on cinema and literary criticism. Political and historical events are updated through the third presidency of the Fifth Republic. All exercises have been changed or adapted accordingly.

Finally, this volume is not to be taken, in a narrow sense, for a "guidebook" to France. Nevertheless, a serious study of its contents will be of educational value to students in America and, at the same time, an excellent preparation for travel and study in France.

C. H.

ILLUSTRATIONS

PREMIÈRE PARTIE

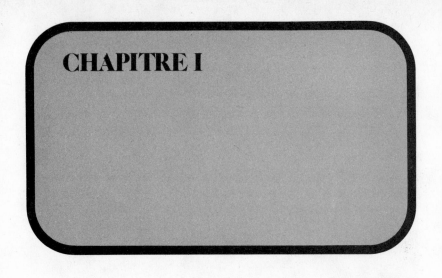

CHAPITRE I

Les premiers habitants du pays

Trente mille ans environ avant l'ère chrétienne, le territoire qui devait devenir la France d'aujourd'hui était déjà habité. Dans la vallée de la Dordogne, au fond de grottes obscures, on a découvert les traces des premiers habitants du sol français. Les fresques merveilleuses de la grotte de Lascaux prouvent que des êtres humains avaient déjà choisi pour y vivre et pour y mourir les vallées et les coteaux de la France; mais sur ces hommes de l'âge de pierre on a peu de renseignements.

Les premiers ancêtres des Français qui aient laissé des traces précises de leur civilisation sont les Ibères et les Ligures. Au quinzième siècle avant Jésus-Christ, ils occupaient déjà une grande partie des rivages de la Méditerranée et de l'océan Atlantique. Ce sont ces deux peuples, venus sans doute d'Asie, qui ont introduit les preuves tangibles d'une civilisation déjà avancée: le fer et le bronze.

Du huitième au cinquième siècle avant Jésus-Christ, un peuple d'une autre race quitta peu à peu les bords du Danube et les plaines de la Germanie et se dirigea vers l'océan Atlantique; c'étaient les Celtes. Malgré leur courage, ni les Ibères ni les Ligures ne purent résister à ces envahisseurs mieux armés et plus nombreux; ils furent obligés de fuir vers les Pyrénées, où leurs descendants, les Basques, conservent encore la langue et un peu de la rudesse de leurs aïeux.

Parmi les tribus victorieuses, il n'y avait ni unité politique ni unité de langage. Des centaines de petits états indépendants couvrirent alors la France. Il se forma pourtant des confédérations de clans, rapprochées par la religion plutôt que par des intérêts communs.

Le centre de la France, l'Auvergne, devint le siège de la plus puissante de ces confédérations, celle des Arvernes. C'est sans doute d'Auvergne que les plus audacieuses de ces tribus partirent à la conquête de l'Europe. Au quatrième siècle avant Jésus-Christ, les Celtes possédaient un empire aussi vaste que celui d'Alexandre le Grand, qui d'ailleurs vivait à l'époque de leur plus grande puissance.

Plus tard les Romains appelèrent les Celtes du nom de *Galli*, d'où est venu le mot français *Gaulois*. Le territoire habité par les Gaulois s'appelait la Gaule.

La longue domination des Celtes ou Gaulois fut marquée par des guerres innombrables; guerres entre tribus rivales, guerres lointaines qui satisfaisaient le goût de l'aventure chez ces hommes audacieux qu'on a trop longtemps appelés barbares. La civilisation gauloise se développa: l'usage du bronze devint général, les abords des forêts furent défrichés, des cultures nouvelles furent introduites. Çà et là des villes s'élevèrent et s'enrichirent. Un art intéressant s'y épanouit. Mais que reste-t-il de cette civilisation gauloise? De beaux objets d'art recueillis en particulier au Musée de Saint-Germain-en-Laye ou encore enfouis sous la terre, des noms de tribu encore vivants, et de charmantes traditions comme celle du « gui l'an neuf ».

Les monuments préhistoriques

C'est en Dordogne et en Bretagne qu'on trouve aujourd'hui les monuments les plus frappants des hommes préhistoriques qui occupaient le territoire de la France.

Dans la vallée de la Vézère, affluent de la Dordogne, non loin de Périgueux, une découverte de la plus grande importance fut faite en 1940. Quatre jeunes garçons faisaient la chasse au lapin. Leur chien disparut dans un trou où un arbre avait été renversé au cours d'un orage. Par cette ouverture les jeunes gens descendirent dans une grotte jusqu'alors inconnue. Sur les murs et au plafond de la grotte, ils découvrirent des peintures—les unes très grandes, les autres minuscules—représentant des animaux de diverses espèces: bisons, cerfs, rennes, chevaux, taureaux, vaches, bouquetins, et un animal imaginaire qu'on a pris l'habitude d'appeler une licorne malgré ses deux cornes. Ils

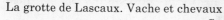

La grotte de Lascaux. Vache et chevaux

Statuette gauloise en or

avaient découvert la grotte de Lascaux, célèbre maintenant
dans le monde entier. Ces soixante-dix peintures préhistoriques,
les plus anciennes certainement qui aient été conservées, marquent la naissance de l'art.

Il est certain que les artistes étaient des hommes de l'âge
de pierre. Mais quand ces peintures ont-elles été exécutées? Y
a-t-il vingt mille, vingt-cinq, ou bien trente mille ans? Chose
étonnante, elles sont presque aussi fraîches que si elles avaient
été peintes vingt ans avant leur découverte. Depuis l'époque où

La grotte de Lascaux. Taureau et chevaux

elles furent créées, ni eau ni air n'avaient pénétré dans la grotte pour en ternir les couleurs noires, brunes, ou rouges.

Quel était le but des artistes? Il existe plusieurs théories. Voulaient-ils assurer le succès de leurs chasses en peignant d'abord les animaux qu'ils espéraient tuer? Ou bien voulaient-ils célébrer leurs triomphes? Est-ce que leur travail faisait partie de rites magiques ou religieux? Quoi qu'il en soit, ces représentations d'animaux révèlent un extraordinaire génie créateur chez nos ancêtres préhistoriques.

L'ouverture de la grotte attira des milliers de visiteurs. Malheureusement l'air extérieur y pénétra avec eux. Peu à peu, au cours de vingt-cinq ans, les changements atmosphériques ont tellement abîmé les peintures qu'en 1965 il a fallu malheureusement fermer la grotte. Un musée d'excellentes reproductions sera bientôt ouvert à Lascaux.

Très différents mais également mystérieux se révèlent les monuments celtiques qu'on trouve en Bretagne, près de Carnac.

Imaginez une immense plaine inculte, dont l'herbe rare ne parvient pas à cacher la nudité. A travers cette plaine s'étendent de longues avenues régulières de pierres énormes. Dans d'autres parties de la Bretagne on trouve des pierres semblables, mais c'est près de Carnac qu'on en rencontre le plus grand nombre. Par exemple, dans un seul champ sont alignées à peu près mille pierres mégalithiques. La plupart sont hautes et étroites: ce sont les *menhirs*. Quelques-unes, supportées par de lourdes dalles, font penser à d'énormes tables de granit ou bien à des autels: ce sont les *dolmens*. Beaucoup de ces pierres pèsent des milliers de kilogrammes. Comment les hommes primitifs ont-ils pu les transporter et les élever? Pourquoi ce travail immense a-t-il été accompli? Il est difficile de le dire; c'est là un des points obscurs de l'histoire.

Aujourd'hui il serait facile de ne voir dans ces alignements monotones de rocs informes que des pierres sans beauté. Mais ces pierres couvertes de mousse sont le symbole des commencements lents, obscurs, difficiles, de la nation française et de sa civilisation. Il a fallu, pour les déplacer, des efforts continus, beaucoup de patience et de volonté. Carnac est l'un des grand témoignages de l'énergie humaine.

La Bretagne d'hier et d'aujourd'hui

Vaincus par les armées de Jules César, les Gaulois se soumirent à la domination romaine. Quelques tribus, cependant, se

St. Malo

réfugièrent en Bretagne, où elles ont longtemps conservé leur culture et leurs légendes. Au cinquième et au sixième siècle de notre ère, d'autres Celtes, chassés de Grande-Bretagne, se sont joints aux descendants des premières tribus. La Bretagne reste donc la terre des Celtes et des légendes celtiques.

Ces légendes sont célèbres. Elles nous font connaître les exploits du roi Arthur et des héros de la Table Ronde, les aventures de Tristan et d'Yseult. Animaux merveilleux, nains cruels, fées bienfaisantes, châteaux enchantés, ces créations de l'imagination celtique remplissent la littérature du Moyen Age.

Un dolmen   Menhirs : Carnac

La Bretagne, entourée de trois côtés par l'Atlantique et la Manche, est longtemps restée isolée de la France. Pendant deux mille ans (500 avant J.-C.—1500 après J.-C.), les Bretons, par leur langue et leurs origines, se rapprochaient plus des habitants du pays de Galles, de l'autre côté de la Manche, que des habitants du reste de la France. Ce n'est qu'un peu avant l'année 1500 que la province fut rattachée au royaume français. Par conséquent, elle a pu conserver son individualité mieux qu'aucune autre province et un mouvement autonomiste original y existe actuellement.

La longue côte de la Bretagne est la plus accidentée de France. Les vents et les vagues ont découpé les roches de granit qui donnent à la province une ceinture d'îles et d'écueils. La Pointe du Raz, en particulier, forme une péninsule très pittoresque.

La pêche a été, et reste de nos jours, la ressource principale de la côte. Les villes qui sont au bord de la mer sont plus animées que celles de l'intérieur. Saint-Malo, port de pêche et port de commerce, est célèbre par ses remparts majestueux et le tombeau du grand écrivain Chateaubriand (1768–1848). C'est de là que Jacques Cartier, au seizième siècle, est parti pour traverser l'Atlantique et explorer le Saint-Laurent. Brest, situé à l'extrême pointe du Finistère (la « fin de la terre »), est un des trois principaux ports militaires de France. Nantes, plus au sud et près de l'embouchure de la Loire, une des villes les plus riches de la Gaule, est aujourd'hui une cité très florissante.

Les Bretons ont hérité des qualités celtiques: courage, ténacité, mysticisme. Les légendes bretonnes reflètent bien l'imagination poétique et la foi religieuse de la race qui s'exprime aussi dans les célèbres calvaires bretons.

CHAPITRE II

L'occupation romaine

Pendant que les chefs gaulois se battaient entre eux, le peuple romain devenait de plus en plus puissant. En 123 avant J.-C., le sud de la Gaule tomba sous la domination des consuls romains: ils voulaient s'assurer une route entre l'Italie et l'Espagne qu'ils venaient de conquérir. Mais ce territoire ne suffisait pas aux Romains; c'est la Gaule entière qu'ils convoitaient.

Il fallait un prétexte pour pénétrer dans ce territoire ami. Les barbares de la Germanie ayant attaqué certaines tribus gauloises protégées par Rome, Jules César saisit l'occasion de conquérir la plus grande partie de la Gaule. C'est en 58 avant J.-C. que César commença les guerres célèbres qu'il décrit dans ses *Commentaires*. Lorsque les chefs gaulois se rendirent compte du danger, ils s'unirent enfin (en 52 avant J.-C.) sous les ordres d'un très jeune chef, Vercingétorix. Mais c'était trop tard. L'armée de Vercingétorix fut entourée par César à Alésia, place forte de Bourgogne. Malgré ses efforts héroïques, Vercingétorix ne put pas sauver la ville; il fut obligé de se rendre à César, qui l'envoya prisonnier à Rome. Là, après six ans de captivité, César le fit mettre à mort. Vercingétorix est le premier héros national de la France. Après sa défaite, toute résistance de la part des Gaulois cessa.

Sous la longue domination de Rome, qui dura plus de 500 ans, les Gaulois devinrent un des peuples les plus civilisés de l'Europe.

La langue latine, parlée par les soldats et les colonisateurs romains, supplanta vite les dialectes celtiques. Tout ce que Rome offrait d'admirable—ses monuments, ses statues, ses lois, sa littérature même—tout fut copié ou adapté de la Méditerranée à la mer du Nord.

Rome imposa aux peuples conquis ses lois, son droit, et cette fameuse « paix romaine » (*pax romana*) qui trois siècles durant favorisa l'épanouissement d'une civilisation gallo-romaine.

Tour gallo-romaine au Mans

Arles et Nîmes

C'est surtout dans le Midi—conquis longtemps avant les
guerres de Jules César—qu'on trouve naturellement les signes les
plus remarquables de l'influence romaine. Chacune des grandes
villes du Midi possède des monuments romains, dont les ruines
sont nombreuses et imposantes. Rares aussi sont les villages qui
n'ont pas conservé dans leurs églises ou sur leurs places publiques—ou au moins dans leurs musées—quelque chapiteau
antique ou quelques fragments de marbre sculpté.

De toutes les villes occupées en Gaule par les Romains,
Arles et Nîmes possèdent aujourd'hui les monuments romains
les plus remarquables.

Arles avait une grande importance commerciale et stratégique: c'était un des rares endroits où l'on pouvait traverser
le Rhône. Arles commandait les routes qui allaient d'Italie
en Espagne. Sous l'Empire, elle devint une des grandes villes
d'Europe: cent mille personnes, chevaliers gaulois, marchands
grecs, soldats romains, y habitaient. Aussi les ruines antiques y
sont-elles nombreuses. Les étudier, c'est revivre la vie journalière
des Gallo-Romains.

Les Arènes, qui sont parmi les mieux conservées d'Europe,
rappellent les luttes sanglantes des gladiateurs et le martyre des
premiers chrétiens qui y furent jetés aux fauves; ces arènes sont
si grandes qu'au Moyen Age deux chapelles et plus de deux cents
maisons y furent construites! Aujourd'hui en ruines, les Thermes,
où le peuple se réunissait chaque jour, évoquent les discussions
politiques qu'aimaient tant les Romains. Quant au théâtre
d'Arles, c'est sûrement une des œuvres les plus gracieuses que
l'antiquité nous ait laissées. Ses portiques majestueux aux proportions élégantes, ses colonnes de marbre rose et blanc, la
sobriété de son ornementation, tout y contribue à donner une
impression unique de beauté. Certes, il est bien mutilé, ce théâtre;
le marbre de ses murs a servi à bâtir les églises chrétiennes de la
ville. N'importe, il vit encore: quelques pierres dorées, quelques
colonnes aux chapiteaux sculptés suffisent à évoquer un passé
glorieux et la grandeur de l'art romain.

Nîmes, comme Arles, sur la route qui relie l'Italie à l'Espagne,
se trouve à quelques kilomètres du Rhône, au centre d'une riche
région agricole. Ses monuments romains les plus imposants furent bâtis pendant le règne de l'empereur Auguste. Ses Arènes
sont aussi bien conservées que celles d'Arles; aujourd'hui on peut
y assister de temps en temps à des combats de taureaux. La
Maison Carrée est un parfait exemple de temple romain; elle sert
maintenant de Musée d'Antiquités. Mais c'est à vingt-quatre
kilomètres de la ville que se trouve un des monuments romains

Le théâtre et les arènes d'Arles

les plus célèbres: le Pont du Gard; haut d'à peu près cinquante mètres, ce bel aqueduc à trois étages aux proportions très harmonieuses, qui franchit la petite rivière le Gard, transportait autrefois à Nîmes l'eau d'une source lointaine. Il fut construit en l'an 19 avant J.-C. et reste un très beau témoignage du génie constructeur romain capable d'unir l'utile et le beau.

Si Lascaux et Carnac marquent l'aube d'une civilisation, Arles et Nîmes expriment la fusion de deux peuples, les Romains et les Gaulois, fusion qui perpétua en les enrichissant les traditions de la Rome antique.

La Provence
d'hier et d'aujourd'hui

La Provence s'étend le long de la mer Méditerranée, du Rhône jusqu'à l'Italie. Derrière une plaine assez étroite, des

Le pont du Gard

collines et des montagnes—les Basses-Alpes et les Alpes Mari-
times—protègent le littoral, pendant la plus grande partie de
l'année, des vents du nord.

La noblesse romaine appréciait le climat et la beauté de la
Provence autant que les Français d'aujourd'hui. Son climat est
si doux, même en hiver, qu'il est propre à la culture de l'oranger
et des fleurs les plus délicates. Le littoral de la Provence, de
Cassis à Menton, s'appelle, à juste titre, « la Côte d'Azur ».

Comme les derniers contreforts des Alpes viennent ici mourir
dans la mer, on y trouve des baies bien abritées qui sont autant
de ports naturels. Toulon, dans sa rade célèbre, abrite une grande
partie de la flotte militaire française. Marseille, un des ports
les plus actifs et cosmopolites de la Méditerranée, « la porte de
l'Orient », est aussi la plus grande ville de France après Paris.
Menton, Villefranche, Nice, Cagnes, Antibes, Juan-les-Pins,
Cannes voient doubler leur population pendant l'hiver et, grâce
à leurs plages, attirent aussi en été de nombreux visiteurs.

Non loin de Nice se trouve la ville de Grasse, que la culture
de fleurs et la fabrication d'essences pour la parfumerie ont rendue
célèbre.

L'atmosphère et la couleur de la Provence sont propices à
la peinture. Surtout depuis la fin du dix-neuvième siècle, bien
des artistes y ont vécu, et certaines de leurs œuvres y sont conservées. Cézanne y est né et Renoir y avait un atelier. La petite
ville de Vence doit sa renommée actuelle à une chapelle décorée
par Henri Matisse. Non loin de là, sur la mer, à Villefranche, se
trouve une autre chapelle, sans doute moins célèbre mais également intéressante, de Jean Cocteau. A Antibes tout un musée
est consacré à Picasso et, à Gordes, encore un autre est consacré
aux œuvres de Vasarely. Des colonies d'artistes, attirés par les
peintres célèbres qui travaillent en Provence, se sont établies sur
la Côte d'Azur et à l'intérieur de la province. Enfin une école
prospère de céramique ajoute maintenant à l'attrait du pays.
Aussi, à l'intérieur du pays, Aix-en-Provence, avec ses belles
demeures du dix-septième siècle et ses nombreuses fontaines, est
célèbre pour son université importante.

Menton: le port

Chapelle de Vence. *St. Dominique* par Matisse

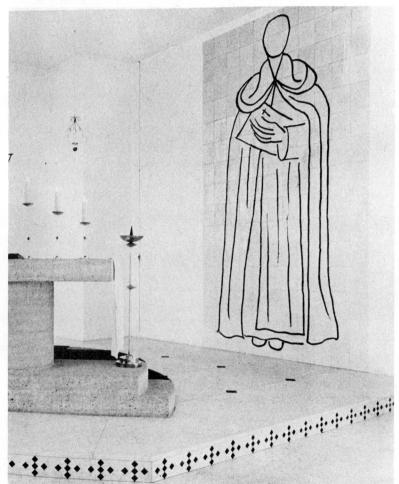

Les Provençaux, d'origine latine, vivant dans une nature particulièrement clémente, sont plus enthousiastes, chaleureux, et optimistes que les autres Français et parlent avec le séduisant accent chantant du Midi.

CHAPITRE III

Mérovingiens et Carolingiens

Le cinquième siècle après Jésus-Christ vit la chute de l'empire romain. Depuis longtemps il était trop difficile à gouverner ; ses frontières immenses et mal définies, d'ailleurs, ne pouvaient plus être protégées par les légions romaines.

Peu à peu, du troisième au cinquième siècle, des Barbares pénétrèrent en Gaule. Quelques-uns se contentèrent de traverser le pays pour aller en Espagne ou en Italie. D'autres s'établirent dans les plaines gauloises les plus fertiles. Les Wisigoths, les Burgondes, les Flamands, et d'autres encore, fondèrent des royaumes indépendants et jaloux les uns des autres.

Au milieu du cinquième siècle, seuls les territoires du centre de la Gaule et la vallée de la Seine restaient gallo-romains. Ailleurs tout ce qui avait fait la grandeur de la civilisation romaine en Gaule fut méprisé ou oublié. La plupart des monuments romains furent détruits et leurs colonnes servirent à élever des fortifications. La force brutale remplaça les lois romaines. La langue latine, cependant, fut en grande partie adoptée par les envahisseurs, qui n'y ajoutèrent que quelques mots germaniques aux sons plus durs.

Parmi les tribus germaniques établies en Gaule, il y en avait une qui possédait au plus haut degré les qualités guerrières qui avaient fait la grandeur de Rome. C'était la tribu des Francs, qui occupèrent des régions de l'est et du nord de la Gaule. Bientôt ses chefs, qui avaient le titre de roi, conquirent la plus grande partie de la Gaule, qui devint, peu à peu, la France. Un de ces rois, Mérovée, qui régna de 448 à 457, fonda la première dynastie des rois francs: les Mérovingiens.

C'est pendant le règne de Mérovée, en 451, que se produisit l'invasion redoutable des Huns, commandés par Attila, le « fléau de Dieu ». Les Huns traversèrent le Rhin et s'avancèrent jusqu'aux murs de Lutèce, petit village qui allait devenir Paris dans l'Ile de la Cité. La frayeur inspirée par Attila et les Huns était telle que les habitants du village, les Parisii, songèrent à abandonner leur île sans combattre. Mais il y avait alors dans le village une jeune fille, célèbre pour sa bonté et sa piété, qui s'était donnée au Dieu des Chrétiens. Geneviève était une prophétesse écoutée: le Christ, croyait-on, parlait par sa voix. Par sa fermeté et ses exhortations, la jeune fille persuada les Parisii de rester et de se préparer à la résistance. Attila décida d'attaquer la ville d'Orléans, et Lutèce fut épargnée. Les Parisiens n'ont pas oublié que cette jeune fille avait sauvé leur cité: encore aujourd'hui Sainte Geneviève est la patronne de la grande ville.

Repoussé par les Orléanais, qui furent aidés par une forte armée gallo-romaine, Attila se retira aux environs de la ville de Châlons, où il fut vaincu par Mérovée et un général romain.

La dynastie mérovingienne régna plus de deux siècles. Aucun de ses chefs ne fut plus habile que le roi Clovis (465–511). Grand général et bon diplomate, il soumit les tribus qui lui résistaient. Baptisé en 496 par Saint Rémi, archevêque de Reims, Clovis gagna ainsi l'appui de l'Eglise. De Lutèce, qui occupait déjà non seulement l'île de la Cité et l'île Saint-Louis, mais aussi les deux rives de la Seine, et qu'on commençait à appeler Paris, il fit sa capitale. Pendant quelques années la Gaule fut gouvernée par un seul roi. Clovis régna par la cruauté et la force.

Après la mort de Clovis, le pouvoir fut partagé entre ses quatre fils qui se querellaient et se battaient constamment. Pendant des siècles, des luttes atroces divisèrent le pays. Cette époque que les Français appellent « le haut Moyen Age », mérite bien d'être nommée en anglais « *the Dark Ages* ».

Au huitième siècle, le roi mérovingien ne conserve que l'apparence du pouvoir. Le vrai maître de la France, c'est un fonctionnaire du roi, le « maire du palais »: il gouverne le royaume, il commande l'armée, il domine la cour. Lorsque les Musulmans d'Espagne envahissent la France en 732, c'est Charles Martel, qui les repousse à la bataille de Poitiers.

En 751, le fils de Charles Martel, Pépin le Bref, renversa sans grande difficulté le dernier roi mérovingien et se fit couronner à sa place. Son fils, le grand Charlemagne (en latin, *Carolus*

Le Baptême de Clovis par Saint Remi, Archeveque de Reims (tapisserie du XVIe siècle)

Magnus) établit la seconde dynastie française, la dynastie carolingienne.

Comme souvent dans l'histoire, le fils de Charlemagne, Louis le Débonnaire ou le Pieux, n'égala pas son père et fut un monarque très faible. Il divisa l'empire en trois parties. Chacun de ses trois fils en reçut une. Charles le Chauve et Louis le Germanique s'unirent contre le troisième frère, Lothaire. Le traité par lequel les deux frères scellèrent leur union est célèbre. Jusqu'à ce moment, les clercs ne s'étaient servis que du latin pour rédiger leurs documents. Mais celui qui écrivit l'histoire de cette époque inséra dans son texte—peut-être par souci d'authenticité—les mots exacts du serment que Louis et ses soldats prononcèrent devant Charles et son armée. Le *Serment de Strasbourg* (842) fut écrit en *roman*, qui était la langue parlée par le peuple carolingien. Ce court passage est le premier témoignage qui subsiste de la langue vulgaire de l'époque. Il nous permet de voir les changements qu'avait déjà subis le latin qui, en évoluant, allait devenir la langue française.

En 843 les trois frères, Charles, Louis, et Lothaire signèrent à Verdun, ville de la Lorraine, un traité qui mit fin à leurs luttes. Charles obtint le territoire qui est devenu la France actuelle. Louis reçut la plus grande partie de l'Allemagne. A Lothaire fut donnée une longue bande de terrain qui s'étendait de la mer du Nord à l'Italie. Situé entre la France et l'Allemagne, un tel royaume ne pouvait durer. Attaquée, démembrée, conquise, et reconquise, la « Lotharingie » fut, pendant plus de dix siècles, le champ de bataille des deux nations rivales.

Charlemagne

Le lieu de naissance de Charlemagne est inconnu. Son grand-père était Charles Martel, maire du palais; son père, Pépin le Bref, le premier roi carolingien; sa mère, Berthe au grand pied, était née près de Paris. C'est en France que Charlemagne fut couronné roi et qu'il construisit plusieurs de ses châteaux. Ce fut à Rome, cependant, le jour de Noël de l'an 800, que le pape le couronna empereur d'Occident. Son empire immense sera connu plus tard sous le nom de Saint Empire romain. Mais sa langue natale était l'allemand; c'est dans ses palais des bords du Rhin qu'il réunit ses plus rares trésors, et c'est à Aix-la-Chapelle qu'il voulut être enterré. On peut très bien le nommer « Karl der Grosse ». En fait, Charlemagne était européen. Ce sont les poètes français du Moyen Age qui, trois cents ans après sa mort, ont fait de lui un héros de leur pays et le symbole de la grandeur militaire et religieuse de la France.

Charlemagne ne fut pas seulement un grand général, il s'entoura des hommes les plus savants de son temps. Il créa des écoles et encouragea l'étude de la grammaire et de la littérature latines. Il fonda des monastères pour les riches et pour les pauvres. Il fit des lois justes, inspirées par un grand souci d'équité. Il s'intéressa aux arts et fit venir d'Italie des colonnes antiques que ses architects utilisèrent pour ses chapelles.

Sous le règne de Charlemagne, on assiste à une renaissance intellectuelle et morale.

L'Alsace et la Lorraine
d'hier et d'aujourd'hui

Ces deux provinces, séparées par les Vosges, étaient autrefois au centre du grand royaume de Lothaire. Convoitées par les états voisins, elles ont connu une destinée tragique.

L'Alsace est bordée à l'est par le Rhin. C'est surtout un pays agricole, extrêmement fertile, et ses vins ont un cachet qui n'appartient qu'à eux. Moins riche en ressources minérales que la Lorraine, l'Alsace possède, cependant, des mines de fer et de charbon qui ont fait de la région une des plus riches de la France. L'industrie textile est en partie à la base de la richesse de Mulhouse et d'autres villes telles que Colmar. Dans les villages on voit des maisons pittoresques, avec des nids de cigogne sur les toits. Strasbourg, la capitale, est dominée par la flèche de sa célèbre cathédrale.

Depuis des siècles, l'Alsace, placée entre la France et l'Allemagne, a connu les horreurs de la guerre. Le patriotisme y est profond. C'est à Domrémy, village de la Lorraine, que Jeanne d'Arc naquit en 1412. C'est à Strasbourg que *la Marseillaise*, composée en 1792 par Rouget de Lisle, fut chantée pour la première fois. La domination de l'Allemagne, qui occupa l'Alsace et la Lorraine de 1870 à 1914, puis de 1940 à 1945, y fut ressentie plus douloureusement qu'ailleurs.

Place Stanislas à Nancy

La Lorraine n'est pas une province fertile. Les pâturages et les forêts y remplacent les champs de blé des plaines de la France. Ses mines de fer, pourtant, sont parmi les plus riches d'Europe, et des mines de charbon, peu éloignées, favorisent le développement de nombreuses industries.

Les villes sont de deux sortes. Les unes, fort anciennes, sont des ville-frontières : fortifiées et stratégiques, elles ont joué un grand rôle dans l'histoire européenne. Nancy, capitale de la province, a connu ses plus beaux jours au dix-huitième siècle. Metz, actuellement ville industrielle, a souvent vu des luttes féroces, de l'époque mérovingienne au vingtième siècle. Verdun fut le théâtre d'un des combats les plus sanglants de la Première Guerre mondiale.

Après la défaite de la France par l'Allemagne dans la guerre franco-prussienne (1870–1871), Bismarck unit l'Alsace et une partie de la Lorraine pour créer le territoire de l'Alsace-Lorraine, que l'Allemagne annexa. Ce territoire resta allemand pendant un demi-siècle. Quand l'Alsace-Lorraine fut libérée pendant la Première Guerre mondiale (octobre 1918), l'armée française y fut reçue avec un grand enthousiasme patriotique. Il est donc logique qu'en 1940 le général de Gaulle ait choisi la croix de Lorraine, superposée sur le drapeau tricolore, comme symbole de la ténacité et du patriotisme français.

CHAPITRE IV

Les premiers Capétiens

Les descendants de Charles le Chauve ne surent pas conserver à la royauté son prestige. Les pillages, les meurtres, la guerre civile qui avaient accompagné le déclin de la puissance romaine et de l'autorité mérovingienne se répétèrent sous les faibles successeurs de Charlemagne.

A mesure que l'importance des Carolingiens diminuait, une autre famille gagnait de plus en plus d'autorité. D'abord Robert le Fort, comte d'Anjou et duc de France, s'opposa avec succès aux Bretons et aux Normands. Plus tard, un descendant, Hugues le Grand, comte de Paris, duc de France, et duc de Bourgogne, protégea Paris contre ses nombreux ennemis. Hugues était en fait beaucoup plus puissant que le roi carolingien, Charles le Simple, qui, au lieu de résister aux Normands, leur avait donné (en 911) la Normandie. On offrit donc la couronne à Hugues, mais il la refusa.

Le dernier roi carolingien, Louis V, ne régna qu'une année. A sa mort les seigneurs et les évêques offrirent la couronne au fils aîné de Hugues le Grand, qui avait hérité de son père les titres de comte de Paris et duc de France, et qui était, en même temps, maître des riches abbayes de Saint-Martin-de-Tours, de Saint-Denis, et de Saint-Germain-des-Prés. Quand ce fils, Hugues Capet, accepta la couronne en 987, il devint le premier roi de la dynastie capétienne.

La faiblesse des rois carolingiens avait permis à la féodalité de se développer en France au point où les grands seigneurs, et non pas le roi, exerçaient dans leurs domaines un pouvoir presque illimité. Il arriva même que le roi de France lui-même n'osa pas traverser ses propres terres parce qu'un vassal, le seigneur de Montlhéry, s'était révolté contre lui.

Hugues Capet, au commencement de son regne, fut assez fort pour dominer les seigneurs, non pas parce qu'il était roi, mais parce qu'il était lui-même un des seigneurs les plus puissants du pays. Peu à peu Hugues Capet et ses successeurs, grâce à des mariages avantageux, à des héritages, et surtout à des guerres, purent agrandir leurs domaines, vaincre leurs ennemis, et ainsi augmenter le pouvoir et le prestige de la royauté.

En 1328—trois siècles après le couronnement de Hugues Capet—son dernier successeur direct mourut. A ce moment-là, le roi de France était maître d'un royaume vingt fois plus vaste que celui qu'avait connu Hugues Capet. Les seigneurs féodaux avaient été vaincus, moment essentiel dans l'histoire. La France était devenue une nation.

La Normandie
d'hier et d'aujourd'hui

Quels aventuriers mystérieux que ces Normands, ces hommes du Nord aux cheveux blonds et aux yeux bleus, qui furent les adversaires les plus redoutables des rois carolingiens! Ils étaient considérés comme les plus grands navigateurs du Moyen Age. Sur de longues barques plates—appelées *drakkars*—ornées de dragons aux couleurs vives, ils remontaient les grands fleuves d'Europe et pénétraient loin dans les terres. Les cours d'eau de France, surtout la Seine, bordée de terres fertiles et de riches monastères, les attiraient. Chaque printemps, les populations épouvantées les voyaient s'approcher à l'improviste; semant partout la terreur, les Normands pillaient et brûlaient tout sur leur passage.

La plupart des envahisseurs s'enfuyaient vite avec leur butin; certains, pourtant, finirent par occuper le pays qu'ils avaient ravagé. Sur le territoire qui leur fut offert en 911 par Charles le Simple, et auquel ils donnèrent le nom de Normandie, le chef Rollon et ses soldats s'établirent. Une fois maîtres de cette belle province, les barbares nordiques, sans culture ni religion, adoptèrent non seulement le Christianisme et les mœurs françaises, mais aussi la langue de leur nouveau pays.

Pendant un siècle, les ducs de Normandie se considérèrent comme les vassaux des rois de France. Mais, au onzième siècle, ils commencèrent à avoir conscience de leur force, qui était en effet égale à celle des rois. Le plus célèbre des ducs de Normandie, Guillaume le Conquérant (1027–1087), ne se contenta pas de garder et d'élargir son duché. Il conçut le projet de conquérir l'Angleterre. (Il avait épousé la fille d'un descendant du roi anglo-saxon Alfred le Grand.) Après la victoire de Hastings (1066), il devint, en effet, roi d'Angleterre.

Sa femme, la belle duchesse Mathilde, et ses dames ont relaté son expédition et sa conquête sur une magnifique broderie (appelée à tort une tapisserie) qu'on peut toujours admirer au musée de Bayeux.

Mais en 1087 Guillaume se battit avec Philippe Ier, fut blessé dans une bataille, et mourut peu de temps après.

Un siècle plus tard, en 1204 un grand roi de France, Philippe Auguste, reconquit la Normandie et l'ajouta au domaine royal.

Grâce à la fertilité de son sol, la Normandie a toujours été une des provinces les plus riches de la France. Entre l'Île-de-France et la Manche, elle étend ses champs, ses vergers, et ses pâturages luxuriants. Son climat est adouci par la proximité de la mer et la chaude influence du Gulf Stream. La vigne ne peut guère mûrir en Normandie, mais les pommiers y sont nombreux et donnent le fameux cidre de Normandie.

La Seine divise la province en Haute-Normandie, au nord-est, et en Basse-Normandie, à l'ouest. La Haute-Normandie dresse ses falaises très élevées au-dessus de la Seine et le long de la

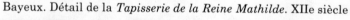

Bayeux. Détail de la *Tapisserie de la Reine Mathilde.* XIIe siècle

Bocage normand à Coutances. Dessin de R. Chelet

Manche. Rouen, capitale de la province, est une des grandes villes de France et une des plus pittoresques. Sa cathédrale et ses églises sont magnifiques. Le Havre, très endommagé pendant la Seconde Guerre mondiale, a été complètement reconstruit; c'est aujourd'hui un port très actif.

Les côtes de la Basse-Normandie, souvent sablonneuses, ont favorisé l'établissement de stations balnéaires, à Deauville et à Trouville par exemple. C'est sur une plage de la Normandie, Omaha Beach, que les troupes anglo-américaines ont débarqué le 6 juin 1944 pour attaquer l'armée de Hitler. L'élevage se fait en

Le Mont St. Michel

grand dans la Basse-Normandie, et la chair de ses agneaux est fameuse en Europe. Les villes sont nombreuses, sans qu'aucune ne soit aussi importante que Rouen: Caen, avec son université; Bayeux, avec sa cathédrale; Cherbourg, l'un des grands ports de France.

Le caractère traditionnel du paysan normand est célèbre: sa méfiance, son esprit laborieux et sérieux, son sens de l'économie (son avarice parfois) lui donnent parmi les paysans de France une place à part. Ce sérieux, cette ardeur au travail se retrouvent chez les grands hommes de la Normandie: chez ses écrivains, Corneille, Flaubert, Maupassant, par exemple, ou bien ses artistes célèbres, les peintres Poussin, Millet, Géricault, Rouault.

Sur le plan de l'architecture les richesses artistiques ne sont pas moindres, qu'il s'agisse du style gothique normand de Caen et de Coutances ou de cette « huitième merveille » du monde, le Mont-Saint-Michel, joyau de la province normande.

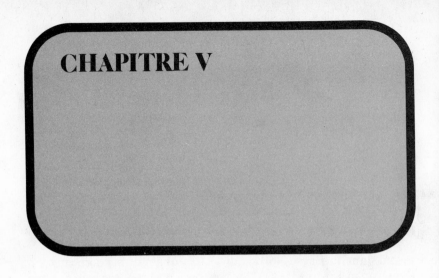

CHAPITRE V

Les Croisades

Rien ne montre mieux que les Croisades ce que furent au Moyen Age l'influence de l'Eglise et le sentiment religieux de l'époque. A l'origine, le but de ces expéditions était de délivrer le tombeau du Christ: les Turcs, aux mains desquels le Saint Sépulcre était tombé, avaient refusé aux Chrétiens la permission d'aller adorer à Jérusalem les reliques sacrées.

Les Croisades ne furent pas entreprises seulement par des Français, mais la France y a joué un grand rôle. C'est, par exemple, en Bourgogne et en Auvergne que Pierre l'Ermite a prêché la première des huit Croisades. Et ce sont des seigneurs français qui, quittant la France en 1096, ont conquis Jérusalem. Ils y établirent un royaume d'où ils devaient être chassés en 1187. Saint Bernard, abbé de Clairvaux, prêcha la deuxième Croisade. Philippe Auguste, roi de France, et Richard Cœur-de-Lion, roi d'Angleterre, menèrent la troisième Croisade en Terre Sainte. Un Français, Villehardouin (vers 1150–vers 1212) fut à la fois l'un des chefs et l'historien de la quatrième Croisade. Sa *Conquête de Constantinople*, qui est considérée comme le premier chef-d'œuvre de la prose française, évoque les rivalités des chefs et les incidents de l'expédition. C'est un roi de France, Louis IX, qui, en 1248 et en 1270, commanda les deux dernières Croisades.

Les Croisades ne furent pas toujours désintéressées. Bientôt des considérations pratiques animèrent aussi les Croisés. Le pape et les souverains européens étaient inquiets de l'expansion

Aigues-Mortes d'où partaient les Croisades

musulmane en Méditerranée. Les rois favorisèrent le départ des seigneurs qui voulaient satisfaire leurs goûts belliqueux: ils profitèrent en fait, de l'absence de leurs vassaux, pour consolider leur propre pouvoir. Les marchands, toujours à la recherche de produits et de débouchés nouveaux, virent dans les Croisades l'occasion de s'enrichir.

Toutefois il ne faut pas oublier que par leurs résultats, les Croisades sont un des événements les plus importants du Moyen Age. L'influence de ces expéditions outre-mer ne saurait être exagérée. Les marchands rapportèrent en Europe les produits de l'Orient et donnèrent aux classes supérieures le goût d'une vie raffinée. Les Croisés admirèrent la civilisation arabe; ils revinrent avec des idées nouvelles qui influencèrent les arts et les sciences, surtout les mathématiques, la chimie, et la médecine. Enfin, les nobles, afin de pourvoir aux dépenses de ces longs voyages, avaient souvent été obligés de vendre leurs terres; revenus chez eux, appauvris et vaincus, ils durent reconnaître l'autorité royale.

Ainsi les Croisades contribuèrent à l'affaiblissement de la féodalité et fortifièrent le pouvoir royal.

Pendant les Croisades, l'Eglise ne perdit rien de son influence. Elle resta riche et puissante. « Qui ne voit Dieu et son Christ partout, n'entend rien au Moyen Age », a-t-on pu dire avec raison.

L'abbaye de Conques

La France du onzième siècle, comme a dit l'un des chroniqueurs de l'époque, « se couvrit d'une blanche robe d'églises et

Église de Conques. Le tympan

d'abbayes », mais il y a peu de monastères qui aient été plus admirés que la célèbre abbaye de Conques.

Au commencement du quatrième siècle, dans la ville d'Agen, une petite fille de treize ans, qui avait été baptisée du nom de Foy, souffrit le martyre. Là où elle fut enterrée, dans la basilique de la ville, il se fit bientôt de nombreux miracles. Près de six cents ans plus tard, des moines qui vivaient pauvrement à Conques, dans une vallée du Massif Central, allèrent à Agen, s'emparèrent des reliques de Sainte Foy, et les transportèrent dans leur abbaye. La Sainte continua à faire des miracles, qui attirèrent chaque année à Conques des milliers de pélerins. L'abbaye s'enrichit vite des présents des fidèles. Il arriva un moment où les bâtiments qui la composaient ne furent plus assez grands pour accueillir la foule des chrétiens, ni assez beaux pour être dignes de renfermer les restes de Sainte Foy. C'est alors que, vers la fin du onzième siècle, on vit s'élever lentement l'église qui est l'un des monuments les plus typiques de l'art roman.

Cet art, inspiré par l'architecture romaine, se caractérise par des murs puissants doublés de contreforts percés de fenêtres étroites et dont les voûtes en demi-cercle donnent une impression de grandeur.

Au-dessus du portail de cette église, de chaque côté d'un Dieu en majesté, des sculptures racontaient d'une part les joies

Chapiteau d'Autun. *La Fuite en Egypte*

du Paradis et d'autre part les tortures de l'enfer; des anges
pesaient dans des balances les vertus et les vices des âmes représentées par de jeunes enfants. Ainsi, dès l'entrée, le voyageur
était saisi d'une crainte mystique et d'un espoir vers lequel toute
sa vie tendait. A l'intérieur ce qui attirait surtout l'attention,
c'était la statue dorée, couverte de pierreries et d'émaux, qui
brillait sur l'autel; Sainte Foy tendait vers le pèlerin ses bras
alourdis de bracelets précieux, tout en le regardant fixement de
ses yeux d'émail. Cette statue qui contenait les reliques de la
jeune sainte, est une des merveilles de l'art religieux du Moyen
Age.

Centres artistiques du Moyen Age, les abbayes et les monastères en étaient aussi les centres intellectuels. La plupart des
écoles du onzième et du douzième siècles étaient des écoles de
couvents où l'on parlait le bas latin. Ces monastères possédaient
d'ailleurs les seules bibliothèques de manuscrits souvent riche-
ment enluminés.

Le Languedoc
d'hier et d'aujourd'hui

Le Languedoc s'étend du Rhône à la Garonne et du Massif
Central aux Pyrénées. C'est surtout dans cette région où ré-
gnaient les comtes de Toulouse, princes cultivés et intelligents,
que se développa la civilisation provençale.[1]

---

[1] L'adjectif *provençal* a deux significations: (1) dans un sens limité, il
s'applique seulement aux choses de Provence; (2) dans un sens plus large, il décrit
la langue, la littérature, et la civilisation de tout le Midi.

Le comté de Toulouse était au douzième siècle le plus pros, père et le plus actif des fiefs de France. Les foires, si importantes au Moyen Age, y étaient nombreuses; « l'on y rencontrait », dit un chroniqueur, « des Arabes, des marchands de Lombardie, de Rome, de la Gaule, de l'Espagne, de l'Angleterre, de Gênes et de Pise, de toutes les parties de l'Egypte, de la terre d'Israël ». Grâce à la richesse du pays et à des contacts à la fois commerciaux et intellectuels, grâce aussi aux traditions de l'antiquité latine, la délicate civilisation provençale put y fleurir.

C'est à la fin du onzième siècle et pendant le douzième siècle qu'elle atteignit son apogée. Les troubadours, gracieux poètes, allaient de château en château chanter l'amour courtois. « Je ne chante ni pour oiseau, ni pour fleur, ni pour neige, ni pour gelée, ni pour chaleur, ... je ne chante pas, je n'ai jamais chanté pour nulle joie de ce genre, mais je chante pour la dame à qui vont mes pensées, et qui est la plus belle du monde. » Quelques-uns de ces troubadours ont joui d'un grand renom, tel Bernard de Ventadour, ornement de la cour d'Eléonore d'Aquitaine. Cette littérature provençale connut un très grand succès en Europe et contribua à adoucir et affiner les mœurs encore grossières des nobles féodaux. En Italie, Dante y fut sensible et Pétrarque l'imita. En Allemagne, les *minnesingers* lui empruntèrent certain de leurs thèmes.

Malheureusement au commencement du treizième siècle éclata la catastrophe qui devait amener la destruction de cette charmante civilisation méridionale: la croisade des Albigeois (1209–1229).

Cette croisade est un des plus triste événements du Moyen Age. Un mouvement hérétique, connu sous le nom de Catharisme, s'était répandu dans le Midi, et, malgré les efforts énergiques de l'Eglise, avait même gagné beaucoup de nobles et même certains évêques. Le pape appela contre eux le secours des seigneurs du nord de la France. Sous la conduite de Simon de Montfort, s'organisa une croisade soutenue par le roi Philippe Auguste, qui voulait détruire la puissance des grands seigneurs du Midi. L'expédition, d'abord religieuse, devint vite une guerre de conquête et une lutte entre les deux civilisations; celle du Nord, plus matérialiste, et celle du Midi, plus raffinée. Après vingt ans de combats, de meurtres, et de pillages, le Nord triompha, et le comté de Toulouse fut si ravagé que la civilisation provençale ne put s'en relever. Le roi rattacha la plus grande partie du comté à la couronne, et la culture du nord de la France l'emporta sur la civilisation du Midi.

Le Languedoc est aujourd'hui une des provinces les plus intéressantes de France. Les monuments anciens y sont

Carcassonne

nombreux. Partout, dans les villages et dans les villes, on rencontre le souvenir des luttes du Moyen Age. Les églises elles-mêmes, telle la cathédrale d'Albi, toute cernée de tourelles, ressemblent à des forteresses. L'entrée des villages est souvent fortifiée; les maisons se serrent les unes contre les autres; les rues sont étroites et propres à la défense. Les villes sont cernées de remparts comme ceux de Carcassonne qui, avec leurs quarante-cinq tours magnifiquement restaurées, restent les plus complets de France.

Presque toute les villes du Languedoc sont très anciennes. Nîmes prospère grâce à la culture de la vigne et attire par ses monuments romains des milliers de touristes. Montpellier n'est pas seulement une ville commerçante; son université célèbre doit sa renommée en particulier à sa faculté de médecine dont l'éclat n'a cessé de luire du Moyen Age au vingtième siècle. Toulouse, dans la partie la plus fertile de la vallée de la Garonne, est la ville la plus moderne du Languedoc, mais ses monuments anciens, surtout sa cathédrale romane, témoignent encore de sa gloire ancienne. Ce que Marseille est pour la Provence, ou Rouen pour la Normandie, Toulouse l'est pour le Languedoc.

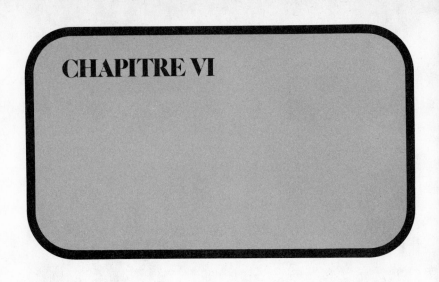

CHAPITRE VI

Les communes et la bourgeoisie

On peut dire, sans trop simplifier, que le dixième siècle fut le siècle où la noblesse, affirmant sa puissance, développa à son plus haut point le système féodal ; qu'au onzième siècle, à l'époque des grandes abbayes, le prestige de l'Église fut plus grand qu'il ne l'avait jamais été ; et que le douzième siècle vit l'avènement d'une classe nouvelle, la bourgeoisie.

Pauvre, sans droits politiques, sans culture, sans idéal, la bourgeoisie n'avait joué pendant le haut Moyen Age aucun rôle important dans la vie européenne. A la fin du onzième siècle et pendant le douzième siècle, en face des pouvoirs établis, noblesse, clergé, royauté, on la vit se dresser pour la première fois.

Cette importance nouvelle de la bourgeoisie coïncide avec le développement des villes. Ce développement est dû à plusieurs circonstances. D'abord, l'époque des invasions était passée ; les Normands avaient trouvé en Angleterre de quoi satisfaire leurs ambitions, tandis que les Allemands étaient retenus chez eux par des dissensions intérieures. De plus, une paix relative régnait en France ; beaucoup de seigneurs, nous l'avons vu, revenus affaiblis des Croisades, s'étaient soumis à l'autorité de l'Église et du roi.

Les Croisades, d'ailleurs, favorisaient le commerce ; les rapports entre nations, entre provinces et entre villes, devenaient plus fréquents. De grands centres commerciaux, des marchés, des foires, se multiplièrent. Les marchands osèrent voyager davantage et trouvèrent des débouchés nouveaux. Les banques, qui se multiplièrent surtout au treizième siècle, jouèrent un rôle primordial. Les banquiers ne se contentèrent pas de prêter de l'argent: ils achetèrent et vendirent les marchandises des particuliers dans des pays lointains. Pour toutes ces raisons, le commerce prospéra et les commerçants s'enrichirent.

A l'époque féodale, les bourgeois souffrirent moins que les serfs. Ils étaient protégés par des « corporations », groupements des membres d'une même profession, qui s'alliaient pour veiller à leurs propres intérêts. Seuls, les ouvriers, les « artisans », qui faisaient partie d'une corporation, pouvaient devenir « patrons », et cela après un long apprentissage, un « Tour de France » qui leur permettait de se perfectionner, et un « chef-d'œuvre » qui les rendait dignes d'appartenir à la corporation. Ainsi, chaque métier avait une sorte de « standard », souvent très élevé; le tisserand ne tissait que du bon drap, le cordonnier ne faisait que de bonnes chaussures. Ces corporations ont continué à exister jusqu'à la Révolution.

De même que les ouvriers, les marchands avaient leurs corporations; les « guildes » protégeaient leurs membres contre la concurrence des étrangers. Leur puissance fut si grande au Moyen Age qu'elles se révoltèrent quelquefois contre les nobles et le roi.

En même temps qu'ils s'enrichissaient, les bourgeois, en effet, se rendaient compte de leur force. Ils supportèrent plus difficilement les vices de l'organisation féodale—armée permanente à entretenir, impôts trop élevés, justice trop partiale. Ils oublièrent vite ce que les ancêtres des seigneurs avaient fait pour leurs propres ancêtres—la protection que les nobles leur avaient accordée, la défense de leurs terres.

Les villes se révoltèrent donc contre les nobles et exigèrent des chartes qui devaient assurer leur liberté et faire d'elles des communes indépendantes. Le mouvement s'étendit très vite, surtout dans les provinces riches: en trente ans, par exemple, plus de dix villes de Picardie obtinrent leur indépendance.

Les bourgeois libérés étaient fiers de leurs villes. Ils construisirent des hôtels de ville, des halles, des cathédrales, des fontaines ornées de statues, d'autres monuments qui témoignaient de leur richesse. Pour se défendre, ils élevèrent des fortifications imposantes.

Les communes, riches et fières, fortes et bien défendues, pouvaient devenir dangereuses. Les rois capétiens s'en rendirent compte. L'indépendance des communes était incompatible avec la politique d'unité poursuivie par les rois. Peu à peu l'autorité du maire et de ses aides fut remplacée par celle des envoyés du roi. Les communes ne jouirent pas longtemps de leur liberté politique : à la fin du quinzième siècle, il n'y avait plus de « villes libres » en France.

Tout en perdant leurs libertés communales, les bourgeois conservèrent leur importance sociale et économique. Ils possédaient déjà de grandes qualités, ambition, patience, sagacité, finesse ; ils s'étaient familiarisés avec les problèmes de gouvernement, de finance, et d'administration. C'est dans la bourgeoisie que les rois de France vont trouver pendant des siècles leurs conseillers les plus habiles. Les rois pouvaient bien se couvrir de gloire dans les guerres, les nobles pouvaient s'enorgueillir de leur naissance et conserver leurs privilèges. Mais les bourgeois, eux, possédaient, grâce au commerce, un pouvoir réel qui les plaçait dans une position avantageuse. Du commerce, ils avaient le monopole et connaissaient seuls les secrets. Leur fortune les séparait des serfs ; ils commençaient à former une nouvelle classe sociale avec laquelle il fallait compter. La bourgeoisie allait devenir la classe la plus utile de la nation.

CHAPITRE VII

L'art gothique—Notre-Dame de Reims

Bien placée entre deux provinces riches—la Flandre et la Bourgogne—Reims, au treizième siècle, prospérait grâce à ses fameuses foires de Champagne et à son industrie du drap, célèbre dans toute l'Europe. Les Rémois avaient obtenu leur charte (en 1137) à force de ténacité et de diplomatie. Enfin, en plein épanouissement économique ils bâtirent leur fameuse cathédrale, du couronnement des rois.

Depuis Clovis, les souverains français s'étaient fait sacrer à Reims. Ceint de la couronne de Charlemagne, oint de l'huile sainte que l'on croyait avoir été apportée du ciel par une colombe miraculeuse, chaque nouveau roi y était proclamé par l'Eglise. Lorsque le pouvoir des Capétiens grandit, le sacre devint une cérémonie imposante à laquelle des milliers de nobles venus des quatre coins de l'Europe participaient, et la vieille basilique ne suffit plus.

L'archevêque de Reims décida donc d'élever une nouvelle cathédrale. Il fit appel aux meilleurs architectes du temps, aux meilleurs sculpteurs, aux meilleurs maîtres-verriers. Le roi envoya des dons magnifiques, les paysans et les nobles aidèrent de leur mieux. Les bourgeois, eux, firent plus. Ils donnèrent leur argent; mais ils donnèrent aussi leur travail; ils aidèrent les

Notre-Dame de Reims

maçons à transporter les pierres, les maîtres-verriers à mélanger les couleurs. La cathédrale fut « leur » cathédrale. D'autres communes avaient de plus beaux hôtels de ville, des fortifications plus complexes, des maisons privées plus opulentes, mais aucune ne posséderait jamais une cathédrale plus gracieuse et plus majestueuse ; les bourgeois de Reims y veillèrent. En effet, c'est à Reims

Chartres. La cathédrale

que l'art de l'époque, l'art « gothique » à son apogée, trouva sa plus complète expression.

C'est dans l'Ile-de-France, au milieu du douzième siècle, que naquit l'art gothique. De là, il se répandit très vite dans les provinces voisines et dans toute l'Europe; l'art gothique est l'apport de la France à l'art du Moyen Age. Les cathédrales gothiques témoignent du profond sentiment religieux de cette époque; ce sentiment devait s'affaiblir graduellement, de telle sorte que la plupart des cathédrales qui n'étaient pas encore achevées au milieu du quatorzième siècle ne le furent jamais.

Au moment où l'on commença à élever les premières cathédrales, l'art roman—tel qu'on le voit à l'Abbaye de Conques ou à Notre-Dame-la-Grande de Poitiers—dominait encore. Aussi les fondations de certaines cathédrales ressemblent-elles souvent à celles des abbayes romanes: elles sont plus massives et lourdes, leurs lignes sont souvent horizontales. Mais une fois les principes de l'art gothique acceptés, les architectes, sur des bases romanes, construisirent les bâtiments que nous admirons ; Notre-Dame de Chartres offre un exemple de ce mélange de styles. Par contre, la cathédrale de Reims, commencée en 1212, c'est-à-dire un demi-siècle après les premières cathédrales, est purement gothique.

Ce qui frappe d'abord à Reims, c'est à la fois la légèreté des murs, l'importance donnée aux verrières, la hauteur de la nef, et la grâce des piliers qui s'élancent vers le ciel. Quel défi aux lois de la pesanteur !

Le poids des voûtes romanes, reposant tout entier sur des murs très épais, ne permettait ni de les ajourer par de grandes fenêtres ni d'élever la hauteur de l'édifice. Mais un jour un architecte anonyme de génie eut l'idée de répartir la forte poussée des voûtes en doublant les voûtes de nervures entrecroisées, répartissant la poussée sur quatre piliers d'angle. C'est l'invention capitale de « la croisée d'ogives » qui oppose l'architecture gothique à l'architecture romane. En outre, les contreforts romans, qui à l'extérieur renforçaient les murs, font place à des arcs-boutants légers. Désormais les murs peuvent être remplacés en grande partie par des fenêtres. Les murs devinrent si légers, les fenêtres si nombreuses qu'on a dit des cathédrales gothiques qu'elles étaient des cathédrales de lumière. Rien n'empêchait plus

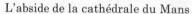

L'abside de la cathédrale du Mans

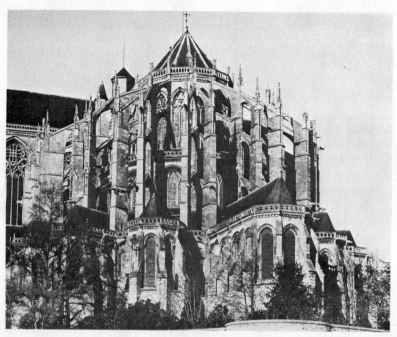

Vitrail de l'Ascension. Cathédrale du Mans. XIIe siècle

alors les architectes d'élever les voûtes à une hauteur inattendue
(38 mètres à Reims).

La richesse de la décoration correspond aux proportions
colossales de l'architecture gothique. Reims a perdu beaucoup de
ses vitraux. Mais les verrières et les roses font penser à des
mosaïques lumineuses d'un bleu profond, d'un rouge sombre aux
reflets de rubis, d'un violet dont on a perdu le secret.

Les portails de Reims forment une « Bible de pierre », la seule
que le peuple illettré du Moyen Age pût comprendre. Des centaines de statues sculptées dans une pierre admirable représentent les personnages de l'Ancien Testament. Au lieu des bas-reliefs
souvent naïfs de la sculpture romane, on voit des saints aux
attitudes vivantes et souvent expressifs tel le bel ange de Reims
au célèbre sourire. Ils ressemblent aux chevaliers et aux dames de

la noble cour de Champagne, ils ont leur dignité et leur grâce. Aux chapiteaux les « imagiers » ont copié de vraies fleurs, cueillies dans les champs de France. L'art gothique a redécouvert la nature.

La Champagne d'hier et d'aujourd'hui

Placée à mi-chemin entre Paris et la frontière allemande, la Champagne est une plaine de passage. En temps de guerre avec l'Allemagne, cette province devient logiquement le champ de bataille sur lequel se joue la destinée de la France. Il y a quinze siècles, Attila et ses Huns furent vaincus dans la plaine de Châlon. Pendant la Première Guerre mondiale, la province fut, de 1915 à 1918, le théâtre de violentes batailles. De même, entre 1939 et 1944, pendant la Seconde Guerre mondiale, la Champagne a beaucoup souffert des attaques de l'armée allemande.

Au douzième et au treizième siècles, la capitale des comtes de Champagne était la ville de Troyes, centre d'une culture brillante, à laquelle contribuaient trouvères et troubadours, conteurs et historiens. C'est Chrétien de Troyes, auteur de magnifiques romans bretons en vers, qui a écrit le premier roman du Graal que nous connaissons. Thibaut IV, comte de Champagne, fut un trouvère des plus célèbres. Villehardouin, le grand historien de la quatrième Croisade, était maréchal de Champagne. La province a joué dans les pays du nord le rôle que le Languedoc a joué dans le Midi.

Même après que le comté de Champagne eut été rattaché au domaine royal, à la fin du treizième siècle, la province conserva sa

Coffret d'ivoire sculpte, décoré avec des scènes de la vie séculaire. XIVe siècle

réputation de « province intellectuelle ». La Fontaine, par exemple, naquit à Château-Thierry, Claudel à Villeneuve-sur-Fère.

Aujourd'hui la Champagne doit sa prospérité surtout à l'agriculture. Partout on cultive le blé et les betteraves à sucre. Reims surtout est le centre de la production du vin blanc champagnisé qui a une renommée universelle.

Les derniers Capétiens directs

Les rois capétiens, descendants de Hugues Capet, avaient vaincu quelques-uns des grands seigneurs féodaux. A la fin du douzième siècle, pourtant, leur tâche n'était pas terminée, car le comte de Flandre et le comte de Champagne étaient presque aussi puissants que le roi. Quand Philippe Auguste, fils de Louis VII, devint roi en 1180, il entreprit de les vaincre, et il en sortit vainqueur.

Les ennemis les plus dangereux de Philippe Auguste furent, cependant, les rois d'Angleterre. Descendants des ducs de Normandie, ces rois possédaient en France, non seulement la Normandie, mais aussi l'Aquitaine, qui se composait à ce moment-là du Poitou, du Berry, de la Manche, et du Limousin. Bien qu'ils fussent théoriquement vassaux du roi de France, ils semblaient être beaucoup plus puissants que lui.

Pendant la première partie de son règne, Philippe Auguste se battit, sans résultats décisifs, contre deux rois d'Angleterre, Henri II et le successeur de celui-ci, le fameux Richard Cœur-de-Lion. La mort de Richard en 1199 donna l'Angleterre à son frère Jean, à qui Philippe Auguste enleva rapidement toutes ses provinces françaises. Il se forma alors contre le roi de France une coalition formidable. Plusieurs grands seigneurs français s'étant révoltés, le roi d'Angleterre et l'empereur d'Allemagne, Otto IV, s'allièrent à eux. A Bouvines (près de Lille, dans le nord de la France), en 1214, dans une des grandes batailles de l'histoire de France, Philippe Auguste vainquit ses ennemis coalisés.

Pendant que le roi lui-même étendait son royaume au nord et à l'ouest, son vassal, Simon de Monfort, commençait la cruelle croisade des Albigeois, dont nous connaissons déjà les conséquences—la destruction de la puissance des comtes de Toulouse et la soumission du Languedoc.

Philippe Auguste fut non seulement un grand soldat, mais aussi un sage administrateur. Il créa une armée royale permanente, réorganisa les finances et le système judiciaire, fonda l'Université de Paris (en 1200), et envoya dans les provinces des sénéchaux qui, obéissant au roi, s'efforcèrent de diminuer l'influence des grands seigneurs.

Le fils de Philippe Auguste, Louis VIII, ne régna que trois ans. A sa mort, l'héritier du trône, Louis IX (1214–1270), n'avait que douze ans. Les nobles voulurent profiter de sa jeunesse. Heureusement, sa mère, Blanche de Castille, était une femme énergique et habile, qui, pendant sa régence, empêcha les nobles de se révolter. En 1234, elle fit épouser à son fils Marguerite de Provence, de sorte que cette belle province fut bientôt ajoutée au domaine royal.

Louis IX fit voir de bonne heure qu'il allait être une des plus grandes figures du Moyen Age. Quand la force était nécessaire, il se montrait bon soldat : il vainquit les Anglais à la bataille de Taillebourg (1242). Mais il aimait mieux la justice que la force. En 1259 il conclut avec Henri III d'Angleterre un traité remarquable par son honnêteté ; le roi anglais renonçait à tous ses titres aux provinces de Normandie, d'Anjou, du Maine, et du Poitou, tandis que Louis restituait aux Anglais vaincus quelques parties du sud-ouest du royaume que la France aurait pu conserver.

Dans ses rapports avec son peuple, aussi bien que dans ses relations avec les puissances étrangères, Louis IX donna un bel exemple de justice et de bonté, et mérita bien le nom de Saint Louis qui lui fut conféré après sa mort. En plein air, sous un chêne de la forêt de Vincennes, il écoutait les plaintes de tous ceux, nobles ou serfs, qui se présentaient devant lui, et ses décisions s'inspirèrent toujours d'un idéal chrétien.

Louis IX acheta à l'empereur de Constantinople ou aux doges de Venise (on ne sait pas au juste) des reliques qu'il croyait être la Couronne d'épines et un morceau de la vraie Croix ; pour leur donner un asile convenable, il fit bâtir à Paris la Sainte-Chapelle, dont l'intérieur est d'une très grande beauté et qui est un parfait exemple de la délicatesse de l'architecture gothique.

L'enthousiasme religieux commençait à diminuer en Europe. Louis IX, néanmoins, organisa la septième Croisade, partit de France en 1248, et passa sept ans en Egypte et en Asie Mineure. Son armée fut vaincue en Egypte et ne put aller jusqu'à Jérusalem.

Malgré l'insuccès de cette croisade, Louis IX en organisa une autre qui, pour lui comme pour l'Europe, devait être la dernière. Arrivé devant Carthage, il y mourut de la peste (1270).

Les grandes qualités de Louis IX le firent aimer par son peuple et respecter par ses ennemis. Le sire de Joinville, ami fidèle du roi, raconte « les saintes paroles et les bonnes actions de Saint Louis » dans un livre qui est un chef-d'œuvre de la littérature française.

Le fils de Saint Louis, surnommé Philippe III le Hardi (1245–1285), n'était ni hardi ni même habile. Son régime était terne. Son successeur, Philippe IV le Bel, né en 1268, régna de 1285 à 1314. Quel contraste entre ce règne et celui de Saint Louis! Philippe avait deux buts: se procurer de l'argent et s'opposer au pouvoir temporel de l'Eglise. Il saisit les biens des Juifs et les richesses de l'ordre religieux des Templiers. Il installa un pape français en Avignon. (Les successeurs de ce pape habitaient le Palais des Papes qu'on visite à Avignon de nos jours.) Le règne de Philippe fut rempli de luttes et de guerres. On l'appelle, pourtant, « un des grands Capétiens », « le premier des souverains modernes », parce qu'il affermit la royauté, accrut le domaine royal au Nord et dans le Midi, et pour gagner l'appui de ses sujets quand il voulait lever de nouveaux impôts et lutter contre le Pape Boniface VIII, convoqua en 1302 une assemblée de représentants du clergé, de la noblesse, et de la bourgeoisie, qu'on appela les Etats généraux.

Lorsque Charles IV (roi de 1322 à 1328), qu'on appelle « le Bel », comme son père, mourut, la France était riche et puissante. Seuls quatre fiefs importants n'appartenaient pas à la couronne— la Bretagne, la Flandre, la Bourgogne, et la Guyenne. Le roi était maître absolu d'un domaine qui s'étendait des plaines de Flandres et de la Manche à la Méditerranée. Par leur énergie et leur force, les rois avaient gagné le respect et la loyauté de leurs sujets. Ils allaient en avoir grand besoin.

La littérature du XIIe et du XIIIe siècles

La littérature du Moyen Age est extrêmement riche et variée. Il faudrait un livre entier ou même plusieurs volumes pour analyser et juger les œuvres qui ont été composées au douzième et au treizième siècles en France. Nous ne pouvons en mentionner ici que quelques-unes, mais elles serviront à indiquer la variété des genres.

Il faut d'abord remarquer que les grandes œuvres littéraires coïncident avec l'extraordinaire mouvement religieux qui inspira les Croisades et la construction des cathédrales.

Du onzième siècle il ne reste que quelques poèmes qui racontent la vie de saints. Presque toute la littérature de l'époque fut écrite en latin par des moines. Mais après 1100, la littérature, pour ainsi dire, sortit des couvents. Des œuvres écrites en français furent composées par des laïques, en ancien français naturellement, une langue très différente du français d'aujourd'hui. C'est surtout dans les provinces du nord de la France que le mouvement intellectuel se développa au début. Aussi les premières œuvres

Détail du vitrail. Le Jugement dernier

furent-elles écrites dans les dialectes de ces provinces—français, normand, picard, ou champenois. Ces dialectes étaient les plus importants du groupe dit de *langue d'oil* (*oil = oui* en vieux français) par opposition à la *langue d'oc* du sud de la France.

Le premier chef-d'œuvre de la littérature du Moyen Age est *la Chanson de Roland*. Cette épopée, composée vers 1100, relate poétiquement des événements du temps du grand Charlemagne. En 778, Charlemagne envahit l'Espagne. Quand il rentra en France, son arrière-garde, commandée d'après la légende, par son neveu Roland, fut attaquée par des Basques à Roncevaux dans les Pyrénées. Roland et d'autres chefs furent tués. Environ trois cents ans plus tard, un poète anonyme écrivit un poème de 4.000 vers pour raconter cette aventure tragique.

Comment l'histoire de Roland s'est-elle transmise de 778 à 1100? Par des documents écrits? Par des traditions orales? Nul ne le sait. Nous pouvons cependant remarquer les libertés que le poète a prises avec l'histoire. Par exemple, Charlemagne ne séjourna que quelques mois en Espagne; mais, d'après le poème, il y resta sept ans. Les Basques qui ont tué Roland sont transformés en Sarrasins dans le poème. Quand en réalité quelques milliers de Basques ont attaqué l'arrière-garde de Charlemagne, notre poète relate que cent mille Sarrasins attaquèrent les vingt mille Français sous les ordres de Roland. Pour dramatiser la défaite de l'armée française, le poète a inventé un traître, Ganelon, ennemi de Roland. Quand Roland meurt tragiquement, il sonne trois fois de son cor pour rappeler Charlemagne qui revient et vainc une armée de quatre cent mille Sarrasins. Ce sont là les belles exagérations de l'épopée. Mais qui était le poète dont nous admirons tant l'imagination épique, le patriotisme, la piété, et le langage sobre et émouvant? Personne ne le sait. Où est le manuscrit qu'il a écrit? Il est perdu. Nous n'en connaissons que des copies dont la plus ancienne fut écrite vers le milieu du douzième siècle.

La Chanson de Roland est une *chanson de geste*, c'est-à-dire un poème qui raconte une action basée sur des faits historiques. On a conservé environ quatre-vingt-dix de ces poèmes épiques. Chacun soulève des problèmes difficiles à résoudre quant à l'origine, les personnages, et la transmission. Ils n'ont pas tous la valeur poétique de *la Chanson de Roland*, mais ils méritent l'attention des savants et des étudiants. Ce sont ces poèmes, écrits par des « trouvères » qui ont passionné les seigneurs et les dames du douzième et du treizième siècles dans leurs châteaux.

Les chansons de geste racontent les grands exploits des chevaliers au service de l'Eglise et de la patrie. Leur ton est surtout héroïque. On y trouve des duels et des batailles sans nombre. Il y a peu de place pour les femmes et pour l'amour. Mais au milieu du douzième siècle, des poètes ont écrit des « romans antiques » qui racontent en vers français les légendes de Thèbes, d'Enée, de Troie, et d'Alexandre le Grand, transmises par des narrateurs latins. Ces romans, eux, font une grande place à l'amour. C'est dans *le Roman de Troie*, par exemple, que nous trouvons pour la première fois la touchante histoire de Troïlus et de Briséis qui sera reprise par d'autres poètes français et anglais: il suffit de mentionner ici les grands noms de Chaucer et de Shakespeare (*Troilus and Cressida*). Un autre « roman antique », *Le Roman d'Alexandre*, écrit en vers de douze syllabes, a donné son nom au vers « alexandrin », dont les poètes français se sont le plus souvent servi. Un des chefs-d'œuvre de la littérature française est la délicate chantefable, *Aucassin et Nicolette*, écrite en vers et en prose. Son origine est si obscure qu'on ne sait pas si elle fut composée au douzième ou au treizième siècle.

Dans la deuxième moitié du douzième siècle, un grand écrivain, Chrétien de Troyes, vécut en Champagne. Il nous a laissé cinq longs poèmes. C'est lui qui, le premier en France, s'inspira des légendes celtiques du roi Arthur et des chevaliers

Manuscrit du XIIIe siècle:
Salomon enseignant

Manuscrit du XIIe siècle:
Vie de St. Simon

de la Table Ronde. Il a aussi écrit le premier poème qui existe sur le Saint-Graal.

De deux poètes, l'un français (Bérol), l'autre anglais (Thomas), il nous reste deux fragments de manuscrits qui contiennent, en sa forme la plus ancienne, l'histoire de deux amants, Tristan et Yseult. Nombreux sont les poètes français, anglais, italiens, allemands, scandinaves, américains, qui ont raconté cette histoire tragique.

La « matière » des poèmes de Chrétien, de Bérol, de Thomas, et de leurs imitateurs est née dans l'imagination des Celtes du pays de Galles, de la Cornouaille ou de la Bretagne. On y fait une grande place au merveilleux ou au surnaturel et aussi à l'amour. Roland n'était qu'un guerrier; mais les héros des légendes celtiques—Lancelot, Gauvain, Yvain, Perceval, Tristan—sont surtout des amants, qui obéissent au célèbre code de l'amour courtois. D'où est venu ce code? Il arriva qu'au moment où Chrétien de Troyes écrivait ses romans, une jeune princesse, née dans le Midi, devint comtesse de Champagne. Elle aimait la poésie des troubadours et imposa donc leur idéal d'amour chevaleresque aux poètes du nord. Ainsi l'esprit courtois des troubadours se mêla à la « matière de Bretagne » pour produire ces « romans bretons » qui ont enchanté tant de générations.

Au treizième siècle la popularité des chansons de geste s'affaiblit, mais celle des romans bretons et des romans d'aventure continua.

Le *Roman de la Rose*, pourtant, représente un nouveau genre de poème : une longue histoire allégorique où les personnages représentent des abstractions, telles que Vertu, Pauvreté, Joie, et où l'amour est finement analysé. La première partie, qui comprend quelque 4.000 vers, fut composée en 1230 par Guillaume de Lorris.

Toutes les œuvres que nous avons étudiées jusqu'ici étaient destinées aux aristocrates. Pendant le douzième siècle, la bourgeoisie, on l'a vu, prit peu à peu conscience de son importance. Naturellement, elle voulut une littérature à elle. Des écrivains bourgeois, pour la plupart nés en Picardie, se moquèrent de l'idéal chevaleresque dans les *fabliaux*. Ils s'y moquaient aussi des femmes, des prêtres, des paysans, et des bourgeois eux-mêmes. L'esprit satirique, irrévérencieux, quelquefois même vulgaire des fabliaux exprime ce qu'on appelle l'*esprit gaulois*, qui se trouve d'ailleurs dans bien des œuvres de la littérature française. On le rencontre au treizième siècle dans le *Roman de Renard*, qui raconte la vie du sournois Maître Renard, tantôt trompé par des animaux plus faibles, tantôt trompant les animaux plus forts que lui, comme le loup, l'ours, et le lion. Est-il nécessaire d'ajouter que ces animaux sont allégoriques ? Le renard, c'est le bourgeois ; le loup représente le seigneur féodal, l'ours, l'Eglise ; et le lion n'est autre que le roi.

L'esprit gaulois se retrouve dans la deuxième partie du *Roman de la Rose*. En 1270, Jean de Meung, le « Voltaire du Moyen Age », érudit, audacieux, satirique, ajouta 18.000 vers à l'œuvre délicate de Guillaume de Lorris. Le *Roman de la Rose*, qu'on trouve interminable aujourd'hui fut cependant l'ouvrage le plus populaire du Moyen Age, car il dépeint les deux aspects opposés de cette période : la première partie reflète l'idéal chevaleresque, aristocratique, et raffiné ; la deuxième partie montre l'esprit réaliste, satirique, et « gaulois ».

Dans ce résumé de la littérature de cette époque, il reste à parler du théâtre sérieux, qui se développa dès le dixième siècle, dans l'Eglise. A Pâques et à Noël, en effet, les prêtres ajoutèrent aux textes latins de la liturgie des traductions en français et jouèrent les rôles des différents personnages de la Résurrection ou de la naissance du Christ. Ce fut le commencement des drames liturgiques qu'on représentait devant le portail des églises, sur des estrades. Plus tard, on récita les rôles entièrement en français et on trouva des sujets, non seulement dans la Bible, mais aussi dans les vies des saints. Mentionnons parmi les meilleurs de ces drames religieux *le Jeu d'Adam* (vers 1150), dont la première scène se passe au Paradis terrestre, *le Jeu de Saint Nicolas* (vers 1200), qui décrit, avec un réalisme inattendu, un des miracles de ce saint, et *le Miracle de Théophile* (1265 environ), qui ressemble beaucoup à la légende de Faust.

Le théâtre comique, dont les origines sont obscures, n'apparut qu'au treizième siècle. Comme les fabliaux et *le Roman de Renard*, la comédie attendit le développement de la bourgeoisie, qui lui fournit ses auteurs. Le vrai créateur du théâtre comique fut Adam de la Halle, un bourgeois de la ville d'Arras, capitale de l'Artois. Vers 1260, il fit représenter une œuvre satirique, *le Jeu de la Feuillée*. Une vingtaine d'années plus tard, il écrivit son chef-d'œuvre, *le Jeu de Robin et Marion*, qu'on représenta aussi dans sa ville natale. On peut appeler cette pastorale dramatique, dont les personnages sont des bergers et des bergères, le premier opéra comique français. Au treizième siècle aussi, on joua des farces, qui ressemblent à bien des égards aux fabliaux. Ecrites pour les bourgeois par des bourgeois, elles devaient connaître aux siècle suivants une très grande popularité.

L'époque qui a vu fleurir toute cette littérature fut celle des grands Capétiens. Toutes les provinces du nord ont contribué à cette renaissance intellectuelle; la littérature aristocratique trouva la plupart de ses poètes en Normandie, dans l'Ile-de-France, et en Champagne, tandis que la littérature bourgeoise se développa surtout dans la plaine de Flandre.

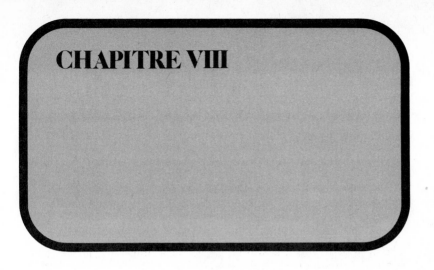

CHAPITRE VIII

La guerre de Cent Ans

Isabelle de France, sœur de Charles le Bel, le dernier Capétien direct, avait épousé le roi d'Angleterre, Edouard II, dont elle eut un fils Edouard III. Ce mariage aurait dû garantir la paix entre les deux pays. Au contraire, il fut la cause immédiate de la guerre de Cent Ans. Lorsque Charles le Bel mourut, en 1328, sans enfant mâle, les ministres d'Edouard III réclamèrent pour le roi anglais, encore enfant, le trône de France en héritage. Le régent français, Philippe de Valois, se basant sur la loi salique (par laquelle les princesses de France et leurs enfants étaient exclus du trône) ne voulut pas reconnaître son droit et se fit sacrer à Reims sous le nom de Philippe VI. Français de naissance et cousin de Charles le Bel, Philippe fut reconnu par les Français comme leur roi légitime. Cette nouvelle dynastie des Valois allait gouverner la France jusqu'en 1589.

En Picardie, cependant, certaines communes se révoltèrent contre Philippe. Leurs chefs promirent leur aide à Edouard III, roi d'Angleterre, s'il prenait le titre de roi de France. C'était ce que le jeune homme voulait faire. Une guerre entre l'Angleterre et la France était inévitable; mais les Anglais n'étaient pas encore assez puissants pour traverser la Manche et envahir la France.

Philippe VI profita de quelques années de calme pour consolider son pouvoir. Il acquit la grande province du Dauphiné,

dans le sud-est de la France. De cette province vint le titre de
« dauphin », accordé depuis cette époque au fils aîné du roi de
France.

Enfin, en 1337, la guerre de Cent Ans éclata. Cette guerre
qui, en fait, dura plus d'un siècle (jusqu'en 1453) et fut coupée de
nombreuses trêves, est une des guerres les plus complexes de
l'histoire, mais elle pourrait se résumer ainsi : la France allait-elle
devenir anglaise ?

En 1337, il semblait que l'armée française dut être facilement
victorieuse. Les chevaliers français, « la fleur de la noblesse française », allaient vaincre sans grande difficulté, croyait-on en
France, la lourde artillerie anglaise. Mais les Anglais réussirent
à débarquer en France et à saisir le port de Calais. A la bataille
de Crécy (1346) les archers anglais décimèrent la chevalerie
française. Les Français perdirent quatre mille hommes, les Anglais moins de cent.

Philippe VI mourut en 1350. Jean le Bon lui succéda. A
la bataille de Poitiers (en 1356) le jeune roi fut fait prisonnier.
Les Anglais annexèrent quatre provinces : le Poitou, le Limousin,
le Périgord, et la Saintonge.

Jean le Bon mourut en 1364. Son successeur, Charles V,
était un des rois les plus prudents que la France ait eus ; on
l'appelle Charles V le Sage. Très vite il réorganisa le royaume,
supprima les bandes de soldats errants qui dévastaient la campagne, diminua les impôts, fortifia les villes, s'allia à l'Ecosse,
et fit de l'armée française une armée moderne. Aidé par un grand
chef, Du Guesclin, le roi réussit à libérer presque complètement
le pays. Les Anglais ne gardèrent que le port de Calais. En 1380,
à la mort de Charles V, il était évident que la France allait rester
française.

Le successeur de Charles V, Charles VI, n'avait que douze
ans à son avènement. Les oncles du nouveau roi dilapidèrent
le trésor et provoquèrent des révoltes. A l'âge de vingt-quatre
ans, le roi fut frappé de folie. Le pays fut bientôt déchiré par la
rivalité de deux partis politiques, celui des Armagnacs et celui
des Bourguignons. Chacun de ces partis appela à son aide le
roi d'Angleterre, en lui promettant le retour des provinces qu'il
avait perdues. En même temps les Parisiens se révoltaient, les
provinces se soulevaient. La guerre civile éclata. Le moment
était propice à une attaque de la part des Anglais. Henri V
d'Angleterre, aidé par le puissant duc de Bourgogne, fut vainqueur à Azincourt (1415) et saisit tout le nord de la France. La
reine de France, Isabeau de Bavière, crut que tout était perdu.
Par le traité de Troyes (1420) elle fit du roi d'Angleterre l'héritier
du trône de France. Charles VI mourut (1422) après un règne

désastreux de quarante-deux ans. Henri V prit le titre de roi de France et d'Angleterre. La France semblait être devenue une province anglaise.

Pourtant il y avait encore un héritier légitime de la couronne, le fils de Charles VI, « le dauphin », qui s'était proclamé roi sous le nom de Charles VII. Il ne possédait pas Paris, et il ne pouvait pas se faire sacrer à Reims, puisque la Champagne était aux mains des Anglais et de leurs alliés, les Bourguignons. Tout le nord de la France jusqu'à la Loire était possession anglaise. Le dauphin se réfugia à Bourges, dans le centre de la France. Là, il vécut dix ans, entouré de tous côtés par ses ennemis. On l'appelait par dérision « le petit roi de Bourges ». Peu à peu les Français, qui étaient restés si longtemps fidèles à la royauté, s'éloignerent de ce souverain que Dieu n'avait pas reconnu comme roi. Le Parlement de Paris (le premier corps de justice du royaume) et l'Université acceptèrent le roi d'Angleterre comme souverain de la France.

Orléans, ville stratégique qui protégeait le Midi de la France, était assiégée. Si cette ville tombait aux mains des Anglais, ils pourraient se saisir de la France toute entière.

C'est à ce moment que parut Jeanne d'Arc.

Jeanne d'Arc

Depuis cinq siècles, on a représenté Jeanne d'Arc tantôt comme un personnage réel dont les actions furent déterminées par sa propre volonté, tantôt, au contraire, comme un être surhumain inspiré par Dieu. La légende s'est emparée de ses actions, elle les a transformées et les a embellies de telle sorte que nous ne savons plus très bien où l'histoire se termine et où la fiction commence. Et pourtant, bien que son œuvre tienne du miracle, Jeanne d'Arc elle-même reste un personnage authentique et touchant.

La vie de la « Bonne Lorraine » fait penser à une de ces tragédies classiques dans lesquelles le destin conduit irrésistiblement l'héroïne à la mort.

Le premier acte de la tragédie évoque la jeunesse de Jeanne d'Arc. La sainte naquit à Domrémy, en Lorraine, au moment le plus sombre de l'histoire de France (1412). Le royaume tout entier allait être livré aux Anglais. La jeune fille entendit les récits des soldats qui passaient par son village natal; ces récits la faisaient souffrir de la « grande pitié qui était au royaume de France ». Humble bergère qui ne savait ni lire ni écrire, qui ne connaissait rien aux affaires politiques, elle crut cependant qu'il était de son devoir de sauver la France. Des voix lui avaient dit, pendant qu'elle gardait ses moutons, qu'elle seule pouvait le faire. Saint Michel, raconta-t-elle plus tard, lui était apparu dans une lumière éblouissante et lui avait ordonné d'abandonner ses troupeaux et de chasser les Anglais de France. Dans ses visions, Sainte Marguerite et Sainte Catherine avait répété cet ordre. Pendant trois ans elle hésita. Enfin, profondément croyante, vraie fille du Moyen Age mystique, elle décida de partir, malgré l'opposition violente de son père.

Au deuxième acte, nous voyons la pauvre paysanne se rendre auprès du roi Charles, « le petit roi de Bourges » pour lui demander l'armée dont elle a besoin. Son odyssée commence. Nous suivons Jeanne sur les dangereuses routes de France ; d'abord elle marche, puis des paysans qui ont pitié d'elle lui offrent un cheval. C'est l'hiver. Elle, qui n'avait jamais quitté son village, elle traverse maintenant la Lorraine, la Champagne, l'Orléanais, infestés de soldats. Enfin, elle arrive aux bords de la Loire, à Chinon, où Charles VII s'est réfugié. La bergère se présente devant le roi. Pour éprouver la ténacité de la jeune fille, le roi se cache parmi ses courtisans, mais elle le reconnaît. Elle trouve des mots qui touchent le cœur sec du souverain. « Le Roi des Cieux vous mande par moi, lui dit-elle, que vous serez sacré et couronné en la ville de Reims, et vous serez alors lieutenant du Roi des Cieux, qui est roi de France. » Mais le jeune homme indolent, maladif, hésite ; il ne peut pas prendre un parti. Il décide de la faire interroger par des théologiens, qui s'étonnent de son intelligence lucide et de sa foi profonde. Le roi, enfin, lui donne les soldats qu'elle demande.

Le troisième acte nous fait assister à ses triomphes. Dans toute la France, on parle de Jeanne, on reprend courage. « Cette fille nous est envoyée par Dieu, disent les femmes. Dieu, enfin, est avec nous ! » L'armée nouvelle grossit de jour en jour. La confiance revient. Trois mois après son départ de Domrémy, la Pucelle délivre Orléans, qu'on croyait perdu. Cette paysanne qui ne veut pas tenir une épée, que fait-elle donc pour être victorieuse ? Plus tard, elle indiquera naïvement la raison de ses succès : « Je suis entrée parmi les Anglais et j'ai dit à mes gens de me suivre. » Montée sur un cheval blanc, vêtue d'une armure étincelante, tenant une bannière à la main, elle s'est exposée vingt fois aux coups ennemis. Ses soldats la suivent partout, partout l'ennemi effrayé s'enfuit.

Par sa victoire à Orléans, elle sauve les provinces qui sont au sud de la Loire. Puis, aussi vite que possible, Jeanne conduit Charles à travers les parties de la France qui sont encore anglaises. Les portes des villes ennemies s'ouvrent devant elle.

Statue de Jeanne d'Arc

Jeanne arrive à Reims; dans la cathédrale, elle fait couronner le petit roi de Bourges. Ainsi, elle rend prestige à la royauté; la France enfin a un roi sacré selon les rites, le roi d'Angleterre n'est plus qu'un usurpateur. La délivrance d'Orléans et le sacre du roi à Reims sont les deux grands triomphes de Jeanne d'Arc.

Au quatrième acte, notre héroïne lutte contre un sort contraire. D'abord, elle essaie de prendre Paris, mais, en attaquant la ville, elle est blessée. Le roi la fait renoncer à ce projet. On la garde à la cour, où elle perd neuf mois—de septembre à mai—à ne rien faire. Les courtisans sont jaloux de son succès. Enfin elle s'échappe et court à Compiègne, assiégé par les Anglais et leurs alliés. Là, elle est faite prisonnière par les Bourguignons. Le comte de Luxembourg la vend aux Anglais. Charles VII ne fait rien pour la libérer.

On la conduit à Rouen, où se jouera le dernier acte de la tragédie. Jeanne d'Arc est jugée par un tribunal ecclésiastique français dont les décisions sont dictées par les Anglais. Ceux-ci ordonnent au tribunal de la déclarer coupable de sorcellerie. Jeanne est gardée prisonnière dans le donjon de la ville, elle est menacée de torture, elle subit les questions perfides de ses juges. Le procès n'est qu'une parodie de la justice. Ses réponses sont des merveilles de lucidité et de finesse; elle repousse les attaques en disant toujours la simple vérité. Les vieillards du tribunal sont forcés de se servir de ruses infâmes pour venir à bout de cette jeune fille de dix-neuf ans. Enfin, le tribunal se prononce: Jeanne est une sorcière inspirée par le Diable; elle doit être brûlée vive. Abandonnée par Charles à qui elle a rendu son royaume, abandonnée par les « voix » qu'elle implore en vain, elle meurt sur un bûcher dressé sur la place du Vieux-Marché à Rouen, le 10 mai 1431. Le sacrifice est consommé, la tragédie est terminée.

Jeanne d'Arc avait sauvé la France. Après sa mort, l'exemple qu'elle avait donné fut suivi par les capitaines français. L'une après l'autre, les provinces anglaises revinrent définitivement à la France. En 1453 une seule ville, Calais, restait anglaise. La guerre était terminée; mais elle laissait le royaume ruiné, sa civilisation appauvrie. Heureusement, comme il est arrivé si souvent dans l'histoire de France, un souverain de génie allait bientôt rétablir la prospérité et rendre sa grandeur au pays.

CHAPITRE IX

Louis XI et la fin du Moyen Age

Les premières années du règne de Charles VII, le petit roi de Bourges, avaient semblé annoncer un règne sans grandeur. Pourtant, sous ce roi, qui, « vieux à vingt ans, devint presque jeune à quarante », l'ordre fut vite rétabli. A son fils, le dauphin Louis, il laissa un trône respecté.

Louis XI (roi de 1461 à 1483), superstitieux, cruel, chétif, et laid, fut le souverain le plus avare de la France. Quand il faisait une entrée royale dans une ville, son habit de gala ne valait pas, disait-on, vingt francs—y compris la valeur de son cheval! Pourtant Louis XI fut un des grands rois de France. Lorsqu'il monta sur le trône, le Moyen Age tirait à sa fin, de traditions inutiles s'effaçaient, des idées nouvelles apparaissaient. Vivant à une époque de transition, Louis XI en profita pour faire de la France une nation moderne. Il s'intéressa plus aux questions économiques qu'à la guerre. Il encouragea les bourgeois français à devenir les rivaux des marchands de Venise et de Gênes, qui semblaient avoir le monopole du commerce de la Méditerranée.

Le désir d'unité, qui avait été en quelque sorte instinctif chez ses ancêtres, fut pour Louis XI une règle absolue. Lorsqu'il mourut, il laissa une France compacte, sans terres féodales séparant une province royale d'une autre.

Le règne de Louis XI n'avait pas la dignité de celui de Louis IX. La force et la justice furent remplacées par la diplomatie et l'intrigue. Pour se débarrasser de ses ennemis, le roi les suborna,

Jean Fouquet. *Portrait de Louis XI*

ou même n'hésita pas, dit-on, à les faire empoisonner. Le fait principal de son règne, la défaite de Charles le Téméraire, le dernier duc de Bourgogne et le dernier des grands seigneurs féodaux, s'accomplit sans que Louis ait eu à combattre. Charles mourut assassiné par des soldats suisses, alors qu'il essayait de s'emparer de la Lorraine. Immédiatement, Louis saisit la Lorraine et la Picardie.

Le génie de Louis XI a été longtemps méconnu. Rien dans son règne, qui fut sans faste, ne retint l'imagination des foules. Son œuvre s'accomplit en silence: « Pour Louis XI, a-t-on dit, le résultat seul comptait; il mettait loin en arrière l'orgueil et l'amour-propre . . . A des moments difficiles, il avait su s'humilier. Il n'avait eu que des ambitions modestes, réalisables: s'arrondir, donner, ou rendre à la France ce qui était français ». Louis XI était digne de clore la période de formation de la nation française. En même temps que le dernier roi du Moyen Age, il est le premier roi de la France moderne.

Dijon

L'histoire de Dijon est, dans ses grandes lignes, celle de la plupart des villes françaises. Petit village au temps de César, Dijon se développa rapidement, car sa position stratégique dans la plaine de Bourgogne était favorable.

Musée de Dijon. Tombeaux de Jean sans Peur et Marguerite de Bavière, et de Philippe le Hardi. XVe siècle

Au deuxième siècle, le Christianisme y eut son martyr, le fameux Saint Bégnigne, dont une cathédrale conserve le nom. Lorsque les tribus germaniques entrèrent en Gaule, l'une d'elles, la tribu des Burgondes, occupa la région et donna son nom à la province. Ses chefs en firent, au temps des Mérovingiens, un véritable royaume qui compta parmi les plus importants d'Europe.

Les siècles passèrent. Sous les Capétiens, le royaume des Burgondes, bien diminué, ne fut plus qu'un duché, mais Dijon resta sa capitale. Comme les villes du nord, Dijon voulut conquérir son indépendance: en 1182, après bien des luttes, les Dijonnais obtinrent une charte qui assurait leur autonomie. La ville se trouvait sur la route qui reliait la Méditerranée au nord de la France: il fut donc facile à Dijon de devenir un centre commercial important. Les premiers ducs de Bourgogne y établirent leur cour. Près du palais ducal, de la belle église de Notre-Dame, et de la cathédrale Saint-Bénigne, si sévère, les hôtels des nobles et les maisons privées des bourgeois rivalisèrent de richesse.

Au quatorzième siècle, la première famille ducale s'étant éteinte, les Valois donnèrent le duché à un membre de leur propre famille. Ce fut l'époque la plus glorieuse de la province et de la

Trois Pleurants provenant des Tombeaux de Philippe le Hardi.

ville. Tous les Valois étaient de grands amateurs d'art; mais les ducs de Bourgogne, devenus les seigneurs les plus riches d'Europe lorsqu'ils eurent acquis les Pays-Bas, s'entourèrent d'un luxe que les autres Valois ne connurent pas. L'un après l'autre, Philippe le Hardi, Jean sans Peur, Philippe le Bon, et Charles le Téméraire maintinrent leur province, pendant plus d'un siècle, au premier rang des puissances européennes.

Elégante et raffinée, l'atmosphère de la cour attira des sculpteurs, des peintres, et des architectes. Les chefs-d'œuvre de l'art bourguignon ne sont pas uniquement d'inspiration française: des artistes hollandais et flamands y ont collaboré.

Le palais des ducs de Bourgogne a disparu en grande partie, mais d'après ce qui en reste, on peut s'imaginer facilement ce qu'était son ancienne splendeur.

Les dalles de marbre et les planchers de bois précieux étaient couverts de tapis épais, les murs étaient cachés par des tapisseries tissées d'or. Dans la bibliothèque ducale, les premiers tableaux à l'huile que l'on connaisse étaient accrochés aux murs, et sur les tables sculptées se trouvaient de nombreux manuscrits. Les ducs étaient fiers de leur « librairie ».

Un grand nombre d'ouvrages exécutés par des artistes bourguignons nous sont parvenus. Les plus célèbres sont les tombeaux des ducs, qui sont conservés aujourd'hui dans l'ancien palais. Ces tombeaux, d'un réalisme nouveau à l'époque, comptent parmi les grandes œuvres de la sculpture française. Même dans la mort, ces seigneurs voulaient être glorifiés, et quelques-uns

Le Triomphe de l'Éternité. Tapisserie de XVe siècle

des artistes les plus fameux du temps, hollandais, français, ou espagnols, furent chargés de sculpter les « gisants » aux mains jointes et les « pleurants » qui leur font cortège.

Après la mort de Charles le Téméraire, le duché fut rattaché à la couronne. Sous les rois, la ville resta capitale de la Bourgogne. Une université importante s'y développa.

Aujourd'hui des marchands expédient dans toute la France et à l'étranger les produits de la Bourgogne, surtout ses vins renommés et sa moutarde de Dijon.

L'histoire de Dijon—une lente évolution, une période brillante, et enfin une existence commerciale—c'est bien l'histoire d'une ville française typique.

La littérature du XIVe et du XVe siècles

En parlant de la littérature française du douzième et du treizième siècles, nous n'avons presque rien dit des œuvres en prose. Il ne faut pas oublier, cependant, l'œuvre de Villehardouin (*la Conquête de Constantinople*) et celle de Joinville (*Histoire de Saint Louis*). Froissart, « prince des chroniqueurs », fut au quatorzième siècle le successeur de ces deux historiens. Il passa la plus grande partie de sa vie à voyager, à regarder, et à bavarder ; il a décrit tout ce qu'il a vu, entendu, et appris. Il s'intéressait surtout à la vie des nobles ; il raconte leurs tournois, leurs combats, leurs aventures. Bien qu'il méprisât les petites gens, il ne put s'empêcher de voir leur misère. Ses *Chroniques* nous donnent un tableau vaste, curieux, vivant de la France à l'époque de la guerre de Cent Ans.

La guerre ne fit pas négliger le théâtre. Il nous est parvenu du quatorzième siècle un groupe d'une quarantaine de pièces, *les Miracles de Notre Dame*. Dans ces drames, le style est simple, les idées sont peu profondes. Les mêmes situations dramatiques reviennent souvent ; la Vierge, par exemple, sauve au dernier moment un pécheur repentant. *Les Miracles* témoignent de la piété profonde mais quelquefois un peu naïve du peuple français.

Le quinzième siècle fut le siècle des *Mystères*. Alors qu'une pièce ordinaire se joue en deux ou trois heures, il fallait quelquefois quatre jours pour représenter les *Mystères*, que l'on jouait en plein air sur des scènes immenses. Des centaines d'acteurs étaient nécessaires. Comme dans les drames liturgiques, les sujets étaient tirés de la Bible ou des vies des saints. Mais les *Mystères* avaient des épisodes comiques, quelquefois même vulgaires ; pour cette raison, au seizième siècle, ils furent interdits à Paris. Mais, dans d'autres villes, les représentations continuèrent, et les drames de la Passion sont tirés des parties sérieuses et édifiantes des *Mystères*.

Au quatorzième et au quinzième siècles, on a joué plus de mille farces ; cent cinquante environ nous sont parvenues. Elles nous révèlent les tendances de la bourgeoisie et du peuple. Même en temps de guerre— et peut-être surtout en temps de guerre—on aimait à rire et on attachait peu d'importance à la valeur morale des pièces. Les coups donnés et reçus dans les farces sont innombrables, et l'esprit gaulois y prend souvent sa forme la plus grossière. Cependant quelques farces sont très amusantes. Citons *la Farce du Cuvier* et *la Farce du pâté et de la tarte*. Le chef-d'-œuvre du genre, *la Farce de Maître Pathelin* (vers 1470), pourrait être comparé à plus d'une comédie moderne. Les farces sont restées longtemps populaires et ont influencé certains écrivains classiques, tels que Molière.

Parmi les poètes de l'époque que nous étudions, il convient de mentionner Christine de Pisan, auteur de poèmes sincères et personnels, et surtout Charles d'Orléans et François Villon.

Charles d'Orléans et sa femme. Tapisserie

    Charles d'Orléans (1391–1465), neveu du roi Charles VI et père de Louis XII, fut fait prisonnier à Azincourt et resta vingt-cinq ans captif en Angleterre. Pendant son exil, et après son retour en France, il écrivit de charmants poèmes sur les tristesses de l'exil, sur les bienfaits de la paix, sur le printemps et l'amour.

    Charles d'Orléans était un grand personnage. Tout différent fut François Villon se voulant poète du peuple, ami des pauvres et même des voleurs; il fut « un bohème délicat et triste ». Né en 1431 (l'année de la mort de Jeanne d'Arc), il fit des études à l'Université de Paris. Avec certains de ses amis, il aurait été responsable du meurtre d'un prêtre avec lequel il se disputait. Villon fut condamné au bannissement. Mais un an et demi plus tard on le retrouve à Paris. Bientôt, pourtant, alors qu'il est sur le point de quitter la capitale encore une fois, il prend part au vol de la chapelle d'un collège. Puis il disparaît. On retrouve ses traces à Bourges, à Orléans, à Meung-sur-Loire—toujours en prison! Il réussit à retourner à Paris où il est arrêté et condamné à la pendaison. Mais on lui permet de s'enfuir. Il quitte Paris— c'est la dernière fois qu'on entend parler de lui. Il n'avait que trente-quatre ans, mais il avait déjà écrit les poèmes qui le rendirent célèbre. Villon prétendit écrire son testament dans ses poèmes les plus connus, alors qu'il ne possédait rien d'autre que

ses poèmes eux-mêmes. Dans la *Ballade des pendus* il frémit à
l'idée de la corruption de la chair et à l'évocation du spectacle
horrible des pendus. Très émouvant est la *Ballade pour prier
Notre-Dame*, qu'il écrivit sans doute pour sa mère. Il aimait la vie
qui passe si vite, les belles femmes qui disparaissent comme « les
neiges d'antan », dit-il dans sa célèbre *Ballade des dames du temps
jadis*. François Villon, un des plus grands poètes français du
Moyen Age, nous laisse une œuvre étonnament moderne.

   L'historien Philippe de Commines, qui vécut aussi au
quinzième siècle, nous révèle les intrigues compliquées et la
personnalité complexe de Louis XI. C'est grâce à lui et à Froissart
que nous connaissons en détail la vie du quatorzième et du quinzième siècles. Mais si l'on veut aujourd'hui connaître Louis XI
et son époque, on trouvera peut-être les *Mémoires de Commines*
un peu secs. On lui préférera des romans historiques comme
Notre-Dame de Paris de Victor Hugo, qui dépeint d'une manière
magistrale la vie en France à la fin du Moyen Age.

Philippe de Commines

CHAPITRE X

Paris au XVᵉ siècle

Paris, au quinzième siècle, était déjà une très grande ville, la plus célèbre d'Europe après Rome—peuplée, bruyante, et cultivée.

L'Ile de la Cité est le cœur de la ville et le centre de la vie parisienne. C'est là que fut élevée à la fin du douzième siècle, pendant le règne de Philippe Auguste, une des premières cathédrales gothiques, Notre-Dame de Paris. Grandiose, elle est noble et digne d'une capitale. Tout près de là se trouve le Palais de Saint-Louis. Ses hautes tours et ses toits pointus ne réussissent pas à cacher la Sainte-Chapelle, où scintillent les plus beaux vitraux de Paris.

Des ponts couverts de maisons relient la Cité aux deux rives de la Seine. La rive gauche, c'est l'Université, le quartier des étudiants, le Quartier latin. Attirés par la renommée de la vieille université (elle avait été fondée en l'an 1200 par Philippe Auguste), les étudiants venaient de tous les pays d'Europe; ils conservaient le plus souvent leurs coutumes nationales et leurs costumes étranges. Ils parlaient le latin, seule langue qu'on comprît partout au Moyen Age. Futurs moines et notaires, futurs trouvères et vagabonds, ils se rencontraient dans les classes et dans les cabarets, toujours prêts à attaquer ou à soutenir un point de théologie ou bien à livrer un combat mortel. Le Quartier latin leur appartenait: leurs ennemis, les bourgeois de la ville,

Notre-Dame de Paris

qui les craignaient avec raison, leur laissaient le champ libre. Malheur au gendarme qui osait arrêter un étudiant, même si celui-ci était coupable: les étudiants libéraient aussitôt leur camarade. Maîtres et écoliers avaient leurs propres tribunaux, plus indulgents que les tribunaux royaux. L'Université était donc une puissance qui avait ses lois, ses traditions, sa langue.

Qu'enseignait-on à l'Université? Du latin, beaucoup de latin. Les sept arts libéraux: d'abord le *trivium*, composé de grammaire, de rhétorique, et de logique, ensuite le *quadrivium*, composé d'arithmétique, de géométrie, d'astronomie, et de musique, tout cela étudié dans des textes acceptés aveuglément. La théologie, étudiée par les étudiants plus âgés, faisait la gloire de l'Université de Paris: les docteurs en théologie étaient considérés comme les plus grands savants de leur époque. C'est grâce à eux qu'on pouvait dire, dans le langage du temps, que « la Gaule était le four où cuisait le pain intellectuel du monde entier ».

Au treizième siècle, Robert de Sorbon, aumônier de Louis IX (Saint Louis), plein de pitié pour la misère de quelques étudiants en théologie, avait fait construire pour eux un nouveau bâtiment. Bientôt les professeurs de théologie s'accoutumèrent à faire leurs conférences dans ce nouveau bâtiment, auquel on donna le nom de Sorbonne. Pendant longtemps «la Sorbonne» resta la Faculté de Théologie de l'Université. L'édifice original n'existe plus.

Sur la rive droite on pouvait voir le beau palais du Louvre, que Charles V le Sage avait commencé au quatorzième siècle et que les souverains allaient transformer et reconstruire pendant quatre siècles. Mais la rive droite c'est surtout la ville, le quartier des bourgeois. Les maisons presque toujours de bois et de plâtre, sont serrées les unes contre les autres. Chaque rue a tendance à n'abriter que les membres d'une même profession; il y a la rue des Bouchers, la rue des Merciers, la rue des Boulangers. D'autres rues tirent leurs noms curieux des boutiques dont les enseignes peintes se balancent au vent: rue de l'Homme Armé, rue du Pot de Fer, rue des Ciseaux. Souvent un ruisseau d'eau sale coule au centre de ces rues étroites et sombres. La nuit, des chaînes en ferment les extrémités. Malgré les lanternes, d'ailleurs rares, Paris n'est pas sûr après le coucher du soleil.

Dans leurs boutiques aux plafonds bas, les marchands travaillent dur, douze, quatorze heures par jour, et s'enrichissent lentement. Ils ont une grande individualité, un grand orgueil de leur état, ces bourgeois prudents et raisonnables, et ils occupent une place de plus en plus grande dans la vie politique de leur capitale.

Pendant la guerre de Cent Ans, la ville avait beaucoup souffert. Mais à la fin de la guerre, elle se releva vite. Les boutiques se rouvrirent, les bateaux reparurent sur la Seine, les changeurs d'or revinrent. Les artistes qui avaient tant fait pour la gloire de la ville se remirent à sculpter les statues de la Vierge et des saints, à peindre des tableaux de piété.

La ville attire les savants et les écrivains; presque tous, ils viennent à Paris à un moment ou à un autre de leur vie. Ils se rencontrent, ils échangent des idées, ils lisent les nombreux livres qu'on publie à Paris dès 1470 quand on y établit la première imprimerie. Il n'y a pas encore de vie de cour très développée, mais les manières de Paris ont un poli, un charme qui sont célèbres. Paris est déjà, comme le dira Montaigne, un grand écrivain français du seizième siècle, « la gloire de la France et l'un des plus nobles ornements du monde ».

L'Ile-de-France d'hier et d'aujourd'hui

Au domaine primitif des rois de France on a donné le nom d'Ile-de-France. Ce fut longtemps une « île », en effet, limitée par certains cours d'eau qui devaient devenir célèbres dans l'histoire de France: la Seine, l'Oise, la Marne, et quelques-uns de leurs

Château de Pierrefonds. Vue générale

affluents. Mais à ce territoire assez réduit, les rois ont peu à peu ajouté les régions voisines. Au quinzième siècle, l'Ile-de-France était déjà une des provinces les plus étendues du royaume. Traversée d'un bout à l'autre par la Seine, donc reliée à deux autres riches provinces, la Bourgogne et la Normandie, elle avait prospéré. Placée comme elle l'était au centre politique du royaume, l'Ile-de-France fut la province royale par excellence; c'est là qu'on parlait le dialecte (le francien) destiné à devenir le français moderne; c'est là que se trouvait le centre intellectuel de la France.

Dans cette province habitée depuis si longtemps, les forêts, protégées par les rois et leurs vassaux, sont encore nombreuses et épaisses: la forêt de Rambouillet, la forêt de Fontainebleau, la forêt de Compiègne, d'autres encore, où les souverains chassèrent longtemps le cerf et le sanglier.

Mais plus émouvantes encore sont les innombrables marques de l'activité humaine: la région est le plus beau musée de l'histoire de France. Aujourd'hui encore, châteaux et cathédrales nous rappellent l'ancienneté et la richesse de la province: palais royaux comme ceux de Versailles, de Compiègne, ou de Fontainebleau au centre de leurs forêts; châteaux forts de grands vassaux,

Pol de Limbourg. *Très Riches Heures du Duc de Berry. Le mois d'octobre.*
Détail d'une miniature sur vélin. XVe siècle

comme Pierrefonds ou Coucy, qui furent démantelés par des rois
jaloux; maisons de plaisance des grands financiers parisiens du
dix-huitième siècle, au goût raffiné et plus intimes que les palais
des rois. Les grandes églises de l'Ile-de-France, Beauvais, Senlis,
Pontoise, Notre-Dame de Paris, par exemple, sont parmi les
premiers exemples de l'art gothique et restent parmi les plus
imposants.

Autour de la capitale, les villes sont nombreuses et prospères : villes royales comme Fontainebleau et Versailles; centres
agricoles, comme Melun; centres industriels, à la fois anciens
et modernes, comme le Saint-Denis d'aujourd'hui, où la fumée
des usines noircit, dans la vieille abbaye, les tombeaux des rois
de France.

Mais la gloire de l'Ile-de-France, aujourd'hui comme du
temps de Sainte Geneviève et de Louis XI, est l'ancienne Lutèce,
le Paris moderne, centre de la nation la plus centralisée d'Europe.

Très Riches Heures du Duc de Berry. Le mois de juin

La musique au Moyen Age

La musique au Moyen Age se divise en trois groupes: la musique populaire avec ses chansons et ses airs à danser composés par des bergers ou bergères, des bûcherons, des fileurs; la musique religieuse représentée par le Chant grégorien, forme de prière chantée sans accompagnement, qu'on peut entendre encore de nos jours dans certaines abbayes comme celle de Solesmes dans la Sarthe; et enfin la musique savante, celle des trouvères (du Nord) et des troubadours (du Sud).

Aujourd'hui, en lisant des chansons de geste, telles que *la Chanson de Roland*, nous oublions souvent, en effet, qu'elles ont été composées pour être chantées par des trouvères, qui s'accompagnaient sur un luth ou sur un instrument musical appelé *vielle*, « un instrument à cordes, où une manivelle à roue remplaçait l'archer » (*Le Petit Robert*).

La délicate chantefable d'*Aucassin et Nicolette* (vers 1200, la seule retrouvée malheureusement), par exemple, est un récit qui se compose de prose récitée et de vers chantés.

Psautier. XIIIe siècle

Au treizième siècle, le trouvère Colin Muset composa des chansons « courtoises, délicates, et ironiques », tandis que Thibault de Champagne, roi de Navarre (1234–1253), écrivit surtout des poèmes d'amour, accompagnés de musique.

La musique était aussi un élément important du théâtre. Le grand musicien du treizième siècle, c'est Adam de la Halle. A la fois musicien et poète, il composa *le Jeu de Robin et de Marion*, d'une exquise fluidité qu'on peut appeler « le premier opéra-comique français », parce que c'est une pastorale dramatique mêlée de chansons.

L'abbaye de Solesmes

Au quatorzième siècle Guillaume de Machault (v. 1300–1377), chanoine de Reims, s'affirme le plus grand musicien français. Il a écrit des lais, des rondeaux, des ballades d'une grande diversité, et une magnifique messe à quatre voix, *la Messe Notre-Dame*.

La musique est donc très importante en France à cette époque et il ne faut pas oublier que c'est au Moyen Age français que l'on doit la création de la polyphonie (musique composée à plusieurs voix), création essentielle qui devait bouleverser l'évolution de la musique.

DEUXIÈME PARTIE

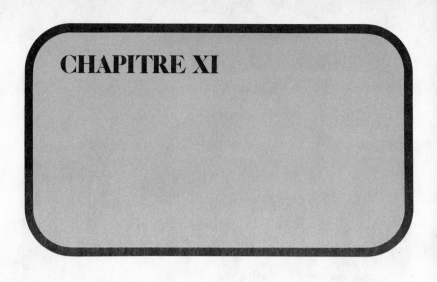

CHAPITRE XI

La France et l'Europe au XVIᵉ siècle

A la fin du quinzième siècle et au début du seizième, l'invention de l'imprimerie, les grandes découvertes géographiques, et surtout la « découverte » de l'Italie ont profondément modifié les idées et les mœurs des Français.

L'imprimerie, inventée par Gutenberg en Allemagne, fut introduite en France—à Lyon en 1460, à Paris en 1470. En même temps le papier, dont on s'était peu servi jusqu'alors, devint abondant et rendit la nouvelle invention profitable. Le livre remplaça le manuscrit, le nombre des écrivains et des lecteurs augmenta fortement, la vie intellectuelle des Français subit une révolution.

Après le premier voyage de Christophe Colomb en 1492, d'autres grandes découvertes se succédèrent: en 1497, Vasco de Gama, navigateur portuguais, alla aux Indes, en passant par le Cap de Bonne-Espérance ; en 1513, Balboa, navigateur espagnol, découvrit l'océan Pacifique ; huit ans plus tard, Magellan traversa le détroit qui porte son nom ; en 1524, Giovanni de Verazzano, au service de François Iᵉʳ, explora la côte de l'Amérique du Nord ; entre 1534 et 1543, Jacques Cartier fit quatre voyages transatlantiques, au cours desquels il découvrit et explora Terre-Neuve (*Newfoundland*) et le Saint-Laurent.

La « découverte » de l'Italie, cause principle de la Renaissance en France, résulta de l'ambition de Charles VIII, de Louis

XII, et de François Ier. Ces successeurs du vieux et prudent Louis XI étaient des hommes jeunes, audacieux, et épris d'aventures, qui voulaient étendre leur autorité au-delà des limites traditionnelles de leur royaume. L'un après l'autre, ils entreprirent plusieurs expéditions qui en fin de compte n'ajoutèrent aucun territoire au domaine royal, mais qui firent découvrir aux Français l'Italie, si proche et pourtant mal connue.

Charles VIII (1470–1498), fils de Louis XI, devint roi en 1483. Il épousa en 1491 la duchesse Anne de Bretagne ; c'est ainsi que la Bretagne, si longtemps indépendante, fut réunie au domaine royal. Le jeune roi, cependant, ne fut pas satisfait. Il forma le projet de conquérir le royaume de Naples, auquel il avait quelques droits, puis de reprendre Constantinople aux Turcs, enfin de se faire empereur du Saint Empire romain. Jamais rêve ne fut plus insensé.

L'armée française que Charles mena en Italie fut accueillie chaleureusement et traversa la péninsule sans difficultés. Le jeune roi s'empara de Naples (en 1495). Bientôt, cependant, des difficultés surgirent. Les hommes politiques italiens trompèrent les Français. Le peuple italien se révolta contre l'étranger. Loin de son pays, entouré d'ennemis, incapable de résister longtemps, le roi fut obligé, s'enfuyant presque, de retourner en France. Dans son château d'Amboise, le jeune homme, qui n'avait que vingt-huit ans, mourut des suites d'un accident : il se heurta le front contre le linteau d'une porte.

La reine Anne était veuve : son duché de Bretagne, allait-il rester français ?

Louis XII (1462–1515), le nouveau roi, monta sur le trône en 1498. Réclamant non seulement le royaume de Naples mais encore le Milanais, il continua la guerre. L'une après l'autre, il mena trois armées en Italie, mais malgré des alliances avec des princes italiens, malgré de bons généraux, il ne réussit pas à réaliser ses desseins. D'autre part, comment pouvait-il conserver la Bretagne ? Il était marié depuis plus de vingt ans avec une jeune fille de Louis XI. Il n'hésita pas longtemps. Il demanda un divorce, que le pape Alexandre VI lui accorda. En 1499, le roi épousa Anne de Bretagne qui apporta en dot la Bretagne à la France.

Anne mourut en 1514. Louis épousa Marie d'Angleterre, sœur de Henri VIII. Louis mourut peu après, en 1515.

Il est difficile d'admirer Louis XII. On l'a appelé, pourtant, « le Père du peuple ».

Son successeur, François Ier, né en 1494, roi de France de 1515 à 1547, convoita, lui aussi, l'Italie. La célèbre victoire qu'il remporta à Marignan, en Italie, la première année de son règne, sembla lui donner raison. C'est sur le champ de bataille, après la victoire, que François fut armé chevalier par Bayard, dont la

Jean Clouet. *Portrait de François Ier*

bravoure lui avait valu le surnom de « Chevalier sans peur et sans reproche ».

En 1518 un traité livra à François Ier une grande partie de l'Italie.

En face de la France, pourtant, se dressa tout à coup un adversaire redoutable. Don Carlos (né à Gand en 1500 et roi d'Espagne depuis 1516) fut élu, en 1519, empereur du Saint Empire romain, sous le nom de Charles-Quint. L'Espagne, l'Autriche, la Flandre, les Pays-Bas, une partie de l'Allemagne, des colonies très riches en Afrique et en Amérique, tous ces domaines étaient réunis sous un chef unique, ennemi irréconciliable de François Ier, qui avait été son rival pour le trône impérial.

Le roi français pouvait-il s'attirer l'alliance du roi d'Angleterre? Chose difficile! L'Angleterre avait presque toujours été anti-française. Mais François invita Henri VIII à venir en France pour discuter les rapports des deux pays. L'entrevue des deux rois eut lieu en 1520. Pour bien recevoir Henri VIII, François fit construire le célèbre « Camp du drap d'or », où les Français firent montre de la plus grande magnificence. L'entrevue dura trois semaines. La plus grande partie du temps fut consacrée à des fêtes. Enfin Henri VIII signa un traité avec François Ier—traité qu'il répudia bientôt afin de pouvoir s'allier avec Charles-Quint.

A cause de la Réforme (dont nous parlerons au chapitre suivant), l'Europe était divisée entre catholiques et protestants. François Ier, bien qu'i fût catholique, s'allia aux princes protestants d'Allemagne.

La lutte entre François Ier et Charles-Quint commença en 1521. Comme la guerre de Cent Ans, cette lutte fut coupée de trêves et la balance pencha tantôt d'un côté, tantôt de l'autre. Les forces des combattants étaient à peu près égales. La France était encerclée par ses ennemis, mais elle avait la paix à l'intérieur, alors que l'immense empire de Charles-Quint, aux états dispersés, était souvent en proie à des révoltes. On pouvait se transporter assez facilement d'un bout à l'autre de la France; mais il fallait des mois pour envoyer une armée, ou même un ordre, d'Espagne aux Pays-Bas. Il arrivait parfois que Charles-Quint ne savait pas où se trouvaient ses armées.

La première grande bataille de la guerre se livra en 1525 à Pavie en Italie. Malgré les efforts de Bayard, malgré le courage du roi, les Français furent vaincus. François Ier fut fait prisonnier, envoyé à Madrid, et obligé de verser une énorme rançon. De plus, par le traité de Madrid (1526), la France perdit Naples, Milan, et la Bourgogne; ces conditions étaient si dures que le Parlement de Paris refusa de les accepter.

Une fois libéré, le roi de France voulut sa revanche. Il s'allia aux Turcs, acheta pour deux millions d'or l'amitié d'Henri VIII, et obtint l'appui du pape. Toute l'Europe prit parti pour ou contre l'un des combattants. La diplomatie avait trouvé le principe de « l'équilibre européen ».

En 1536, la lutte reprit. Les intrigues, les batailles, les alliances se succédèrent jusqu'à un nouveau traité qui fut signé en 1544.

Trois ans plus tard, François Ier mourut. Henri II, né en 1519, roi de France de 1547 à 1559, réorganisa l'armée et resserra ses alliances. Quand la guerre recommença, la France fut victorieuse. L'empereur Charles-Quint, épuisé moralement et physiquement, abdiqua en 1555 et termina sa vie dans un monastère; son empire fut divisé entre son frère et son fils. Ainsi, la France n'était plus encerclée par des états appartenant à un seul souverain. En 1557, la paix de Cateau-Cambrésis mit fin aux longs et inutiles efforts des rois de France pour posséder l'Italie.

Au cours de cette longue guerre, dont toutes les grandes batailles eurent lieu hors de France, la France n'avait pas beaucoup souffert. Au contraire, les Français avaient admiré, au-delà des Alpes, une civilisation qui devait donner l'essor au mouvement artistique de leur propre Renaissance.

Palais de Fontainebleau. Vue générale

La cour de Fontainebleau

C'est surtout pendant le règne de François Ier, et en grande partie grâce au roi, que la Renaissance s'est développée en France. L'exemple qu'il a donné et la protection qu'il a offerte aux écrivains et aux artistes ont rendu son nom immortel et ont fait oublier ses défaites, son orgueil, et ses dérèglements. Tous les rois de France ont eu la « folie des bâtiments », mais le plus prodigue de tous, c'est sans doute François Ier. Au Louvre, il ajouta une aile somptueuse; il dépensa vingt millions de livres à la construction de Chambord; de Fontainebleau, modeste pavillon de chasse, il fit le plus beau palais de France.

La reconstruction de Fontainebleau commença en 1527. Deux ans auparavant, François avait été fait prisonnier par les armées de son grand rival Charles-Quint. Revenu en France, malade, humilié, il voulut tout oublier: l'Italie perdue, ses fils retenus en otages à Madrid, la France vaincue. Dans la création d'un nouveau palais caché au cœur d'une des grandes forêts de France, il crut trouver l'oubli.

En Italie il avait senti la beauté de la Renaissance italienne. Il avait admiré les toiles des grands peintres, Léonard de Vinci,

Palais de Fontainebleau. La galerie François Ier

Botticelli, les statues des grands sculpteurs, Michel-Ange, Verrocchio et Donatello. Devant lui, une forme nouvelle d'expression était apparue, où la joie de vivre, le plaisir des yeux et de l'esprit semblaient triompher. Mais ce qu'il avait le mieux compris, c'était l'architecture italienne, avec sa décoration sobre, la nudité dorée de ses pierres, les rangées de hautes fenêtres sur de longues façades, les sveltes colonnes qui rappellent les temples antiques. En Italie, « les châteaux forts étaient des palais, les cours étaient des jardins riants ». Et François voulut faire de Fontainebleau, en pleine Ile-de-France, un *palazzo* florentin.

Les architectes italiens ou français ont d'ailleurs conservé les murs épais, les beaux toits pointus, les hautes cheminées de brique rouge, la forme irrégulière des châteaux français.

A l'intérieur du palais, des peintres et sculpteurs italiens, attirés par la générosité de François Ier, ont laissé de belles œuvres. Le Rosso (Rosso Florentino) et le Primatice (Francesco Primaticcio), sans doute loin d'égaler Michel-Ange ou Raphaël, se sont révélés de bons artistes, consciencieux, et délicats.

Dans la biliothèque de Fontainebleau, de merveilleux tableaux italiens étaient accrochés: la *Joconde* (*Mona Lisa*) de Léonard de Vinci, des déesses du Titien, des Vierges de Raphaël.

Les fenêtres hautes et larges s'ouvraient comme à Florence sur les longues perspectives du parc et sur les nombreuses pièces

Jean Clouet. *Portrait de Marguerite de Navarre*

d'eau qui reflétaient des statues. En même temps que l'antiquité, les Français, toujours à l'imitation des Italiens, découvrirent la beauté de la nature.

L'influence italienne transforma la vie de cour. Sous François Ier, la cour quelque peu sévère des souverains du Moyen Age, formée de prêtres et de conseillers austères, fit place à une assemblée joyeuse de quelque vingt mille personnes, nobles, ministres, serviteurs, et bouffons. Alors grandit, avec tous ses bienfaits, la vie de société, qui avait à peine existé au Moyen Age.

Les femmes, surtout, jouèrent un grand rôle dans cette transformation de toute une classe de la société. Intelligentes et instruites, elles donnèrent à la cour un ton raffiné auquel les guerriers revenus d'Italie s'habituèrent vite. La duchesse d'Etampes, par exemple, « la plus savante des belles et la plus belle des savantes », devint la favorite de François Ier. Marguerite de Navarre, la sœur du roi, écrivit l'*Heptaméron* (1559), une collection de soixante-douze contes imités de ceux de Boccace.

Ce cadre d'une société nouvelle n'était d'ailleurs pas limité à Fontainebleau. Dans toute la France, les murs des châteaux se couvrirent de tapisseries à sujets païens. Mille objets d'art— broderies, coffrets d'argent, émaux qui reproduisaient à la française des fresques italiennes, reliures dont le cuir rouge était presque caché sous des dessins dorés—répandirent partout une joie de vivre et un raffinement que le Moyen Age n'avait pu connaître. Cet amour intense de la belle forme est une des caractéristiques de la Renaissance.

Les bords de la Loire

Pendant deux siècles, le quinzième et le seizième, les rois de France ont habité les bords de la Loire. Au quinzième siècle, chassés par les Anglais de Paris et de l'Ile-de-France, ils s'étaient réfugiés à Chinon ou à Blois. Mais, au seizième siècle, la paix une fois revenue les rois et les seigneurs choisirent de rester dans cette région de la Loire aux doux vallonnements et au climat serein. Alors que la France était déchirée par les guerres de Religion, la cour des derniers Valois y préserva et y développa à son plus haut point la culture de la Renaissance. Ce que le Dijon des ducs de Bourgogne avait été pour la civilisation pendant la guerre de Cent Ans—le refuge des arts—le Val de Loire tout entier le fut pendant les guerres entre catholiques et protestants.

Il est naturel que les nobles aient désiré habiter le Val de Loire, qu'on appelle à juste titre le « Jardin de la France ». Les provinces qui bordent le fleuve—les principales sont l'Anjou, la Tourraine, et l'Orléanais—jouissent du climat le plus agréable de France. La vigne et les arbres fruitiers y mûrissent facilement sur les coteaux et dans les vallons. Des rivières lentes reflètent le ciel clair. Ce qui attirait les rois et les nobles du seizième siècle en Tourraine, pourtant, n'était pas seulement le climat et la beauté des paysages. C'est qu'ils y trouvaient aussi des forêts pleines de gibier où ils pouvaient s'adonner avec passion à leur plaisir préféré : la chasse, tradition qui s'est gardée de nos jours puisque la plus belle meute de France se trouve près de Chambord au château de Cheverny. Pendant toute la période de la Renaissance, les riantes vallées de la Loire et de ses affluents— le Cher, et la Vienne—se sont couvertes de châteaux et de manoirs.

Château de Blois. L'escalier de François Ier

Visitons quelques-uns des châteaux célèbres du Val de Loire.

De Plessis-lez-Tours, où mourut Louis XI, et de Chinon, où Charles VII reçut Jeanne d'Arc, il ne reste que des ruines, mais ces ruines sont pleines de souvenirs historiques.

Blois, ville illustre dans l'histoire de la France, est dominée depuis des siècles par son château, qui est, comme on l'a dit, « une vivante leçon d'architecture », si nombreux sont les styles représentés dans les trois bâtiments principaux qui le composent. Un de ces bâtiments fut bâti sous Louis XII; on y voit une statue équestre de ce roi au-dessus de la porte principale. Un autre édifice fut construit sous François Ier, après son retour d'Italie; on admire surtout, dans la cour du château, « l'escalier

Château de Chambord vu d'avion

de François Ier », qui est sans doute un des chefs-d'œuvre de l'architecture de l'époque. On trouve, un peu partout, en pierre ciselée, des salamandres, emblèmes de ce roi. Une troisième aile fut ajoutée au dix-septième siècle par Gaston d'Orléans, frère de Louis XIII.

Près de Blois se dresse un autre château, le plus majestueux château du Val de Loire, Chambord, tout entier bâti sous François Ier. Deux mille maçons y travaillèrent pendant plus de quinze ans. La façade symétrique est grandiose. La décoration semble être concentrée sur la terrasse. A l'intérieur s'y trouve un merveilleux escalier double en spirale, construit de telle sorte que le seigneur qui montait ne pouvait pas voir le seigneur qui descendait.

Quelques kilomètres plus loin, le château d'Amboise se reflète dans la Loire, véritable «miroir à châteaux». Là encore, l'histoire de France revit pour nous. Le château repose, dit-on, sur des fondations taillées dans le roc par les soldats de Jules César et refaites par les comtes de Blois et les premiers Capétiens. Charles VIII, qui y naquit, embellit la résidence; Louis XI y emprisonna ses ennemis dans une cage de fer; François Ier y passa une partie de son enfance; Léonard de Vinci y fut enterré; et, en 1560, le duc de Guise y fit pendre aux balcons les cadavres de conspirateurs Huguenots.

Pour beaucoup de visiteurs, le plus agréable de tous les châteaux de la vallée de la Loire est le château de Chenonceaux. Elevé sur l'un des affluents de ce fleuve, le Cher, Chenonceaux

Château d'Amboise

comprend un bâtiment principal et une longue galerie construite
comme un ravissant pont couvert sur la rivière elle-même. Elevé
par un riche bourgeois pour son épouse, agrandi par Diane de
Poitiers, et complété par Catherine de Médicis, il fut préservé
de la furie du peuple sous la Révolution par la châtelaine d'alors,

Château de Chenonceaux

Diane de Poitiers (email peint)

qui avait su gagner l'affection de ses paysans. Vu des bords de
la rivière, ce château offre une vision étonnante.

Dans tous les châteaux que nous avons mentionnés, meubles, objets d'art, tableaux, tapisseries étaient autrefois magnifiques. Mais la plupart des châteaux de France furent saccagés
et pillés pendant la Révolution. Même aujourd'hui, les grandes
salles de nombreux châteaux sont un peu tristes. De plus en
plus, cependant, on y met des meubles et des tableaux pour
restaurer leur ancienne splendeur.

Les châteaux ne sont pas le seul titre de gloire de la vallée
de la Loire. « Ce pays est propre à nourrir de beaux esprits », a
dit un écrivain du dix-septième siècle. C'est à Tours, la capitale
de la Touraine, qu'a vécu et qu'est mort Saint Martin, un des
plus grands saints du Moyen Age. Rabelais naquit près de Chinon;
Ronsard, près de Vendôme. Descartes, « père de la philosophie

moderne », et Alfred de Vigny, poète et philosophe, sont nés à Tours. Balzac, le grand romancier du dix-neuvième siècle, également né à Tours, décrit sa ville natale et sa province dans ses romans célèbres. C'est en Tourraine aussi, dit-on, que se parle le français le plus pur.

La vallée de la Loire est donc une des régions les plus attrayantes de France. Dans un harmonieux paysage, ce centre artistique admirable, se définit comme « le jardin intellectuel et moral » de France.

CHAPITRE XII

Les guerres de religion

Au moment où la Renaissance transformait le goût artistique des hommes du seizième siècle, un événement d'une gravité extrême—la Réforme—déchaîna leurs passions et troubla leurs âmes.

Depuis longtemps, une réforme de l'Eglise semblait nécessaire. Certains papes, tels que Jules II ou Léon X, paraissaient « plus occupés de politique ou de beaux-arts que des intérêts spirituels de la chrétienté » (A. Malet : *Histoire de France*). Une partie du clergé, riche et corrompue, suivait leur exemple. La simplicité de l'Eglise primitive trop souvent semblait oubliée. Au début du seizième siècle, les idées de réforme trouvèrent en Martin Luther, un moine allemand, un porte-parole énergique et belliqueux. Ses idées pénétrèrent très vite en France.

François Ier toléra les premiers protestants; Marguerite, sa sœur, les protégea. Jusqu'en 1534, il n'y eut pas de grands éclats. Il est vrai que l'Eglise faisait de son mieux pour combattre la propagation des idées luthériennes et la formation de sectes protestantes. Pourtant, sous François Ier, souverain libéral, allié aux princes protestants d'Allemagne et occupé par ses guerres contre Charles-Quint, la Religion réformée continua à gagner des adhérents nombreux.

En 1534, les protestants affichèrent sur les murs de Paris, et même sur la porte de la chambre du Roi, des « placards » qui

J. Callot. *Les Malheurs de la guerre*

dénonçaient l'Eglise catholique. Effrayé par cet acte de témérité, François Ier laissa les Catholiques lutter ouvertement contre les protestants. Il y eut alors des persécutions cruelles, et beaucoup de protestants s'enfuirent de France.

Parmi ces fugitifs était Jean Calvin (1509–1564). Né et élevé en Picardie, où les idées de la Réforme avaient pénétré très tôt, Calvin avait étudié dans les universités provinciales, plus tolérantes que la Sorbonne, et aussi à Paris. Il s'était fait une réputation de savant et d'humaniste. L'« Affaire des Placards » le força à se réfugier à l'étranger. A Strasbourg il publia, d'abord en latin, puis en français, son *Institution chrétienne* (1536), qui devait exercer une influence profonde sur les idées religieuses de l'époque. Quelques années plus tard, il s'établit à Genève, dont il fit la capitale protestante de l'Europe. Ses livres et ses lettres encouragèrent ses disciples, qui devenaient de plus en plus nombreux en Angleterre, en Ecosse, et en France. Au siècle suivant, les premiers colons de la Nouvelle-Angleterre introduisirent le calvinisme en Amérique.

De Genève, Calvin prêcha la révolte contre l'autorité de l'Eglise catholique. Or, François Ier, par suite d'un concordat avec le pape, était à la tête de l'Eglise catholique en France; il fallait donc que le roi défendît l'Eglise pour se défendre lui-même. Edits, emprisonnements, supplices furent cependant inutiles. Les idées calvinistes se propagèrent dans le peuple. Des temples protestants s'élevèrent partout, mais surtout dans le Midi et le sudouest de la France. De grands seigneurs aidèrent leurs coreligionnaires. Bientôt l'intolérance des protestants fut aussi forte que l'intolérance des catholiques.

Francois Clouet. *Portrait de Charles IX*

Henri II, quand il devint roi en 1547, ne put pas supprimer le mouvement protestant. Après sa mort, en 1559, les protestants osèrent se révolter ouvertement. C'est à ce moment, en 1560, qu'on commença à employer le mot « Huguenots » pour désigner les protestants. (Personne ne sait au juste l'origine du mot « Huguenots »; il y a plusieurs théories contradictoires.) A la mort de Henri II, sa femme, Catherine de Médicis était devenue régente. Son fils aîné, François II, mari de la célèbre Marie Stuart—*Mary, Queen of Scots*—ne régna qu'une année (1559–1560).

Un frère de François II, Charles IX (1550–1574), n'avait que dix ans à son avènement. Il resta sous la domination de sa mère.

Le règne de Charles IX est marqué par l'événement le plus tragique des guerres de Religion, le Massacre de la Saint-Barthélemy (le 24 août 1572), au cours duquel plus de vingt mille protestants furent assassinés, non seulement à Paris mais aussi dans plusieurs villes de province.

Henri IV

Quand Charles IX mourut, âgé à peine de vingt-quatre ans, son frère cadet, Henri III, lui succéda. Henri III était plus faible encore que son prédécesseur; lâche, hypocrite, dominé par sa mère, Henri III a laissé dans l'histoire de France la réputation d'un meurtrier. Jaloux du puissant chef catholique, le duc de Guise, il le fit assassiner. Les catholiques se révoltèrent contre lui: Paris lui fut fermé. Il se tourna vers son cousin protestant, le roi de Navarre. Rendu furieux par cette apparente perfidie, un moine fanatique, Jacques Clément, l'assassina en 1589.

La mort du dernier des trois frères—François II, Charles IX, et Henri III—marque la fin de la dynastie des Valois.

Henri III n'avait ni enfant ni proche parent; le roi Henri de Navarre, descendant de Saint Louis et de la famille toute française des Bourbons, réclama la couronne de France et prit le nom de Henri IV. Tous les rois de France jusqu'en 1830 appartiendront à la famille des Bourbons.

Sans grandes ressources financières ou militaires, menacé par le roi d'Espagne qui, lui aussi, réclamait la couronne, Henri IV entreprit de conquérir son royaume. Courageux et énergique, il remporta deux grandes victoires sur les catholiques, à Arques

(1598) et à Ivry (1590). « Si vous perdez vos enseignes, dit-il à ses soldats avant cette dernière bataille, ralliez-vous à mon panache blanc ; vous le trouverez toujours au chemin de l'honneur et de la victoire. »

Paris, aux mains des catholiques, lui résista. Henri se rendit compte que son armée n'était pas assez forte pour saisir la capitale. Il décida de se convertir au catholicisme. « Paris vaut bien une messe », dit-il. Une fois catholique, le roi entra sans résistance dans la ville (1594).

La France, enfin, avait un roi digne d'elle. Il était temps ; jamais, même après la guerre de Cent Ans, le royaume n'avait connu pareille misère. L'autorité royale ébranlée, le trésor royal dissipé, l'existence même de la France menacée par l'Espagne, tel était le bilan des trente années de guerre.

Henri IV avait devant lui une tâche plus dure encore que celle de Louis XI après la guerre de Cent Ans ; mais il fut, lui aussi, un très grand roi. Il sut inspirer confiance à son peuple et voulut améliorer son sort. « Je veux, disait-il, qu'il n'y ait si pauvre paysan en mon royaume qu'il n'ait tous les dimanches sa poule au pot. » Il sut oublier le passé et pardonner à ses ennemis. Enfin, la paix régnait entre catholiques et protestants. Par l'Edit de Nantes (1598), Henri IV proclama en France la liberté de conscience. Ainsi c'est un roi de France, qui, le premier en Europe, fit de la liberté religieuse un principe de gouvernement. S'entourant de bons conseillers, tels que Sully, le célèbre ministre, Henri IV réorganisa les finances et le commerce du royaume, et rendit enfin au pays sa prospérité passée.

Henri IV avait épousé Marguerite de Valois, fille de Henri II. C'est ce mariage qui lui avait permis de monter sur le trône à la mort de Henri III. Mais en 1599 il répudia sa femme et épousa Marie de Médicis, une princesse italienne. Un fils, le futur Louis XIII, naquit en 1601.

Henri IV s'intéressa au développement des territoires français hors de l'Europe. Les premières colonies françaises permanentes furent établies. C'est en 1608, par exemple, que Samuel de Champlain créa une colonie au Canada et fonda Québec (1608).

Deux ans plus tard, en 1610, Henri IV, un des meilleurs rois de France, fut assassiné par Ravaillac, un fanatique.

Trois grands ecrivains du XVIe siècle

François Rabelais (vers 1494–vers 1553) montre dans son humanisme l'esprit de son époque. Destiné dès l'enfance à l'Eglise,

E. Hebert (1880). *Statue de Rabelais*

Catherine de Medicis (École F.
XVIe siècle

il se fait moine, d'abord Franciscain, plus tard Bénédictin.
L'étude du grec l'attire invinciblement, mais ses supérieurs
monastiques la lui interdisent. Il l'apprend quand même, et lit
avec une ardeur fièvreuse toutes les œuvres latines et grecques
qu'il peut obtenir.

A l'université de Montpellier il étudie la médecine et, en
1530, il devient médecin. En 1532, il est nommé médecin d'un
hôpital à Lyon et c'est dans cette ville qu'il publie ses deux premiers ouvrages, *Pantagruel* et *Gargantua*.

Rabelais raconte, sous forme de roman, la vie et les aventures
de deux géants, Gargantua et Pantagruel et il répand sur tout ce
qu'il écrit un vernis d'exagération comique. A première vue, on
dirait que les « horribles et épouvantables faits et prouesses du
très renommé Pantagruel » ne sont qu'une parodie des romans
d'aventures du Moyen Age. Mais les géants de Rabelais sont des
monarques bienfaisants qui donnent aux lecteurs des leçons de
tolérance et de magnanimité. Il faut au jeune Gargantua cinq
ans pour apprendre l'alphabet à rebours, nous dit Rabelais;
c'est une manière de parodier un système d'éducation qui s'appuyait trop sur des formules apprises par cœur, trop peu sur
l'intelligence. Dans un chapitre célèbre du *Troisième Livre*,
Rabelais semble admirer un juge qui résout tous les procès en
jetant des dés; c'est une satire de la justice du Moyen Age.
Rabelais met en question de façon comique les superstitions, les
causes futiles des guerres, l'orgueil d'un roi qui veut conquérir le
monde, l'oisiveté des moines, l'ambition temporelle de certains
papes, bref, tous les abus dont il a été témoin au cours de sa vie.

Rabelais ne se contente pas de critiquer. Il présente un idéal et un systeme d'éducation qui annoncent les théories modernes. Dans le cadre de sa célèbre « abbaye de Thélème », il loue la vie que menaient les moines et les nonnes—une existence qui ressemble très peu à celle qu'on menait dans les monastères et les couvents véritables, mais beaucoup à la vie élégante telle qu'elle existait à la cour de François Iᵉʳ. La seule règle qu'on doit observer, « Fais ce que voudras! », montre la confiance de Rabelais dans la nature humaine. Dans cette abbaye utopique, tous les habitants, intelligents et instruits, s'accordent naturellement pour faire ce que chacun propose à son tour.

L'adjectif « rabelaisien » est devenu synonyme de choquant ou grossier. Il est vrai que les cinq livres de *Gargantua* et *Pantagruel* ont des passages fort gaulois. Mais ce robuste auteur offre à qui est perspicace et patient de rares satisfactions. Son érudition, ses idées libérales, sa verve comique font de Rabelais un géant intellectuel et artistique.

Au seizième siècle, plusieurs poètes ont voulu réformer la poésie française. Joachim du Bellay exprima leurs principes dans un manifeste célèbre. *Défense et illustration de la langue française,* publiée en 1549. Ces principes—dédain du Moyen Age, « imitation originale » des écrivains de l'antiquité, enrichissement de la langue par l'invention de mots nouveaux empruntés au grec et au latin—allaient guider le développement de la poésie de la Renaissance. On les trouve surtout dans les œuvres de sept poètes, connus sous le nom de « la Pleiade », d'après les sept étoiles de cette constellation. Du Bellay lui-même, poète de grand talent, écrivit des sonnets excellents pendant un séjour qu'il fit à Rome.

Les mêmes principes guidèrent, bien entendu, le chef de la Pléiade, Pierre de Ronsard (1524–1585). De son vivant, Ronsard jouissait d'une réputation immense. On l'appelait « le roi des poètes et le poète des rois ». Au dix-septième siècle, il fut l'objet de violentes attaques de la part de deux critiques, Malherbe et Boileau; au dix-huitième siècle, il tomba presque dans l'oubli. Aujourd'hui, son génie est encore admiré, et il est probable qu'on aimera toujours ses meilleures odes et ses plus beaux sonnets, où, avec grâce et dans des vers harmonieux, il invoque les dieux antiques, loue Homère et Horace, chante les femmes qu'il a aimées, et témoigne d'un sentiment profond de la nature. Ronsard aimait la vie et la gloire; il mêlait aux souvenirs de l'antiquité ses sentiments personnels. Ce sont bien là les caractéristiques de la poésie de la Renaissance.

Michel de Montaigne (1533–1592), après avoir consacré quelques années à la vie de son temps (il fut maire de Bordeaux), se retira dans la tour de son château pour lire, méditer, et écrire.

Ronsard

Défense et Illustration de
la langue Française
(ed. 1578)

Les Essais de
Montaigne
(2eme Éd.)

Dans la solitude de sa bibliothèque, il composa ses fameux
Essais. D'abord, il écrit ce que ses livres lui suggèrent, ensuite
tout ce qui lui vient à l'esprit. Par exemple, il traite de la mort,
de l'éducation, de l'amitié, il commente aussi bien les livres
classiques que les mœurs des cannibales. Il analyse tout, il
cherche les causes de tout. Sa fameuse device, « Que sais-je? »,

Portrait de Montaigne

Pantagruel de Rabelais.
Illustration par G. Doré (1

Jean Clouet. *Guillaume Budé*

résume son scepticisme. C'est un homme de la Renaissance: il rejette ce qui n'est pas dicté par le bon sens ou la raison. On doit avoir, dit-il, plutôt « la tête bien faite que bien pleine ». Plus qu'aucun homme de son époque, il est impartial, tolérant, charitable.

Dans ses *Essais*, Montaigne parle très souvent de lui-même, mais l'étude de sa propre nature ne le rend pas indifférent à la pensée des autres. Il fait de la philosophie introspective. En s'étudiant, il cherche les caractères fondamentaux de la nature humaine.

On trouve dans les *Essais* des digressions innombrables, un manque d'ordre apparent qui sont quelquefois déconcertants. Mais de là aussi vient une richesse d'idées et de suggestions qui fait des quatre-vingt-treize *Essais* un des livres les plus profonds et les plus influents de toute la littérature française.

A première vue, le vigoureux Rabelais, l'harmonieux Ronsard, et le sage Montaigne étaient bien différents. Il y eut pourtant un lien non seulement entre ces trois auteurs, mais aussi entre tous les écrivains et tous les savants du seizième siècle. Ce lien fut l'*humanisme*—l'étude fervente et l'admiration enthousiaste de tout ce qui avait été écrit en grec et en latin. Des savants, tels que Guillaume Budé (1467–1540) né à Paris, et

Erasme (v. 1469–1536) né à Rotterdam, développèrent l'étude du grec. Les auteurs favoris de Montaigne étaient Plutarque, Sénèque, et Virgile, et les *Essais* sont émaillés de citations latines. L'humanisme éveilla chez les hommes de la Renaissance un esprit de critique, d'analyse, et d'émulation qui enrichit considérablement la vie intellectuelle en France. L'influence de la Réforme sur les idées religieuses ne fut pas plus grande que celle de l'humanisme sur la littérature, la philosophie, et les arts.

L'art de la Renaissance

Les artistes français du seizième siècle sont sans doute moins connus que des écrivains tels Rabelais, Ronsard, et Montaigne. Il y en a, pourtant, quelques-uns qui ont enrichi la culture française.

Le peintre Jean (dit Janet) Clouet (vers 1475–1541) naquit en Flandre. Il devint un peintre « officiel » pendant les règnes de Louis XII et de François Ier. Les portraits qu'il a faits de ces rois ont une importance historique aussi bien qu'artistique. Il a peint aussi des portraits excellents de la princesse Charlotte de France, du dauphin Henri, et du savant humaniste Guillaume Budé. Plus de cent de ses dessins sont conservés au musée de Chantilly. La finesse de leurs tons, la précision de leur dessin sont remarquables.

Son fils, François Clouet (vers 1510–1572), qui naquit à Tours, a fait le portrait de quatre rois. François Ier, Henri II, François II, et Charles IX, et aussi de la femme de ce dernier, Elisabeth d'Autriche, ainsi que celui de Diane de Poitiers, célèbre favorite du roi Henri II. On peut admirer, dans quelques musées américains, une douzaine de ses œuvres et une dizaine de portraits qui lui sont attribués.

Antoine Caron (1521–1599) naquit à Beauvais. Fortement influencé par l'humanisme de son temps, il a dépeint des scènes antiques et allégoriques, mais aussi des scènes de violence et de carnage.

Corneille de Lyon naquit à la Haye (en Hollande), mais il travailla dans la ville de Lyon à partir de 1533 et devint français en 1547. Il mourut en 1574. Il a peint un grand nombre de portraits d'hommes et de femmes aujourd'hui anonymes, mais aussi ceux de François de Montgomery, du Comte de Brissac, de la Duchesse d'Etampes, du Maréchal Bonnivet, de Gabrielle de Rochebouart, et de la Comtesse de Bouchage, qui se trouvent aujourd'hui dans des musées d'art américains. On a loué la finesse des œuvres de cet artiste et la délicatesse de leurs couleurs.

Parmi les sculpteurs Jean Goujon était en même temps architecte. Un de ses chefs-d'œuvre se trouve dans l'Eglise de

Jean Goujon. *Mise au tombeau*

Saint-Germain-l'Auxerrois, à Paris; c'est une mise au tombeau
du Christ composée de huit personnages sculptés. C'est Goujon
qui a sculpté les deux reliefs célèbres de la « Fontaine des
Innocents » à Paris (1548–1549). Ses statues de nymphes vêtues
de remarquables « draperies mouillées » ont la beauté des statues
antiques. Il a travaillé aussi bien le bronze que le marbre, la
pierre, et le bois.

 Germain Pilon (1535–1590) est avec Jean Goujon le plus
grand sculpteur français de la Renaissance. On admire surtout
la beauté de son groupe, *Trois Grâces* (1561). Pilon a collaboré
avec Francesco Primaticcio (dit le Primatice) au chef-d'œuvre,
le tombeau du roi Henri II et de la reine Catherine de Médicis,
qui est actuellement dans l'Eglise de Saint-Denis. Un ouvrage
allégorique, *la Victoire*, un portrait en marbre du duc de Guise
et un buste en marbre blanc de Sainte Barbara sont maintenant
dans des musées américains.

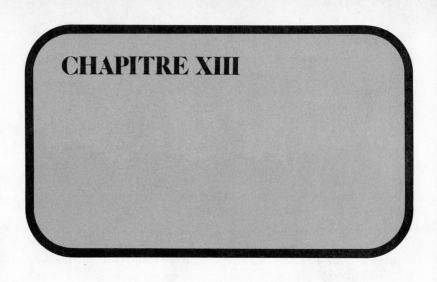

CHAPITRE XIII

Louis XIII et Richelieu

Louis XIII, fils d'Henri IV, naquit en 1601. Il n'avait donc que neuf ans à la mort de son père. Sa mère, Marie de Médicis, devint régente. Faible et peu intelligente, elle fut dominée par ses favoris et ses favorites.

Les grands seigneurs et les chefs protestants se révoltèrent contre elle. Au fond, cependant, ces révoltes n'étaient pas si dangereuses qu'on pourrait le croire; pendant le règne d'Henri IV, le peuple avait appris à avoir confiance dans la royauté; les rébellions des grands de la cour et les intrigues des aventuriers italiens, surtout celles de Concino Concini, un Italien que Marie fit maréchal de France, ne provoquèrent pas de soulèvement dans le peuple.

Un des protégés de la reine était un ecclésiastique ambitieux, Armand du Plessis de Richelieu (1585–1642), troisième fils d'un seigneur de Poitou et d'une mère bourgeoise. Lorsque Louis XIII fut en âge de régner, il apprécia la grande intelligence du cardinal; en 1624, Richelieu devint premier ministre. Alors la France eut à sa tête le plus grand homme politique du siècle. Louis XIII laissa une complète liberté d'action à son ministre, pour qui il n'eut jamais d'amitié, mais dont il reconnaissait la supériorité. Le roi passait donc au second plan. La France n'en souffrit pas.

Richelieu s'attaqua d'abord aux Huguenots, qui, malgré les termes généreux de l'Edit de Nantes, s'étaient révoltés contre

Louis XIII par Philippe de Champaigne

l'autorité de Marie de Médicis. La lutte dura plusieurs années.
De La Rochelle, bon port sur l'Atlantique, les Huguenots pouvaient facilement recevoir l'aide de l'Angleterre protestante. Le
cardinal assiégea La Rochelle, qui résista près d'un an avant de
se rendre.

Enfin les Huguenots furent vaincus. Ils perdirent leur pouvoir politique, mais conservèrent la liberté de conscience et la
liberté de culte. Ils ne se révoltèrent plus ; actifs, économes, bons
commerçants, ils allaient aider à faire de la France une des
nations les plus riches d'Europe,

Puis ce fut le tour des seigneurs, encore plus hostiles à la
suprématie de Richelieu qu'à la régence de Marie de Médicis.
Intrigues et complots se succédèrent. A la tête de tous les complots
contre Richelieu était Gaston d'Orléans, frère de Louis XIII,
lâche et d'intelligence bornée. Richelieu osa alors s'attaquer à la
famille royale. Marie de Médicis fut exilée et mourut peu après
à Cologne. Gaston d'Orléans resta en liberté mais ses compagnons
furent envoyés à l'échafaud.

Les événements de cette période agitée de l'histoire de
France nous sont familiers non parce qu'ils ont été d'une grande
importance, mais parce que les romans d'Alexandre Dumas, surtout *les Trois Mousquetaires*, les ont rendus célèbres. Mais il

Philippe de Champaigne. *Portrait du cardinal de Richelieu*

serait faux de croire qu'après Richelieu, d'Artagnan ait été l'homme le plus important de cette époque!

Pour diminuer le pouvoir des nobles qui restaient fidèles au roi, Richelieu envoya dans les provinces des *intendants* qui enlevèrent aux seigneurs l'administration des finances. Privés d'une grande partie de leurs revenus, les nobles perdirent beaucoup de leur autorité locale.

Entre 1618 et 1648, la moitié de l'Europe était divisée par la guerre de Trente Ans, à laquelle les ministres de la régence et du début du règne de Louis XIII avaient refusé de prendre part. Richelieu vit là l'occasion de détruire la puissance de l'Espagne et de l'Autriche, toujours menaçantes. Faisant appel à toute son habileté diplomatique, le cardinal s'allia aux protestants d'Allemagne, de Suède, et de Hollande, mais il mourut trop tôt (en 1642) pour voir le succès de ses entreprises. La grande victoire française de Rocroi (1643), où l'armée du prince de Condé écrasa l'infanterie espagnole, et d'autres victoires à Fribourg, à Nördlingen, et à Lens menèrent au traité de Westphalie (1648), par lequel la France prit possession d'une province-frontière de grande importance, l'Alsace.

Louis XIII mourut en 1643, quelques mois après Richelieu. Parce qu'il avait laissé le soin du gouvernement au seul homme qu'il en sût digne, le roi fut accusé de faiblesse et d'indifférence.

Quant à Richelieu, qui avait été sans pitié pour les humbles et sans respect pour les nobles, sa mort fut ressentie comme un soulagement. Ce n'est que plus tard que les Français se rendirent compte de l'importance de son œuvre. En moins de vingt ans, il avait réorganisé toutes les branches du gouvernement; il avait soumis les Huguenots; il avait fait des nobles, si turbulents depuis la mort de François Ier, des serviteurs royaux ou des courtisans dociles; enfin, il avait mis la France au premier rang des puissances européennes. Richelieu fut le plus fidèle et le plus habile des serviteurs des rois de France.

Louis XIV

A la mort de Louis XIII en 1643, son successeur, Louis XIV, né en 1638, n'avait que cinq ans. Sa mère, Anne d'Autriche, devint régente. Elle confia le pouvoir au cardinal Mazarin (1602–1661), un diplomate italien si habile qu'il avait su s'assurer l'amitié du cardinal Richelieu, dont il devint le successeur en 1643.

Mazarin avait des défauts—hypocrisie, orgueil, cupidité—que les grands seigneurs et les membres du Parlement ne lui pardonnèrent pas.

En 1648 les seigneurs se révoltèrent. Cette guerre civile, qu'on appelle la Fronde et qui dura cinq ans, mit une fois de plus la monarchie et la France en danger. Finalement, la diplomatie souple de Mazarin et le talent du général Turenne (1611–1675), qui avait aidé Condé à gagner ses victoires pendant la guerre de Trente Ans, et qui gagna lui-même la bataille de la porte Saint-Antoine, sauvèrent le gouvernement du jeune Louis XIV.

A l'étranger, des victoires contre les Espagnols amenèrent le traité des Pyrénées (1659), par lequel la France prit possession de deux territoires importants: l'Artois, au nord, non loin de la Belgique, et le Roussillon, au sud, près de l'Espagne.

Le même traité, d'ailleurs, proposa le mariage de Louis XIV avec l'infante Marie-Thérèse, fille du roi d'Espagne. Ce mariage eut lieu en 1660.

A la mort de Mazarin, en 1661, Louis XIV, âgé de vingt-trois ans, décida de gouverner par lui-même. Son règne personnel, le plus long et le plus glorieux de l'histoire de France, dura cinquante-quatre ans, de 1661 à 1715. « Le siècle de Louis XIV », comme on l'appelle, fut l'Age d'or de la civilisation française.

Hyacinthe Rigaud. *Louis XIV*

Pour Louis XIV, l'exercice du pouvoir fut un métier, mais un métier « grand, noble, délicieux », comme il disait, auquel il consacra la plus grande partie de son temps. On prétend que, très jeune encore, il a dit: « L'Etat, c'est moi ». Il est peu probable que l'expression soit de lui, mais elle aurait pu l'être avec raison. Jamais on n'avait vu chez un roi une telle énergie, un tel désir orgueilleux de faire bien tant de choses. Revue de troupes ou conduite de guerres, construction de demeures grandioses, solution de graves problèmes, il prenait toutes les décisions, fixait tous les détails. Travaillant dix ou douze heures par jour, il était soutenu par son orgueil et la certitude que Dieu lui-même l'avait choisi pour régner sur le plus puissant royaume de la terre. Même aux heures tristes où, vieilli, il vit crouler la grandeur qu'il avait donnée à la France, il n'oublia jamais qu'il était le « Roi-Soleil ». Aussi son règne a-t-il une majesté et une splendeur uniques dans l'histoire de l'Europe.

Comme tous les grands rois de France, Louis XIV sut s'entourer de conseillers éminents; mais il les choisit dans la bourgeoisie et ne leur laissa que peu de liberté—un grand seigneur ministre d'Etat pouvait trop facilement devenir plus puissant que le roi. Jean-Baptiste Colbert, fils d'un marchand drapier de Reims, est à juste titre le plus célèbre de ses ministres. Son activité fut sans bornes, son amour du travail illimité. Il sut faire comprendre à un souverain guerrier et « glorieux »—et quel tact il lui fallut!— la place que l'industrie et le commerce devaient tenir dans la vie française. Bientôt, des manufactures nombreuses s'élevèrent par toute la France. Les industries de luxe surtout prospérèrent. C'est en France, et non plus à Venise, que les miroirs des châteaux furent fabriqués; c'est en France, et non plus à Bruges, que les dentelles à la mode furent exécutées; c'est en France, et non plus à Gênes, que le velours des robes d'apparat fut tissé. Les arts décoratifs eurent leur place à côté des beaux-arts. Une table de l'ébéniste Boulle ou une tapisserie des Gobelins est aussi précieuse qu'un tableau d'un grand peintre.

Le commerce, déjà prospère au seizième siècle malgré les guerres de Religion, connut un développement encore plus grand. Au Canada, où la ville de Québec avait été fondée par Champlain en 1608, la province entière du Québec fut annexée à la France en 1663. Les Français avaient établi des comptoirs dans l'île de Madagascar et aux Indes orientales au seizième siècle, mais le gouvernement les avait négligés. Colbert fut un des premiers ministres à comprendre leur importance. Il fonda une « Compagnie des Indes orientales », favorisa l'émigration, améliora les ports et, pour protéger les colonies, construisit une flotte qui devait rivaliser avec la flotte hollandaise.

Colbert ne se borna pas à encourager le commerce. Il fit des réformes dans l'administration de la justice, protégea les hommes de lettres (il fut membre de l'Académie française) et fonda une Académie des sciences.

Plus d'une fois, ayant tenté l'impossible, Colbert avait échoué, et, lorsqu'il mourut, en 1683, épuisé par le travail et inquiet des folles dépenses de son maître, son œuvre était loin d'être terminée; mais il laissait la France respectée et connue aux quatre coins de la terre pour l'excellence de ses produits.

Deux ans après la mort de Colbert, Louis XIV commit la plus grande faute de son règne. Les protestants, depuis qu'ils avaient été vaincus par Richelieu, avaient complètement abandonné leurs idées d'indépendance. Grâce à eux, une grande partie du Midi de la France s'était enrichie par le commerce et l'industrie. Mais le roi, influencé sans doute par Madame de Maintenon, qu'il avait épousée secrètement en 1684, ne voulut plus admettre qu'une seule religion dans son royaume. Il révoqua donc l'Edit de Nantes (1685). Les protestants furent persécutés, envoyés aux galères,

leurs temples furent détruits, leurs enfants élevés loin d'eux dans
la religion catholique. Les conversions apparentes furent nombreuses, mais les protestants les plus sincères quittèrent la France
pour ne pas avoir à renoncer à leurs croyances : plus de trois cent
mille « réformés, apportant avec eux les arts et les industries de
leur ancienne patrie », furent chaleureusement accueillis par les
pays protestants d'Europe. La Prusse, par exemple, encore pauvre
et sans industrie, devint bientôt prospère grâce à ces exilés qui
répandirent partout les idées et les arts français. En ne voulant
qu'une seule religion, Louis XIV ne faisait que suivre l'exemple
des autres nations d'Europe. Mais la révocation de l'Edit de
Nantes par le petit-fils d'Henri IV ne lui fut pas pardonnée ; d'un
roi si grand, on s'attendait à une plus grande tolérance, à des vues
plus larges.

Pendant des siècles, un grand roi fut un roi victorieux.
Aujourd'hui les guerres de Louis XIV ne sont pour nous que des
événements presque secondaires ; mais pour les contemporains,
ces mêmes guerres firent plus pour la gloire du roi que les succès
économiques de Colbert.

La Franche-Comté, dont Besançon est la capitale, fut annexée en 1678 ; la ville de Strasbourg en 1681. Mais les nations
d'Europe se coalisèrent contre la France : les armées du grand
général Marlborough et celles du prince Eugène de Savoie envahirent le royaume. Des batailles désespérées se terminèrent
en victoires pour la France, et l'ennemi fut contraint d'évacuer
le pays. D'autre part, des traités en 1713 et en 1714 obligèrent
la France à céder à l'Angleterre des territoires en Amérique :
l'Acadie et Terre-Neuve.

La fin du règne de Louis XIV fut tragique. Le fils aîné du roi,
le « Grand Dauphin », né en 1661, était depuis cinquante ans
l'héritier présomptif de la couronne. Toute sa vie, sa santé avait
été excellente ; mais en 1711, il fut atteint de la petite vérole et
mourut soudainement.

Le fils du Grand Dauphin, le duc de Bourgogne, devint donc
le nouvel héritier présomptif. Quelques mois plus tard, sa femme,
la duchesse de Bourgogne, tomba malade de la rougeole. Malgré
les neuf médecins qui la soignaient, ou peut-être à cause d'eux,
elle mourut. Son mari, le duc, atteint de la même maladie, la suivit
bientôt dans la tombe.

L'arrière-petit-fils de Louis XIV, qui n'avait que cinq ans,
mourut en 1712 du même mal. C'est donc son frère cadet qui allait
devenir Louis XV.

Il est difficile d'imaginer l'émotion que ces événements
causèrent à Versailles et par toute la France, et la douleur qu'en
éprouva Louis XIV.

Antoine Coysevox.
Buste du Grand Dauphin

Le 1ᵉʳ septembre 1715, Louis XIV mourut, après une longue vie consacrée en grande partie à ses plaisirs et à sa gloire personnelle, mais aussi, et dans la plus grande mesure, à ce qu'il croyait être la grandeur dela France.

Versailles

Pendant près d'un demi-siècle, Louis XIV habita à Versailles le palais qu'il y avait fait construire. C'est là qu'il vécut les années les plus glorieuses et les plus tristes de son règne, et c'est là qu'il mourut. Aussi son souvenir est-il à jamais lié à ce château qui fut si longtemps le siège du gouvernement de la France et qui est devenu le symbole de cette longue période qu'on a appelée le Grand Siècle.

La construction du palais fut commencée quelque temps après la mort de Mazarin. Louis XIV ne voulait pas détruire le rendez-vous de chasse, « le petit château de cartes » que son père avait fort aimé: il se contenta d'abord d'y ajouter des ailes. Mais ce n'était là qu'un commencement. Ces ailes furent prolongées, surélevées, reliées les unes aux autres de manière à former des cours intérieures ou d'immenses galeries. Plus d'une fois, les plans furent changés, certains bâtiments furent détruits, puis reconstruits, pour satisfaire les caprices du roi. Malgré ces modifications, l'ensemble présente une unité inattendue: l'esprit classique, le goût inné des architectes (Le Vau, Mansart), l'influence du roi surtout, furent cause de ce miracle, « la plus belle réussite artistique que le monde moderne ait connue ».

Du côté du parc, le palais se présente à nous tel que le virent les courtisans de Louis XIV à la fin du dix-septième siècle. C'est une masse énorme de pierre dorée, aux longues lignes droites coupées de hautes colonnes. De chaque côté du corps central, les ailes se déploient, si longues et si étendues qu'elles en semblent basses. Mais quelle belle composition, et quelle majesté!

Devant cette façade s'étend une immense terrasse plate, presque nue, qui permet de saisir d'un coup d'œil la beauté du bâtiment central. Puis, en bas d'un escalier colossal, le parc se développe, aussi logique, aussi régulier dans la simplicité de ses lignes droites et de ses perspectives que le palais lui-même. Une fantaisie discrète règne dans l'ordonnance des bosquets, dans les fontaines aux « cristaux limpides », toutes différentes les unes des autres, dans les statues qui peuplent le parc de dieux antiques. Les jardins de Versailles, dessinés par un grand artiste, Le Nôtre, forment l'écrin digne d'une telle demeure.

Entrons dans le palais. Comment décrire le luxe grandiose des salles principales, et la tristesse des pièces monotones où logeaient les courtisans? Dans ces chambres basses et laides vécurent, loin de leurs châteaux spacieux, les plus grands seig-

Versailles. La façade

Versailles. Vue du bassin de Neptune

neurs et les plus nobles dames de France. On supportait facilement le manque de confort afin de pouvoir briller aux fêtes de la cour la plus splendide d'Europe.

La « magnificence royale » du palais, c'est surtout dans la Galerie des Glaces qu'il est possible de l'admirer. Cette salle immense (soixante-treize mètres de long, treize mètres de haut) est l'œuvre d'un décorateur de génie, Charles Le Brun. Des centaines de miroirs reflètent la lumière des fenêtres ; des marbres de toutes les couleurs ajoutent à la gaieté de l'ensemble, tandis que le plafond, auquel Le Brun et ses élèves travaillèrent pendant cinq ans, nous raconte l'histoire de Louis XIV. Vêtu de la cuirasse et du manteau des empereurs romains (mais, notons-le en passant, avec une perruque qui enlève toute illusion), Louis passe des fleuves dangereux, attaque des villes, vainc ses ennemis, rétablit la paix, reçoit les soumissions des provinces, réforme la justice, honore les Académies : allégories un peu lourdes, oui, mais apothéose d'une majesté suprême. A cette décoration de marbres, de miroirs, et de tableaux, ajoutez les tapis d'Orient et les statues antiques, les fauteuils de soie blanche ou rouge, les vases de bronze, les meubles d'argent ciselé, et, au centre de la Galerie, sous un dais doré, le trône doré du roi : jamais la civilisation n'avait connu un tel luxe, un tel désir de donner à la vie un décor aussi imposant, et en même temps, une telle « leçon de mesure, de précision, et de goût ».

L'éclat de Versailles en fit un modèle d'architecture dans toute l'Europe. Tant en Angleterre, en Allemagne qu'en Russie on construisit des palais à son image.

Versailles. La Galerie des glaces

Autour de Louis XIV, s'agitaient cinq mille, dix mille autres personnages. Les nobles de France servaient leur roi, non plus en restant dans leurs provinces pour administrer leurs domaines, mais en l'entourant d'une adoration continue. « La flatterie la plus énorme, la plus basse, et la plus païenne » donnait à toute heure au souverain le sentiment de sa grandeur. Pour obtenir une faveur quelconque, il fallait être vu à la cour, et vu par le roi, à qui rien n'échappait. Si Louis disait « C'est un homme que je ne vois jamais », le malheureux courtisan était à jamais disgracié.

Les défauts et les dangers d'une telle vie—l'affectation, l'ennui, la paresse—sont évidents. Il n'en reste pas moins que la vie de cour à Versailles à cette époque représente sans doute un des plus hauts points de raffinement de la vie de société.

CHAPITRE XIV

La littérature classique

Il est habituel de diviser la littérature classique du dix-septième siècle en deux parties. Les écrivains et les critiques de la première moitié du siècle ont préparé la grande période classique, qui s'étend de 1661, année où commence le règne personnel de Louis XIV, à 1715, année de la mort du grand roi.

Les poètes de la Pléiade, guidés par Ronsard, avaient transformé la poésie française. Mais leurs idées—surtout l'enrichissement de la langue par l'introduction de mots nouveaux empruntés au grec et au latin—avaient été exagérément appliquées par certains successeurs médiocres.

François de Malherbe (1555–1628), grand réformateur de la langue, voulut donc purifier le français en supprimant les néologismes de la Pléiade et en admettant seulement des mots qui seraient compris par le peuple français. Ses idées eurent une influence immense. Le français du seizième siècle est parfois difficile à comprendre; la langue du dix-septième siècle, au contraire, est aussi simple et aussi claire que le français moderne. Pour Malherbe, l'art d'écrire est un art tout intellectuel. La poésie doit s'adresser, dit-il, non pas à l'imagination ou aux émotions, mais à l'esprit. Le vers, surtout, doit être poli et repoli : c'est par un travail assidu que le poète peut obtenir la perfection de la forme. Ces théories de Malherbe sont plus importantes que ses poèmes, qu'on admire davantage pour leur structure que pour leurs sentiments. Sa *Consolation à M. du Périer sur la mort de sa fille* est un parfait exemple de son style; dans des vers réguliers, le poète demande à son ami de conquérir sa douleur par *la raison*. Les théories de Malherbe ont guidé la plupart des grands écrivains classiques.

Etablir et maintenir « le bon usage », ce fut une des fonctions principales de l'Académie française, fondée par Richelieu en 1635.

Dès le milieu du seizième siècle, certains poètes avaient essayé d'écrire des œuvres dramatiques en s'inspirant des tragédies grecques et toutes différentes des miracles et des mystères du Moyen Age. Mais c'est seulement en 1637, lorsque *le Cid* de Pierre Corneille (1606–1684) fut représenté, que la tragédie classique triompha en France. Ce chef-d'œuvre marque une révolution dans la littérature: Corneille a placé le véritable intérêt de la pièce, non plus dans les actions des personnages, mais dans les causes psychologiques de leurs actions. *Le Cid* présente un héros et une héroïne dont le cœur est déchiré entre l'amour et le sentiment de l'honneur. Le devoir finit par triompher, parce que ces personnages ont une volonté très forte; mais leur lutte est émouvante. En une langue noble et vigoureuse, ils expriment des sentiments profonds et éternels.

Le Cid a soulevé une querelle littéraire, d'où est sortie une conception de l'art qui allait dominer le théâtre français pendant près de deux siècles. La plus célèbre des règles imposées aux auteurs tragiques est celle des « trois unités »: une seule intrigue (*unité d'action*) doit se développer en un seul lieu (*unité de lieu*) et en vingt-quatre heures tout au plus (*unité de temps*). Presque aussi importante est la loi de la « séparation des genres »: la tragédie et la comédie ont leurs règles propres et ne doivent jamais se trouver réunies dans une même œuvre. De plus, dans toutes les tragédies classiques, on trouve des vers alexandrins, c'est-à-dire des vers de douze syllabes.

Dans les tragédies du grand Corneille (par exemple, *Horace*, où l'amour se trouve en conflit avec le patriotisme, et dans *Polyeucte*, où l'esprit religieux triomphe de l'amour), nous voyons déjà la plupart des principes essentiels du classicisme français: *l'humanisme* (de même qu'à l'époque de la Renaissance); *l'ordre* (nécessité d'une discipline littéraire); le *respect pour l'autorité* (obéissance aux règles); *l'analyse des sentiments généraux* (l'amour, l'honneur, l'esprit religieux); la *séparation des genres*; un *style simple, poli, et noble*. A ces principes un autre allait bientôt se joindre: le *rationalisme*. Ce fut l'apport de René Descartes (1596–1650) à la doctrine classique.

Le *Discours sur la méthode* fut publié par Descartes en 1637. Par des arguments irrésistibles, Descartes détruit les prétentions de la philosophie spéculative et leur substitue une nouvelle

Blaise Pascal

méthode pour découvrir la vérité. Cette méthode introduit dans les domaines de la philosophie, de la religion, et des sciences, le raisonnement logique d'ordinaire réservé aux mathématiques. N'accepter pour vraie aucune proposition qui ne soit claire et assurée; analyser un problème en le divisant dans toutes ses parties; faire une synthèse seulement quand on est certain de la vérité des faits qui la composent; c'est non seulement la méthode de l'algèbre et de la géométrie, mais celle de toute la science moderne. Dans la philosophie, elle introduit le rationalisme; dans la littérature, elle favorise la clarté, l'objectivité, et la raison.

Le plus grand homme de la première moitié du dix-septième siècle fut peut-être Blaise Pascal (1623–1662), à la fois mathématicien, physicien[1] et philosophe. Descartes avait inventé l'algèbre analytique; Pascal, lui, invente le calcul et résout des problèmes mathématiques jusqu'alors insolubles. Il construit une machine arithmétique qui est l'ancêtre de toutes les machines à calculer d'aujourd'hui. Il fait des expériences remarquables sur le poids de l'atmosphère et sur le vide; on lui doit le baromètre et la presse hydraulique. Pour défendre les jansénistes, secte religieuse qui acceptait quelques-unes des doctrines de Calvin sur l'iniquité de la nature humaine et qui fut persécutée par les jésuites et par le pape, Pascal écrivit les *Lettres provinciales*,

---

[1] Un *physicien* est un savant qui s'occupe de la physique (et non pas un médecin).

ironiques et brillantes, logiques et subtiles. Son chef-d'œuvre
littéraire est un recueil de *Pensées* sur la nature humaine et la
religion, où se trouvent exprimées des idées d'une profondeur
et d'une justesse incomparables dans un style remarquable.

De 1661 à la fin du siècle les chefs-d'œuvre se multiplient : le
règne de Louis XIV rappelle l'Age de Périclès en Grèce ou l'Age
d'Auguste à Rome.

Molière (1622–1673) a porté la comédie à son plus haut point
de développement. Dans les *Précieuses ridicules* (1659), il s'attaqua
aux marquis frivoles des salons et aux imitateurs naïfs des grands
seigneurs et des grandes dames. La pièce fut une révélation : la
comédie pouvait être une force morale, elle pouvait aider à
corriger les fautes de la société ou les vices des hommes. On peut
donc dire que Molière a inventé la comédie de mœurs et la comédie
de caractère. Dans la plupart des grandes comédies de Molière,
défauts et vices sont condamnés sans pitié : l'avarice, dans *l'Avare*
(1668), l'hypocrisie, dans le *Tartuffe* (1669), la vanité, dans *le
Bourgeois gentilhomme* (1670), le pédantisme, dans *les Femmes
savantes* (1672). Molière, né bourgeois mais accepté à la cour,
connaissait bien toutes les classes de la société. Il nous a donné
dans ses comédies le meilleur tableau que nous ayons de son
temps ; on voit, par exemple, des paysans dans *le Médecin malgré*

Acteurs du théâtre de l'Hôtel de Bourgogne. Gravure d'Abraham Bosse

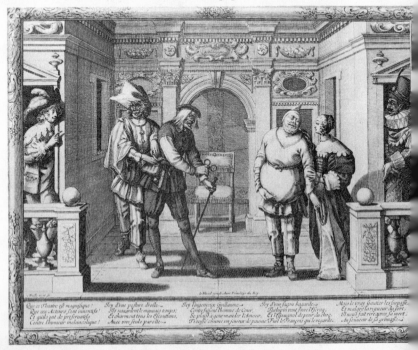

Molière. Dessin de Johannot (1875)

lui, des bourgeois dans *le Malade imaginaire*, des nobles dans *le Misanthrope*. Les tragédies ne mettent en scène que les classes supérieures de la société; les comédies de Molière, elles, s'intéressent surtout à la vie des bourgeois. Quels merveilleux portraits de ses contemporains Molière nous a laissés! Mais ces personnages sont à la fois des individus et des types; car Molière peint non seulement des hommes, mais l'humanité, l'homme de tous les temps et de tous les pays. Le bon sens est universel, et Molière représente le bon sens. Ses pièces enseignent la modération et le juste milieu. « La parfaite raison, dit-il dans *le Misanthrope*, fuit toute extrémité. »

Molière n'est pas seulement le plus grand auteur comique français. De son vivant, il fonda et dirigea une troupe de comédiens, d'abord en province, ensuite à Paris. Après sa mort, cette troupe devint en 1680, par ordre de Louis XIV, un théâtre national, qu'on appelle la *Comédie Française* ou le *Théâtre-Français* et qui, toujours important aujourd'hui, joue le répertoire français classique.

Etudier l'homme en général, expliquer les motifs qui le font agir, tels sont les buts des écrivains classiques. La Rochefoucauld (1613–1680), grand seigneur pessimiste et dédaigneux, a découvert des vices même sous les apparences de la vertu. Il a exprimé sa philosophie dans des *Maximes* célèbres. « Les vertus se perdent dans l'intérêt, dit-il, par exemple, comme les fleuves se perdent

Molière. *Le Misanthrope* en costume moderne

dans la mer. » « L'amour-propre est le plus grand des flatteurs. »
« L'amour de la justice n'est en la plupart des hommes que la
crainte de souffrir l'injustice. » « Ce qu'on nomme libéralité n'est
le plus souvent que la vanité de donner, que nous aimons mieux
que ce que nous donnons. » Il se peut que La Rochefoucauld ait
tort, que la nature humaine vaille mieux que la description
pessimiste qu'il en fait. Mais ses maximes font réfléchir ; elles
dévoilent l'égoïsme, la vanité, et l'hypocrisie souvent cachés sous
un masque de vertu.

Jean de La Fontaine (1621–1695), comme Molière, fait preuve
dans ses *Fables*, d'esprit, de bon sens, de perspicacité, de goût
pour la morale. Les sujets de ses fables ne sont pas originaux ;
mais il donne à ses poésies une forme nouvelle. Se servant de vers
souples et variés, il fait de chaque fable une comédie en miniature—décor simple, personnages pittoresques (animaux le
plus souvent), dialogues vivants, leçons pratiques. Comme
Molière, il décrit toutes les classes de la société, il dépeint des
sentiments ou des défauts universels. Suivant les principes de
Malherbe, il polissait et repolissait ses fables comme La Rochefoucauld ses maximes.

Dans les tragédies de Racine (1639–1699) on retrouve à la
fois l'humanisme de la Renaissance et le jansénisme de Pascal.
La forme de ces tragédies est celle des pièces de Corneille ; Racine
se plie volontiers aux règles de la tragédie classique, le vers
alexandrin classique, les cinq actes, les personnages nobles. Il

choisit, lui aussi, ses sujets dans l'histoire ancienne, mais en préférant la Grèce à Rome. Dans *Andromaque* (1667) et dans *Phèdre* (1677), ses chefs-d'œuvre, il analyse l'amour et surtout la jalousie qui l'accompagne. Ses personnages sont dominés par leurs passions. Abandonnées de Dieu, sans la volonté forte des héroïnes de Corneille, les femmes peintes par Racine causent la perte des hommes qu'elles aiment et sont elle-mêmes les victimes de leur passion. La violence des personnages tragiques de Racine fait frémir les spectateurs. Les vers exquis, harmonieux, forment une véritable musique. Jamais on n'avait produit de tels effets dramatiques par des moyens en apparence si simples— vocabulaire restreint, vers polis et nobles, intrigues sans aucune complexité. La sobriété de Racine fait de lui un écrivain classique; sa connaissance de la nature humaine et son art lui assignent une place unique parmi les poètes français.

Nicolas Boileau (1636–1711) fut le grand critique du temps. Dans ses *Satires*, il attaqua les mauvais poètes et glorifia les écrivains qu'il admirait, Molière et Racine par exemple. Dans son *Art poétique* (1674), il exprime dans un langage concis et poli tous les principes essentiels du classicisme: « Aimez la raison. » « Que la nature soit votre étude unique. » « Que toujours le bon sens s'accorde avec la rime. » « Avant d'écrire, apprenez à

Bérénice de Racine.
Illustration de Barrière

penser. » Tels sont quelques-uns des préceptes de Boileau, chez qui l'humanisme et le rationalisme se fondent pour devenir la pure doctrine classique.

Parmi les grands écrivains du siècle se trouvent plusieurs femmes. Madame de Sévigné (1626–1696) est la plus célèbre de ces femmes-auteurs. Dans ses lettres, elle raconte les anecdotes de la vie de société, peint les personnages célèbres de son époque, exprime son amour intense pour sa fille, et se révèle comme une femme intelligente, instruite, et charmante. On a conservé plusieurs milliers de ses lettres, qui forment presque une histoire sociale de son temps. Elles font partie de la littérature à cause de leur grâce spontanée, de leurs expressions imagées et vives.

Madame de Lafayette (1634–1692) est l'auteur de la *Princesse de Clèves* (1678), qu'on a souvent appelé « le premier roman moderne ». Avant elle les romans ne contenaient que des aventures invraisemblables et des sentiments superficiels. Madame de Lafayette emprunta à Corneille le goût de l'analyse psychologique et à Racine celui de la peinture des passions pour décrire l'amour coupable mais irrésistible de son héroïne. Selon Boileau, Madame de Lafayette était « la femme de France qui avait le plus d'esprit et qui écrivait le mieux ».

La littérature classique est si riche et si diverse que beaucoup d'autres écrivains méritent d'être signalés. Par exemple, Honoré d'Urfé (1567–1625) a écrit un très long roman pastoral, *l'Astrée*,

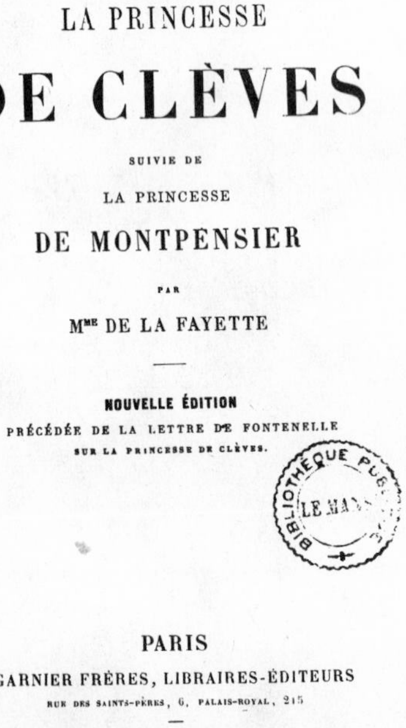

LA PRINCESSE

DE CLÈVES

SUIVIE DE

LA PRINCESSE

DE MONTPENSIER

PAR

Mᵐᵉ DE LA FAYETTE

———

NOUVELLE ÉDITION

PRÉCÉDÉE DE LA LETTRE DE FONTENELLE
SUR LA PRINCESSE DE CLÈVES.

PARIS

GARNIER FRÈRES, LIBRAIRES-ÉDITEURS

RUE DES SAINTS-PÈRES, 6, PALAIS-ROYAL, 215

1859

Page de titre de
La Princesse de Clèves

dont les bergers et les bergères ressemblent à tous ceux de la littérature pastorale. Vincent Voiture (1597–1648) dont l'esprit est célèbre dans ses lettres et sa poésie. Dans la seconde moitié du siècle, il faut mentionner Jean de La Bruyère (1645–1696), qui a imité avec succès les maximes de La Rochefoucauld et en même temps a composé des « portraits » imaginaires, qui décrivent avec un réalisme un peu ironique les mœurs de son temps. Mademoiselle de Scudéry (1607–1701) est l'auteur de très longs romans précieux, alors que Paul Scarron (1610–1660) fut l'auteur d'un seul roman important, le *Roman comique*. Scarron épousa une jeune fille, Françoise d'Aubigné, qui, après la mort de Scarron devint Madame de Maintenon et ensuite l'épouse de Louis XIV. Jacques-Bénigne Bossuet (1627–1704), évêque de Meaux, fit de l'oraison funèbre un genre littéraire: celles qu'il prononça aux funérailles d' Henriette de France, d' Henriette d'Angleterre, et du Prince de Condé sont des exemples parfaits du style oratoire.

François de Salignac de la Mothe-Fénélon (1651–1715) Fut, pendant douze ans, le supérieur d'un établissement pour jeunes filles. Dans son *Traité sur l'éducation des filles* (1687), il indique comment elles pourront devenir de bonnes épouses et de bonnes mères. Fénélon n'était pas féministe! En 1689, nommé par Louis XIV précepteur du duc de Bourgogne, petit-fils du roi, il écrivit pour l'éducation de son élève, son chef-d'œuvre, les *Aventures de Télémaque* (1695) qui est à la fois un cours de morale et un manuel de politique.

Pourquoi tant de grands écrivains ont-ils vécu pendant le siècle de Louis XIV? Un régime autoritaire a tendance à supprimer plutôt qu'à encourager les hommes de lettres. Il est sans doute vrai que le Roi n'aurait permis à aucun des écrivains de son temps de critiquer son régime. Mais les auteurs du dix-septième siècle ne s'intéressaient guère à la politique; ils préféraient analyser et faire comprendre la nature humaine. L'action des tragédies de Corneille et de Racine se passait, d'ailleurs, en Espagne, en Grèce, ou à Rome; Molière et La Fontaine avaient beaucoup de tact; et le centre de la production littéraire se trouvait à Paris plutôt qu'à Versailles. Quoi qu'il en soit, les hommes et les femmes qui se sont distingués pendant le siècle ont subi les mêmes influences, accepté le même idéal. Ils ont fait du dix-septième siècle l'Age d'or de la littérature française.

L'art du XVIIᵉ siècle

C'est au dix-septième siècle que le classicisme français, continuant l'œuvre de l'antiquité et de la Renaissance, s'est pleinement épanoui; son expansion dans toute l'Europe fut remarquable.

Avant de parler des deux plus célèbres peintres classiques du siècle, Nicolas Poussin et Claude Lorrain, et des grands peintres officiels, que ce soit Philippe de Champaigne ou Le Brun, il faut citer quelques grands peintres d'un style différent; les frères Le Nain et Georges de La Tour. Ce dernier, après deux siècles d'oubli, est reconnu maintenant comme un génie.

Les trois frères Le Nain (les deux aînés meurent en 1648, le troisième en 1677) sont des artistes provinciaux réalistes, attachés à la campagne et aux paysans. Leur art très grave aux couleurs discrètes s'inspire, semble-t-il, comme celui de La Tour, de l'artiste italien Caravaggio, soucieux de vigueur et d'effects puissants.

Georges de La Tour (1593–1652), peintre lorrain, qui peint surtout des personnages religieux, est très original par ses contrastes d'ombre et de lumière; dans *la Nativité* ou *l'Education de la Vierge*, par exemple, ces effets donnent à ses personnages aux contours précis, une très mystérieuse qualité.

Les deux plus célèbres peintres du dix-septième qui incarnent le plus parfaitement le classicisme français sont Nicolas Poussin et Claude Lorrain.

Georges de la Tour. *Marie-Madeleine*

Pousin. *Les Bergers d'Arcadie*

Nicolas Poussin (1593–1665) qui vécut à Rome pendant seize ans, fut tout imprégné de culture antique et d'art italien. Les sujets qu'il traite appartiennent à l'antiquité, à la mythologie, ou à la Bible.

L'art de Poussin est « chose mentale » comme celui de Leonard de Vinci et tous ses tableaux se composent dans une savante et belle harmonie qui établit un accord parfait entre personnages et paysages, entre l'homme et la nature, ainsi *les Bergers d' Arcadie*. Les œuvres que Poussin envoyait de Rome à Paris étaient méditées comme un modèle sacré. Même au dix-neuvième siècle les peintres les plus intellectuels, tel Cézanne, méditèrent à nouveau l'œuvre de ce grand classique.

Quand à Claude Lorrain (1600–1682)—Claude Gelée né en Lorraine—il fit aussi le voyage de Rome et fut élève de Poussin. S'il a peint des scènes mythologiques et des tableaux religieux, il est surtout admiré pour ses très beaux paysages : ruines romaines, rives du Tibre, ports de la Méditerranée, tout éclairés par des ciels lumineux et des soleils couchants dans une atmosphère merveilleusement dorée. Cette lumière de Claude Lorrain séduisit le peintre anglais Turner, l'étonnant précurseur des impressionnistes français.

Enfin, le siècle de Louis XIV a compté quelques grands peintres décorateurs et portraitistes de très grand talent.

Claude Lorrain. *Port de mer au coucher du soleil*

Si Philippe de Champaigne (1602–1674) a peint quelques scènes religieuses (*Moïse, Crucifixion, le Christ au temple*), il est surtout célèbre par ses portraits d'une grande sobriété (Richelieu, Mazarin, Colbert, et Charles II, roi d'Angleterre); il a été le peintre portraitiste des jansénistes, des religieuses de Port-Royal dont il a su rendre admirablement l'austérité et la gravité.

Moins grave et plus officiel fut le portraitiste Rigaud (1659–1700) qui immortalisa tous les grands personnages du siècle (plus de deux mille portraits), entre autres Louis XIV, Monsieur (le frère du roi), l'orateur Bossuet, et le grand peintre et décorateur Charles Le Brun.

Charles Le Brun (1619–1690) fut en effet le grand peintre officiel de la cour de Louis XIV et le décorateur de Versailles. A l'âge de quinze ans il était déjà au service du cardinal de Richelieu; de 1642 à 1646 il séjourna à Rome avec Poussin. De retour à Paris, il travailla pour Fouquet, surintendant des finances, et pour le cardinal Mazarin, puis fut le protégé de Colbert. C'est avec Colbert qu'en 1648 il fonda une Académie de peinture et de sculpture, puis en 1660 une manufacture royale de tapisseries, les « Gobelins ».

Sous la direction de Le Brun, nommé par Louis XIV premier peintre du roi, et par la volonté de Colbert, les peintres français

furent dès lors rassemblés en équipe à Versailles pour la glorification du Roi Soleil tandis que Le Brun en personne décorait la
prestigieuse Galerie des Glaces.

Les grands sculpteurs du dix-septième siècle sont beaucoup
moins nombreux. Parmi les plus célèbres il faut citer Puget,
Girardon, et Coysevox.

Pierre Puget (1620–1694), né à Marseille, fut un sculpteur
épris de mouvement et de réalisme. *Milon de Crotone, Persée
délivrant Andromède*, et *Alexandre et Diogène* sont des œuvres
particulièrement vivantes. Mais son style ne plaisait ni à Louis
XIV ni à Colbert qui ne lui commandèrent aucune œuvre.

François Girardon (1628–1715) créa le groupe d'*Apollon
servi par les Nymphes* pour Versailles et la statue équestre de
Louis XIV, place des Victoires à Paris. Mais c'est *le Tombeau du
cardinal Richelieu*, dans l'église de la Sorbonne, qui reste son
œuvre la plus célèbre.

Quant à Antoine Coysevox (1640–1720), il décora de nombreuses salles du palais de Versailles; il a sculpté les chevaux
ailés qui se trouvent aujourd'hui à l'entrée du jardin des Tuileries
à Paris, mais c'est surtout par ses bustes en marbre et en bronze
qu'il est resté célèbre, comme son buste de Louis XIV en empereur
romain et celui de la duchesse de Bourgogne en déesse Diane.
L'histoire romaine et la mythologie ne cessaient pas d'inspirer
ces artistes classiques épris d'antiquité et de grandeur.

Girardon. *Tombeau de Richelieu*

La musique du XVIIe siècle

Au dix-septième siècle, le cardinal Mazarin, italien de naissance et français naturalisé, introduisit en France pour la première fois l'opéra, qui avait été créé en Italie, par le grand compositeur Monteverdi.

Jean-Baptiste Lulli (1632–1687), né à Florence, vint en France dès l'âge de douze ans. Il gagna plus tard la faveur de Louis XIV, devint « surintendant de la musique », puis directeur de l'Académie royale de musique. Il composa des opéras, de charmants ballets pour les divertissements de Versailles, et de la musique pour accompagner quelques-unes des comédies de Molière, comme le célèbre ballet du *Bourgeois Gentilhomme*.

La famille Couperin, qui compta plusieurs musiciens de grand talent comme en Allemagne la famille Bach, joua un rôle important dans le développement de la musique en France au dix-septième siècle. François « le Grand » (1668–1733) naquit à Paris et devint le grand maître français du clavecin. Il composa des motets, des sonates, et aussi des pièces pour orgues. Sa musique, « bien française : pure, élégante, et tendre »,[2] est encore très prisée et Ravel lui a dédié en hommage une composition bien connue, *Le Tombeau de Couperin*.

Paris et la province au XVIIe siècle

« *Fluctuat nec mergitur* : Il est battu par les flots, mais il ne sombre pas. » Telle est la devise du vaisseau qui se trouve au centre des armoiries de la capitale et symbolise la vie de la cité. Et c'est bien vrai : chaque siècle apporte son fardeau de tristesse ou d'horreur à Paris ; mais la ville, qui semblait perdue, renaît toujours plus belle et plus grande. Les guerres de Religion avaient ensanglanté, ruiné Paris. En quelques années, sous Henri IV, la prospérité revint, des quartiers nouveaux se développèrent : Paris, une fois de plus, se transforma. Les maisons de bois, bâties au Moyen Age, firent place à de belles maisons de pierre, carrées, élevées, aux grandes fenêtres ornées de festons et de pilastres. Les rues devinrent plus larges, plus claires, un peu plus propres, de larges places apparurent. Des perspectives classiques remplacèrent peu à peu celles de la cité médiévale aux rues tortueuses et mal dessinées.

[2] François Denoeu : *Petit Miroir de la Civilisation française.*

Armoiries de la ville de Paris

Paris au XVIIe siècle

La Galerie du Palais-Royal. Gravure d'Abraham Bosse. XVIIe siècle

La vénérable Ile de la Cité, pourtant, ne change pas. La cathédrale et la Sainte-Chapelle sont bien « gothiques », bien barbares pour les Parisiens qui ne pensent qu'à imiter les monuments de l'Antiquité. Le Palais de Saint-Louis, définitivement abandonné par les rois qui lui préféraient le Louvre, est le siège du Parlement, qui était alors la plus haute cour de justice de la France. L'animation est plus grande que jamais dans cette partie de l'Ile. C'est au Palais que se jugent les interminables procès de l'époque. Plaideurs qui vont donner des « épices » à leurs juges, avocats solennels en robes noires et perruques poudrées, juges en robes rouges et bonnets de soie suivis de leurs pages; tout ce monde est affairé, bruyant. Le Palais, pour une autre raison, est le centre de la vie parisienne. En effet, sa célèbre Galerie, une arcade de boutiques, où l'on vend des dentelles, des parfums, des livres surtout, est le rendez-vous du monde élégant: seigneurs et bourgeois, auteurs et acteurs, s'y rencontrent et y répètent les derniers scandales.

Par des ponts pittoresques, l'Ile de la Cité est reliée aux faubourgs qui l'entourent. Ces ponts, quelquefois couverts de maisons de bois, sont fort fréquentés, mais surtout par les petits bourgeois et les artisans. Le Pont-au-Change recoit les changeurs

Paris. Le Pont Neuf

et les banquiers. Sur le Pont-Neuf, magnifiquement reconstruit par Henri IV, les bateleurs français et italiens jouent leurs farces. Elles sont souvent vulgaires, ces farces, mais il faut excuser leurs défauts, car c'est en les écoutant que Molière enfant apprit son métier d'acteur-auteur.

Sur la rive gauche de la Seine, du fleuve à la colline Sainte-Geneviève, de nombreux collèges se pressent autour de la vénérable Université de Paris. La rive gauche est aussi le quartier des couvents et des abbayes. Leurs murs élevés semblent les séparer du monde frivole; mais l'érudition de leurs moines et la richesse de leurs bibliothèques sont célèbres en France. Des prêtres remarquables y vivent alors, tels que le doux Vincent de Paul (1581–1660), qui fut le protecteur des pauvres et des orphelins, ou François de Sales (1567–1622), qui essayait de réparer le mal causé par le fanatisme du seizième siècle.

C'est sur la rive gauche qu'un grand architecte, Salomon de Brosses, avait construit le palais du Luxembourg pour Marie de Médicis pendant sa régence. Le jardin de ce palais, avec ses perspectives élégantes et ses allées bien dessinées, forme comme une oasis de verdure au milieu des murailles sévères des collèges et des monastères.

Sur la rive droite de la Seine, dans la « Ville », on aperçoit d'abord un autre palais, le Louvre, construit par les rois quand ils voulurent quitter leur palais de la Cité. Chaque roi de France depuis Charles V y a ajouté quelque chose, tantôt une colonnade, tantôt un pavillon entier.

St. Étienne du Mont sur la
colline Sainte-Geneviève

Le quartier aristocratique de Paris, au dix-septième siècle,
c'est le Marais, sur la rive droite, près de l'énorme forteresse de la
Bastille. Là, les rues sont plus larges, les jardins plus nombreux,
les maisons plus gaies, avec leurs toits de tuiles, leurs façades de
briques rouges ou de pierre blanche, leurs portes cochères qui ne
s'ouvrent que pour les carrosses. Les gentilshommes se font porter
au Marais dans leurs chaises pour rendre visite aux dames élégantes, qui se donnent des noms romanesques, tels que « Cléo-
mire » ou « Célimène ».

C'est au Marais que fut commencée sous le règne de Henri IV
une belle place entourée d'hôtels particuliers pour des familles
nobles. Autrefois cette place s'appelait la place Royale; aujourd'hui elle est connue sous le nom de place des Vosges. C'est là
qu'habitait Madame de Sévigné.

Dans la première moitié du dix-septième siècle on trouve
la société raffinée de Paris dans des hôtels particuliers plutôt qu'à
la cour. Henri IV, habitué à la vie des camps, n'a pas de cour
véritable, et son fils Louis XIII, taciturne et sérieux, préfère
la chasse aux bals qu'on donne au Louvre. Grâce aux salons
parisiens, la politesse des manières et du langage se développe. Le
plus célèbre de ces salons est celui de la marquise de Rambouillet.
Dans la « Chambre bleue » de son hôtel (qui a disparu), la préciosité—un raffinement exagéré de mœurs et de langage—se
développe et les grandes dames, les « précieuses », donnent le ton

à toute la France. Ce n'est qu'en 1659 que Molière se moquera des « Précieuses ridicules ».

Même dans la deuxième moitié du siècle, quand Louis XIV a réussi à attirer à Versailles la haute société de France, il y a des salons importants à Paris. Les réunions qui ont lieu chez Mademoiselle de Scudéry sont bien connues sous le nom de « samedis de Sapho ». La Rochefoucauld composait ses *Maximes* chez Madame de Sablé. Les palais des seigneurs et les hôtels des riches bourgeois accueillaient les mondains qui voulaient jouir de la conversation. La conversation est en effet l'occupation préférée des habituées des salons. Ces assemblées nombreuses ont développé chez les Parisiens du grand siècle une conception de la bienséance qui a rendu célèbre à jamais la politesse française.

Le centre de la vie théâtrale est à Paris. La troupe de Molière a donné des représentations de quelques-unes de ses pièces en province, mais le théâtre n'existe à vrai dire qu'à Paris. C'est là que Corneille et Racine cherchent le succès. Tous les grands écrivains français du dix-septième siècle ont été formés par la vie mondaine des salons et le goût d'un public raffiné. C'est de Paris, et non de Versailles, que la culture se répand en province.

La province, pour les Parisiens, c'est toute la France, villes et campagne, sauf Paris et Versailles. A un moment où les communications restent difficiles, la vie provinciale peut être, et est, en effet, souvent monotone. Les villes, pourtant, ne sont jamais complètement isolées. Mieux qu'on pourrait le croire, les nobles de province se tiennent au courant de ce qui passe à Paris et à la cour.

Souvent il arrive qu'un grand seigneur, fatigué de la vie dans la capitale, aille se reposer dans ses terres ; ou bien, envoyé par le roi en mission politique, il se rend en province. En carrosse, sur de belles routes ombragées, souvent bien pavées, ou en bateau, descendant lentement les rivières de France, il est accueilli dans les villes qu'il traverse par toute la société de la province. Les nouvelles qu'il apporte de la Cour et de la ville se répandent en quelques jours dans tous les manoirs du voisinage.

Il n'y a qu'un journal, la *Gazette*, fondée en 1631 par Théophraste Renaudot ; cet ancêtre de tous les journaux modernes était au dix-septième siècle une feuille très mince. C'est donc surtout par les lettres qu'on sait en province ce qui se passe à Paris et ailleurs: au dix-septième siècle, tout le monde a le temps d'écrire, et on envoie par la poste nouvellement créée des lettres très longues, très soignées, qu'on sait devoir être lues à haute voix à tout un « salon ».

Le château du seigneur est quelquefois une résidence somptueuse qui rappelle Blois ou Fontainebleau, mais le plus souvent c'est un simple manoir ne différant des autres fermes que par une tour imposante ou une porte ornée d'armoiries. Là, le noble vit à son aise. Il est respecté, quelquefois il est craint. Pourtant, au dix-septième siècle, les seigneurs ont perdu une partie du prestige et de la puissance de leurs ancêtres. Les intendants envoyés par Richelieu les dépouillent peu à peu de leur influence locale. Bientôt, s'il veut garder son rang, il faudra que le seigneur aille à la cour mendier au roi quelque position, ou bien qu'il fasse un mariage avantageux.

Le gentilhomme français ne peut pas travailler sans déroger. A la campagne, sa vie se passe donc à chasser ou à s'occuper de ses fermiers. En temps de guerre, il va rejoindre son régiment—le métier des armes est le seul qu'il ait appris. Il s'y est exercé dès l'enfance; à quatorze ou à quinze ans, le jeune noble connaît déjà la gloire des champs de bataille. Si un cadet de famille ne veut pas se faire soldat, une seule profession honorable lui est ouverte: il peut entrer dans les ordres.

Pourtant, le seigneur possède encore en général de grands privilèges. Lui seul a le droit de chasser. Il a le droit de lever certains impôts. A certains moments de l'année, ses paysans doivent labourer ses champs ou réparer ses routes. Il est de plus le juge de son domaine et ne peut être que difficilement jugé lui-même. S'il est condamné à mort, il a le droit de ne pas être pendu comme les vilains: il a la tête tranchée.

Les bourgeois de province n'ont pas changé beaucoup depuis le Moyen Age. Toute la bourgeoisie qui travaille est divisée en « professions ». Tout comme au Moyen Age, il y a encore la corporation des poissonniers, la corporation des cordonniers, dix autres encore. Malheur à qui ose toucher à un monopole, malheur au médecin qui oserait saigner un patient au lieu d'appeler l'apo-thicaire, ou au marchand de vin qui oserait vendre une bouteille d'huile! Le maître reste le « maître », et l' « ouvrier » ou « com-pagnon » reste le plus souvent simple ouvrier. Tout se fait dans de petits ateliers, il n'y a nulle part de grandes usines. Le métier familial se transmet de père en fils, en même temps que les tradi-tions du métier. La bourgeoisie est donc l'élément conservateur de la nation. Evidemment, quand c'est possible, le bourgeois enrichi s'achète, ou bien achète pour son fils, une des quatre mille charges qui confèrent la noblesse; mais la charge coûte fort cher et ne rapporte pas grand-chose. Aussi le bourgeois reste-t-il le plus souvent bourgeois, et il ne s'en plaint pas.

Il existe des différences notables entre provinces—diffé-rences de dialectes, de coutumes, d'impôts, de lois, de traditions. Mais partout, la condition des paysans est pitoyable. Les nobles commandent, les paysans, eux, obéissent. Ils n'ont aucun privilège, aucune liberté ; ils sont de fait les esclaves de leurs seigneurs et du roi. Ils doivent travailler toute leur vie, car, comme le dit Richelieu. « Il faut les comparer aux mulets qui, étant accoutumés à la charge, se gâtent par un long repos plus que par le travail. » Ils avaient connu un temps de prospérité relative sous Henri IV, mais leur bonheur dura peu. Plus d'une fois, la misère, les famines, les firent se révolter, inutilement d'ailleurs, contre leurs seigneurs, contre le roi lui-même. A la fin du dix-septième siècle, La Bruyère n'exagérera guère quand il parlera d'eux ainsi : « L'on voit certains animaux farouches, des mâles et des femelles, répandus dans la campagne, noirs, livides, et tout brûlés de soleil, attachés à la terre qu'ils fouillent et qu'ils remuent avec une opiniâtreté invincible ; ils ont comme une voix articulée, et, quand ils se lèvent sur leurs pieds, ils montrent une face humaine, et, en effet, ils sont des hommes. Ils se retirent la nuit dans des tanières où ils vivent de pain noir, d'eau, et de racines ; ils épargnent aux autres la peine de semer, de labourer, et de recueillir pour vivre, et méritent ainsi de ne pas manquer de ce pain qu'ils ont semé... ».[3]

[3] La Bruyère : *Caractères* (1688–1694).

Louis XV et Louis XVI

A la mort de Louis XIV, en 1715, le nouveau roi, son arrière-petit-fils, n'avait que cinq ans. Le pouvoir passa à un conseil de régence, présidé par le duc d'Orléans, neveu du feu roi. Le Régent était un soldat courageux, mais un homme du monde qui fut incapable de gouverner le pays.

A cause des folles dépenses de Louis XIV, le trésor royal était vide. Le Régent essaya d'éviter la banqueroute en favorisant un système proposé par le financier écossais John Law: établissement d'une banque nationale qui pouvait mettre en circulation du papier-monnaie et fondation d'une compagnie pour l'exploitation des colonies françaises aux Indes et en Amérique. Pendant quelques années tout alla bien. Qu'il était donc facile de payer les dettes du gouvernement avec des billets de banque! Une fièvre de spéculation saisit le pays: d'un financier, d'un noble, même d'un valet, des spéculations heureuses faisaient un millionnaire. Certaines actions de la Compagnie des Indes, achetées cinq cent livres, furent revendues quinze ou vingt mille! Une prospérité artificielle trompa tout le monde. Puis la crise inévitable arriva. En quelques mois, la plupart des spéculateurs furent ruinés. Quant à John Law, qui avait été regardé comme le sauveur de la France, il s'enfuit à Venise, où il mourut bientôt.

Pendant les huit ans de la Régence (1715–1723), un désir de liberté, de nouveauté, et de plaisir remplaça l'idéal classique.

Le roi n'était qu'un enfant; pourquoi rester à Versailles? La vie de la cour fut en grande partie abandonnée. La société de la Régence préférait Paris, où, d'ailleurs, les nobles et les bourgeois se rencontraient dans les salons.

En 1723, à l'âge de treize ans, Louis XV, intelligent, mais léger, mal élevé par des courtisans qui l'avaient gâté, fut reconnu majeur. Pendant son long règne (1723–1774), il abandonna souvent la conduite de son royaume à ses ministres et à ses favorites. Celles-ci prirent une importance qu'elles n'avaient jamais eue du temps de Louis XIV. La duchesse de Châteauroux, la marquise de Pompadour, la comtesse du Barry devaient l'une après l'autre jouer un rôle dans la vie politique de la France. La duchesse de Châteauroux (1717–1744), ambitieuse et énergique, eut une grande influence sur le roi entre 1742 et 1744; grâce à elle, il eut l'énergie de se montrer de temps en temps à la tête de ses armées! La marquise de Pompadour (1721–1764), intelligente, cultivée, charmante, fit plus; ce fut elle en partie qui le poussa à engager la France dans la guerre de Sept Ans. Mais aussi elle encouragea les artistes et les écrivains de son temps. Deux artistes, François Boucher et Quentin de La Tour ont fait d'elle des portraits admirables. La comtesse du Barry (1743–1793) eût un rôle plus effacé; en 1793, pourtant, elle fut guillotinée.

François Boucher. *La Marquise de Pompadour*

La guerre de Sept Ans (1756–1763) marqua la fin de la suprématie politique de la France en Europe et l'avènement d'une nouvelle puissance, la Prusse, qui devint sous Frédéric le Grand un des états importants de l'Europe. Cette guerre se passa en grande partie dans les colonies françaises. Aux Indes et au Canada, les troupes françaises furent vaincues. C'est au cours d'une de ces défaites que le général français, le marquis de Montcalm, fut tué en défendant Québec.

Par le traité de Paris (1763), la France livra à l'Angleterre la plupart de ses possessions d'outre-mer. C'est ainsi que le Canada passa aux mains des Anglais.

En 1768, cependant, l'île de Corse fut cédée par les Génois à la France. Napoléon Bonaparte, qui naquit à Ajaccio, en Corse, en 1769, était donc français.

Bientôt Louis XV, mal conseillé, indifférent, céda la Louisiane à l'Espagne. Cette colonie, fondée et développée par des Français (la capitale porte le nom du duc d'Orléans, neveu de Louis XIV) allait rester sous la domination espagnole jusqu'en 1803; elle redevint française pendant quelques mois, puis elle fut vendue par Napoléon Ier aux Etats-Unis. A ce moment-là, les hommes politiques français ne se rendaient pas compte de la valeur des territoires coloniaux.

Pendant les dix dernières années du règne de Louis XV, des conflits violents divisèrent le roi et le Parlement de Paris à propos de l'état financier de la nation. Des émeutes éclatèrent à Paris et en province.

Le roi mourut en 1774. Le dédain et la haine du peuple étaient tels qu'on n'osa pas exposer son corps à Versailles ou au Louvre. Louis XV fut enterré de nuit, à la lueur des flambeaux, dans la crypte de Saint-Denis où reposaient ses ancêtres.

Si le nouveau roi, Louis XVI (1754–1793), petit-fils de Louis XV, avait été un souverain énergique et habile, la France aurait pu se relever rapidement: elle l'avait prouvé plus d'une fois depuis deux siècles. Louis XVI était honnête, il avait de bonnes intentions, sa vie privée était irréprochable, mais il fut sans doute un des plus faibles et des plus irrésolus des rois de France.

Marie-Antoinette, que le roi épousa en 1770, était belle, sentimentale, mais aussi fière et frivole. C'est ce couple, malgré tout sympathique, et dont il a été facile de faire deux martyrs, qui va mener le royaume à l'abîme.

Le début du règne fut heureux. Les Parisiens aimaient ce roi qui n'avait que vingt ans et cette reine qui fut une des plus belles femmes de son temps. Louis eut aussi la chance de choisir comme contrôleur général des Finances un des grands économistes du temps, Turgot. Mais les réformes draconiennes et nécessaires que celui-ci proposa, surtout la limitation des folles

Louis XVI en costume de sacre

Madame Vigée-Le Brun. *Marie-Antoinette à la rose*

dépenses de la cour, lui firent des ennemis puissants—les privilégiés, la reine elle-même, poussée par les courtisans oisifs et incapables qui l'entouraient. Et pourtant, quoi de plus logique que la diminution des impôts, l'abolition de la corvée, la liberté du travail, la liberté de conscience? Les réformes de Turgot ne furent pas exécutées; le roi n'eut pas assez de fermeté pour résister à la pression de ses courtisans et de la reine. Turgot ne resta au pouvoir que deux ans.

C'est à cette époque que se déroula la guerre d'Indépendance d'Amérique. On en connaît les détails, la visite à Paris de Benjamin Franklin, « l'élan pour l'Amérique », le désir d'une revanche contre l'Angleterre, les exploits du marquis de Lafayette (1757–1834) et du comte de Rochambeau, et la victoire finale. En 1783, la France avait rendu de grands services à une jeune nation qu'elle admirait et avait repris sa place dans la vie politique de l'Europe.

Lorsque Turgot fut renvoyé, le financier Jacques Necker (1732–1804) prit sa place. Il fit des économies et tenta des réformes, mais lui aussi dut quitter le pouvoir. Personne ne pouvait plus sauver la monarchie. La dette du gouvernement était énorme, les idées révolutionnaires étaient acceptées par un nombre toujours croissant de Français. La fin de l'Ancien Régime était proche.

L'art du XVIIIᵉ siècle

C'est dans l'architecture que l'art classique s'était le mieux exprimé, surtout au palais de Versailles. Au dix-huitième siècle, au contraire, c'est dans la peinture qu'on trouve la meilleure expression du goût français.

Il y avait naturellement des artistes, qui, nés avant 1700, ont enrichi les deux siècles. Nicolas de Largillière (1656–1746), par exemple, a peint des portraits de nobles et de dames anonymes: *Portrait d'un homme*, *Portrait d'une dame*, *Dame en rouge*, *Belle du bal masqué*, *Portrait d'une jeune fille*, mais aussi celui du marquis de Montespan, de Mademoiselle Duclos (une actrice célèbre), et de la marquise du Châtelet, l'amie de Voltaire.

Le très grand Antoine Watteau (1684–1721) incarne le dix-huitième siècle comme Nicolas Poussin incarne le dix-septième siècle. Peintre d'une santé délicate et d'une vive sensibilité, c'est en secret qu'il a peint son plus grand chef-d'œuvre, l'*Embarquement pour Cythère* (1717). Ce tableau célèbre représente des jeunes gens et des jeunes filles dans un paysage automnal aux couleurs dorées qui partent, les uns hardiment, les autres

Reconstitution d'un salon parisien du XVIIIe siècle

Watteau. *L'Embarquement pour Cythére*

timidement, pour Cythère, où Aphrodite, déesse grecque de la Beauté et de l'Amour, avait un temple. Le *Pierrot Gilles*, l'enseigne peinte pour Gersaint, marchand de tableaux, exprime bien la délicatesse raffinée de ce peintre mélancolique et tendre. Watteau mourut à trente-cinq ans.

Jean-Marc Nattier (1685–1766), peintre aimable et superficiel, a fait fortune à la cour de Louis XV en peignant des portraits de princesses, de duchesses, de comtesses, de marquises, de baronnes, et de la maîtresse du roi, Madame de Pompadour, qu'il a toujours représentée aussi belle que possible.

Elève et collaborateur de Largillère, Jean-Baptiste Oudry (1686–1755) peintre officiel, lui aussi, est surtout un peintre animalier. Il peignit si bien les chiens de Louis XV que le roi lui donna un atelier aux Tuileries, le logea au Louvre, lui servit une pension et, le nomma directeur de la manufacture des Gobelins. A sa mort, dit-on, Oudry laissa plus de 1.300 peintures, surtout des natures mortes, des animaux, des scènes de la chasse, et des paysages. Il a créé également des illustrations pour les fables de La Fontaine.

Nicolas Lancret (1690–1743), élève d'Antoine Watteau en fut l'imitateur. Mais son style était plus mondain. Louis XV lui

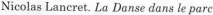

Nicolas Lancret. *La Danse dans le parc*

Jean-Baptiste Chardin. *La Gouvernante*

confia la décoration de son château de la Muette. Les paysages, les portraits, et les scènes pastorales de Lancret sont habiles et élégants.

Jean-Baptiste Pater (1695–1736) naquit à Valenciennes, comme Watteau, et en arrivant à Paris, devint son élève. Après la mort de Watteau, en 1721, Pater acheva quelques-uns des tableaux que son maitre n'avait pas pu finir. Il peignit des scènes à la manière de Watteau—fêtes champêtres, scènes galantes, comédiens italiens, danses, mais sans grande sensibilité.

Avec Watteau, Jean-Baptiste Chardin (1699–1779) est le plus délicat des peintres du dix-huitième siècle. Nullement mondain, c'est un intimiste. Dans ses « natures-mortes » on voit par exemple, une table dans une cuisine, une nappe blanche, une casserole aux reflets dorés, des fruits, des légumes, ou bien des bulles de savon. « Je peins, dit-il, avec du sentiment. » Le mystère paisible de ses toiles évoque les intérieurs de Vermeer de Delft.

Au contraire, avec François Boucher (1703–1770), nous retrouvons un peintre mondain: portraits des femmes ou des maîtresses des bourgeois riches. Il les a représentées quelquefois sous des allégories transparentes (déesses ou bergères). Il aimait à peindre aussi les déesses Diane et Vénus. Boucher devint le peintre attitré de Madame de Pompadour, qui l'a fait nommer en

François Boucher.
Vertumn et Pomone

1765 « le premier peintre du roi ». Boucher a peint aussi des paysages et des ouvrages allégoriques.

L'excellent pastelliste Maurice Quentin de La Tour (1704–
1788) abandonna la peinture à l'huile pour se spécialiser dans
les portraits au pastel. Ses portraits de Louis XV, de Marie
Leszczynska (qui devint la femme du roi), du Dauphin (fils de
Louis XV, qui mourut en 1765 avant de devenir roi), de la marquise de Pompadour, de l'écrivain Jean-Jacques Rousseau, de
l'artiste Jean-Baptiste Chardin, et du naturaliste Buffon sont
parmi ses meilleures œuvres.

Né à Avignon, loin de Paris, (Claude) Joseph Vernet (1714–
1789), ne subit l'influence ni de la cour royale ni des artistes tels
que Watteau et Chardin. A l'âge de dix-huit ans, il se mit en
route pour Rome sur un navire. Cette aventure le décida à devenir « le peintre de la mer ». Vernet resta à Rome une vingtaine
d'années. Dans ses ouvrages on voit donc des ports tranquilles
mais aussi des orages et des naufrages. Après son retour en
France, en 1753, Louis XV ou Madame de Pompadour lui demanda
de peindre une série de tableaux, *les Ports de France*. Son fils
Carle et son petit-fils Horace sont tous les deux des artistes bien
connus.

Greuze. *La Laitière*

Jean-Baptiste Greuze (1725–1805) appliqua dans sa peinture le principe qu'une fonction importante de l'art est d'inspirer des actions vertueuses. Il donna donc des leçons de moralité dans *le Père de famille expliquant la Bible à ses enfants, la Cruche cassée,* et *la Malédiction paternelle.* Ces tableaux furent reçus d'abord avec enthousiasme puis furent condamnés par d'autres critiques pour leur sensiblerie parfois un peu fade.

Beaucoup plus remarquable, un élève de Chardin et de Boucher, Jean Honoré Fragonard (1732–1806), Prix de Rome en 1752, passa six années en Italie. De retour en France, il a peint surtout des scènes d'amour ou de volupté. Quelques-uns de ses sujets rappellent les « Fêtes Galantes » de Watteau. Mais ses portraits d'écrivains (Diderot) et son tableau *l'Inspiration* ont une vivacité de mouvement et un dynamisme très différents du mélancolique Watteau. Oublié depuis la Révolution de 1789 jusqu'au vingtième siècle, Fragonard a regagné sa popularité aujourd'hui, en France et en Amérique.

On a appelé Hubert Robert (1733–1808) « le virtuose des ruines ». Cet artiste passa lui aussi dix années à Rome, où il devint l'élève de l'artiste italien Pannini. Il passa son temps à dessiner et à peindre des ruines antiques. De retour en France, il jouit d'un grand succès. Il fut pensionné par Louis XVI et logé au Louvre. Robert a peint aussi des paysages, des jardins, et des

Honoré Fragonard. *La Lettre d'amour*

natures mortes—mais ce sont les ruines qui l'ont rendu célèbre
pour leur caractère préromantique.

Madame Elisabeth Vigée-Lebrun (1755–1842) était une élève
de Joseph Vernet et de Greuze. Bien que quelques-uns de ses
tableaux aient des sujets classiques, Madame Vigée-Lebrun a
peint surtout des portraits. Entre 1779 et 1789, par exemple, elle
a peint une vingtaine de portraits de Marie-Antoinette, qui était
devenue son amie.

De même qu'au dix-septième siècle, les sculpteurs importants
du dixhuitième siècle sont moins nombreux que les peintres. Ils
ont, pourtant, enrichi la culture française.

Jean-Baptiste Lemoyne (1704–1778), qui a sculpté nombre de
personnages célèbres représentés en bustes Montesquieu, Fontenelle, Voltaire, Madame du Barry et Marie-Antoinette. Un
grand nombre de ses ouvrages furent détruits pendant la
Révolution.

Les deux ouvrages les plus importants de Jean-Baptiste
Pigalle (1714–1785) sont deux tombeaux: un *Monument de
Maurice de Saxe* (aujourd'hui à Strasbourg) et un *Tombeau*

Jean-Antoine Houdon.
Buste de Franklin

du *maréchal d'Harcourt*. Il a représenté *Mercure attachant ses talonnières*. Pigalle a fait aussi plusieurs statuettes d'enfants.

Etienne-Maurice Falconet (1716–1791), directeur de sculpture à l'usine de Sèvres de 1757 à 1766, travailla pour Madame de Pompadour, qu'il a représentée en Vénus. L'impératrice Catherine l'invita à faire, en Russie, une statue équestre de Pierre le Grand; cet ouvrage est son chef-d'œuvre. On peut trouver aux Etats-Unis, une *Vénus*, plusieurs statues de *Vénus et Cupidon*, une *Baigneuse*.

Jean-Antoine Houdon (1741–1828) est le grand sculpteur français du dix-huitième siècle. Il a exécuté des bustes d'un grand nombre de personnages célèbres, dont on peut voir quelques-uns en Amérique: par exemple, le comte de Buffon, Benjamin Franklin, Voltaire, George Washington, Louis XV, Jean Paul Jones, Joel Barlow, Thomas Jefferson, Robert Fulton, Jean-Jacques Rousseau, La Fontaine, Louis XVI, et Napoléon Bonaparte. La plupart de ces bustes sont naturellement des copies d'ouvrages qui sont en France. Houdon, pourtant, vint en Amérique pour étudier George Washington avant de faire la statue célèbre qui se trouve maintenant à Richmond (en Virginie).

La littérature du XVIIIᵉ siècle

La littérature française du dix-huitième siècle est aussi riche que celle du siècle précédent, mais à beaucoup d'égards assez différente. Alors que le dix-septième siècle a été un siècle de stabilité, au contraire, le dix-huitième siècle, avec son goût de la nouveauté, son esprit critique, et sa sensibilité, s'établit comme un siècle du mouvement.

Cet esprit critique et ce goût de la nouveauté se développèrent dans les salons parisiens. Les grandes dames du siècle—surtout la marquise de Lambert, la marquise de Tencin, Madame Geoffrin, Madame du Deffand, et Mademoiselle de Lespinasse—invitaient chez elles des nobles et des écrivains pour causer librement, exposer n'importe quelles théories, n'importe quelles idées hardies. Les écrivains publiaient ces théories, ces idées dans leurs livres ou bien dans des journaux, des revues, des pamphlets, souvent satiriques et violents, qui devenaient de plus en plus nombreux.

Pierre Bayle (1647–1706) publia un *Dictionnaire historique et critique*, dans lequel il attaqua les superstitions populaires et les dogmes de l'Eglise; cet ouvrage exerça une grande influence sur les écrivains du dix-huitième siècle, surtout sur Voltaire.

Bernard Le Bovier de Fontenelle (1657–1757), neveu de Corneille, devint le secrétaire perpétuel de l'Académie des sciences. Un de ses ouvrages, *Entretiens sur la pluralité des mondes*, développa des idées scientifiques.

Les écrivains de la première moitié du dix-huitième siècle pourtant, conservent le plus souvent une certaine prudence pour décrire les défauts de la société française de leur temps. Montesquieu, dans les *Lettres persanes* (1721), Lesage dans un roman picaresque, *Gil Blas* (1715–1735), se servent comme porte-parole de personnages étrangers; mais les Français ne s'y trompent pas: les Persans de Montesquieu, les Espagnols de Lesage sont bien leurs compatriotes. La satire subtile de ces auteurs affaiblit le respect qu'on éprouvait pour les usages établis. Le duc de Saint-Simon (1675–1755), dans les longues chroniques qu'il il appelle *Mémoires*, peint les portraits de grands personnages de la cour (de 1691 à 1723); dans un style pittoresque, il décrit la faiblesse et les défauts de Louis XIV et des nobles de sa cour.

Dans les genres consacrés—la poésie, la tragédie, et la comédie—l'évolution littéraire fut assez lente. Les poètes du dix-huitième siècle imitaient trop souvent leurs prédécesseurs. André Chénier (1763–1794), qui naquit à Constantinople, fait exception; sous l'influence de la poésie grecque et des idées contemporaines, il écrivit la meilleure poésie lyrique du dix-huitième siècle. Sa théorie est bien connue: « Sur des pensers nouveaux, faisons des vers antiques » Son meilleur poème est *la Jeune Captive*. Ayant attaqué la tyrahnie jacobine, Chénier fut guillotiné à l'âge de trente et un ans.

Jean-Antoine Houdon.
Buste de Voltaire

Dans ses tragédies, les meilleures du siècle, Voltaire s'efforça de rivaliser avec Corneille et Racine. Il fit de nombreux changements dans le choix de ses sujets et dans l'emploi de la couleur locale, mais ces changements sont superficiels. Dans la comédie, l'influence de Molière se montra partout. Marivaux, pourtant, fit preuve d'originalité dans ses fines analyses de la naissance de l'amour (*le Jeu de l'amour et du hasard*, 1730); sa délicatesse et sa légèreté rappellent les qualités de Watteau. Quelques années plus tard, certains écrivains attaquèrent le principe de la séparation des genres; mais ni les « comédies larmoyantes » ni les « drames » ne connurent un succès durable. Vers la fin du siècle, Beaumarchais, tout en copiant la manière de Molière, créa dans le *Barbier de Séville* (1775) et le *Mariage de Figaro* (1784) un personnage populaire, Figaro, dont l'esprit satirique, s'exerçant aux dépens de la noblesse, annonçait la Révolution.

Avec *Manon Lescaut* (1729), le célèbre roman de l'abbé Prévost, la sensibilité entra dans la littérature française. *Manon Lescaut* eut une grande influence : pendant tout le siècle, les héros de roman vont pleurer, les héroïnes vont se pâmer. Le « roman sentimental » comprend un grand nombre d'ouvrages : *Paul et Virginie* (1787), de Bernardin de Saint-Pierre, est l'un des plus populaires.

Marivaux fut également un romancier de talent dont les deux œuvres maîtresses, *La Vie de Marianne* (1731) et *le Payson*

Le Jeu de l'amour et du hasard de Marivaux

Illustration de *Manon Lescaut* de
Prévost par Tallandier

parvenu (1735) sont à la fois des romans psychologiques et des romans de mœurs.

Quatre écrivains surtout ont exercé une action profonde au dix-huitième siècle : Montesquieu, Diderot, Voltaire, et Rousseau.

En 1748, Montesquieu (1689–1755) auteur des *Lettres persanes*, publia son ouvrage le plus célèbre, *l'Esprit des lois*. On y trouve une vaine souvent ironique : Montesquieu voulait plaire à des lecteurs qui, habitués des salons, réclamaient de l'esprit partout. Mais *l'Esprit des lois* est peut-être le livre le plus profond et le plus important du dix-huitième siècle. Avec son intelligence pénétrante, Montesquieu y analyse les théories et les institutions politiques de toutes les époques. Il énonce le principe fameux : « Pour qu'on ne puisse pas abuser du pouvoir, il faut que...le pouvoir arrête le pouvoir. » Il veut dire par là que le même homme ne doit pas réunir en lui « le pouvoir législatif, le pouvoir exécutif, et le pouvoir judiciaire ». C'etait donc une attaque directe contre le pouvoir du roi, maître absolu de la France. Si la séparation des pouvoirs est un des principes fondamentaux de la Constitution des Etats-Unis, c'est en grande partie un résultat de l'influence de Montesquieu.

Denis Diderot (1713–1784) est aussi lucide, intelligent, et audacieux que Montesquieu, mais plus varié. Il s'est intéressé à tout : art, théâtre, philosophie, problèmes sociaux. Son nom est lié surtout à celui de *l'Encyclopédie*, l'ouvrage immense auquel les plus grands hommes du siècle travaillèrent et dont Diderot fut le rédacteur-en-chef. Dans *l'Encyclopédie*, monument de l'esprit rationaliste, on trouve à côté d'articles purement scientifiques d'autres qui dénoncent les abus du gouvernement et le fanatisme de l'Eglise, et, comme Diderot l'a dit lui-même, qui « attaquent, ébranlent, renversent secrètement quelques opinions ridicules qu'on n'oserait insulter ouvertement ».

Brillant critique d'art, Diderot fut un des premiers à rapprocher les écrivains des artistes et à vulgariser les choses de l'art auprès du grand public. Auteur de théâtre (*les Fils naturel*, 1757 ; *le Père de famille*, 1758), il a exposé sa théorie du drame réaliste et moralisant, intermédiaire entre la tragédie et la comédie dans des ouvrages dont le plus connu est son *Discours sur la poésie dramatique* (1758). Dans son *Paradoxe sur le comédien* il fait une analyse originale du jeu de l'acteur qui doit rester lucide et détaché comme « un pantin merveilleux dont le poète tient la ficelle ». Sacrifiant à la mode il écrivit, *les Bijoux indiscrets*, roman libertin et satirique se déroulant dans un Orient de fantaisie. Précurseur dans ses idées sur le théâtre, il le fut aussi dans son œuvre romanesque où il recherche avec un réalisme minutieux à camper des personnages vrais. Dans *le Neveu de Rameau* (1762),

Diderot fait le portrait sous forme de dialogue d'un parasite génial et traite de problèmes tels que celui de la nature de la moralité et du rapport entre le génie et la société. *Jacques le fataliste* (1773) est un roman picaresque entrecoupé d'épisodes secondaires dont le plus long, « l'histoire de Mme de Pommeraye », révèle à lui seul les dons descriptifs et narratifs de Diderot.

La raison, qui avait été un moyen de rechercher la vérité et d'affermir les pouvoirs établis, devint au dix-huitième siècle un instrument puissant destiné à renverser ceux-ci. Le plus grand ennemi de l'Eglise et de l'Etat fut sans doute Voltaire (1694–1778). Au service de sa raison, Voltaire possédait l'esprit le plus mordant qui ait jamais existé: il avait la curiosité de Rabelais, le scepticisme de Montaigne, l'audace de Diderot, l'intelligence de Montesquieu. Mais il était quelquefois aussi superficiel, égoiste, injuste envers ses ennemis; il exprimait dans ses œuvres des opinions contradictoires; il mentait « comme l'eau coule ». Mais quelle habileté! Quelle diversité! Ayant écrit un poème épique, *la Henriade*, qui raconte les exploits d'Henri IV, beaucoup de poésies légères, des poèmes philosophiques, des tragédies, et des comédies en vers, il se croyait le plus grand poète de son temps. Après un exil de trois ans en Angleterre, il écrivit des *Lettres anglaises* (ou *Lettres philosophiques*), qui, dans leur admiration enthousiaste pour les libertés anglaises, étaient une attaque

Voltaire. Page de titre de *Candide*

CANDIDE

OU

L'OPTIMISME,

Traduit de l'allemand de M. le doĉteur RALPH.

Avec les additions qu'on a trouvées dans la poche du doĉteur lorſqu'il mourut à Minden l'an de grâce 1759.

formidable contre l'absolutisme de la monarchie française. *Le Siècle de Louis XIV* et *Essai sur les mœurs* font de Voltaire l'un des premiers historiens modernes. Il y relate non seulement l'histoire politique et militaire de la France, mais aussi l'évolution de la civilisation depuis l'époque de Charlemagne jusqu'au dix-septième siècle. D'autre part la nombreuse correspondance (plus de 10.000 lettres), qu'il maintint avec tous les grands d'Europe, répandit ses idées à travers tout le continent. Les œuvres les plus populaires de Voltaire sont ses contes et ses romans (*le Monde comme il va, Zadig, Candide*, et une vingtaine d'autres). Son esprit satirique et son invention fertile amusent les lecteurs d'aujour-d'hui et leur permettent d'apprécier la puissance destructive de son génie.

Jean-Jacques Rousseau (1712–1778) est tout différent de Voltaire. On admire l'intelligence logique de Voltaire; au con-traire, on trouve chez Rousseau une sensibilité, une ardeur, et une imagination créatrice qui n'ont jamais été surpassées. Les idées de Rousseau viennent de ses expériences personnelles, de ses lectures variées, et de sa sympathie pour les victimes des injustices sociales. A la base de toutes ses œuvres sont deux principes: l'importance de l'individu et la bonté naturelle de l'homme. « Tout est bien sortant des mains de l'Auteur des choses,

Portrait de Jean-Jacques Rousseau

tout dégénère entre les mains de l'homme », s'écrie-t-il. « L'homme est né bon, c'est la société qui le rend méchant. » Il faudrait donc retourner à l'« état de nature », à l'Âge d'or du passé, à l'époque où l'on jouissait encore d'un bonheur et d'une liberté que l'institution de la propriété privée a fait perdre. Il est malheureusement impossible à la race humaine de retourner à cet Âge d'or; mais on peut améliorer l'état de la société en donnant à chaque enfant une éducation qui lui permettra de garder sa bonté naturelle (*Emile*), et en reconnaissant la souveraineté du peuple (*du Contrat social*). Son roman *La Nouvelle Héloïse* contient, bien entendu, une histoire d'amour; mais dans les six cents pages du livre, Rousseau discute toutes les questions sociales et morales qui passionnaient son époque. On lira longtemps les *Confessions*, dans lesquelles Rousseau raconte sa vie et étale ses sentiments avec une franchise inattendue; il écrit d'une manière si émouvante, si éloquente, que son influence a été, et reste encore aujourd'hui, énorme. Rousseau est l'un des écrivains qui ont le plus contribué à amener et à guider la Révolution de 1789. L'influence qu'il a exercée sur la littérature s'est manifestée surtout au siècle suivant. Rousseau a introduit la nature, le « vert », dans la littérature française. Ce n'est plus, comme au dix-septième siècle, l'homme seul qui va intéresser les écrivains et les poètes, c'est aussi la nature—la beauté de la campagne, la mélancolie qui en découle quelquefois, les liens sentimentaux qui existent entre l'homme et le paysage. De l'individualisme de Rousseau et de l'importance qu'il donne au sentiment de la nature va sortir toute la poésie romantique du dix-neuvième siècle.

La musique du XVIIIe siècle

L'importance de Jean-Jacques Rousseau comme philosophe et comme écrivain fait négliger son talent de musicien. Il a cependant écrit les paroles et la musique d'une pastorale en un acte, *le Devin de village*, qui eut beaucoup de succès.

Plus important est Jean-Philippe Rameau (1683–1764), claveciniste, organiste, et compositeur. Il écrivit un *Traité de l'harmonie* (1722) et composa des opéras, parmi lesquels on doit mentionner *Hippolyte et Aricie*, *Castor et Pollux*, et surtout *les Indes galantes*.

L'opéra en France commença avec la fondation de l'Académie de musique en 1669 et jouit d'une grande popularité pendant le dix-huitième siècle.

CHAPITRE XVI

La Révolution

On l'a souvent répété, la Révolution est probablement l'événement principal de l'histoire de France. Non seulement la Révolution marqua la fin de l'Ancien Régime, mais aussi elle donna à l'Europe un idéal d'égalité et de justice sociale tel que le monde n'en avait pas encore connu.

En 1789, il y avait plus d'un siècle que la Révolution se préparait. Une des bases foundamentales de la monarchie était le dogme de l'infaillibilité du monarque. Louis XIV avait presque ruiné la France par ses guerres, la construction de Versailles, et le luxe de la vie qu'on y menait. L'immoralité de Louis XV et la faiblesse de Louis XVI firent perdre tout respect pour le roi. Plus important encore, le roi, couronné et sacré à Reims, était roi « par la grâce de Dieu ». Au dix-huitième siècle, les philosophes, surtout Voltaire, Diderot, et le baron d'Holbach, établirent le principe de la suprématie de la raison sur le dogme. L'origine divine du roi une fois mise en doute, il était impossible de soutenir que le souverain absolu devait être respecté.

On questionna les privilèges de la noblesse et du clergé. Une bourgeoisie prospère, naturellement, était opposée aux droits politiques héréditaires de la noblesse. De plus, l'exemple de la jeune République américaine prouvait aux Français qu'un gouvernement du peuple, par le peuple, et pour le peuple, était non seulement possible mais aussi désirable.

La cause immédiate de la Révolution en 1789 fut l'état désespéré où se trouvaient les finances du royaume. Un système archaïque réglait la collection des impôts. Pendant les quelques années précédant le début de la Révolution, le déficit était toujours énorme. En 1788, par exemple, les emprunts dépassèrent un milliard et demi de francs.

Il ne restait qu'une chose à faire, semblait-il: réunir les Etats-Généraux, qui seuls pouvaient ordonner les nouveaux impôts nécessaires.

Les Etats-Généraux étaient formés de représentants des trois classes sociales: le Clergé, la Noblesse, et le «Tiers-Etat». Philippe le Bel les avait convoqués pour la première fois en 1308 pour l'aider dans son conflit avec le pape. Ils s'étaient réunis en 1357, en 1588, et en 1614. Les convoquer en 1789, c'était reconnaître, en fait, l'importance du Tiers-Etat.

1789

Au cours des Etats-Généraux précédents, les représentants du Tiers-Etat s'étaient toujours montrés humbles et intimidés par la présence du Clergé et de la Noblesse. Au dix-huitième siècle, les bourgeois du Tiers-Etat étaient tout différents. Dans une brochure publiée par l'abbé Sieyès, on trouve ces lignes: « Qu'est-ce que le Tiers-Etat?—Tout.—Qu'a-t-il été jusqu'à présent dans l'ordre politique?—Rien.—Que demande-t-il?—A y devenir quelque chose! » Ces sentiments furent entendus par toute la France.

Lors des élections des représentants aux Etats-Généraux, le Tiers-Etat obtint le droit de choisir autant de membres que la Noblesse et le Clergé réunis. De plus, les électeurs dressèrent des *cahiers de doléances* qui, de toute la France, furent adressés au roi. Par-dessus tout, on désirait une constitution qui définirait clairement et complètement les droits du roi et les droits de la nation et qui reconnaîtrait à chaque Français l'égalité des droits, la liberté de pensée, et la fin des privilèges. Il n'était pas question de révolution.

Le 5 mai 1789, les Etats-Généraux s'assemblèrent à Versailles. Le jour de l'ouverture, Louis XVI annonça que le seul but de la réunion était de rétablir l'ordre dans les finances de l'Etat. Il ne mentionna pas une constitution.

Pendant six semaines on accomplit peu de chose. Enfin, le 17 juin, les représentants du Tiers-Etat affirment qu'ils forment une « Assemblée nationale » et qu'aucun impôt ne sera légal sans leur consentement. Trois jours plus tard, le 20 juin 1789—date mémorable de l'histoire de France—les députés du Tiers-Etat trouvent la porte de leur salle de réunion fermée par l'ordre du roi. Ils se réunissent donc dans la salle du Jeu de Paume (une salle où l'on jouait à la balle) et jurent de ne pas se séparer avant d'avoir donné une Constitution à la France. Ce fameux « serment du Jeu de Paume » fut leur premier acte de révolte.

Deux jours plus tard, les députés du Clergé se joignirent à eux. Le roi ordonna aux trois ordres de se réunir séparément, afin de donner au Clergé et à la Noblesse deux votes contre un pour le Tiers-Etat. Le Tiers refusa. Le comte de Mirabeau déclara à l'envoyé du roi : « Allez dire à votre maître que nous sommes ici par la volonté du Peuple et que nous n'en sortirons que par la force des baïonnettes. »

Le roi céda. « S'ils ne veulent pas partir, qu'ils restent. » La volonté du peuple avait triomphé de la volonté du roi, la royauté avait capitulé.

La victoire du Tiers-Etat n'était pas complète. Louis XVI, probablement poussé par Marie-Antoinette et par ses courtisans, regretta vite sa faiblesse. Il fit venir 25.000 soldats près de Versailles. Le 11 juillet, il demanda la démission de son premier ministre, Necker, qui était fort populaire.

Les Parisiens se tenaient, naturellement, au courant de ce qui se passait à Versailles. La nouvelle de la démission de Necker se répandit vite dans la ville. Plus de 10.000 personnes se réunirent au Palais-Royal, où Camille Desmoulins, excellent orateur, excita les passions. Le 13 juillet un gouvernement provisoire s'établit à l'Hôtel-de-Ville. Le marquis de Lafayette proposa aux patriotes de porter des cocardes tricolores : blanc (la couleur traditionnelle de la monarchie), bleu, et rouge (les couleurs de la ville de Paris). C'est l'origine des couleurs du drapeau français.

Le matin du 14 juillet un bruit courut dans la ville : des troupes étrangères approchaient de Paris et les canons de la Bastille étaient dirigés vers la rue Saint-Antoine, quartier populaire. Pendant des heures le cri de « A la Bastille ! A la Bastille ! » retentit à travers Paris, et une foule se réunit près de la vieille forteresse, qui était devenue une prison. Ironiquement, à ce moment-là, il ne s'y trouvait que sept prisonniers ! Mais le peuple espérait y trouver des armes. Après plusieurs assauts inutiles, le gouverneur de la Bastille, Delaunay, demanda et reçut une promesse d'immunité pour lui-même et pour ses mercenaires suisses. Il fit abaisser les ponts-levis et ouvrir les portes. La foule massacra le gouverneur et les Suisses.

Si le serment du Jeu de Paume représente le triomphe de la *bourgeoisie*, la prise de la Bastille est devenue le symbole du triomphe du *peuple*.

La même nuit, à Versailles, le duc de Liancourt annonça au roi la prise de la Bastille.—« C'est une révolte ? » s'écria le roi.— « Non, Sire, répondit le duc. C'est une révolution ! »

Place de la Bastille

Pendant les quinze jours qui suivirent, à mesure que les rapports de Paris se répandaient en province, les paysans s'armèrent et pillèrent ou même détruisirent des châteaux. Quelques-uns des nobles résistèrent aussi longtemps que possible, d'autres s'enfuirent, d'autres encore partagèrent la ferveur patriotique des bourgeois de Versailles et du peuple de Paris.

La nuit du 4 août, les représentants du Clergé et de la Noblesse à Versailles votèrent l'abolition de tous les privilèges des seigneurs, tels que la taille, la chasse privée, les impôts inégaux, les pensions imméritées. On abolit aussi les privilèges des villes et des provinces. En rendant tous les Français égaux devant la loi, ces actions marquent la fin de la féodalité et font du 4 août une des dates les plus mémorables de la Révolution.

L'Assemblée continuait ses délibérations. Un projet de *Déclaration des droits de l'homme et du citoyen* fut présenté par Mirabeau et secondé par Lafayette. Les principes établis dans ce document dérivaient en partie de la « *Declaration of Independence* » et du « *Bill of Rights* », en partie aussi d'œuvres telles que *le Contrat social* de Rousseau et *l'Esprit des lois* de Montesquieu. « Tous les hommes naissent et demeurent libres et égaux en droits. »—« Le principe de toute souveraineté repose essentiellement dans la nation. » La Déclaration, adoptée le 20 août, exprime bien l'idéal de la Révolution.

Louis XVI, vacillant, n'accepte pas la *Déclaration des droits de l'homme et du citoyen*. La vie économique du pays, d'ailleurs, devient chaotique : les relations commerciales entre Paris et le reste du pays sont en grande partie interrompues ; dans la capitale il devient difficile de s'alimenter. Tout à coup, le bruit court qu'à un banquet militaire à Versailles, auquel assistait Marie-Antoinette, une cocarde tricolore avait été foulée aux pieds. Ce petit incident devient un événement. A Paris on demande que Louis XVI vienne à la capitale. Le 5 octobre une foule se met en marche pour Versailles.

Au palais de Versailles, la Garde nationale, commandée par Lafayette, protégeait le roi, la reine, et les enfants royaux. A un moment, pourtant, la foule fut sur le point d'envahir le palais. Lafayette, respecté par les citoyens, persuada la famille royale de se montrer avec lui sur un balcon. Les menaces de la foule diminuèrent d'intensité, mais l'émeute continua toute la nuit. Le lendemain le roi consentit à se rendre à Paris. Au milieu de la foule triomphante, entourés de gens portant au bout de lances des têtes de gardes massacrés, le roi, la reine et leurs enfants quittèrent Versailles pour Paris, où ils devaient occuper le Palais des Tuileries.

Sauf à de rares moments, ce n'est plus à Versailles que se fera l'Histoire. Désormais, la France n'aura qu'une seule capitale, Paris.

Eugène Delacroix. *La liberté guidant le peuple*

En novembre, l'Assemblée constituante nationalisa les biens
énormes de l'Eglise. Ensuite on mit en circulation des «*assignats*»;
la valeur de ce papier-monnaie était assignée sur les biens nationaux. Pendant quelque temps l'existence des assignats favorisa le
commerce.

1790

Au mois de février, les biens nationaux furent vendus aux
enchères, ce qui eut trois conséquences. La valeur des assignats,
qui était basée sur ces biens, diminua rapidement et amena une
crise financière. L'Eglise perdit tout espoir de récupérer ses anciennes possessions. Beaucoup des terres ecclésiastiques furent
achetées à bas prix par des paysans, qui devinrent les plus fermes
soutiens du nouvel ordre de choses.

En février aussi, l'Assemblée abolit toutes les provinces en
tant que subdivisions politiques et les remplaça par 83 départements. Ceux-ci furent nommés d'après leur situation ou certains
traits géographiques, tels que la Manche, la Seine-et-Marne, le
Jura. Les noms des anciennes provinces ont donc perdu leur
valeur politique mais ils servent à rappeler le rôle que tel ou tel
territoire a joué dans l'histoire de France.

L'année 1790, comparée à 1789, fut tranquille. Le 14 juillet
devint la grande « Journée » de l'année, quand, pour commémorer
la chute de la Bastille, une immense « Fête de la Fédération » eut
lieu à Paris. Des délégations vinrent de toute la France. Au nom
du Peuple français, Lafayette jura sur l'autel d'être éternellement
fidèle à la Nation, à la Loi, et au roi.

A cette époque il était évident que Louis XVI avait encore
un grand nombre de partisans influents.

1791

L'antagonisme des nouveaux dirigeants français continue
envers l'Eglise aussi bien qu'envers la Royauté. Louis XVI
et Marie-Antoinette, profondément catholiques, s'impatientent.
Quoi de plus naturel que de solliciter l'aide des souverains
d'autres pays européens, surtout celle de l'empereur germanique,
François Ier, père de Marie-Antoinette?

La « fuite de Varennes » est un des épisodes les plus dramatiques et, par certains côtés, le moment suprême de la Révolution.

Pendant la nuit du 20 juin 1791, Louis, Marie-Antoinette, et
leurs enfants, déguisés en bourgeois, s'échappèrent des Tuileries.
Une voiture les attendait. Ils se dirigèrent aussi rapidement que
possible vers la frontière. Après plusieurs incidents qui les mirent
en danger, la petite troupe arriva le 22 juin à Varennes, village

tout proche de la frontière. Mais dans une auberge, le roi fut reconnu. Une foule s'assembla aussitôt. Tout espoir de fuite disparut. Le groupe royal fut obligé de retourner à Paris.

Accusé de traîtrise, Louis XVI avait perdu presque tous ses partisans. Le peuple avait prouvé que, moralement et physiquement, il était plus fort que la royauté.

En septembre, les membres de l'Assemblée constituante, ayant décidé que leur tâche était accomplie, votèrent l'élection d'une nouvelle Assemblée. Il fut stipulé qu'aucun membre de la présente Assemblée ne pourrait être élu. C'était une noble décision, il est vrai, mais malheureusement très peu de Français, sauf les membres de l'Assemblée constituante, avaient quelque expérience en politique.

Les élections eurent lieu sans incident et l'Assemblée législative se réunit à Paris le premier octobre 1791. Elle allait gouverner la France jusqu'en septembre 1792.

1792

L'arrestation de Louis XVI fut, aux yeux des autres souverains européens, un événement de la plus haute gravité. Pour eux la cause du roi de France fut « la cause de tous les rois ». L'empereur germanique et le roi de Prusse formèrent une alliance dont le but était de rétablir « l'Ancien Régime » en France. Dans leurs armées se trouvaient un grand nombre de nobles français qu'on appelait « les émigrés ».

L'Assemblée législative décida le 10 avril 1792 de « déclarer la guerre aux rois, et la paix aux Nations ».

Les armées étrangères commencèrent à envahir la France.

A ce moment un jeune lieutenant qui se trouvait par hasard à Strasbourg, profondément ému par les événements, composa les paroles et la musique d'un hymne patriotique qui, espérait-il, conduirait des volontaires à s'engager dans l'armée française. Le jeune officier s'appelait Rouget de Lisle. Plus tard, des soldats de Marseille, en marchant vers Paris, chantèrent cet hymne, qu'on appelle depuis, *la Marseillaise*.

A Paris, le 20 juin, second anniversaire du serment du Jeu de Paume, une foule pénétra dans le Palais des Tuileries et menaça Louis XVI. Cette fois le roi fit montre de courage ; il refusa de se laisser intimider et la foule se dispersa.

Quelques semaines plus tard—le 10 août—il y eut une seconde « manifestation », plus violente encore. Une autre foule, exaspérée par les menaces des Autrichiens, marcha vers les Tuileries. Le palais était protégé par quelque neuf cents mercenaires suisses. En quelques heures un grand nombre de ces Suisses furent tués. Louis XVI et sa famille s'étaient enfuis. Ils furent arrêtés et emprisonnés au Temple (un monastère fortifié qui avait été élevé par les Templiers au XIIᵉ siècle). Cette « journée » marqua la fin de la monarchie constitutionnelle. L'Assemblée législative suspendit le roi de ses fonctions.

C'est bientôt après qu'eurent lieu quelques-unes des actions les plus atroces de la Révolution. Du 2 au 5 septembre (d'où le nom de massacres de Septembre) le peuple, excité surtout par le démagogue Marat, envahit les prisons de Paris pour « égorger les traîtres ». On arracha des prisonniers de leurs cachots, on les fit « juger », condamner, tuer, et enterrer dans les jardins des prisons. Parmi les quelques douze cents victimes se trouvaient un grand nombre de vieillards, de prêtres, et de femmes.

Le 20 septembre, par contre, fut une journée glorieuse pour la France. A Valmy, village sur la Marne, une petite armée française obligea quelques régiments prussiens à battre en retraite. Quand la nouvelle fut connue à Paris, cette bataille devint une grande victoire! Bientôt après, d'ailleurs, le vainqueur de Valmy, le général Dumouriez, gagna une vraie victoire sur une armée autrichienne à Jemmapes, dans les Flandres.

Le jour même de Valmy, l'Assemblée législative se sépara. Le jour suivant, une nouvelle assemblée, la Convention, dont les 750 membres avaient été élus au suffrage universel, se réunit et immédiatement vota l'abolition de la Monarchie et l'établissement d'une République.

Il semblait aux Français que la Révolution était terminée. Le roi et la reine étaient en prison, les représentants du peuple tenaient le pouvoir, et les ennemis de la France avaient été vaincus.

1793

Le roi était en prison, il est vrai; mais s'il s'échappait, s'il tentait à nouveau de s'enfuir à l'étranger? Le 21 janvier Louis fut mené à la place de la Concorde et guillotiné.

Marie-Antoinette, seule en prison avec ses enfants, montra beaucoup de courage et de dignité. Mais au mois d'août, elle fut emprisonnée à la Conciergerie. Le 14 octobre, elle fut condamnée à mort et dix jours plus tard guillotinée.

Les souverains de l'Europe, malgré Valmy et Jemmapes, se préparèrent à envahir la France pour supprimer la République qui menaçait leurs trônes. Au moment où l'armée autrichienne allait traverser les frontières de l'est, une révolte contre le gouvernement parisien éclata en Bretagne, surtout dans la région qu'on appelle la Vendée, où le parti royaliste était particulièrement fort. La Convention dut donc faire face à une guerre civile et, en même temps, à une guerre contre les envahisseurs.

Portrait de Marie-Antoinette

A Paris, le représentant le plus influent de la Convention était alors Maximilien de Robespierre. Né à Arras en 1758 et avocat de profession, il avait pendant longtemps fait partie d'un petit groupe obscur mais il avait peu à peu réussi à s'attacher un nombre toujours croissant de partisans, qui admiraient son éloquence et son désir de « régénérer l'humanité ». C'est lui qui suggéra, le 2 juin, la formation d'un *Comité de Salut public*, dont le pouvoir serait sans limites. Pour « sauver la France », le Comité inaugura le Règne de la Terreur. Au cours des quatorze mois suivants, plus de 300.000 « suspects » furent arrêtés, quelques 17.000 victimes furent exécutées.

Place de la Concorde, la guillotine fonctionnait presque sans arrêt. En province, les exécutions se succédaient : à Nantes, par exemple, en sept mois, plus de cinq mille « suspects » furent noyés dans la Loire.

En même temps, cependant, la Convention s'intéressait à des projets tout à fait différents. Elle créa des écoles dans toute la France, adopta un nouveau système de poids et mesures (c'est ainsi qu'est né le système métrique employé presque universellement aujourd'hui), et créa un nouveau calendrier qui devait remplacer l'ancien calendrier et qui dura en effet plus de dix ans.

Portrait de Robespierre

1794

La Vendée est reconquise, les armées étrangères sont re-poussées aux frontières.

A Paris, pourtant, la Terreur continue et les chefs de factions luttent les uns contre les autres pour s'emparer du pouvoir. En avril, Robespierre réussit à faire exécuter un des grands chefs de la Révolution—qui était devenu son ennemi—Georges-Jacques Danton.

En mai, la Convention, poussée par Robespierre, proclame comme un dogme officiel la croyance en l'existence d'un Etre suprême; mais ce n'est pas le Dieu chrétien qu'on révère, c'est l'Etre suprême de Jean-Jacques Rousseau.

En juin, il semble à Robespierre que l'Etat n'est pas encore hors de danger. Il commence donc la « Grande Terreur »: tout citoyen peut être arrêté, jugé sans témoins, souvent sans évidence, et, s'il est condamné par des preuves « morales », il peut être envoyé à la guillotine. Le nombre total d'exécutions, entre le 12 juin et le 27 juillet, c'est-à-dire pendant 45 jours, s'élève à 1300 ou 1400!

Enfin Robespierre commet une faute. Pour des raisons inconnues, il s'absente de la Convention pendant un mois. Quand il revient, le charme est rompu. On ose critiquer son premier discours. Le jour suivant, alors que Robespierre se lève pour parler, le cri de « A bas le tyran ! » se fait entendre. Abasourdi, Robespierre hésite, balbutie. « C'est le sang de Danton qui t'étouffe ! », hurle-t-on. Le tumulte empêche Robespierre de parler. Il est arrêté, mais ses partisans le délivrent bientôt. Le 27 juillet (ou, d'après le calendrier révolutionnaire, le 9 thermidor), Robespierre est déclaré « hors la loi » et arrêté de nouveau. Le lendemain, avec dix-neuf de ses amis, il est conduit à la place de la Concorde et guillotiné.

La mort de Robespierre marque la fin de la Terreur. Le Comité de Salut public est aboli, les prisons s'ouvrent. Les lois trop cruelles sont révoquées.

En même temps, des traités reconnaissent à la France les conquêtes de ses armées. Toute la rive gauche du Rhin devient française. Ce que les rois n'avaient pu faire, les armées de la République l'ont accompli.

Au cours de la Révolution, on avait aboli le système féodal et proclamé les droits de l'homme ; on avait donné au pays une constitution et affaibli la puissance temporelle de l'Église ; on avait inauguré une République et défendu le pays contre les armées d'un roi et d'un empereur. Le Tiers-Etat avait remporté de grandes victoires—mais, nous allons le voir, on n'avait pas pu établir une ère de tranquillité et d'amour fraternel !

TROISIÈME PARTIE

CHAPITRE XVII

Le Directoire

Les quatre années de 1795 à 1799 furent une période de confusion profonde presque de chaos. La Convention, après avoir gouverné la France pendant trois ans, adopta une nouvelle Constitution, selon laquelle il y avait deux Conseils. Le Conseil des Anciens se composait de 250 membres chargés de prononcer sur les lois élaborées par un Conseil des Cinq-Cents, corps législatif de 500 membres. Le pouvoir exécutif était aux mains d'un Directoire composé de cinq membres. Le droit de vote était limité aux propriétaires de terres ou de bâtiments ; la plupart des citoyens qui avaient pris la Bastille ou qui avaient défendu le pays contre ses ennemis ne possédaient donc pas ce droit fondamental.

Le faible gouvernement du Directoire fut obligé de faire face à la pire crise financière que le pays eût jamais connue. La vie restait difficile pour la plupart des Français, en province aussi bien qu'à Paris, mais ceux qui étaient assez habiles pour tirer avantage de la situation firent vite fortune grâce à la spéculation et à la vente de fournitures militaires aux armées de la République.

Les nouveaux riches aimaient à faire montre de leur richesse. Pour eux de nouvelles modes furent inventées. Les tailleurs trouvèrent des costumes bizarres pour les hommes—les « Incroyables »—et surtout pour les femmes—les « Merveilleuses ».

Pour les meubles, un style nouveau se développa, le « style Directoire », qui rappelle le style néo-classique qu'on associa avec le règne de Louis XVI, mais simplifié et plus austère encore. Les meubles étaient souvent en acajou. Leurs dorures ciselées furent souvent copiées d'après des motifs classiques ou égyptiens.

De temps en temps, il y eut de violentes protestations contre une Constitution qui ne reconnaissait pas les droits du peuple et contre les membres du Directoire. Un jour, un groupe armé marcha le long de la rue Saint-Honoré vers le palais des Tuileries, où se trouvait le siège du gouvernement. Arrivée devant l'église Saint-Roch, la foule fut arrêtée par des soldats. L'officier qui les commandait n'avait que vingt-six ans, mais il était déjà général. Quand les révolutionnaires refusèrent de s'arrêter, l'officier ordonna à sa troupe de tirer sur la foule. Des douzaine de révoltés furent tuées ou blessés. La foule se dispersa. Peu de temps après, le jeune officier fut promu par le Directoire au rang de commandant-en-chef de l'armée de l'intérieur. Le jeune officier était Napoléon Bonaparte.

Né en 1769 à Ajaccio, en Corse, Bonaparte était venu en France pour faire ses études à l'école militaire de Brienne (près de Bar-sur-Aube). Au commencement de sa carrière, il s'était distingué comme capitaine d'artillerie au siège de Toulon; les royalistes avaient livré cette ville aux Anglais, mais le capitaine Bonaparte la leur avait reprise.

En 1796, le Directoire, convaincu que Bonaparte était un homme d'action, le mit à la tête de l'armée d'Italie; sa mission était de détruire les forces ennemies qui menaçaient d'envahir la France.

Avant son départ pour l'Italie, Napoléon Bonaparte épousa Joséphine de Beauharnais, une veuve, mère de deux enfants, Eugène et Hortense. Elle était née à la Martinique; son mari, le vicomte de Beauharnais, avait été guillotiné en 1794. Elle avait six ans de plus que Napoléon Bonaparte, qui était fort amoureux d'elle. Deux jours après son mariage, le jeune général fut obligé de partir pour l'Italie avec son armée. Plusieurs mois plus tard, Joséphine l'y rejoignit.

Au cours de la campagne d'Italie, le génie militaire de Napoléon Bonaparte devint vite évident. Ses succès étaient dus en partie aux longues marches forcées qui lui permettaient de prendre l'ennemi par surprise, en partie aussi à l'enthousiasme qu'il suscitait chez ses soldats. En quinze jours le général remporta six victoires; la plus célèbre est la défaite de l'armée autrichienne à Rivoli (1797).

Comme ce sera le cas au cours de ses autres campagnes, Bonaparte envoya au gouvernement à Paris d'énormes sommes

Jean-Antoine Gros. *Le Général Bonaparte à Arcole*

d'argent prises aux villes italiennes, de même qu'un grand nombre
de trésors artistiques. Il croyait fermement au droit d'un vainqueur de saisir autant de butin que possible. Ses conquêtes
enrichirent le musée du Louvre d'un grand nombre de chefs-
d'œuvre de Michel-Ange, de Raphaël, de Véronèse, et d'autres
artistes encore.

L'expédition de Bonaparte en Egypte, en 1798, ne fut, au
contraire, qu'un demi-succès. Le but de l'invasion fut en partie
d'empêcher les Anglais d'aller directement aux Indes. Napoléon
mena son armée en Egypte sans grande difficulté, mais des milliers
de Français moururent dans le désert, tués par les Mameluks ou
succombant à la peste. Quand l'amiral Nelson détruisit la flotte
française à Aboukir, Napoléon se rendit compte qu'il ne pouvait
ni aller plus loin ni rester en Egypte plus longtemps. Les savants
qui accompagnaient l'armée, cependant, avaient déjà envoyé à
Paris les fruits de leurs découvertes—des trésors d'une valeur
inestimable, qu'on peut voir maintenant dans le musée du Louvre.

En 1799, apprenant que le Directoire était devenu impuissant, Bonaparte abandonna ses troupes en Egypte.

Arrivé à Paris, Bonaparte s'empara du pouvoir par un coup
d'état le 9 novembre—d'après le calendrier révolutionnaire, « le
18 Brumaire ».

Supprimant le Conseil des Anciens et le Conseil des Cinq-
Cents, Bonaparte institua un nouveau gouvernement, composé

de trois Consuls et d'un Sénat. Comme « Premier Consul », il avait un pouvoir absolu. Après dix ans de luttes, les Français reçurent ses promesses de paix et de prospérité avec joie et gratitude.

Le Consulat et l'Empire

Le Consulat dura cinq ans (1799–1804). C'est alors que Bonaparte accomplit une grande partie de son œuvre. Une nouvelle constitution développa encore la centralisation du gouvernement. Les préfets et les sous-préfets des Départements étaient dépendants du gouvernement de Paris ; c'est le système qui existe encore aujourd'hui. Quand la constitution fut présentée au peuple sous forme de plébiscite, trois millions de citoyens votèrent en sa faveur, et seulement 1.256 votèrent contre.

Bonaparte avait promis un règne paisible. Mais il se rendit compte très vite que l'Autriche, qui s'était emparée de Milan en 1799, menaçait la France. Bonaparte, traversant en plein hiver le col du Saint-Bernard, saisit Milan et vainquit les Autrichiens à la bataille de Marengo.

En 1801, le Premier Consul signa un « Concordat » avec le Pape, qui rétablit les relations entre l'Eglise et l'Etat. Les Français conservaient les propriétés ecclésiastiques qui avaient été confisquées depuis la Révolution, et la liberté du culte fut rétablie.

1802 ! Ce fut une belle année pour Napoléon Bonaparte. En mars, le traité d'Amiens, entre l'Angleterre et la France, rétablit la paix pour toute l'Europe—la première fois depuis dix ans. En avril, un décret autorisa tous les émigrés français à revenir en France. En mai, Bonaparte créa la Légion d'Honneur et en août il fut nommé Consul à vie. Il n'avait que trente-trois ans !

En 1802 et en 1803, Bonaparte consacra une grande partie de son temps à l'établissement du « Code Napoléon », qu'on a appelé son accomplissement le plus important et le plus durable. Avant cette époque, en partie à cause de la division du pays en de nombreuses provinces, les lois qui régissaient chacune d'elles étaient compliquées et contradictoires. Leur donner une sorte d'unité, établir des règles permanentes et uniformes était nécessaire. Bien entendu, des spécialistes en jurisprudence furent chargés de codifier ces lois, mais Bonaparte lui-même assista à la plupart des séances, fit des suggestions importantes, et établit les principes fondamentaux de ces lois. En fait, il y eut quatre Codes ; le plus important fut le Code Civil, qui devint officiel en 1804 et qui reste actuellement la base de la jurisprudence française.

Bonaparte ne fit presque rien pour l'éducation des enfants du peuple, mais pour les fils de familles bourgeoises il fonda des lycées qui fonctionnent encore aujourd'hui.

En 1803, il se passa un événement qui, aux yeux de la plupart des Français, avait sans doute très peu d'importance. Le 30 avril, un traité fut signé par le gouvernement français et les représentants des Etats-Unis d'Amérique par lequel le « territoire de la Louisiane » fut vendu aux Etats-Unis. Pourquoi? Il est probable que Bonaparte savait que les hostilités étaient imminentes entre la France et l'Angleterre, et qu'il aurait besoin d'une forte somme d'argent. En fait, George III, roi d'Angleterre, déclara la guerre à la France le 18 mai.

L'année suivante, en 1804, Bonaparte commit un crime, le plus insensé de son règne. Il fit arrêter le duc d'Enghien, fils du prince de Condé et membre de la famille des Bourbons. Le jeune duc était innocent de tout crime, mais Bonaparte obligea le conseil de guerre à le reconnaître coupable de trahison. Le duc fut fusillé. Ce meurtre dressa de nombreux partisans de Bonaparte contre lui. On ne connaît pas les raisons pour lesquelles Bonaparte accomplit cet outrage.

Etre Premier Consul ne suffit pas longtemps à Bonaparte. Pour marcher de pair avec les souverains d'Europe, ne devrait-il pas être couronné? Il décida d'en appeler aux Français. Un plébiscite suivit: trois millions et demi de Français votèrent en faveur d'un Empire; moins de trois mille votèrent contre.

Le couronnement de l'Empereur eut lieu à Notre-Dame de Paris le 2 décembre 1804. L'immense tableau de Jacques-Louis David, *le Sacre*, représente le moment de la cérémonie où Napoléon, qui avait placé lui-même la couronne impériale sur sa tête, est en train de poser une couronne sur la tête de Joséphine.

L'immense popularité dont l'Empereur jouissait en France ne dépassait pas les frontières de son empire. Les souverains d'Europe craignaient son ambition et sa puissance. Les guerres entre la France et l'Europe, de 1805 à 1815, sont les grands événements de l'histoire européenne. Contentons-nous, dans un ouvrage consacré à la culture française, de les décrire d'une manière sommaire. Les guerres avaient lieu presque sans interruption. En 1805, l'Angleterre et la Russie formèrent une alliance; elles furent bientôt suivies de l'Autriche, de la Suède, et du royaume de Naples. En décembre, en coup de foudre comme toujours, l'Empereur attaqua les armées autrichiennes et russes et les vainquit à Austerlitz.

L'année suivante, Napoléon remporta une grande victoire sur l'armée prussienne, à Iéna en Allemagne. A Eylau, en 1807,

Jean-Louis David. *Le Sacre de Napoléon 1er*

il mit en déroute des armées de Russie et de Prusse; la même année, à Friedland, les Français remportèrent une grande victoire sur une autre armée russe. La moitié du territoire prussien fut annexée.

En 1808, Napoléon donna à son frère Joseph le trône d'Espagne. Mais les Espagnols refusèrent de se soumettre à ce roi. De plus, en 1809, le duc de Wellington débarqua au Portugal avec une armée anglaise; son but était de rejeter les Français hors de la péninsule Ibérique. Il était donc nécessaire d'envoyer une armée française en Espagne.

L'année 1809 fut une année importante dans la vie privée de l'Empereur. On aurait pu croire que Napoléon avait obtenu tout ce qu'il pouvait désirer: puissance, popularité, la couronne impériale, et une impératrice qui était une des plus belles femmes de son temps. Mais, hélas! il n'avait pas d'enfant. Sans fils, il lui était impossible de fonder une dynastie. Tout ce qu'il avait accompli pouvait disparaître après sa mort.

Napoléon avait adopté, il est vrai, le fils de Joséphine, Eugène de Beauharnais. Mais il n'était pas certain qu'Eugène serait reconnu comme son héritier. Napoléon décida donc de répudier Joséphine et d'épouser une princesse de sang royal. En décembre 1809, le divorce fut prononcé par le Sénat. En avril

Jacques-Louis David. *Napoléon 1ᵉʳ*

1810, l'Empereur épousa l'archiduchesse Marie-Louise, fille de empereur François II d'Autriche. Un fils leur naquit en 1811, et reçut immédiatement le titre de « Roi de Rome ».

Le divorce, le mariage, la naissance d'un fils n'empêchèrent pas Napoléon de consacrer une grand partie de son temps, en 1812, en 1813 et en 1814, aux guerres qui avaient éclaté, malgré l'impatience grandissante du peuple français. Les ennemis principaux de Napoléon étaient maintenant l'Angleterre et la Russie. Pour ruiner l'Angleterre, Napoléon imposa le blocus de tous les ports européens, mais cette mesure eut peu d'effet sur le commerce anglais. Pour vaincre la Russie, une autre guerre était nécessaire. Et le tsar Alexandre, que Napoléon avait battu à Austerlitz, à Eylau, et à Frîedland, désirait une telle guerre autant que Napoléon.

La campagne de Russie commença en mai 1812. Napoléon gagna sa première victoire importante à Borodino, en septembre, et cette victoire lui ouvrit la route de Moscou. Mais quarante-trois généraux français et quelque cinquante mille soldats avaient été tués ou blessés. Bientôt, cependant, l'armée française arriva devant Moscou. La ville était désertée. Deux cent cinquante mille personnes s'étaient enfuies. Avant que le conquérant pût comprendre ce qui était arrivé, un incendie détruisit une grande partie de la ville et toutes les provisions sur lesquelles Napoléon avait compté pour ravitailler ses soldats.

Désorienté, Napoléon passa cinq semaines à Moscou. Quand il décida de quitter la ville, l'hiver russe avait déjà commencé. La campagne était dépouillée et les Cosaques commençaient à paraître. L'armée française devint une horde de traînards affamés. Quand il fallut traverser la Berezina, des milliers d'hommes furent noyés, tués par les Cosaques, ou faits prisonniers. La retraite devint un désastre. Quand elle était partie de France à la conquête de la Russie, l'armée avait été composée de cinq cents mille hommes; moins de cinquante mille—un sur dix—réussirent à rentrer en France.

Napoléon, pourtant, n'abandonna pas la partie. Il organisa une autre armée, de deux cents mille hommes. La bataille décisive fut celle de Leipzig, connue sous le nom de « bataille des nations ». Napoléon fut vaincu et poursuivi jusqu'au-delà du Rhin par les Alliés. La France fut envahie. Paris fut occupé, pour la première fois depuis plus de trois siècles.

Le 2 avril (l'anniversaire de son mariage!) Napoléon perdit son trône. Le 20 avril, dans la cour du palais de Fontainebleau, il fit ses adieux à ses soldats. Cérémonie célèbre et émouvante! Les Alliés exilèrent l'Empereur à l'île d'Elbe dans la Méditerranée.

Le frère de Louis XVI, le comte de Provence, revint à Paris après vingt-cinq ans d'exil en Angleterre et fut proclamé roi de France sous le nom de Louis XVIII.

Le premier mars 1815, Napoléon s'échappa de l'île d'Elbe, débarqua en France, marcha des bords de la Méditerranée à travers les Alpes françaises jusqu'à Paris. Le roi Louis XVIII s'enfuit avec ses partisans en Belgique.

Pendant « les Cent-Jours », Napoléon devint encore une fois le maître de la France. Mais les armées des Alliés et celles de Napoléon se rencontrèrent à Waterloo le 18 juin 1815. Napoléon fut vaincu, pour la dernière fois.

De retour à Paris, l'Empereur abdiqua. Il fut envoyé par les Anglais dans l'île de Sainte-Hélène dans le sud de l'Atlantique, d'où il était impossible de s'échapper. Napoléon y mourut en 1821.

Même avant la mort de Napoléon, sa « Légende » avait commencé à se développer. Quand, en 1840, les restes de l'Empereur furent transportés à Paris, dans l'église des Invalides, l'émotion des Français fut intense. On aurait cru que l'Empereur n'avait

Tombeau de Napoléon Ier aux Invalides

jamais fait le moindre mal à la nation et que pendant sa vie
entière il n'avait connu que des triomphes!

La Malmaison

Chambord fait penser à François Ier, Versailles rappelle
Louis XIV. Mais aucun palais aujourd'hui ne peut nous aider
à évoquer Napoléon Ier, qui s'était contenté de redécorer à Fontainebleau ou à Compiègne les appartements de ses prédécesseurs.
Pourtant, il nous reste un monument étroitement associé à son
souvenir. C'est, tout près de Paris, la Malmaison, la demeure de
Joséphine. Là, le jeune général et sa femme ont vécu à son retour
d'Italie et pendant le Consulat; là, Joséphine s'est retirée après
son divorce; là, elle est morte, quelques mois avant que Napoléon
ne s'y arrêtât, en route pour le second exil.

Lorsque la jeune femme du général victorieux voulut une
demeure digne d'elle, elle trouva, dans l'Ile-de-France qu'elle
aimait tant, le domaine qu'elle cherchait. Les bâtiments eux-
mêmes n'étaient pas très beaux; mais le parc à l'anglaise, avec
son étang, sa rivière, ses vieux saules, plut à la créole sentimentale
et au général nourri de Rousseau. Chaque semaine, pendant les
premières années du Consulat, Bonaparte se rendit à la Malmaison; redevenu un jeune homme, jouant aux barres, se pro-
menant dans le parc, admirant les roses du jardin, les plus belles
de France, il se reposait de ses travaux. Profondément amoureux
de Joséphine, qu'il aimait voir jaillir de derrière les arbres, coiffée

Pierre-Paul Prud'hon.   *L'Impératrice Joséphine
à la Malmaison*

à l'antique, et déjà entourée d'une petite cour, il fit du petit
château le seul foyer qu'il eût connu.

Dès que le Premier Consul prend conscience de son rôle,
cette modeste maison de campagne aux murs nus ne suffit plus.
Mais il ne l'abandonne pas. Joséphine, Bonaparte lui-même, les
architectes, les décorateurs surtout, se mettent au travail. On
ne change pas le parc, on se contente de l'agrandir, d'y ajouter
des prés, des bois. Mais, pendant quinze ans, la Malmaison elle-
même subit des transformations qui en font aujourd'hui un
exemple parfait du style Empire.

Car il y a un style Empire, comme il y a un style Renaissance
ou un style Louis XVI. Il est sévère, un peu lourd, comme on
doit s'y attendre à une époque pleine d'admiration pour l'antiquité, et qui veut réagir contre la frivolité de l'Ancien Régime.
Mais cette lourdeur peut devenir majesté; cette sévérité ne manque pas de charme. L'archéologie est plus que jamais à la mode:
Bonaparte avait emmené avec lui en Egypte de nombreux savants,
les ruines de Pompéi apportent des idées nouvelles. Les couleurs
sont crues, froides, rouge étrusque, vert clair; la forme des
meubles est grecque, romaine, égyptienne, mais tout cela, bien

La Malmaison

entendu, adapté au goût français. Meubles, étoffes, orfèvrerie sont d'ailleurs de très belle qualité.

Joséphine est dépensière: elle ajoute des ailes à la Malmaison, elle fait du porche une tente de fer aux formes classiques; sa chambre à coucher, en forme de tente, sera une symphonie de violet et d'or, les couleurs préférées du général. Les salons sont nombreux, tendus d'étoffes de Lyon ou de tapisseries des Gobelins. Aux murs pendent des tableaux pris à l'Italie. Dans les vases de bronze doré, il y a des fleurs rares que Joséphine se fait envoyer de sa Martinique natale, et que la flotte anglaise, maîtresse des mers, laisse galamment passer.

Pendant longtemps, la vie qu'on mène à la Malmaison est gaie, brillante. On y joue la comédie, on y donne des concerts, des bals. Joséphine aimait la musique; encore aujourd'hui sa harpe est un des ornements de son salon de musique.

Les années passent. 1810: Napoléon épouse l'orgueilleuse archiduchesse Marie-Louise. Joséphine, après son divorce, est revenue à la Malmaison. Abandonnée, triste, elle aime encore Napoléon qui vient la voir quelquefois, quand il a besoin de conseils. Joséphine, désolée, vieillit vite. 1814: la pauvre femme meurt, alors que Napoléon est parti pour son premier exil. 1815: Napoléon est vaincu à Waterloo, il abdique une seconde fois. Il

Jean-Louis David. *Madame de Récamier* (Style Empire)

va quitter la France, cette fois-ci pour toujours. C'est à la Malmaison qu'il passe ses derniers jours en France. Quels sont ses
sentiments? L'Europe lui échappe; Marie-Louise l'a abandonné;
son fils, le petit roi de Rome, va devenir un archiduc autrichien.
Joséphine est morte, enterrée sans faste dans la petite église du
village. Tous les rêves de grandeur qu'il avait connus lorsqu'il
était le général Bonaparte ont fui. La « Malmaison »—la mau-
vaise maison, la maison maudite—a mérité son nom.

CHAPITRE XVIII

La Monarchie constitutionnelle

Dès que Napoléon Bonaparte eut été vaincu à Waterloo, le vieux Louis XVIII—il avait soixante-dix ans—retourna à Paris. Après plus de vingt ans d'exil, les Bourbons remontaient sur le trône.

La tâche de Louis XVIII était difficile. Il revenait dans une France vaincue, humiliée. Gros, infirme, sans gloire, il faisait piètre figure de chef. Ce qu'il voulait surtout—et ce que la plupart des Français voulaient—c'était la paix et la tranquillité. Le seul moyen de les obtenir, croyait le vieux roi, c'était par des compromis. Le roi ne pouvait plus être un souverain absolu, comme Louis XIV ou Napoléon. Louis a donc « octroyé » une *charte* qui faisait de lui un monarque constitutionnel. Cette charte établit deux Chambres, l'une héréditaire (la Chambre des Pairs), l'autre élue (la Chambre des Députés). Gouvernement libéral en apparence! Mais les nobles qui étaient rentrés en France après vingt ans d'exil n'avaient, comme on l'a dit, « rien appris ni rien oublié ». Heureusement, à la Chambre des Pairs, les royalistes constitutionnels étaient plus nombreux que les « ultras » qui tenaient à rétablir une monarchie absolue.

Quant à la Chambre des Députés, puisqu'il fallait payer au moins 300 francs d'impôts pour avoir le droit de vote, davantage même pour être député, cette Chambre représentait la haute bourgeoisie conservatrice. Par conséquent, le peuple—la majeure partie de la population—ne pouvait jouer aucun rôle politique.

La Chambre des Députés à Paris

Les nouveaux députés, d'ailleurs, étaient le plus souvent sans expérience dans les affaires du gouvernement, ce qui diminua leur influence.

Le vieux roi choisit des ministres modérés, dont la plupart étaient de bons administrateurs. Il nomma le grand écrivain Chateaubriand ministre des Affaires étrangères. Malheureusement Chateaubriand, qui avait été ambassadeur en Angleterre, ne fut pas capable de jouer un rôle politique et fut bientôt congédié.

Somme toute, les années de 1816 à 1824 passèrent assez tranquillement, ce qui permit au pays de reprendre ses forces et de profiter, comme nous le verrons, de la révolution industrielle et économique qui commençait en Europe.

En 1824, Louis XVIII mourut. Son successeur fut son frère, le comte d'Artois, (né en 1757) qui prit le nom de Charles X. Le nouveau roi était un vieillard affable, mais beaucoup plus hostile aux idées libérales que son prédécesseur. En effet, les idées de Charles X en 1824 étaient encore d'ancien régime! Louis XVIII avait été sacré au Palais-Bourbon, à Paris; le nouveau roi, qui croyait fermement au droit divin des rois, tint à se faire sacrer dans la cathédrale de Reims, avec toute la pompe traditionnelle.

En 1825, Charles X fit donner aux émigrés qui avaient perdu leurs biens pendant la Révolution un milliard de francs d'indemnité, ce qui rendit furieux les bourgeois qui payaient déjà d'assez lourds impôts! L'année suivante, le roi supprima la liberté de la presse.

La France, cependant, s'unit à l'Angleterre et à la Russie pour aider les Grecs à se libérer de la Turquie. La guerre de l'Indépendance grecque, dans laquelle le poète anglais Byron joua un rôle, inspira aussi des hommes de lettres et des artistes français: Victor Hugo écrivit ses poèmes des *Orientales* (1827), l'artiste Eugène Delacroix peignit *les Massacres de Chio*.

Au printemps de l'année 1830, le gouverneur de l'Algérie insulta un consul général de France. Depuis longtemps, d'ailleurs, la ville d'Alger était un repaire de pirates. Le gouvernement y envoya une flotte française, qui vainquit les pirates et s'empara d'Alger. Les Français ne savaient que faire de la ville; donc ils y restèrent et commencèrent la conquête de l'Algérie, qui ne devait s'achever qu'en 1871.

En juillet 1830, Charles X se croit assez puissant pour modifier le gouvernement selon ses idées royalistes. Il dissout la Chambre des Députés et modifie la loi électorale de telle façon qu'elle diminue encore le nombre des électeurs.

Les Parisiens se révoltent. Charles, effrayé, s'enfuit en Angleterre. Trois jours—« les Trois Glorieuses »—suffisent pour achever cette révolution. Sur le trône on place un nouveau souverain, le duc d'Orléans (de la branche cadette des Bourbons), qui régnera sous le nom de Louis-Philippe Ier. On appelle ce nouveau régime « la monarchie de Juillet ». C'est le marquis de Lafayette qui, à l'Hôtel de Ville, avait présenté le nouveau roi au peuple et qui avait mis un drapeau tricolore entre ses mains. Après des élections, une nouvelle Chambre accepte Louis-Philippe, non comme « roi de France » mais comme « roi des Français ». Il n'est plus question du droit divin des rois. Louis-Philippe ressemblait, en effet, plus à un bon bourgeois qu'à un personnage royal.

Aux yeux des royalistes, encore fidèles aux Bourbons, Louis-Philippe trahissait la monarchie. Aux yeux des républicains, il trahissait le peuple qui avait fait la Révolution. Pendant son long règne (1830–1848), il y eut des menaces de tous côtés. Les ultra-royalistes, les bonapartistes, les républicains faisaient continuellement des complots pour le renverser, mais toujours sans succès. Le roi avait pour lui les bourgeois, qui, grâce à sa politique de « la paix à tout prix », pouvaient se consacrer au développement de l'industrie et du commerce.

En 1840, Louis-Philippe osa permettre aux bonapartistes de ramener les cendres de Napoléon Bonaparte de Sainte-Hélène à Paris et de les déposer aux Invalides. Napoléon, d'ailleurs, n'était plus le chef d'un parti, il était devenu un héros national.

Pendant ces années de paix à l'extérieur et à l'intérieur, cependant, le parti républicain, mieux organisé qu'en 1830, grandissait lentement. Une nouvelle génération de jeunes gens s'enthousiasmait de plus en plus pour les idées libérales. Le poète Lamartine, député depuis 1834, publia en 1846 une *Histoire des Girondins*, qui présentait avec une admiration émouvante ce parti révolutionnaire. Le livre eut un succès prodigieux.

En février 1848, une manifestation du parti libéral dans les rues de Paris devint une émeute, puis une insurrection populaire. Louis-Philippe abdiqua sans hésiter. Il avait 75 ans, il avait régné 18 ans. Il alla en Angleterre, où il mourut en 1850.

A Paris, un gouvernement provisoire, formé d'ouvriers, de socialistes et de républicains modérés, proclama la Deuxième République.

Le romantisme

Le romantisme est aussi difficile à définir que le classicisme. Nous avons vu que celui-ci reposait sur de nombreux principes: ordre, respect de l'autorité, séparation des genres, humanisme, rationalisme, clarté, style poli et noble. Le romantisme s'est affirmé d'abord comme une révolte contre les règles du classicisme; puis il s'est élaboré comme une véritable doctrine littéraire.

On peut distinguer trois périodes dans le romantisme. Le romantisme du dix-huitième siècle commence avec la publication du premier *Discours* de Jean-Jacques Rousseau (1750) et se termine à la Révolution (1789). L'exaltation du *moi*, l'absence d'ordre et de discipline, l'opposition aux institutions traditionnelles, la peinture de passions sans freins, l'amour de la nature—nous avons déjà vu tout cela dans l'œuvre de Rousseau.

La deuxième période est souvent connue sous le nom de pré-romantisme. Entre 1800 et 1815—c'est-à-dire pendant l'ère napoléonienne—Chateaubriand et Madame de Staël s'imposent comme les deux grands écrivains. Chateaubriand (1768–1848) qui avait voyagé en Amérique, a raconté dans *Atala* (1801) les amours tragiques de deux jeunes Indiens et a peint la beauté des forêts primitives. *René* (1805) est un roman plus personnel et finement analytique où le héros s'abandonne à une mélancolie maladive— ce fameux « mal du siècle » dont souffriront les jeunes gens sensibles de cette génération.

Dans le *Génie du christianisme* (1802), publié au moment où le catholicisme redevient officiellement en faveur, Chateaubriand fait l'apologie du christianisme et de ses dogmes. Dans la troisième

Chateaubriand

partie, consacrée aux beaux arts, Chateaubriand, avant Victor
Hugo, a contribué à éveiller l'intérêt des Français pour le Moyen
Age et pour l'art gothique. En 1807 il commence à rédiger son
autobiographie, les *Mémoires d'outre-tombe*, sans doute son œuvre
maîtresse où il décrit l'épopée de sa vie et celle de son temps.

   Madame de Staël (1766–1817) était douée d'une intelligence
et d'une culture remarquables. Dans un livre qui a exercé une
grande influence, *De la littérature*, elle a montré les relations
étroites qui existent entre la littérature et les institutions sociales du pays où elle se développe. Deux romans, *Delphine* et
Corinne qu'on peut appeler des romans « féministes », montrent
combien il est difficile pour une femme supérieure (comme Mme
de Staël elle-même) d'être heureuse. Enfin, dans son ouvrage le
plus important, *De l'Allemagne*, elle analyse les mœurs, la
littérature, les arts et la philosophie de ce pays ; elle y loue une
liberté de pensée qui n'existait pas à cette époque en France.
Napoléon fit saisir et détruire le livre et exila Mme de Staël, qui
s'établit à Coppet, en Suisse.

Charpentier. *Le château de chateau briand à Combourg*

Madame de Staël

C'est à Coppet que Benjamin Constant, protégé de Madame de Staël, écrit *Adolphe* (publié en 1816), une autobiographie déguisée remarquable par la complexité de son analyse psychologique et par la sobriété de son style.

La troisième période—celle de l'école romantique proprement dite—s'étend de 1820 à 1850. Des influences très diverses s'exercèrent sur la littérature de cette époque: par exemple, la tradition rousseauiste, et l'œuvre d'écrivains allemands, tels que Goethe et Schiller, ou d'écrivains anglais, tels que Byron et Scott. L'écrivain romantique a une personnalité qu'il aime à étaler: ce ne sont plus des sentiments généraux qu'il peint, ce sont ses propres émotions qu'il chante. La poésie sera donc le mode d'expression privilégié des romantiques.

Le premier des grands poètes romantiques est Alphonse de Lamartine (1790–1869). Son style est presque classique, mais quand il dépeint ses propres douleurs et l'amour qu'il a pour la nature, il fait penser à Rousseau. Son premier recueil, *les Méditations* (1820), est accueilli avec enthousiasme. Le poème le plus connu des *Méditations* est *le Lac* dans lequel Lamartine exprime dans des vers d'une musique exquise la tristesse causée par la mort de la femme qu'il a aimée et l'inquiétude humaine devant le passage du temps. La même année il entre dans la carrière diplomatique, puis en 1830, comme nous l'avons vu, sous la Monarchie de Juillet, se lance brillamment dans la vie politique.

Il continue néanmoins à écrire et publie, en 1830, *Harmonies* où il exprime sa ferveur religieuse. Son activité politique et sociale renouvellent d'ailleurs son inspiration et dans deux récits épiques, *Jocelyn* (1836) et *la Chute d'un ange* (1838), il chante l'esprit social et la fraternité des hommes.

Alfred de Vigny (1797–1863) se révèle le plus intellectuel des poètes romantiques. Il a médité longuement sur les grands problèmes qui confrontent l'humanité—la solitude de l'homme de génie (*Moïse*), les rapports de l'homme avec Dieu (*le Mont des oliviers*), la fatalité (*les Destinées*). Aux déceptions de la vie et aux souffrances humaines Vigny oppose une stoïque fierté (*la Mort du loup*).

Victor Hugo (1802–1885) fait figure de proue dans l'histoire littéraire du dix-neuvième siècle. Très tôt il s'affirme comme le plus prolifique et le plus versatile des auteurs romantique. Réussissant dans tous les genres—poésie, théâtre, roman—il reste, grâce à son extraordinaire génie lyrique et à sa remarquable virtuosité formelle, le plus grand poète du mouvement dont il fut indubitablement le chef. Nul autre poète n'a su manier l'alexandrin avec autant de souplesse, nul autre poète n'a fait preuve d'une telle richesse verbale. Après ses débuts poétiques (*Odes et*

Auguste Rodin. *Victor Hugo*

Ballades, 1826), il affirme dans *les Orientales* (1829) ses idées libérales et chante la beauté et l'indépendance de la Grèce alors soumise aux Turcs. En pleine tourmente politique, il écrit « des vers sereins et paisibles, des vers de l'intérieur de l'âme »: *les Feuilles d'automne* publiées en 1831. Trois autres recueils suivent. Dans le dernier, *les Rayons et les ombres* (1840), Victor Hugo précise ses idées sur la fonction du poète mage et voyant, porteur d'un message de justice et d'amour:

> *Peuples! Ecoutez le poète!*
> *Ecoutez le rêveur sacré!*

Mais c'est après les deux grandes crises de sa vie—la mort de sa fille et son exile à Jersey et Guernesey—qu'il écrit ses œuvres maîtresses. A la mort de Léopoldine (1843), Victor Hugo s'était tourné vers l'action politique et, en 1845, il fut nommé pair de France, puis élu député. De tendance politique de plus en plus libérale, il s'oppose bientôt à Louis Napoléon Bonaparte et, au moment du coup d'état (2 décembre 1851), il organise la résistance, mais en vain. Il doit donc quitter la France.

C'est alors qu'il écrit *les Châtiments* (1853), œuvre satirique puissante où il mêle l'ironie la plus mordante pour discréditer Napoléon le Petit et, au contraire, la grandeur épique pour évoquer Napoléon le Grand.

C'est à Guernesey aussi qu'il écrit *les Contemplations* (1856), les « mémoires d'une âme » inspirée par la mort de sa fille. « Sortant de l'énigme du berceau et aboutissant à l'enigme du cercueil », il chante l'enfance, l'amour, et la douleur dans des poèmes tantot légers, tantôt graves et pathétiques.

Mais il faut attendre *la Légende des siècles* (1859) pour voir s'épanouir tout le génie épique de Victor Hugo. Dans cette œuvre monumentale et mystique, il décrit les grands moments de l'humanité « depuis Eve, mère des hommes, jusqu'à la Révolution, mère des peuples ».

Alfred de Musset (1810–1857) connut lui aussi un succès très précoce et ses premiers vers légers, badins, moqueurs furent accueillis avec enthousiasme. Puis, à vingt-deux ans, il s'éprit de George Sand, qu'il aima avec passion; après quelques mois d'extase, Musset connut le désenchantement et le désespoir. C'est de cette aventure douloureuse que s'inspirent quelques-uns de ses meilleurs poèmes, tels que *la Nuit de Mai* ou *Souvenir*. Musset, « l'enfant terrible » du romantisme est un admirable poète de l'amour.

La plupart des poètes lyriques (Lamartine est une exception) ont voulu imposer leurs théories au théâtre. Hugo fut leur chef. Dans sa fameuse *Préface de Cromwell* (1827), il se révolta contre les principes et les règles de Boileau; s'inspirant de Shakespeare, il voulait mêler dans la même pièce la tragédie et la comédie, ou, comme il le dit, « le sublime et le grotesque ». Les traditions classiques étaient encore tenaces au théâtre; il a fallu une véritable bataille pour faire triompher *Hernani* (1830). En 1838, *Ruy Blas* a connu une grande popularité, mais en 1843 la chute des *Burgraves* marqua la fin du romantisme au théâtre. « Ce qui survit victorieusement de Musset, c'est son théâtre », dit un critique. En effet, les pièces de Musset—certaines charmantes comme les comédies et proverbes ou dramatiques comme le remarquable *Lorenzaccio* (1834) ont admirablement fait l'épreuve du temps. Dans ses efforts pour régénérer le théâtre, Victor Hugo fut aidé par Alexandre Dumas père et par Vigny. En 1829 Dumas fit présenter au Théâtre-Français *Henri III et sa cour*, drame historique d'un réalisme frappant. Puis en 1831 il donna *Antony*, où se trouvent toutes les caractéristiques du drame romantique, mais dont le cadre est tout moderne. La meilleure pièce de Vigny est *Chatterton* (1835); Vigny décrit le suicide d'un jeune poète anglais, victime de l'indifférence de la société.

Les héros des drames romantiques sont des personnages d'un individualisme effréné et d'une mélancolie inconsolable; ils aiment à présenter leurs souffrances dans des vers ou dans une prose d'une beauté lyrique. Pour eux, la fatalité est plus puissante

Gérard Philippe dans *Lorenzaccio* d'Alfred de Musset

que la volonté humaine. Cette fatalité les entraîne dans des aventures où se retrouvent tous les artifices du mélodrame—déguisements, mystères, combats, coups de théâtre.

Remarquons que le drame romantique emprunta un grand nombre de ses sujets à l'histoire de France ou d'Europe, que la tragédie classique avait négligée en faveur de celle de la Grèce ou de Rome. Dans les pièces de Dumas ou de Hugo, Henri III, François Ier, Louis XIII, par exemple, jouent des rôles importants.

Les romantiques, en effet, sous l'influence de Sir Walter Scott, avaient «découvert», pourrait-on dire, l'histoire de France. Vigny, Hugo, et surtout Dumas, aussi bien que la plupart des autres écrivains du temps, ont écrit des romans historiques. *Le Cinq-Mars* de Vigny (1826) est le premier chef-d'œuvre de ce genre; c'est l'histoire d'une conspiration sous Richelieu. Dans *Notre-Dame de Paris* Victor Hugo évoque le Moyen Age et dans *Quatre-vingt-treize* il décrit la guerre civile qui eut lieu en Vendée. On trouve aussi dans son énorme roman social et épique, *les Misérables* (1867), une extraordinaire description de la bataille de Waterloo. Alexandre Dumas a écrit d'innombrables ouvrages de ce genre, dont le plus populaire est *les Trois Mousquetaires* (1843). On pourrait presque apprendre l'histoire de France en parcourant les romans de cette époque. Ajoutons très vite, cependant, que les romanciers se piquent rarement d'exactitude. Dumas surtout est sans gêne quand il s'agit des personnages et des faits du passé.

Toute la littérature française entre 1820 et 1850 n'est pas purement romantique. George Sand (1804–1876), la grande féministe du dix-neuvième siècle, qui fut aimée d'Alfred de Musset et de Frédéric Chopin, a écrit des romans personnels, sentimentaux, prolixes, qui aujourd'hui ont perdu beaucoup de leur intérêt. Plus tard George Sand a subi l'influence des socialistes et a incorporé leurs théories dans de nombreux romans. Ses chefs-d'œuvre sont des romans champêtres, plus réalistes que romantiques—*la Mare au diable* et *la Petite Fadette*—dans lesquels l'auteur a peint d'une façon charmante la vie des paysans de son Berry natal.

Henri Beyle (1783–1842), qui a pris le nom de Stendhal, est l'auteur entre autres de deux romans qui ont fait époque: *le Rouge et le Noir* (1831) et la *Chartreuse de Parme* (1839). L'auteur y présente des personnages ambitieux et passionnés, tout occupés à « la chasse au bonheur ». Stendhal mêle ses héros à la vie réelle de la France ou de l'Italie. Le renom de cet auteur est basé sur son réalisme, sa connaissance de la nature humaine, et son style dépouillé et incisif. Aujourd'hui encore, Stendhal fait figure de maître.

Prosper Mérimée (1803–1870) après avoir écrit un roman historique (*Chronique du règne de Charles IX*, 1829), s'est imposé comme le maître de la nouvelle. Impassible et réaliste, Mérimée cache ses émotions sous un art impeccable. La concision de son style fait toute la valeur de ses œuvres comme l'*Enlèvement de la redoute* (1829), *Mateo Falcone* (1829), *Colomba* (1840), et *Carmen* (1847).

Un mélange de romantisme et de réalisme apparaît dans l'œuvre prodigieuse d'Honoré de Balzac (1799–1850), un des plus grands écrivains de la littérature européenne. Doué d'une énergie extraordinaire, Balzac a écrit *la Comédie humaine*, composée de contes, de nouvelles, et de romans qui nous donnent le meilleur tableau que nous ayons de la société française dans la première moitié du dix-neuvième siècle. Balzac excelle à peindre des per-

Honoré de Balzac

sonnages aux passions fortes, tels que *le Père Goriot*, qui aime follement ses deux filles, ou le Père Grandet, qui sacrifie le bonheur de sa fille *Eugéuie Grandet* aux exigences de sa monstrueuse avarice.

Romans philosophiques, romans de mœurs, romans historiques, l'œuvre de Balzac est à la fois une chronique de la France de son temps et une profonde réflexion sur l'humanité et les différents types humains.

L'art néo-classique et romantique

Au début du dix-neuvième siècle, le néo-classicisme est à la mode. Le plus grand artiste de l'ère napoléonienne est Jacques-Louis David (1748–1825). Il fut essentiellement le peintre de scènes historiques. Avant la Révolution, il avait déjà peint par exemple, *la Mort de Socrate* et *le Serment des Horaces* et, pendant la Révolution, *Marat assassiné*. Plein d'admiration pour l'Empereur, il a célébré en un immense tableau, *le Sacre de Napoléon Ier par le Pape Pie VII à Notre-Dame de Paris*. Après la chute de Napoléon, David fut exilé à Bruxelles.

Deux élèves de David ont fait des chefs-d'œuvres de même inspiration. Girodet-Trioson (1767–1824) a peint *les Funérailles d'Atala*; ce tableau représente une scène du roman *Atala* de Chateaubriand. Jean-Antoine Gros (1771–1835) exprime bien l'ardeur du jeune général Napoléon Bonaparte dans son portrait, *Napoléon à la bataille d'Arcole*. Gros a peint aussi des portraits des rois Louis XVIII et Charles X. *La Défaite d'une armée turque par Murat à Aboukir* (v. 1805) nous fait voir la fureur d'une bataille.

Jean-Auguste-Dominique Ingres (1780–1867) est le plus grand et le plus puristes des néo-classiques, grâce à l'influence de Jacques-Louis David et à deux séjours à Rome (1806–1824, 1834–1841), où il a peint des scènes historiques mythologiques et religieuses. Egalement excellent peintre de portraits, il resta jusqu'à la fin de sa vie, un champion du classicisme.

Au classicisme d'Ingres, s'oppose le romantisme de Théodore Géricault (1791–1824), qui représente, non pas ce qui est calme et raisonnable, mais ce qui est violent, pathétique, ou tragique. Il faut admirer l'énergie du tableau qui représente un officier de la garde impériale, peint quand Géricault n'avait pas encore vingt-et-un ans! Le chef-d'œuvre de l'artiste est *le Radeau de la Méduse*: un navire, *la Méduse*, fait naufrage près de l'Equateur;

Jean-Antoine Gros. *La Défaite d'une armée turque par Murat à Aboukir*

les survivants flottent longtemps sur un radeau; plusieurs meurent l'un après l'autre de faim et d'épuisement; des instincts
primordiaux s'emparent de ceux qui restent vivants, prêts à tout
pour survivre; tout à coup un navire apparaît à l'horizon; l'espoir
renaît. . .telle est la scène mélodramatique, telles sont les émotions que l'artiste nous fait voir. En Angleterre, Géricault fit la
connaissance d'un médecin qui dirigeait un hôpital pour aliénés;
l'artiste a produit une série de portraits de ces malades. Voyez ce
Fou voleur d'enfants! Que nous sommes loin du classicisme!

Dominique Ingres. *La Grande Odalisque*

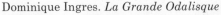

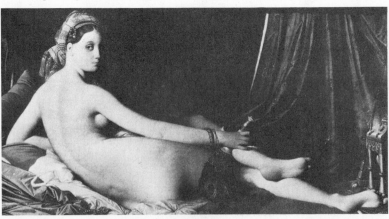

Théodore Géricault. *Le Radeau de la Méduse*

Théodore Géricault.
Le Fou voleur d'enfants

Eugène Delacroix. *Scène des massacres de Chio.*

Jean-Baptiste Corot. *Le Pont de Narni*

Même la mort de Géricault fut romantique: il fut renversé par un cheval à l'âge de trente-trois ans. S'il avait vécu, peut-être aurait-il été reconnu comme le chef du romantisme.

Le plus grand peintre romantique est Eugène Delacroix (1798–1863). Sous l'influence de Géricault, il se révolta contre le classicisme et accepta les principes du romantisme. *La Barque de Dante* (1822) marque une date dans l'histoire de la peinture française. L'artiste montre Dante et le poète Virgile dans une barque parmi les damnés de l'enfer. D'autres chefs-d'œuvre remarquables par la couleur et le mouvement sont *les Massacres de Chio, la Liberté guidant le peuple, Femmes d'Alger, la Prise de Constantinople par les Croisés, le Retour de Christophe Colomb.* Ses sujets préférés sont donc historiques, légendaires ou exotiques, comme dans la littérature de cette époque.

C'est Jean-Jacques Rousseau qui, au dix-huitième siècle, a introduit la nature, « le vert », dans la littérature française, en parlant de la beauté des paysages et des liens sentimentaux qui existent entre l'homme et la nature. Mais ce n'est qu'au dix-neuvième siècle que la nature est devenue un sujet important dans l'art français.

Pendant son premier voyage en Italie (en 1825), Camille Corot (1796–1875) a été frappé par « la campagne romaine » et plus tard par les beaux paysages de Hollande et d'Angleterre. C'est en France, pourtant, qu'il peint la plupart des tableaux qui l'ont rendu célèbre. Corot, par exemple, fut un des premiers artistes sensible à la beauté de la Forêt de Fontainebleau.

Aux environs de 1835, on vit paraître les œuvres de jeunes peintres inconnus qui vivaient en pleine campagne, près de la forêt de Fontainebleau et peignaient leurs paysages dans les champs ou dans les bois, au lieu de les composer dans leurs ateliers. On a donné à ce groupe le nom d'école de Barbizon, d'après le petit village où vécurent certains de ces artistes. Jean-François Millet, austère et puissant peintre des paysans, Théodore Rousseau, amoureux de la nature, Charles Daubigny, le plus poétique, commencent ainsi une révolution en art. Après le classicisme, après le romantisme, voici l'aube du réalisme: la nature comme elle est, après la nature comme elle devrait ou pourrait être.

François Rude (1784–1855) est le seul sculpteur romantique de renommée mondiale. Son chef-d'œuvre est un bas-relief de l'Arc de Triomphe de l'Etoile, qu'on appelle *le Départ* ou *la Marseillaise.* On voit des jeunes soldats de 1792 qui sont entraînés au combat par une femme ailée.

Jean-François Millet. *Les Botteleurs*

François Rude. *La Marseillaise*

La musique romantique

A l'époque du romantisme, Hector Berlioz (1803–1869) est le plus grand compositeur français. Il possède les meilleures qualités du romantisme: le sens de la couleur, du mouvement, de la vie, le goût de l'invention, le choix heureux des sujets. Parmi ses chefs-d'œuvre on doit mentionner *la Damnation de Faust* (une cantate), *la Symphonie fantastique*, et *la Symphonie funèbre et triomphale*.

La construction, de 1862 à 1874, du théâtre de l'Opéra à Paris par l'architecte Charles Garnier, témoigne de la grande popularité dont jouissait l'opéra en France au dix-neuvième siècle. Charles Gounod (1818–1893), romantique tardif plutôt que novateur, doit son renom surtout à deux opéras, *Faust* (1859) et *Roméo et Juliette* (1867).

Pendant cette époque Paris attira de nombreux musiciens étrangers; mentionnons-en deux. Le compositeur italien Rossini (1792–1868) devint directeur musical du Théâtre Italien à Paris en 1824 et fit jouer *Guillaume Tell* en 1829.

Frédéric Chopin (1810–1849), pianiste et compositeur, naquit en Pologne d'une mère polonaise; son père, cependant, professeur de français au lycée de Varsovie, était français. Chopin fit son début de pianiste à Vienne (Autriche) mais en 1831 il s'établit à Paris. Ses rapports amoureux avec George Sand sont

L'Opéra à Paris

célèbres et lui ont inspiré ses plus beaux préludes lors de leur séjour commun à Majorque. Sa musique composée en France est lyrique et romantique—et présente une grande variété de formes: mazurkas, valses, nocturnes, polonaises, préludes, sonates, et ballades.

On a souvent dit du mal du romantisme, et quelquefois avec justice. Et pourtant quelle belle période, ces trente années qui virent s'épanouir le génie d'hommes tels que Hugo, Delacroix, Berlioz! Au moment où le classicisme n'inspirait plus que des œuvres médiocres, les romantiques ont osé s'attaquer à des principes qu'on respectait encore aveuglément. Ils ont assoupli la langue et enrichi la poésie de thèmes nouveaux. En adaptant au génie français des idées étrangères pleines de vie, ils ont introduit un esprit nouveau dans la littérature et dans l'art. Ecrivains, artistes, musiciens, ils ont tous fait rentrer définitivement dans la culture française des qualités que le classicisme avait ignorées ou réprimées: l'individualisme, l'imagination, la liberté.

Les questions sociales et économiques

Deux classes de la société française avaient profité de la Révolution de 1789—la bourgeoisie et la classe paysanne; mais, jusqu'au milieu du dix-neuvième siècle, c'est la bourgeoisie surtout qui a dominé la vie politique et économique de la France. Peu à peu, une nouvelle classe sociale, la classe ouvrière, proclama ses droits et, pendant la seconde moitié du siècle, on put assister à la rivalité quelquefois sanglante du « Quatrième Etat » et du Tiers-Etat.

Le maintien au pouvoir de la bourgeoisie est un des grands phénomènes sociaux du dix-neuvième siècle. Pendant la Révolution, le Tiers-Etat, qui formait la plus grande partie de l'Assemblée, vota des lois, établit des principes qui le favorisaient. Sous Napoléon, la bourgeoisie resta maîtresse de l'administration. L'Empereur sut reconnaître la valeur très réelle de ses fonctionnaires et utiliser leurs services. Lorsque les Bourbons remontèrent sur le trône, les bourgeois consolidèrent encore leur position sociale. Ils ont, presque seuls, le droit de vote, car eux seuls paient les impôts assez élevés qui leur confèrent ce droit; conservateurs eux-mêmes, ils protègent le conservatisme de Louis XVIII et de Charles X, mais ils renversent ce dernier lorsqu'ils croient leurs libertés menacées.

C'est la bourgeoisie qui donne son trône à Louis-Philippe; la Révolution de 1830 semble consacrer son triomphe. Les pre-

Honoré Daumier. *Un Avocat*

miers grands industriels et les grands banquiers de l'époque, aussi
bien que la petite bourgeoisie, formée de fonctionnaires, de petits
commerçants modestes, de petits boutiquiers, et de petits
rentiers, ont conscience de leur force. Louis-Philippe est leur
roi à eux, le « roi bourgeois »; ses ministres, Thiers et Guizot,
sont sortis de leurs rangs. Les caricaturistes du temps, Daumier,
Gavarni, Henri Monnier, ont beau se moquer d'eux, les journaux
flattent les bourgeois, le gouvernement les craint, le peuple
les envie.

Plus conservateur encore que le bourgeois, le paysan
français jouit des avantages que la Révolution lui a donnés.
Le Grandet de Balzac, dont nous avons parlé, représente bien le
paysan de l'époque. Il a pu acheter les « biens nationaux », les
anciennes terres seigneuriales ou ecclésiastiques que l'Assemblée
constituante, pour l'attirer à elle, lui a vendues à bas prix. Chaque
paysan a maintenant son lopin de terre, auquel il tient autant
qu'à sa vie, et qu'il cherche à arrondir; pour lui, le « bon » gouvernement, c'est celui qui reconnaît ses droits à sa terre: même
sous Louis XVIII et Charles X, qui cherchent à rendre à la noblesse
revenue d'exil son importance passée, personne n'osera contester
sa terre au paysan. Vers 1840, il vit encore comme ses ancêtres
vivaient un siècle auparavant: habitant une maison basse à toit
de chaume, portant un costume régional, le paysan est un personnage pittoresque que les bourgeois dédaignent un peu. Mais
économe, quelquefois ambitieux, le paysan se rapproche déjà du
petit bourgeois; lui-même sans éducation, il envoie son fils au
collège de la ville voisine et veut faire de lui un fonctionnaire

Honoré Daumier. *L'Emeute*

ou un commerçant. Là, comme partout ailleurs, le nivellement des classes s'accentue.

Sous Louis-Philippe, les effets de la révolution industrielle et économique, qui s'étaient déjà fait sentir ailleurs en Europe, apparurent en France. Des douanes intérieures et le manque de charbon d'un côté, et de l'autre, le conservatisme des classes dirigeantes, avaient ralenti jusqu'alors le mouvement industriel en France. Peut-être aussi faut-il ajouter à ces raisons l'individualisme inconscient de l'artisan qui hésitait à devenir un ouvrier anonyme.

L'application de la vapeur, l'invention de machines vraiment modernes, la construction de chemins de fer, l'établissement de grandes banques, l'ouverture de marchés nouveaux dans une Europe plus prospère qu'elle ne l'avait jamais été, tout cela favorisa la transformation économique. De 1830 à 1848, la production de l'industrie française doubla presque.

La révolution économique fut accompagnée d'une révolution sociale. La classe ouvrière, qui avait à peine existé sous l'ancien régime, se développa vite. Le petit artisan du dix-huitième, siècle, qui travaillait chez lui, fut remplacé peu à peu par l'ouvrier d'usine. Le sort de celui-ci, sous Louis-Philippe, était pitoyable. Travaillant dix ou douze heures par jour pour quelques sous, souvent exploité par des patrons indifférents, l'ouvrier ne possédait même pas le droit de grève, n'était protégé par aucune législation en cas d'accident, de maladie, ou de chômage. Les femmes, les enfants (dès l'âge de huit ans) travaillaient dans des locaux malsains, habitaient des taudis dans des villes qui grandissaient trop vite. Des réformes étaient nécessaires: les théories socialistes qui se répandaient à cette époque aidèrent la classe ouvrière à prendre conscience de ses droits.

Les nombreux écrivains socialistes français ont en commun leur sincérité et leur enthousiasme. Chacun d'eux a pourtant sa personnalité propre, ses théories particulières. Lecomte de Saint-Simon (1760–1825) fut l'un des premiers socialistes; sa théorie fondamentale est devenue fameuse: « à chacun selon sa capacité, à chaque capacité suivant ses œuvres », disait-il. Saint-Simon proclama les droits du peuple: pour augmenter la prospérité du pays, il voulait de grands travaux publics qui pussent fournir du travail à beaucoup d'ouvriers. Charles Fourier (1772–1837), le créateur d'un système vague et complexe, prêcha la vie en commun, la fraternité universelle: mais en France comme aux Etats-Unis, tout effort pour réaliser ces idées se termina par un échec complet. Louis Blanc (1811–1882) réclama la création d'« ateliers sociaux », où les ouvriers pourraient choisir eux-mêmes leurs chefs, et dont les bénéfices seraient partagés en grande partie par les ouvriers: « à chacun selon ses facultés et ses besoins », prêchait Blanc. Pierre-Joseph Proudhon (1809–1865) fut plus radical encore: épris d'un idéal de justice sociale profondément sincère et longuement médité, Proudhon s'attaqua au principe traditionnel de la propriété et sembla même favoriser une révolution sociale.

Grâce aux ouvrages et aux journaux de ces théoriciens, grâce aux conférences organisées par leurs disciples, les idées socialistes se propagèrent dans le peuple. Au contraire, Louis-Philippe, roi bourgeois, devint dans sa vieillesse de plus en plus conservateur. Il ne se rendit pas compte que les problèmes urgents de son temps étaient des problèmes sociaux et économiques; il méconnut les besoins et les ambitions des ouvriers. Lors de la Révolution de 1848, la classe ouvrière, pour la première fois, se révolta contre la bourgeoisie; cette révolution fut vraiment le soulèvement du peuple exprimant sa misère et ses aspirations.

CHAPITRE XIX

La Deuxième République et le Second Empire (1848–1870)

L'un des premiers actes du gouvernement provisoire qui saisit le pouvoir à l'abdication de Louis-Philippe en février 1848 fut de voter le suffrage universel. En un jour, le nombre des votants passa de deux cent mille à neuf millions. La presse devint complètement libre, ce qu'elle n'avait pas été sous Louis-Philippe; des journaux populaires, bon marché, qui avaient pour but de répandre les doctrines socialistes, se multiplièrent. Dans toute la France, mais surtout à Paris, des clubs, qui devinrent des centres d'agitation, se formèrent.

Pendant les premiers mois de la République, les ouvriers, profitant de leur victoire, décidèrent d'appliquer les doctrines des théoriciens socialistes. Le « droit à l'instruction » fut reconnu et la fondation d'écoles gratuites exigée; le « droit au travail » fut proclamé: les « ateliers sociaux » de Louis Blanc devinrent les Ateliers nationaux qui donnèrent du travail à plus de cent mille ouvriers. Le droit d'association même fut accepté par le gouvernement provisoire. Des banques (l'idée était de Proudhon) permirent aux ouvriers de se procurer un capital. Les rêves humanitaires des théoriciens du socialisme semblaient se réaliser.

Le changement avait été trop rapide; une réaction était inévitable. L'Assemblée constituante, élue au suffrage universel,

fut composée pour la plupart de modérés et même de réactionnaires. En province on n'avait pas accepté les idées révolutionnaires qui avaient triomphé à Paris. D'après la constitution
adoptée par cette Assemblée il y aurait une Assemblée législative
et un président élu pour quatre ans au suffrage universel. Dans
l'Assemblée législative, comme dans la Constituante, les représentants de la bourgeoisie, conservateurs et pratiques, étaient
plus nombreux que les représentants du peuple.

Quatre hommes voulaient la présidence de la République:
le socialiste Ledru-Rollin, ami sincère du peuple; le général
Cavaignac, un des héros de la conquête de l'Algérie; le poète
Lamartine, qui avait été ministre des Affaires étrangéres dans le
gouvernement provisoire; enfin, le prince Louis-Napoléon, neveu
du grand empereur. A cause de son nom, le prince, personnage
ambitieux, complexe, tour à tour faible et despotique, idéaliste
et prosaïque, fut élu. Aux yeux des paysans et des classes moyennes, il représentait l'ordre nécessaire à la richesse du pays.

Les événements servirent le prince-président. Même avant
son élection, il avait fallu supprimer les Ateliers nationaux; on
n'avait pas pu trouver assez de travail utile pour les milliers
d'ouvriers; le directeur des ateliers, d'ailleurs, áetait opposé
à l'idée d'une économie collective et avait voulu leur échec! Des
émeutes avaient éclaté à Paris. L'Assemblée législative vota des
lois impopulaires: suppression du suffrage universel et de la
liberté de la presse. En face de l'Assemblée, Louis-Napoléon
faisait figure de libéral.

Le 2 décembre 1851, tout était prêt. Le prince-président avait
su s'assurer l'appui de l'Eglise et de l'armée. Par un coup d'état
audacieux, il réussit à dissoudre l'Assemblée, qui, malgré tout,
représentait l'opinion des Français en général. Les députés qui
auraient pu résister furent exilés ou emprisonnés; en quelques
semaines, près de quarante mille personnes furent déportées ou
internées dans des colonies pénitentiaires. Le « petit » Napoléon,
sans la gloire ni le génie de son ancêtre, devenait dictateur: un
an après le coup d'état, copiaqt une fois de plus Napoléon Ier,
le prince se fit proclamer empereur sous le nom de Napoléon III (le
2 décembre 1852).

Le Second Empire est une époque de grande prospérité, et
c'est sans doute à cause de cela que la dictature de Napoléon III
a été acceptée par les Français avec une sorte d'indifférence.
L'application des sciences à l'industrie enrichit la nation; les
chemins de fer (qui fonctionnent depuis 1828) se multiplient; le
Canal de Suez, qui favorise le commerce européen avec l'Asie, est
commencé. L'Empereur fait entreprendre de grands travaux publics qui, en diminuant le chômage, lui gagnent l'appui des classes

ouvrières. En province, des routes, des aqueducs, des ponts sans nombre, facilitent les relations de ville à ville, de département à département. Paris s'embellit et s'agrandit. Sur les ordres de l'Empereur et sous la direction énergique du préfet Haussmann, beaucoup de vieilles maisons sont rasées et un grand nombre de vieilles rues irrégulières sont remplacées par de larges avenues qui relient les unes aux autres les grandes places. Aidé par Napoléon III, Haussmann fait construire deux grands parcs, le Bois de Boulogne à l'ouest de la ville et le Bois de Vincennes à l'est. C'est pendant le Second Empire que le Louvre, commencé plus de six siècles auparavant, est enfin terminé. La capitale redevient ce qu'elle avait été au dix-huitième siècle—le centre européen de la culture et de l'élégance.

Pendant le Second Empire, le mouvement socialiste, discrédité par la débâcle de la Deuxième République et entravé par Napoléon III, fit très peu de progrès. En 1864, pourtant, l'Empereur, bien établi sur son trône, accorda aux ouvriers le droit de grève. Malgré tout, le parti radical (républicains et socialistes) continua à gagner des adhérents. La classe ouvrière n'avait aucun droit politique. On réclama des réformes; Napoléon III, coupable de la même erreur que Louis-Philippe, fit des concessions, mais sans permettre de changements radicaux. Le mécontentement des ouvriers augmenta. L'hostilité de la classe ouvrière, autant que les erreurs militaires de l'Empereur, devait amener la chute de l'Empire.

Napoléon III, à son avènement, avait promis au pays que son règne serait un règne paisible (« L'Empire, c'est la paix », avait-il dit). Mais, là encore, l'Empereur ne tint pas parole. Quatre guerres, qu'il aurait été facile d'éviter, affaiblirent l'empire, et finalement amenèrent sa ruine. En 1854, eut lieu la guerre de Crimée, contre la Russie qui menaçait Constantinople et les « Lieux saints »; Napoléon, allié à l'Angleterre, fut victorieux et son prestige s'accrut. En 1859, une guerre éclata entre l'Italie et l'Autriche; Napoléon III, idéaliste et généreux, voulut libérer l'Italie du joug de l'empire autrichien: conservateur à l'intérieur, il fut toujours libéral à l'extérieur. Cette fois encore, les armées françaises remportèrent de grandes victoires; mais, en partie par la faute de Napoléon, l'unité italienne ne fut pas achevée immédiatement, et les libéraux français et italiens lui en gardèrent rancune, alors que le puissant parti catholique français lui reprochait au contraire d'aider à la destruction du pouvoir temporel du Pape. C'est à cette époque que le gouvernement italien, en échange de l'aide donnée par l'Empereur, offrit à la France deux territoires de grande importance; la Savoie et Nice devinrent français après un plébiscite des habitants (155.000 oui contre 2.400 non). Ainsi une frontière solide—les Alpes—s'élevait entre la France et un grand royaume que l'Empereur avait aidé à créer.

Jusqu'alors, Napoléon III avait été victorieux. Les deux guerres qui vont suivre, la guerre du Mexique et la guerre franco-prussienne, comptent au contraire parmi les événements les plus tragiques de l'histoire de France.

L'idée chimérique de Napoléon III—établir en Amérique un empire latin et catholique qui serait sous la tutelle de la France—est inexcusable. Napoléon avait voulu donner un trône à l'archiduc Maximilien, frère de l'empereur d'Autriche. Après quatre ans de guerre de guérilla au Mexique, la France dut retirer ses troupes sur l'intervention des Etats-Unis, et Maximilien, abandonné, fut fusillé. Cette longue guerre coûta des sommes énormes et affaiblit l'armée, alors qu'en Europe, Bismarck, le ministre du roi de Prusse, réaliste et voyant loin, s'apprêtait à déclarer la guerre à l'Empereur.

Depuis vingt ans, Bismarck, calculateur de génie, préparait l'unité allemande au profit de la Prusse; à cet effet, il avait déjà vaincu le Danemark, l'Autriche, et les états allemands du sud. Une victoire remportée sur la nation malgré tout puissante et riche qu'était la France marquerait la fin de la suprématie française sur le continent et la reconnaissance de la suprématie prussienne. C'était un enjeu digne d'attention.

En 1870, Bismarck trouva l'occasion qu'il cherchait. Un cousin du roi de Prusse avait posé sa candidature au trône d'Espagne. L'opinion publique s'émut en France: on craignait, bien à tort, la reconstitution de l'empire de Charles-Quint, et, sur la demande de l'Empereur, le prince de Hohenzollern se retira. L'affaire aurait pu être étouffée: ni les Français ni les Allemands ne voulaient la guerre. Mais Bismarck et, il faut bien le dire, certains Français belliqueux et aveugles, la désiraient. Une dépêche du roi de Prusse, honteusement falsifiée par Bismarck et rendue insultante pour la France, fut publiée. Le piège était bien tendu: le gouvernement français y tomba. La guerre fut déclarée à la fin du mois de juillet 1870.

Trois mois plus tard, la France envahie était vaincue, Napoléon et son armée étaient prisonniers, l'Empire était remplacé par un gouvernement provisoire, Paris était assiégé.

Malgré cette fin lamentable, le Second Empire fut une période de progrès pour la France. Jamais la vie parisienne n'avait été plus gaie. La prospérité économique de ces dix-neuf années fut accompagnée, comme au siècle de Louis XIV, d'une riche production littéraire et artistique.

Auguste Comte

La littérature réaliste (1850–1870)

Vers 1850 un nouveau mouvement intellectuel s'affirma: le mouvement réaliste. Ce mouvement n'était pas, cependant, absolument nouveau. On l'a souvent dit, il est aussi vieux que la littérature français. Réalistes, *la Chanson de Roland*, les poèmes de Villon, *la Farce de Maître Pathelin*; réalistes, les fables de La Fontaine, les comédies de Molière. Réalistes, les bustes du sculpteur Houdon et les tableaux de Chardin. Réalistes, enfin, les contes de Mérimée et les romans de Stendhal et de Balzac. Mais, vers 1850 le réalisme devient une doctrine consciente, une école avec des théories et des règles.

Les réalistes furent influencés par les philosophes et les savants de l'époque. Le philosophe Auguste Comte avait donné de la vie à une conception basée sur les faits, qui remplaçait peu à peu l'idéalisme vague des romantiques. Pour les réalistes, donc, plus de rêveries dans des parcs brumeux; il leur faut décrire seulement ce qu'ils voient, ce qu'ils connaissent bien. Deux grands écrivains—historiens, critiques, philosophes—Hippolyte Taine (1828–1893) et Ernest Renan (1823–1892) ont cru, eux aussi, à la supériorité de l'esprit scientifique, à l'importance des « petits faits purs » dans la littérature. Taine surtout, cherchant, comme tant d'intellectuels de l'époque, la cause de ce qu'il voit, traduit bien les aspirations de ses contemporains; il veut tout expliquer par des faits, il formule des lois basées sur ses observations; les écrivains réalistes appliqueront ces lois dans leurs romans. Une des théories de Taine a eu une grande influence: il croit qu'on peut expliquer les actions de tel ou tel homme, de tel ou tel artiste,

Gustave Flaubert

par la *race* à laquelle il appartient, par le *milieu* dans lequel il vit, par *l'époque* pendant laquelle il vit (le « moment »).

Renan a exprimé sa foi dans la science et ses idées rational-istes dans plusieurs livres, dont sa *Vie de Jésus* (1863) et ses *Souvenirs d'enfance et de jeunesse* (1883) sont peut-être les plus intéressants.

Le plus grand romancier de l'école réaliste est sans aucun doute Gustave Flaubert. Un de ses romans, *Madame Bovary* (1857), est un des chefs-d'œuvre de la littérature française. Le sujet est le plus simple qu'on puisse imaginer: c'est l'histoire d'une petite bourgeoise normande mariée à un médecin médiocre. L'esprit faussé par ses lectures romantiques, elle prend des amants, fait des dettes. Finalement, se croyant découverte, elle se suicide. *Madame Bovary* est un fait divers basé sur une histoire véritable. Mais Flaubert fait du roman le portrait « moral et physique » d'une petite ville normande habitée par des bourgeois sans culture, et où la bêtise, le vice triomphent toujours. Il fait surtout avec une grande maîtrise l'analyse psychologique de son héroïne, Emma Bovary, jeune femme romanesque rêvant de bonheur illusoire près de ses lectures romantiques. Mais il ne suffit pas de faire vrai, il faut aussi faire beau. Flaubert travaille pendant six ans, polissant, repolissant chaque phrase, chaque image pour trouver la simplicité, la sonorité de la phrase, du mot « qui colle sur l'idée ». Le style de Flaubert est certainement l'un des plus purs de la littérature française. On retrouve le même style dépouillé dans *l'Education sentimentale* (1864) où Flaubert, prenant pour décors la révolution de 1848, décrit les désillusions d'un jeune homme qui s'était cru destiné à de grandes amours et à de grands succès littéraires.

Les frères Edmond et Jules de Goncourt écrivirent en collaboration des romans « documentaires ». *Germinie Lacerteux*, par exemple, est l'histoire de leur servante. Cependant ils restent célèbres surtout pour leur *Journal* (1851–1895), fascinante source d'information sur la vie littéraire et les événements politiques de cette époque.

Edmond de Goncourt a institué en 1896 *l'Académie Goncourt*, composée de dix membres qui décerne chaque année un prix littéraire au « meilleur volume d'imagination en prose ».

Il y eut en poésie le même renouvellement des idées.

La nouvelle école, *le Parnasse*, qui doit son nom à la revue qui publia les œuvres de certains poètes, *le Parnasse contemporain*, réagit, tout comme le réalisme auquel elle ressemble par bien des points, contre les exagérations du romantisme. Les Parnassiens seront donc impassibles; ils ne le seront d'ailleurs qu'en apparence, car en réalité, ils souffrent plus encore que les romantiques de la laideur et de la vulgarité de la vie moderne; ils ne trouvent de refuge que dans l'art, dans ce qui est beau.

Deux Parnassiens sont éminents: Théophile Gautier et Leconte de Lisle.

Théophile Gautier (1811–1872) avait d'abord été l'un des champions du romantisme. Mais, dans les poésies de son recueil, *Emaux et camées* (1852) on trouve déjà les caractéristiques de l'école parnassienne: sa conception abstraite de la littérature, son souci du détail vrai, son désir de perfection.

Leconte de Lisle (1820–1894) fut le chef reconnu du Parnasse. Technicien merveilleux, érudit, profondément pessimiste (« Je hais mon temps », disait-il), il trouva sa consolation dans la poésie grecque et dans les religions anciennes qui inspirèrent ses meilleures œuvres, *Poèmes antiques* (1852), *Poèmes barbares*, *Poèmes tragiques*.

L'un des poètes les plus modernes du dix-neuvième siècle est sans doute Charles Baudelaire (1821–1867). Moderne, il l'est

Charles Baudelaire

dans le choix de ses thèmes (il s'agit « d'extraire la beauté du Mal »), dans sa prédilection pour le décors urbain, dans son sens du péché et de la dégradation. Lorsqu'il publia le recueil de poésies qui le rendit célèbre, *les Fleurs du mal* (1857), l'ouvrage eut un succès de scandale. On accusa le poète d'indécence, de blasphème, et la plupart des critiques ne reconnurent pas la puissance d'évocation, la perfection et l'originalité du style, le « frisson nouveau » qui font des *Fleurs du mal* une des œuvres les plus puissantes de la poésie française. « Moi, mon âme est fêlée », s'écrie le poète, ou encore : « l'Espoir, vaincu, pleure », ou bien : « l'Angoisse atroce, despotique/Sur mon crâne incliné plante son drapeau noir ».

Brillant critique littéraire, Baudelaire découvrit Edgar Poe et, trouvant en lui un esprit frère du sien, entreprit de traduire ses contes. Baudelaire fut aussi un des plus grands critiques d'art du dix-neuvième siècle, et ses jugements originaux sur les artistes de son temps sont souvent cités aujourd'hui. Il fut, par exemple, un des premiers à reconnaître le génie de Delacroix et le génie de Daumier.

L'art réaliste (1850–1870)

La peinture

On pourrait dire que les artistes de l'école de Barbizon (Corot, Millet, Théodore Rousseau, Diaz de la Peña, Daubigny, Troyon, Dupré) étaient « romantiques » dans leur amour de la Nature et qu'ils étaient « réalistes » dans les sujets qu'ils traitaient (gens du peuple, paysages). Pourtant ils ont souvent idéalisé

Gustave Courbet. *Enterrement à Ornans*

la Forêt de Fontainebleau, la campagne, et les paysans. Le premier artiste français qui voulut peindre ce qu'il voyait exactement comme il le voyait, sans aucune modification, c'est Gustave Courbet (1819–1877). Dans l'*Enterrement à Ornans* (1850), il réunit trente ou quarante personnes, ses parents, ses amis, dont il fait des portraits d'une vérité intense. Et ces bons bourgeois, ces paysans hâlés lui suffisent. « Si vous voulez que je fasse des déesses, montrez-moi-z-en », dit-il. Dans ses paysages, il sait montrer la terre humide et brune, les arbres d'un vert violent. « Quoi? L'art n'a-t-il pas pour fonction de plaire?—Non, répond le réaliste, le beau, c'est le laid! »

Honoré Daumier, le grand Daumier, admiré de son temps pour ses caricatures politiques, est aujourd'hui considéré à juste titre comme un des grands peintres français. Influencé par Rembrandt et Michel-Ange, il a pris à l'un son clair-obscur, à l'autre son prodigieux dessin. Ses sujets? Des paysans, des ouvriers fatigués, des émeutiers, des émigrants—tous ceux qui souffrent trouvent en lui leur avocat, et tous ceux qui oppriment trouvent en lui un satiriste puissant.

Delacroix, Courbet, Corot, Daumier, presque tous les artistes français qui travaillent après 1830, doivent lutter contre l'incompréhension ou même la haine du public; ils sont trop originaux, trop dédaigneux des traditions; ils refusent de flatter les goûts des gens qui peuvent acheter leurs œuvres. Daumier serait mort dans la misère sans son ami Corot, dont on n'appréciait guère que les œuvres superficielles; Delacroix vieilli disait: « Voilà trente ans que je suis livré aux bêtes. »

La lutte du public et de l'artiste est une tragédie; mais elle a donné à chacun des grands peintres du dix-neuvième siècle, qui en sont venus à ne plus travailler que pour eux-mêmes, une

Honoré Daumier. *Un Orchestre*

personnalité qu'ils out osé développer jusqu'au about, sans se soucier du « qu'en dira-t-on ».

Il y a bien entendu des peintres conservateurs. L'Académie des beaux-arts forme des milliers de « classiques » auxquels le gouvernement achète de grandes toiles froidement majestueuses. De nombreux artistes, aujourd'hui bien oubliés parce qu'ils se contentèrent de plaire au public de leur temps, furent vers 1860 les seuls peintres riches et célèbres. Gérome, Meissonier, Cabanel, cent autres, firent de la peinture « académique »: conscience, respect du document, connaissance technique impeccable, ils avaient tout cela; mais ce n'était pas assez. Il leur manquait l'originalité ou le génie.

La sculpture

Trois sculpteurs ont fait une grande partie de leur œuvre entre 1850 et 1875.

Antoine-Louis Barye (1796–1875) étudia à l'Ecole des Beaux-Arts de 1818 à 1824, gagna sa première médaille en 1831. Entre 1837 et 1848, pourtant, Barye ne montra aucun ouvrage au public, à cause de son hostilité au gouvernement du roi Louis-Philippe. De 1850 à 1875, au contraire, il créa un grand nombre de chefs-d'œuvre. Grand sculpteur animalier il donne à ses sujets une puissante vitalité.

Jean-Baptiste Carpeaux. *La Danse*

Honoré Daumier, nous l'avons vu, était un peintre et aussi un sculpteur. La plupart de ses ouvrages maintenant en Amérique, sont en bronze. Ce sont des caricatures d'hommes d'affaires, de députés, d'avocats, de dandys.

Jean-Baptiste Carpeaux (1827–1875) était un élève du sculpteur François Rude. Auteur de nombreux bustes, il est surtout célèbre aujourd'hui pour deux de ses ouvrages : *les Quatre Parties du Monde*, une fontaine de l'avenue de l'Observatoire à Paris, et surtout *la Danse*, qu'on peut voir sur la façade de l'Opéra à Paris.

Les sciences avant 1870

La période qui s'étend de la Révolution à la guerre franco-prussienne de 1870 a été l'une des plus prospères de l'histoire des sciences en France.

Depuis le dix-septième siècle, d'ailleurs, la France avait joué un grand rôle dans le développement des idées scientifiques en Europe. La méthode mathématique de Descartes avait rompu avec les conceptions du Moyen Age; « en reprenant les choses par leur commencement », il formula et appliqua une méthode scientifique basée sur la clarté des définitions et la rigueur du raisonnement. Pascal n'est pas seulement l'auteur des *Lettres provinciales* et des *Pensées* : à seize ans, il écrivit un remarquable *Traité des sections coniques* ; à dix-huit ans, il inventa une machine arithmétique ; à vingt ans, par une série d'expériences remarquables, il démontra la pesanteur de l'air. La fondation (en 1666) de l'Académie des sciences montre bien l'intérêt qu'on portait aux sciences à cette époque.

Au dix-huitième siècle, la pensée scientifique évolua plus rapidement. Le principe fondamental de Descartes ne suffit plus. Aucune vérité, disaient les savants, ne peut être établie par le raisonnement seul ; l'étude des sciences doit être fondée sur des observations et sur des expériences soigneusement contrôlées. Sous Louis XV et Louis XVI à Paris et dans les provinces, dans la bourgeoisie et la noblesse, on s'intéressait aux théories et aux découvertes nouvelles. Nous avons déjà parlé de l'*Encyclopédie*, ouvrage monumental qui répandit non seulement les principes du rationalisme mais aussi toutes les connaissances techniques et scientifiques de l'époque. Buffon étudia l'histoire de la terre et les caractéristiques des animaux dans des ouvrages éminents qui font de leur auteur un des grands écrivains du dix-huitième siècle. Voltaire fit comprendre Newton en France. Son amie, la marquise du Châtelet, avait un laboratoire de physique dans son château. D'Alembert découvrit les lois du calcul intégral. Lagrange donna à la géométrie analytique des bases solides ; Monge créa la géométrie descriptive ; Laplace, auteur illustre du *Traité de la mécanique céleste* expliqua le système solaire et fit de l'astronomie une science exacte. Lavoisier, riche fermier général, fut le créateur de la chimie moderne ; il fut le premier à donner une explication correcte de la combustion et du rôle de l'oxygène dans la respiration. Les frères Montgolfier, vers la fin du siècle (1783), s'élevèrent dans un ballon rempli d'air chaud qu'ils avaient construit, et deux ans plus tard, un autre Français, Blanchard, accompagné par l'Américain Jeffries, traversa pour la première fois la Manche en ballon. Pendant la Révolution, enfin, on établit le système métrique, qui a été adopté par les savants du monde entier.

Si importantes qu'elles soient, les découvertes scientifiques du dix-huitième siècle pâlissent à côté de celles du dix-neuvième siècle. L'époque, d'ailleurs, y était favorable. Pendant la Révolution et sous l'Empire, des écoles spéciales avaient été fondées, les laboratoires étaient devenus plus nombreux. Napoléon protégea les grands savants de son temps et l'industrie demanda de la part des inventeurs des efforts redoublés. Enfin, nous l'avons vu, le positivisme d'Auguste Comte, ennemi de toute explication religieuse ou métaphysique, exalta l'esprit scientifique. Vers le milieu du siècle on croyait que la science—c'est-à-dire la patiente

Jacques-Louis David. *Monsieur et Madame Lavoisier*

Claude Bernard

et objective accumulation des faits et les déductions qu'on pouvait tirer de ceux-ci—allait résoudre tous les problèmes de l'humanité.

Parmi les successeurs de Lavoisier, il faut mentionner Gay-Lussac et Berthollet. Le premier créa la chimie organique; il étudia aussi les lois de la dilatation des gaz et de la vapeur. Berthollet démontra l'importance des conditions physiques dans les réactions chimiques.

Au dix-huitième siècle, de nombreux savants s'intéressèrent à l'électricité, tellement à la mode qu'on se livrait, même dans les salons, à des expériences curieuses. Les découvertes étrangères, celles de Benjamin Franklin par exemple, furent vite connues en France. Ce n'est qu'au début du dix-neuvième siècle, pourtant, que l'étude des phénomènes électriques donna naissance à une science exacte. Ampère et Arago découvrirent les relations entre l'électricité et le magnétisme. Ampère donna son nom à l'unité de mesure de l'intensité des courants électriques. Les découvertes de ces deux savants amenèrent plus tard l'invention de la télégraphie.

En sciences naturelles, Cuvier figure au premier plan comme fondateur de deux sciences nouvelles, la géologie et la paléontologie (l'étude, au moyen des fossiles, des espèces disparues). Lamarck formulant la théorie du transformisme fut un des fondateurs de la zoologie moderne; ses recherches et ses hypothèses ont aidé Darwin, un demi-siècle plus tard, à établir sa théorie de l'évolution.

L'histoire de la médecine est étroitement liée à celle des sciences. Au Moyen Age, la médecine reposait sur une masse de traditions et parfois de superstitions. Pendant la Renaissance on étudiait soigneusement les ouvrages des médecins grecs tels qu'Hippocrate. Ce n'est qu'au dix-septième siècle que la médecine moderne apparaît. Descartes appliqua sa méthode rationaliste à la physiologie; il étudia le mécanisme des réflexes et fut un des premiers en France à accepter la découverte de l'Anglais Harvey sur la circulation du sang. Les médecins français ont été, pourtant, très lents à profiter des découvertes des savants.

Au dix-septième siècle Molière s'était moqué sans pitié des médecins de son temps; cinquante ans plus tard, les satires de Lesage (*Gil Blas*) et de Montesquieu (*Lettres persanes*) témoignent du peu de progrès que les médecins français avaient faits. Mais, dès que les grands chimistes Lavoisier et Gay-Lussac eurent appliqué la chimie à la physiologie, la médecine fit des progrès rapides. Claude Bernard (1813–1878) fut, en physiologie, un très grand expérimentateur. Par ses recherches sur les procédés de la digestion, la formation du sang, la fonction du foie, le système nerveux, et les effets des poisons, il a établi la méthode à suivre dans les recherches physiologiques. Le raisonnement et l'observation des phénomènes ne suffisent pas, disait-il: il faut faire, dans les laboratories, des expériences soigneusement contrôlées. L'ouvrage le plus influent de Bernard a été son *Introduction à la médecine expérimentale* (1865).

Le développement des études scientifiques fut parallèle à l'expansion du commerce et de l'industrie. La plupart des expériences des savants de cette époque eurent donc des résultats pratiques. Les expériences de Fresnel, qui découvrit les lois fondamentales des ondes lumineuses, favorisèrent le perfectionnement des phares. Chevreul, grâce à ses recherches sur les corps gras, transforma les méthodes de production du savon et des chandelles. Le métier à tisser de Jacquard enrichit Lyon (1812); le premier marteau-pilon fut construit, en 1842, aux usines métallurgiques du Creusot; les machines à vapeur de toutes sortes se répandirent dans la France entière. Les chemins de fer remplacèrent les diligences. Les bateaux à vapeur succédèrent en grande partie aux voiliers: jusqu'alors, on allait du Havre à New-York en soixante-cinq jours; en 1840, il ne fallait plus que dix-sept jours. La vie fut transformée; la France moderne était née.

CHAPITRE XX

La Troisième République (1870–1914)

La guerre entre la France et la Prusse, déclarée par la France en juillet 1870, fut vite gagnée par la Prusse et ses alliés. En trois mois, comme nous l'avons dit, la France fut envahie, Strasbourg et Metz furent occupés, Napoléon III et son armée furent encerclés à Sedan, près de la frontière belge, et obligés de se rendre à l'ennemi.

Le 4 septembre 1870 la fin de l'Empire fut proclamée à Paris et une république provisoire fut établie. L'armée allemande assiégea Paris. Après une résistance héroïque, les Parisiens furent vaincus par l'artillerie ennemie, le froid et la famine, et la ville se rendit.

A Francfort, le 10 mai 1871, la paix fut enfin signée. Les conditions en étaient cruelles: la France perdait l'Alsace tout entière et une grande partie de la Lorraine, habitées par 1.500.000 Français; une indemnité de cinq milliards de francs, somme énorme pour l'époque, devait être versée aux vainqueurs.

Les représentants des états allemands se réunirent dans la Galerie des Glaces du Palais de Versailles et formèrent l'empire d'Allemagne, avec un empereur prussien. Ce fut un triomphe pour Bismarck, qui, afin d'isoler la France en Europe, allait plus tard constituer avec l'Autriche et l'Italie une *Triple Alliance*.

Pour remplacer l'Empire de Napoléon III, une Assemblée nationale fut élue. Elle se réunit à Bordeaux. Thiers fut désigné comme « chef du pouvoir exécutif de la République française », mais la République n'avait pas encore été constituée.

Mené par des aventuriers et des socialistes, le peuple de Paris se révolta contre l'Assemblée et forma son propre gouvernement, la Commune. (Ce nom rappelait les « communes » du douzième siècle et ne devait rien au *Manifeste communiste* de Karl Marx, qui avait été publié en 1848. Mais la similitude des deux noms devait plus tard renforcer la haine des conservateurs contre « le communisme ».)

L'armée nationale, menée par Thiers, attaqua Paris et réussit à y pénétrer. La guerre des rues fut sanglante et destructrice. Les Communards, au cours de leur retraite, détruisirent quelques-uns des édifices les plus célèbres de la capitale; c'est alors que le Palais des Tuileries disparut. Des deux côtés, des prisonniers furent fusillés sans jugement. En huit jours, la guerre civile coûta, dit-on, la vie de dix-huit mille Français.

Devant le pays vaincu, ruiné, divisé, deux problèmes se posaient. La France devait trouver un gouvernement acceptable à la majorité, et elle devait reprendre, si elle le pouvait, la place qu'elle avait occupée en Europe pendant des siècles.

Une République avait été proclamée le 4 septembre 1870, mais la plupart des membres de l'Assemblée nationale (qui revint de Bordeaux à Paris) étaient monarchistes. Ceux-ci, pourtant, étaient divisés en « légitimistes », qui voulaient pour roi le comte de Chambord, petit-fils de Charles X, et « orléanistes », qui favorisaient le comte de Paris, petit-fils de Louis-Philippe. D'autre part, les républicains avaient des chefs de valeur, en particulier Gambetta et Jules Ferry. Le clergé appuyait le comte de Chambord. Pendant quatre ans le dénouement du conflit resta indécis. Pourtant, le pays se rétablit vite des souffrances de la guerre. La situation économique s'améliora rapidement et l'indemnité de cinq milliards de francs fut payée à l'Allemagne.

Enfin le comte de Paris, qui était plus jeune que son rival, retira sa candidature au trône en faveur du comte de Chambord. Celui-ci était donc sur le point de devenir roi, sous le nom de Henri V. Mais ce descendant des Bourbons déclara qu'à son avènement le drapeau blanc aux fleurs de lys d'Henri IV remplacerait le drapeau tricolore, qui lui rappelait la Révolution et surtout la mort de ses ancêtres, Louis XVI et Marie-Antoinette. La plupart des Français n'accepteraient jamais une telle condition. L'avènement du comte de Chambord était devenu impossible.

D'ailleurs, grâce en grande partie aux discours de Gambetta, le parti républicain devenait de plus en plus fort dans toute la France.

En 1875, enfin, l'Assemblée vota trois lois qui, ensemble, formaient la constitution de la Troisième République. La nouvelle « République » fut adoptée par un seul vote.

D'après cette constitution, qui devait demeurer en vigueur jusqu'en 1946, le pouvoir exécutif appartenait au Président de la République, le pouvoir législatif à deux Chambres, le Sénat et la Chambre des députés. Mais une nouvelle Assemblée, élue en 1879, eut une forte majorité républicaine. Le Président de la République perdit presque tout son pouvoir, qui fut donné à un « Président du Conseil des ministres ». La Troisième République avait donc un régime « parlementaire », mais tout différent de celui des Etats-Unis.

Deux crises surtout montrent bien l'âpreté des luttes politiques de l'époque : le boulangisme et l'affaire Dreyfus. Le général Boulanger, demi-aventurier sans grande intelligence mais protégé par le parti monarchiste, voulait s'emparer du pouvoir, et mit momentanément la république en péril (1889) ; pourtant les républicains modérés l'emportèrent finalement, et le général s'enfuit en Belgique.

L'affaire Dreyfus était plus grave. Un officier israélite, le capitaine Dreyfus, fut accusé—injustement—d'avoir vendu à l'Allemagne des documents militaires secrets. Un conseil de guerre le condamna à être déporté en Guyane française. Trois ans plus tard, le vrai coupable fut découvert. La France se divisa en deux camps, celui des Dreyfusards, composé d'intellectuels tels qu'Emile Zola et Anatole France, de républicains de gauche et de socialistes, et celui des anti-Dreyfusards, conservateurs et partisans de la « chose jugée » et du principe d'autorité. Dans la lutte qui suivit, lutte amère entre les deux éléments de la nation qui depuis la Révolution se disputaient le pouvoir, Dreyfus fut presque oublié. Enfin le parti libéral triompha : Dreyfus fut libéré et réintégré dans l'armée (douze ans après sa condamnation) et les républicains de gauche accédèrent au pouvoir. Jusqu' à la Première Guerre mondiale, c'est ce parti qui gouvernera la France.

Pendant les premières années de la République, l'Eglise avait appuyé le parti monarchiste. Les chefs républicains avaient reconnu le danger du pouvoir politique de l'Eglise. « Le cléricalisme, voilà l'ennemi », s'était écrié Gambetta. Dans l'affaire Dreyfus, bien des dirigeants de l'Eglise s'étaient montrés anti-Dreyfusards, c'est-à-dire anti-Républicains. En 1902, le gouvernement républicain fut assez fort pour supprimer les congrégations, qui étaient des corps enseignants catholiques, et en 1905 il prononça la Séparation de l'Eglise et de l'Etat. Cet événement marque la fin du *Concordat*, qui, signé par Napoléon Bonaparte en 1804, avait réglé les rapports entre l'Eglise et l'Etat depuis un siècle. Après la Séparation, l'Eglise se trouva en France dans la même situation que les églises aux Etats-Unis. Dans les deux pays il y a des problèmes difficiles à résoudre : quel rôle les corps religieux doivent-ils jouer dans l'enseignement, quel appui financier l'Etat doit-il leur donner ?

Malgré les luttes de parti à parti souvent peu édifiantes, les dirigeants de la Troisième République ont accompli des réformes dont la France peut être fière. Les droits des ouvriers furent peu à peu reconnus. Au droit de grève accordé par Napoléon III fut ajouté (en 1884) le droit de syndicat. Les syndicats ont beaucoup aidé à améliorer les conditions de travail des ouvriers français. La liste des lois sociales passées par la Chambre des députés et le Sénat est imposante : assistance obligatoire aux vieillards et aux malades ; limitation du travail des femmes et des enfants ; interdiction de tout travail le dimanche ; pension de retraite ; création d'un ministère du Travail ; indemnités pour les accidents du travail ; indemnités de chômage ; journée de huit heures, et ainsi de suite. Nous verrons ailleurs ce qu'a fait la Troisième République pour l'éducation du peuple. Les progrès du parti socialiste en France ont été assez lents ; la débâcle de la Deuxième République et le radicalisme des Communards avaient rendu suspectes les théories socialistes. De plus, les paysans français se sont toujours opposés aux revendications des ouvriers des grandes villes. Le parti socialiste, cependant, grâce à des chefs intelligents—Alexandre Millerand, Jean Jaurès—avait fait élire des représentants nombreux à la Chambre des députés. La Troisième République a plus fait pour la classe ouvrière que tous les régimes précédents.

A l'extérieur, la politique française réussit à conserver la paix pendant un demi-siècle. De 1871 à 1914 la France n'eut pas de guerres avec des états voisins—mais il y eu de temps en temps des crises dangereuses. Après la guerre franco-prussienne, le relèvement de la France fut rapide, plus rapide que Bismark ne l'aurait voulu. Malgré les menaces du ministre allemand, l'armée française se réorganisa et le gouvernement, qui voulait reprendre sa place dans le concert européen, se chercha des alliances. C'était nécessaire: en face de la République, la « Triplice » (l'alliance entre l'Allemagne, l'Autriche, et l'Italie) devenait dangereuse. Une alliance franco-russe (1892) rétablit l'équilibre européen, et rendit à la France son prestige. En 1904, l'« Entente cordiale » de l'Angleterre et de la France consolida la position de la France en Europe.

Au dix-huitième siècle la France avait possédé des colonies immenses: l'Inde, le Canada, d'autres encore; la plupart de ces colonies avaient été perdues, on se le rapelle, par le traité de Paris qui termina la guerre de Sept Ans (1763); seules, les îles de Saint-Pierre et Miquelon (près du Canada), la Guyane (en Amérique du Sud), la Guadeloupe et la Martinique (dans les Antilles), quelques villes des Indes, la Louisiane étaient restées françaises. Peu à peu les gouvernements du dix-neuvième siècle se rendirent enfin compte de l'importance d'un domaine colonial dans la vie d'une nation telle que la France. Napoléon, le cœur léger, avait vendu la Louisiane aux Etats-Unis pour subvenir aux frais de ses campagnes militaires. Charles X commença la conquête de l'Algérie (1830), conquête qui ne fut achevée que sous Napoléon III. Louis-Philippe occupa Tahiti et la Nouvelle-Calédonie (1830–1848); sous Napoléon III, la France prit possession de la Cochinchine (actuellement « Sud Viêt-nam ») et du Cambodge dans le sud-est de l'Asie et du Sénégal en Afrique. Mais il faut le reconnaître: dans la plupart des cas, l'aide accordée aux colons était maigre, les encouragements étaient donnés sans enthousiasme. Un ministre de Louis XV avait déclaré que « s'il était roi, il donnerait toutes les colonies pour une tête d'épingle »; un siècle plus tard, la situation n'avait guère changé.

La fondation de l'empire colonial français fut donc en grande partie l'œuvre de la Troisième République. C'est le ministre Jules Ferry qui, malgré l'opposition des monarchistes et des républicains, réussit à accomplir sa politique d'expansion coloniale. Il s'agissait, croyait-il, de l'avenir de la France; le pays avait besoin de colonies pour maintenir son prestige et, plus pratiquement, pour avoir des sources de matières premières et des débouchés pour ses produits. La méthode de Jules Ferry était d'envoyer une force assez faible dans un pays; bientôt il fallait y envoyer une

Jules Ferry. Portrait par Bonnat

flotte et une armée pour protéger cette force ; enfin il était nécessaire de conquérir le pays pour protéger les Français qui y avaient émigré. Ainsi l'Empire s'agrandit.

En quatre ans (1881–1885), la Tunisie fut conquise de cette façon. Les états de l'Indochine devinrent français. En 1895, Madagascar, en 1898, le Soudan, en 1913, l'Afrique équatoriale furent ajoutés aux anciennes possessions. La conquête du Maroc souleva deux crises dangereuses. Au début du vingtième siècle, il y régnait un état d'anarchie. Le gouvernement français déclara qu'il voulait pacifier le pays, situé si près de l'Algérie et riche en ressources. L'Allemagne s'opposa violemment au projet mais la paix fut sauvegardée par une conférence internationale (1906) à Algésiras (en Espagne). Pourtant, la France continua à étendre son pouvoir au Maroc. En 1911, nouvelle crise. L'Allemagne y envoya un navire de guerre. Nouvelle conférence. La paix entre l'Allemagne et la France fut maintenue, et en 1912 le Maroc fut ajouté à l'Empire français.

A la veille de la Première Guerre mondiale, les colonies françaises couvraient une étendue vingt fois plus vaste que la métropole et la France était devenue « une nation de plus de cent millions d'habitants ».

Les lettres (1870–1914)

Après les défaites de la guerre franco-prussienne et les horreurs de la Commune, on aurait pu croire que la culture française allait connaître un temps d'arrêt. Il n'en fut rien. Dans tous les domaines, mais surtout dans ceux de la littérature et des beaux-arts, la France va montrer une vitalité inattendue.

On peut diviser la période de 1870 à 1914 en deux parties. De 1870 à 1885 environ, on voit l'épanouissement du mouvement naturaliste; de 1885 à 1914, une réaction inévitable introduit des idées qui tendent à atténuer, à transformer, ou à détruire ce qu'il y avait de trop brutal dans le naturalisme.

Du réalisme au naturalisme, la transition fut insensible; on peut cependant établir certaines différences. Le réalisme s'était préoccupé surtout de décrire la bourgeoisie; le naturalisme s'attache souvent à l'étude des bas-fonds de la société française; le goût du laid, du sordide, devient un principe. Les réalistes s'étaient contentés d'observer des faits et des états d'âme; les naturalistes, Emile Zola surtout, veulent démontrer les lois physiques et physiologiques qui peuvent expliquer les émotions humaines; ils basent leurs théories littéraires sur des théories scientifiques.

Emile Zola (1840–1902) est le représentant magistral des tendances naturalistes. Dans la série des romans (vingt volumes) qui forment son œuvre principale, *les Rougon-Macquart*, « histoire naturelle et sociale d'une famille française sous le Second

Édouard Manet. *Émile Zola*

Empire », il semble refaire ce que Balzac a fait pour la Restauration et la monarchie de Juillet avec sa *Comédie humaine*. C'est un ouvrage immense et complexe, où s'agitent des milliers de personnages et où sont représentées toutes les classes de la société française. Fidèle à son idéal d'écrivain naturaliste, Zola a voulu y démontrer certaines théories positivistes : lois de l'hérédité et influence du « milieu social », par exemple. Dans ses meilleurs romans (*l'Assommoir, la Bête humaine, Germinal, la Terre*), qui sont de puissantes fresques sociales, il atteint à un souffle épique jamais égalé. Ses qualités—imagination, dons d'observation, puissance d'évocation de certains milieux sociaux, sympathie pour les faibles—font de Zola un des romanciers français les plus importants.

Guy de Maupassant (1850–1893), à la fois disciple de Zola et de Flaubert, est l'auteur d'un très grand nombre de contes parfaits, dans lesquels il réussit à évoquer en quelques pages la vie médiocre des petits bourgeois et des paysans normands dont il a observé les habitudes et pénétré les pensées. *La Parure* en est un parfait exemple. Quelques-uns des romans de Maupassant sont aussi excellents, comme, *Bel Ami, Une Vie, Pierre et Jean.*

On pourrait dire qu'Alphonse Daudet (1840–1897) est le Dickens français. Il aime ses personnages, souffre avec eux, ou bien se moque avec sympathie de leurs travers. *Le Petit Chose*, qui est en partie autobiographique, et *Tartarin de Tarascon*, roman très amusant, sont peut-être ses meilleurs romans ; ils révèlent soit une gaité, soit une sensibilité qui étaient rares à cette époque. Une collection de contes, *Lettres de mon moulin*, est pleine d'émotion et de finesse.

Il y eut aussi un théâtre naturaliste. Emile Zola lui-même mit à la scène plusieurs de ses romans, mais sans grand succès. C'est Henri Becque qui adapta le mieux l'idéal naturaliste au théâtre. Sa meilleure pièce, *les Corbeaux* (1882), est une « tranche de vie », l'histoire d'une famille banale ruinée par des financiers sans scrupules. Là, Becque se révolte contre Augier et Dumas fils et le genre de « pièce bien faite », morale et conventionnelle.

En 1887, le Théâtre-Libre fut fondé ; son directeur, André Antoine, y fit jouer souvent des *comédies rosses*, purement naturalistes, sans personnages sympathiques, sans thèse morale, et où les conventions dramatiques, sont abandonnées. A l'époque, les audaces d'Antoine furent attaquées, mais l'influence du Théâtre-Libre a été durable ; c'est d'alors que date la vérité dans la mise en scène, le réalisme absolu des gestes et souvent de la pensée. Antoine fit connaître à Paris des pièces écrites à l'étranger, par Tolstoi, Strindberg, et Hauptmann. Le Théâtre-Libre fut le premier des théâtre d'avant-garde, qui, depuis, se sont multipliés en France, en Angleterre, et en Amérique.

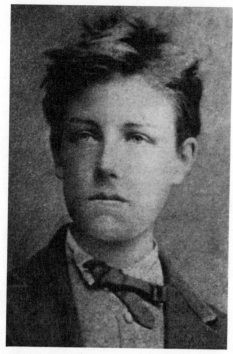

Arthur Rimbaud

Les écrivains les plus originaux de l'époque ne sont pourtant ni des dramaturges ni des romanciers, mais trois poètes : Verlaine, Rimbaud, et Mallarmé, qui sont considérés aujourd'hui parmi les plus grands poètes français.

A travers les poèmes de Paul Verlaine (1844–1896), il est possible de suivre l'évolution de ce bohème célèbre. Que nous sommes loin, par ce seul fait, des Parnassiens impassibles! L'art ailé et sensuel de Verlaine, ses théories révolutionnaires ont eu une grande influence. Plus de contrainte dans *la Bonne Chanson*, dans *Mes Prisons*, plus de construction précise, plus de rhétorique; exprimer le vague, faire rêver, faire sentir, et faire sentir sans faire penser, voilà quels doivent être les buts du poète. Dans la poésie de Verlaine, on trouve surtout la sensibilité d'un homme qui était à la fois poète et musicien—mais la musique de Verlaine est tout entière dans ses vers.

Arthur Rimbaud (1854–1891) renonça à la littérature lorsqu'il avait à peine vingt ans; mais il avait déjà écrit les œuvres qui devaient transformer la poésie française. Dans sa révolte contre les traditions poétiques, il alla plus loin encore que Verlaine. Les mélodieux poèmes des *Illuminations* n'ont plus de rime, ou à peine; ils n'ont rien qui rappelle le rythme traditionnel des vers classiques. Renouvelant l'inspiration poétique il a voulu renouveler, aussi le langage poétique. Son poème le plus connu, *le Bateau ivre*, décrit le voyage fantastique d'un bateau sur des mers étranges, où le poète voit « quelquefois ce que l'homme a cru voir ». Plein de visions extraordinaires, ce poème fut écrit quand Rimbaud n'avait que dix-sept ans et tâchait de fuir tout ce qui est ordinaire. *Voyelles* est de la même année ; Baudelaire avait dit que « les parfums, les couleurs et les sons se répondent ». Rimbaud donne donc aux voyelles des couleurs—« A noir, E blanc, I rouge, U vert, O bleu... »—« J'écrivais des silences...je notais l'inexprimable. Je fixais des vertiges. » Ainsi décrit-il sa révolution poétique dans *Une Saison en Enfer*. L'influence de Rimbaud sur les poètes modernes—en particulier les sur-réalistes—est considérable.

Comme Baudelaire, qui l'a beaucoup influencé, Stéphane Mallarmé (1842–1898) se détourna de la réalité vulgaire et rechercha la beauté idéale. Il a voulu « transporter le lecteur et soi-même dans le monde de pensée pure et de sensation pure ». Dans son long poème *Hérodiade*, il décrit une princesse solitaire pure et glacée, symbolique de la beauté inaccessible. *L'Après-midi d'un faune*, qui inspira à Claude Debussy son magnifique *Prélude*, est son poème le plus connu. La forme très suggestive en est complexe et le symbolisme se prête à de multiples interpréta-tions. C'est que Mallarmé s'était fait le défenseur d'une langue « immaculée », hermétique, interdite au profane. « Un poème est un mystère dont le lecteur doit chercher la clef ». Accumulant les mots rares, disloquant la phrase, il parvient à des réussites sonores incomparables.

Par ailleurs essayiste éminent, Paul Valéry (1871–1945) fut le plus respecté des poètes français de son temps. Dans son poème célèbre, *le Cimetière marin* (1920), il a ajouté aux meilleures qua-lités des symbolistes une intelligence, un ordre tout classiques, riches de significations philosophiques. Dans ce poème, le poète présente les motifs contradictoires de son âme : doit-il se donner à la contemplation pure ou s'engager dans une vie active ? Il décide d'agir. « Brisez, mon corps, cette forme pensive !...Le vent se lève !...Il faut tenter de vivre ! »

Quand on pense à Francis Jammes (1868–1938), on croit voir un vieillard, à la longue barbe blanche, qui n'a jamais connu des passions fortes, qui n'a jamais été jeune. Il semble qu'il ait vécu toujours à la campagne pour chanter dans des vers intimistes que la vie la plus simple est la plus heureuse.

De nombreux hommes de lettres s'étaient tenus à l'écart du mouvement réaliste-naturalistes tels Barbey d'Aurevilly ou Villiers de l'Isle-Adam, tous deux remarquables écrivains. D'autres auteurs s'affirment après 1885 tel Pierre Loti (1850–1923).

Auguste Renoir. *Stephane Mallarmé*

Paul Valéry

Auteur de *Pêcheur d'Islande* il s'intéresse aux âmes primitives, il décrit les paysages exotiques qu'il a contemplés, et cherche à échapper à la vie banale de son époque; son style est musical, coloré, pittoresque.

Anatole France, pseudonyme d'Anatole Thibault (1844–1924), a laissé des œuvres d'une délicate ironie, experimée dans un style classique. *Le Crime de Sylvestre Bonnard* contient le portrait d'un vieux savant sympathique, *le Livre de mon ami* est le premier d'une série de souvenirs personnels, dont le héros *Crainquebille* est victime de l'injustice. Anatole France fut élu à l'Académie française et, en 1921, on lui décerna le Prix Nobel de la littérature.

Paul Bourget (1852–1935) a lutté toute sa vie pour les causes qu'il croyait justes. Conservateur en politique, réactionnaire et moraliste en littérature, il fut l'adversaire le plus redoutable du naturalisme. Un de ses premiers romans, le meilleur qu'il ait écrit, *le Disciple*, est une étude psychologique profonde, l'histoire de la responsabilité morale d'un vieux philosophe dans un crime commis par un de ses élèves.

Le chef-d'œuvre de Romain Rolland (1866–1944) est un long roman, en dix volumes, dit « roman-fleuve », *Jean-Christophe* (1904–1912), biographie d'un musicien allemand imaginaire. D'une manière magistrale, Rolland raconte l'enfance pénible de son héros, sa découverte de la musique, son premier concert, sa décision de quitter l'Allemagne et d'aller à Paris, où il connaît enfin le succès. Dans son héros, Rolland nous fait sentir la passion et la puissance du génie créateur. Pacifiste et internationaliste, Rolland, adepte de Gandhi, reçut le Prix Nobel en 1916.

Au théâtre, la réaction contre le naturalisme s'exprime dans les pièces d'Edmond Rostand (1868–1918). *Cyrano de Bergerac*, drame en vers, représenté pour la première fois en 1897, nous offre une évocation pittoresque du dix-septième siècle (le Cyrano historique était contemporain des *Trois Mousquetaires* et leur ressemblait—moralement en tout cas), une action mélodramatique, une fin tragique et, surtout dans son héros, un exemple de courage, d'amour, et d'abnégation.

Maurice Maeterlinck (1862–1949), né en Belgique, est l'auteur de quelques-unes des œuvres les plus curieuses du théâtre français. *Intérieur* et *Pelléas et Mélisande*, immortalisé par le musique de Debussy, essaient, comme les poèmes de Mallarmé et de Rimbaud, de traduire l'inexprimable, de faire sentir l'atmosphère de fatalité mystérieuse dans laquelle vivent les hommes souvent à leur insu. Il reçut le Prix Nobel en 1911.

Paul Claudel (1868–1955) qui est aussi un remarquable poète (*les Cinq grandes odes*, 1910) s'impose comme le dramaturge

Albert Laurens. *Cyrano de Bergerac* d'Edmond Rostand (acte II, scène I)

français catholique le plus important. Dans son théâtre, Claudel présente le drame du péché et de la grâce, de la chair et de la pureté. *Partage de Midi* (1906), inspiré d'une crise personnelle, illustre le cheminement tragique de la rédemption à travers le péché. Sa meilleure pièce, ou du moins la plus accessible, *l'Annonce faite à Marie* (1912), un « mystère moderne », fait l'apologie du renoncement et du sacrifice. « Le théâtre de Paul Claudel apparaît comme un effort des plus pathétiques qui soient pour discipliner…le chaos des âmes du monde ».

Catholique par conversion comme Paul Claudel, Charles Péguy (1873–1914) fut d'abord socialiste et athée. L'épisode le mieux connu de sa vie est un pélerinage qu'il fit à pied de Paris à Chartres, pour remercier Notre-Dame de la guérison de son enfant. A son exemple, des milliers de jeunes gens, surtout des étudiants et des étudiantes, font le même pélerinage chaque printemps. Péguy inventa un style poétique incantatoire pour exprimer sa foi ardente. Dans ses *Mystères*, il adopta le verset qui rappelle la Bible; sa poésie se fond en prière.

Apollinaire, nom de plume de Guillaume de Kostrowitzky (1880–1918), naquit à Rome d'un père italien et d'une mère polonaise et fut élevé à Monaco et à Cannes. Ce cosmopolite finit par s'établir à Paris, où il devint l'ami des peintres cubistes. De son vivant on ne le prit pas au sérieux, mais depuis sa mort son renom a grandi et on le reconnaît maintenant comme un des

Paul Claudel. *Le Soulier de Satin.* Mis-en-scène de Jean-Louis Barrault

Apollinaire. Trois poèmes de *Calligrammes*

Cœur couronne et miroir

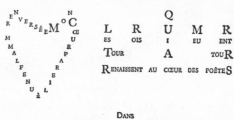

poètes importants de l'époque contemporaine. D'inspirations diverses, ses poèmes sont tantôt « cubistes » correspondant à l'esthétique élaborée par ses amis peintres, tantôt des fantaisies amusantes (voyez ses poèmes « typographiques » dans *Alcools* et *Calligrammes*), d'autres encore sont des poèmes simples et émouvants inspirés par les femmes qu'il a aimées. La gloire d'Apollinaire, c'est d'avoir été un révolutionnaire en art et en littérature, et, comme il le dit lui-même dans *la Jolie rousse*, d'avoir quêté partout l'aventure, d'avoir combattu « toujours aux frontières de l'illimité et de l'avenir ».

Les beaux-arts (1870–1914)

La peinture

A l'époque de Courbet, les artistes français s'attachaient à reproduire la vie comme ils la voyaient. Au contraire, les peintres qui succèdent aux réalistes—les impressionnistes—utilisant les découvertes des physiciens et des chimistes et leur analyse de la lumière et des couleurs—parviennent à une luminosité que la peinture avait rarement connue. Ils utilisent des couleurs pures, colorent les ombres, juxtaposent des couleurs complémentaires, rouge et vert, orange et bleu, jaune et violet, dont la synthèse reconstitue la lumière blanche.

Ils peignent moins les objets que la lumière où ils baignent, lumière qui change d'instant en instant, et qui exige à chaque moment un tableau différent, expressif d'une « impression » neuve. Monet peindra cinquante fois l'étang de sa propriété. En effet, peintres de la lumière changeante, ils furent aussi les peintres de l'eau et de ses reflets mouvants.

Édouard Manet (1832–1883) montra dans ses premiers tableaux réalistes la solidité des œuvres de Courbet : le *Déjeuner sur l'herbe* qui fit scandale, l'*Olympia* dont la pose évoque l'*Odalisque* d'Ingres...mais combien différente d'inspiration ! Dans ses tableaux à la touche lourde et structurante, Manet lança un défi au mauvais goût des peintres officiels bourgeois. Plus tard, l'atelier de Manet devint le lieu de rendez-vous des impressionnistes et Manet, lui-même, charmant homme du monde, un des chefs du mouvement.

Claude Monet (1840–1926), fut « l'impressionniste par excellence ». C'est d'ailleurs son tableau intitulé *Impression, soleil levant* (1874) qui donna son nom à l'Ecole. Pendant la guerre franco-prussienne (1870–1871) son voyage en Angleterre lui révéla le grand peintre Turner, étonnant précurseur des peintres de la lumière, et il peignit à Londres ses très célèbres tableaux *Waterloo Bridge* et *Houses of Parliament* où se fondent les choses

Édouard Manet. *L'Olympia*

Édouard Manet. *le Vieux Musicien*

et leurs reflets dans une même vibration lumineuse. A différentes heures du jour Monet a peint une vingtaine de fois la cathédrale de Rouen (1892–1894) et, vers la fin de sa carrière, une série célèbre et merveilleuse de *Nymphéas* (dont une vingtaine sont actuellement dans des musées d'art américains). Ses tableaux, où le portrait humain n'a aucune place, traduisent merveilleusement l'unité d'une nature où toutes choses se fondent.

Camille Pissarro (1831–1903) fut influencé fortement par les peintures de Delacroix, Courbet, Daubigny, Millet, Corot et, surtout par l'impressionnisme de Monet qu'il accompagna à Londres. De retour en France il resta fidèle au mouvement impressionniste, s'attachant à peindre des scènes à Paris ou des paysages.

Edgar Degas (1834–1917), que l'on rattache souvent aux impressionnistes parce qu'il participa à leurs expositions, s'en distingue beaucoup par son style. Certes, il se plaît à représenter le mouvement des danseuses de l'Opéra, des chevaux de course, mais son dessin classique, les couleurs fines et parfois sombres qu'il conserve de l'influence de Manet, si différent de Monet, font de lui un peintre plus classique qu'impressionniste.

Alfred Sisley (1839–1899), de parents anglais, devint l'ami de trois artistes français, Monet, Renoir, et Bazille. Il subit surtout l'influence de trois artistes de l'Ecole de Barbizon: Corot, Millet, et Théodore Rousseau. Sisley trouva ses sujets surtout aux environs de Paris et de Versailles—par exemple, les rivages de la Seine et de l'Oise, la neige à Louveciennes, une église à Moret.

Une femme, Berthe Morisot (1841–1895), dotée « des dons exquis de femme merveilleusement femme », comme disait le poète Mallarmé, prédestinée par son héridité et son milieu à une belle carrière de peintre, peignit avec délicatesse et dans le style impressionniste: des paysans, des jeunes filles et des fillettes, ou bien des champs et des fleurs. Le portrait que fit d'elle Manet a éternisé son charme.

Peintre de la femme, des enfants, des fleurs, et des fruits, Auguste Renoir (1841–1919), un des impressionnistes les plus sensuels, nous fait penser à Delacroix par son amour de la couleur et de la vie. *Le Déjeuner des canotiers* (1881) est une de ses meilleures œuvres, et le célèbre *Moulin de la Galette* donne une image lumineuse et techniquement inégalable du bonheur de vivre.

La peinture naïve est devenue célèbre avec Henri Rousseau (1844–1910), dit « le Douanier », un employé d'octroi, sans formation picturale, qui commença sa carrière d'artiste à l'âge de quarante ans. On se moqua d'abord de ses compositions, paysages ou portraits, mais leur charme insolite s'imposa. Aujourd'hui, le

Auguste Renoir. *Le Déjeuner des canotiers*

Paul Gauguin. *Fatata te Miti*

pouvoir d'évocation poétique de tableaux tels *le Rêve, les Tropiques* est indiscutable.

Deux peintres amis, Gauguin et Van Gogh, eurent un destin bien différent. Paul Gauguin (1848–1903) travailla longtemps dans une banque avant de se consacrer à sa vocation de peintre. Amoureux de tout ce qui est primitif et pur, il a peint d'abord des paysans et des paysages bretons, puis après un séjour en Provence avec Van Gogh, partit pour Panama, puis la Martinique en 1891, Tahiti en 1895, toujours en quête d'une beauté primitives et pures. Ses paysages et personnages exotiques constituent de très belles harmonies décoratives traitées en large à plats colorés.

Vincent Van Gogh (1853–1890), fils d'un pasteur hollandais, lui-même idéaliste passionné, se consacra avec zèle à sa vocation. Il dépassa l'impressionnisme qu'il découvrit en venant à Paris pour aboutir à une puissance expressive exceptionnelle, par l'intensité de la couleur pure, un emploi génial des tons complémentaires, un extraordinaire dynamisme des touches de couleurs où s'exprime sa ferveur inquiète : cyprès qui flamboient, oliviers tourmentés, arbres qui tournoient. « Avec le rouge et le vert je peindrai toutes les passions humaines ».

Georges Seurat (1859–1891) est, avec Paul Signac, l'inventeur du « divisionnisme » ou « pointillisme » ou « néo-impressionnisme ». L'artiste met sur une toile un très grand nombre de petits points de couleurs brillantes. Son chef-d'œuvre, *Un Dimanche à la Grande-Jatte* (1886), se trouve maintenant dans l'*Art Institute* de Chicago.

Paul Signac (1863–1935), collaborateur de Seurat, aimait à peindre surtout des ports de mer français et hollandais. Signac

Vincent Van Gogh. *Le Café de nuit*

Henri de Toulouse-Lautrec. *Monsier Boileau*

visita la Corse et les villes de Venise et Constantinople (Istanbul). Un grand nombre des tableaux de Signac sont donc exotiques.

Henri de Toulouse-Lautrec (1864–1901) naquit à Albi (Tarn), d'une famille noble du Midi. Étonnement doué en art à l'exemple de son grand-père, son père, et son oncle, qui étaient tous les trois artistes, d'une famille où l'équitation était à l'honneur, il dessina, très jeune, des chevaux et des chiens. En 1882 il partit pour Paris, fréquenta les peintres de Montmartre, les music-halls et les cafés-concerts, et immortalisa dans ses croquis, ses peintures, ses affiches Jane Avril, May Belfort, May Milton, Yvette Guilbert, Loïe Fuller, Valentin le désossé, et surtout « la Goulue ». La vivacité, le dynamisme, la vigueur de son dessin font de lui le pionnier de l'affiche moderne. En dépit d'une mort prématurée, à trente-sept ans, Toulouse-Lautrec a produit plus de 500 tableaux, plus de 3.000 dessins, et plus de 300 lithographes et affiches. La majeur partie de son œuvre est conservée dans un musée de la ville d'Albi.

Peu d'artistes ont, comme Paul Cézanne (1839–1906), exercé une influence primordiale sur l'évolution de la peinture. Né à Aix-en-Provence, il partit à Paris où il connut le mouvement impressionniste et en appliqua les conceptions de la couleur. Mais les œuvres impressionnistes, qui dissolvaient dans l'atmosphère le contour des objets, lui parurent inconsistantes et trop superficielles. Il s'efforça de retrouver les volumes et les formes

Paul Cézanne. *Champs à Bellevue*

Paul Cézanne. *Pommes et compotier*

« organisées », de traiter la nature par le cylindre, le cône, la sphère, en masses géométriquement composées. Il modelait sans ombres, par le seul jeu des couleurs ; cette synthèse puissante de la couleur impressionniste orienta la peinture dans une voie nouvelle, en particulier le cubisme.

La sculpture

Certains peintres furent aussi sculpteurs ; ainsi, Degas commença à modeler, d'abord en cire, plus tard en argile, des chevaux de course et des danseuses. Mais déçu par l'accueil du public, le peintre ne sculpta désormais qu'en secret. Après sa mort, en 1917, on trouva plus de 150 statuettes ; entre 1919 et 1921, on fit vingt-deux copies en bronze de soixante-trois de ces statuettes, qui furent ensuite détruites. On voit dans ces ouvrages, comme dans ses peintures, que Degas avait étudié méticuleusement les danseuses et les chevaux.

Le plus grand sculpteur français de l'époque est sans aucun doute Auguste Rodin (1840–1917). C'était un artiste d'inspiration romantique, plein d'imagination, d'audace, et de force primitive. Son premier chef-d'œuvre est l'*Homme au nez cassé* (1864). Parmi ses autres pièces bien connues, les plus importantes sont peut-être l'*Age d'Airain*, *la Porte de l'Enfer*, *le Baiser*, et *le Penseur*. Voyez

Auguste Rodin. *Le Penseur*

Auguste Rodin. *Les Bourgeois de Calais*

le réalisme audacieux et la puissance d'évocation de ses *Bourgeois de Calais*. Parce qu'on peut mouler facilement des copies de statue, on trouve un très grand nombre des ouvrages de Rodin aux Etats-Unis où il est presque aussi bien connu qu'en France.

Aristide Maillol (1861–1944) produisit des céramiques, des tapisseries, des gravures, et des dessins avant de se consacrer à la sculpture. Ayant visité la Grèce en 1909 il s'inspira dans un grand nombre d'ouvrages de l'harmonie de l'art grec. On peut donc dire que son art est en partie néo-classique. Maillol a fait de grandes statues en pierre et en bronze et aussi des statuettes admirables en terre cuite. Son œuvre, a-t-on dit, « allie la grâce à des formes solidement puissantes ».

Raymond Duchamp-Villon (1876–1918) fut un sculpteur très inventif. Il était en même temps médecin et peintre. Il fit en 1911 un buste de Baudelaire, d'un style traditionnel, mais sa *Femme assise* (en bronze) n'a pas de visage et sa *Tête de cheval* (1914) ne ressemble pas à un cheval. L'artiste a fait aussi un *Très petit cheval* (1914) et un *Cheval majeur*, un *Coq*, un *Chat*, et des statues d'hommes et de femmes. Ce sculpteur, l'un des premiers Cubistes,

mourut malheureusement en 1918 quand il n'avait que quarante-
deux ans. Il était le frére des peintres Jacques Duchamp-Villon,
Marcel Duchamp, et Suzanne Duchamp.

La musique

Georges Bizet (1838–1875) est l'auteur de deux opéras qui le
rendirent célèbre et sont encore très populaires en France:
l'Arlésienne (1872) et *Carmen* (1875). Ces opéras étaient d'une
originalité audacieuse et en même temps d'une grande simplicité
inspirée par les thèmes populaires de Provence ou d'Espagne.
Les livrets de ces opéras sont d'ailleurs intéressants; celui
de *l'Arlésienne* est d'Alphonse Daudet, l'intrigue de Carmen est
tirée d'une nouvelle de Mérimée.

Plus « nobles » sont les livrets des opéras de Jules Massenet
(1842–1912), *Manon, Thaïs, Werther* et *le Jongleur de Notre-Dame*,
compositions au style mélodique et séduisant.

La gravité de l'art de César Franck (1822–1890), sa richesse
harmonique et mélodique ont fait de lui un grand organiste et un
grand compositeur de la musique de chambre, d'oratorios, et d'une
symphonie. Proust aimait particulièrement sa sonate pour piano
et violon.

Camille Saint-Saëns (1835–1921) était lui aussi compositeur
et organiste. Ses chefs-d'œuvre sont *Samson et Dalila*, suite de
tableaux d'une majesté unique, et *la Danse macabre*, poème symphonique. Il a écrit aussi des concertos et de la musique de
chambre, caractérisés par la pureté et la perfection de la forme.

Gabriel Fauré (1845–1924) est un musicien intimiste, un des
maîtres français de la musique de chambre, mais il écrivit aussi
un très beau *Requiem*.

Le style musical d'Erik Satie (1866–1925) est souvent très
spirituel. Parmi ses meilleures pièces sont *Sarabande, Parade*, et
Socrate. Satie exerça quelque influence sur la musique de Maurice
Ravel.

Elève de Gabriel Fauré, Maurice Ravel (1845–1937) est un
des grands maîtres de la musique française pour le piano, le chant,
et l'orchestre. Son concerto pour la main gauche est l'un des plus
joués. Son ouvrage symphonique le mieux connu est sans doute
Boléro (1928).

De tous les compositeurs français de cette époque, le plus
audacieux, le plus original, le plus « modernisant » fut sans doute
Claude Debussy (1862–1918). L'adaptation musicale qu'il fit en
1902 du drame de Maeterlinck, *Pelléas et Mélisande*, marque une
date dans l'histoire de la musique européenne. Cet ouvrage mit
fin à la domination de l'opéra allemand et de Wagner. Jusqu'alors,
d'ailleurs, la plupart des compositeurs s'étaient contentés d'imiter

Portrait de Maurice Ravel

Quelques œuvres musicales du 19ème siècle

plus ou moins exactement Bach, Beethoven, ou Brahms. Debussy, par ses inventions techniques et par ses thèmes nouveaux, créa une musique vraiment moderne, qu'il s'agisse de pièces de piano, de musique de chambre, ou d'orchestre symphonique comme *la Mer* et *l'Après-midi d'un faune.*

Les sciences (1870–1914)

Pendant les quarante-quatre années qui s'écoulèrent de 1870 à 1914, la France a largement contribué au progrès des sciences. Les recherches des savants français sont discutées ou adoptées en Angleterre, en Allemagne, en Amérique; de même, les Français se tiennent au courant de ce qui se passe à l'étranger et savent en tirer profit. On ne peut pas toujours dire que tel savant, français ou étranger, a été le premier à formuler telle théorie ou à inventer telle machine; il est arrivé plus d'une fois qu'un savant a eu une idée de génie dont un autre a fait l'application pratique. Lamarck, par exemple, s'est fait le défenseur du transformisme, mais sa théorie a été violemment critiquée de son vivant, surtout par Cuvier; quarante ans plus tard, Darwin a repris le transformisme de Lamarck et, l'enrichissant de ses propres observations, en a tiré sa doctrine de l'évolution. Un Français, Octave Chanute, est allé aux Etats-Unis et a donné aux frères Wright le principe de l'avion sans moteur; ceux-ci ont construit le premier avion à moteur qui ait pu être utilisé. Puis un autre Français, Blériot, a démontré la portée pratique de cette invention en traversant la Manche en 1909. Santos-Dumont inventa en 1901 le dirigeable à moteur; c'est l'Allemand Zeppelin qui en appliqua le principe avec le plus de succès. Branly établit les principes qui permirent à l'Italien Marconi de créer la télégraphie sans fil. On a attribué l'invention du cinématographe à plusieurs savants, aux frères Lumière en France et à Edison aux Etats-Unis. Est-ce un Français, Charles Cros, ou bien Edison, qui a construit le premier phonographe? La recherche scientifique est désormais une coopération mondiale.

Depuis 1870, le nombre des travailleurs dans toutes les branches de la science s'est fortement accru en France; passer sous silence l'œuvre de ces milliers de chercheurs obscurs est injuste, mais nécessaire, dans ces quelques pages. Les uns ont aidé les grands savants dans leurs recherches, d'autres, dont on a presque oublié les noms, ont adapté les découvertes théoriques aux nécessités de l'industrie.

On peut dire sans trop simplifier que, si la période de 1850 à 1870 a vu le triomphe de la vapeur, la période de 1870 à 1890 a vu

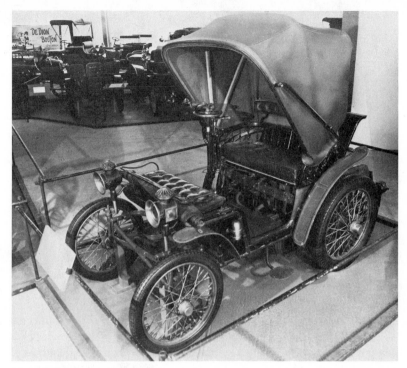

Une vieille Renault

à son tour le triomphe de l'électricité. Les physiciens français ont pris une part active dans les applications de l'électricité. Ils ont reconnu très tôt l'importance du moteur électrique, inventé par l'Anglais Faraday, et, partout en France, on se sert de la force hydraulique pour produire l'électricité dont l'industrie a besoin.

Entre 1890 et 1910, le moteur à explosion se développa tout spécialement en France. Les premières automobiles françaises, par exemple, avaient des moteurs à vapeur. A partir de 1890, le moteur à explosion les remplaça peu à peu en France comme aux Etats-Unis. En 1894, on organisa des courses automobiles Paris-Rouen, en 1895, Paris-Bordeaux. Le moteur à essence révolutionna les transports.

Les deux noms français les plus importants dans la physique du dix-neuvième siècle sont ceux de Becquerel et de Curie. L' Allemand Rœntgen découvrit les fameux « rayons X » en 1895. Henri Becquerel, en étudiant ces rayons, remarqua leur ressemblance aux décharges électriques. Au cours de ses recherches il fit une grande découverte—la radio-activité de l'uranium. Pierre Curie, physicien et chimiste à la fois, étudia d'abord les propriétés des cristaux; il démontra que la déformation d'un cristal,

Une vieille Peugeot

provoquée par la pression, produit une émission de décharges électriques. Sa femme (née en Pologne) l'engagea à étudier, à l'exemple de Becquerel, les propriétés de l'uranium et des divers minéraux qui le contiennent. Pierre et Marie Curie commencèrent ensemble un travail assidu et épuisant, dans des conditions qui auraient découragé la plupart des savants. Enfin ils reconnurent la présence, dans des corps composés, d'un nouvel élément; ils l'appelèrent le radium. Après la mort de son mari, tué dans un accident, Mme Curie continua leurs recherches et, en 1910, réussit à obtenir du radium pur. On ne peut pas exagérer l'importance capitale de cette découverte. Les propriétés du radium ont révolutionné toutes les idées des savants sur la nature et la constitution des atomes. On avait cru jusqu'alors qu'un atome était une particule invisible de matière inerte; or, le radium émettait des décharges électriques constantes; les savants ont découvert bientôt l'existence dans l'atome de neutrons, de protons, et d'électrons. L'analyse des constituants allait conduire à la découverte de l'énergie nucléaire et plus tard à son utilisation. Le gendre et la fille de Pierre et Marie Curie, les Joliot-Curie, ont joué un rôle très important dans les recherches sur la physique nucléaire. On a décerné le Prix Nobel à Marie Curie deux fois, en 1903 et en 1911, et à M. et Mme Joliot-Curie, en 1935.

Entre 1870 et 1914, les applications de la chimie à l'industrie ont enrichi la France. En voici quelques exemples: (1) Les chimistes ont étudié l'acide sulfurique et ont cherché pour le fabriquer le procédé le plus pratique; à partir de 1900, la produc-

Pierre et Marie Curie

tion de certaines usines dépassait deux cents tonnes d'acide par jour. (2) Les savants ont étudié la composition de certains terrains et ont déterminé les conditions nécessaires à une bonne récolte ; ils ont produit des engrais chimiques, nitrates, phosphates, chlorure de potassium, couramment employés aujourd'hui dans l'agriculture. (3) La chimie a joué un grand rôle dans l'amélioration de la production de la chaux et des ciments. (4) L'emploi du gaz d'éclairage et de chauffage s'est développé au cours du dix-neuvième siècle : bien que remplacé en partie par l'électricité, le gaz reste d'une grande importance dans l'industrie, tandis que ses succédanés se prêtent à des applications toujours nouvelles. (5) Henri Moissan a fait des recherches sur l'action de la chaleur du four électrique ; le résultat pratique de ces recherches a été la fabrication industrielle de l'acétylène. (6) De Chardonnet a inventé la soie artificielle qui fait concurrence aujourd'hui à la soie naturelle. (7) Grâce aux efforts des savants, l'acier a remplacé en grande partie le fer dans toutes les constructions modernes. C'est pour démontrer, d'une façon éclatante, les avantages de l'acier que l'ingénieur Eiffel, à l'occasion de l'Exposition Universelle de 1889 (anniversaire de la Révolution), a fait ériger la Tour qui porte son nom et qui est devenue un symbole de la ville de Paris.

　　Ces découvertes des chimistes et leurs applications pratiques se sont succédées si rapidement depuis 1870 que la vie économique et sociale de la France s'est trouvée modifiée de fond en comble. Presque du jour au lendemain, une industrie meurt, une autre

Nadar. *Louis Pasteur*

naît. La chimie a donné à la vie contemporaine une mobilité
qu'elle n'avait jamais connue.

De tous les savants français du dix-neuvième siècle, le plus
célèbre et le plus populaire est sans aucun doute Louis Pasteur
(1822–1895), physicien, chimiste, et biologiste. Comme Pierre
Curie, il débuta dans les sciences par des recherches sur les
cristaux. Puis, étudiant les causes des mauvaises fermentations
dans la bière, il découvrit (1857) que toute fermentation est due
à la présence d'organismes microscopiques. Cette révélation de
l'existence, alors insoupçonnée, des microbes, fut l'aurore d'une
ère nouvelle en biologie. Ensuite, il découvrit la vraie nature de
la putréfaction; il démontra que ce sont toujours des germes qui
détruisent les matières mortes et rendent ainsi à l'atmosphère et
à la terre ce que les êtres vivants en avaient tiré; sans ces germes,
la vie ne pourrait pas continuer. Etudiant ensuite les maladies
vinicoles il trouva le moyen de détruire les microbes qui en sont
la cause. Le procédé qu'il inventa fut nommé *pasteurisation*; on
le connaît en Amérique surtout par son emploi dans la conserva-
tion du lait.

Quant à la fameuse croyance à une « génération spontanée »,
dont bien des savants distingués admettaient le principe, en deux
ans, par des expériences soigneusement contrôlées, Pasteur ré-

solut cette question d'une façon définitive : la génération spontanée n'existe pas. La vie n'est jamais créée sans influence extérieure ; toute génération dans les liquides, par exemple, dérive des germes qui se trouvent dans l'air. Pasteur est le pionnier de la bactériologie. Bien des savants avaient cherché la cause d'une maladie qui affectait les vers à soie et menaçait de ruiner l'industrie de la soie ; tous avaient échoué. En deux ans, Pasteur découvrit que la maladie était due à des germes d'une nouvelle espèce et réussit à empêcher leur propagation. Il sauva ainsi une industrie importante.

Découvrir les microbes, améliorer la fabrication de la bière, expliquer le rôle des germes dans la putréfaction, inventer la pasteurisation, créer la bactériologie, sauver l'industrie de la soie auraient suffi à satisfaire l'ambition de moindres savants. Mais Pasteur ne limita pas son activité à ces recherches. Il devait compléter son œuvre par de plus grandes découvertes encore. Il reporta son attention vers les animaux et les hommes. Allant plus loin que le savant anglais Jenner, qui avait découvert la vaccine, Pasteur trouva (en 1880) la cause du choléra chez les poules et le moyen de leur assurer l'immunité. Puis il découvrit un vaccin qui guérissait les lapins et les chiens affligés de la rage, et l'employa pour sauver un enfant qui avait été mordu par un chien enragé (1885). La nouvelle de cette guérison se répandit vite en Europe et en Amérique.

Les recherches et les découvertes de Pasteur lui valurent une renommée internationale. Son œuvre a été continuée jusqu'à nos jours, non seulement à l'Institut Pasteur, fondé à Paris en 1888, mais aussi dans les laboratoires et dans les hôpitaux du monde entier. On a dit que, de tous les savants français, Pasteur a été le plus grand bienfaiteur de l'humanité.

QUATRIÈME PARTIE

CHAPITRE XXI

La Première Guerre mondiale (1914–1919)

En juin 1914 l'archiduc autrichien Ferdinand et sa femme furent assassinés à Sarajevo, ville de la Serbie (qui fait partie actuellement de la Yougoslavie). L'Autriche rendit le petit royaume de Serbie responsable du meurtre. L'incident aurait pu être réglé sans trop de difficulté, semble-t-il, mais l'empereur allemand, Guillaume II qui voulait la guerre, vit là un prétexte pour attaquer la France, alliée à la Serbie.

Le 28 juillet l'Autriche déclara la guerre à la Serbie; le premier août l'Allemagne déclara la guerre à la Russie; le 2 août, une armée allemande commença à envahir la France et une seconde armée allemande envahit le Luxembourg.

Le 4 août la France déclara la guerre à l'Allemagne, qui alors déclara la guerre à la Belgique, et la Grande Bretagne, protectrice de la Belgique, s'allia à la France et à la Russie.

Une armée allemande traverse la Belgique, entre en Picardie, dévaste les champs fertiles du nord de la France, détruit à peu près les villes de Laon et de Saint-Quentin et s'approche de Paris. Mais, alors que les Allemands ne sont qu'à cent kilomètres de la capitale, le général Joffre les arrête à la fameuse bataille de la Marne (septembre 1914).

L'armée allemande bat en retraite mais reste en France. Une guerre de tranchée commence; elle va durer jusqu'en 1918.

En 1915 les armées allemandes se battent surtout contre les Russes. L'Italie entre en guerre contre l'Autriche et contre la Turquie. En 1916, pourtant, l'Italie abandonne l'Allemagne et se met du côté de la France. De février à novembre, les Français, commandés par le maréchal Pétain, défendent la ville de Verdun contre la plus violente offensive allemande de la guerre. « Ils ne passeront pas », disaient les « poilus » français, et les soldats allemands n'ont pas passé! Au cours de cette fameuse bataille, les Allemands ont perdu 240.000 hommes, les Français ont perdu 275.000 hommes.

En 1917 les sous-marins allemands se mettent à attaquer des vaisseaux américains. Au mois de mars l'Empire russe croule; le Tsar Nicolas abdique. L'Empire est bientôt remplacé par un gouvernement bolchéviste qui signe une paix séparée avec l'Allemagne. En avril, cependant, grâce au Président Woodrow Wilson, les Etats-Unis entrent en guerre contre l'Allemagne.

En octobre de cette année, une armée italienne est défaite à Caporetto (en Yougoslavie) par les Austro-Allemands. C'est pour les Alliés le moment le plus sombre de la Grande Guerre. Le Congrès des Etats-Unis déclare la guerre à l'Autriche.

1918! Au mois de mars l'armée allemande en France commence une offensive dangereuse. Les Allemands occupent Bapaume et Soissons, menacent Reims, arrivent à la Marne. En juillet, la bataille décisive de la guerre commence. Sous le maréchal Foch, à qui on a confié le commandement de toutes les troupes alliées, les Alliés font une contre-offensive, avec des soldats français, américains, italiens, et belges. En quatre mois, cette armée saisit Château-Thierry, Soissons, Péronne, Saint-Mihiel, Cambrai, Laon, d'autres villes encore. En octobre, une armée autrichienne est vaincue par les Italiens. Bientôt l'Autriche capitule.

Enfin l'Allemagne, elle aussi, se rend aux Alliés. Le 11 novembre 1918 les Allemands signent l'armistice. La guerre est terminée.

En juin 1919 la paix fut signée au Palais de Versailles. L'Allemagne, rendue responsable de la guerre, fut obligée d'accepter des conditions très dures. Entre autres clauses, il faut noter celles-ci: l'Alsace-Lorraine fut rendue à la France; l'Allemagne devait réparer les dommages dans les régions qu'elle avait dévastées méthodiquement pendant les années de guerre; la rive gauche du Rhin devait être occupée pendant quelques années, par les Alliés.

L'Entre-deux-guerres

Pendant l'« Entre-deux-guerres », la période qui s'étend de 1920 à 1939, la France eut à résoudre de difficiles problèmes financiers et politiques.

Les problèmes financiers

Après la Grande Guerre, la France était ruinée. La dette de guerre de l'Allemagne, quoique diminuée plusieurs fois, ne fut pas payée. Les Français eux-mêmes ont donc dû reconstruire les dix départements détruits par l'armée allemande, payer des pensions aux familles des morts et aux blessés. Les impôts ne suffirent plus ; en 1926, on ne put empêcher l'inflation ; le franc perdit la plus grande partie de sa valeur. La situation financière semblait désespérée, lorsqu'un homme politique respecté, Raymond Poincaré, devint Président du Conseil. Avec lui la sécurité revint peu à peu : en 1930 la dette publique avait diminué déjà de vingt milliards de francs.

On aurait pu croire que la France allait connaître à nouveau la prospérité, mais la crise économique qui désolait l'Europe et l'Amérique arrêta le relèvement financier du pays. Et pourtant, il faut le reconnaître, la crise ne fut pas aussi tragique en France qu'ailleurs.

Les problèmes politiques

C'est la rivalité des conservateurs et des radicaux qui a dominé la vie politique de 1920 à 1940. D'un côté se trouvaient la bourgeoisie riche et la petite bourgeoisie—rentiers et fonctionnaires—dont la condition matérielle avait été compromise. De l'autre côté étaient les ouvriers, de plus en plus nombreux, de plus en plus conscients de leur importance ; leur situation s'était fortement améliorée pendant la guerre, grâce à des salaires plus élevés. D'année en année, la situation politique change ; tantôt ce sont les socialistes qui sont au pouvoir, tantôt ce sont les conservateurs.

Il serait inutile de mentionner tous les présidents du Conseil qui se sont succédé au pouvoir. Pourtant, certains ministres appartiennent à l'histoire et méritent d'être cités. Georges Clemenceau (1841–1929) eut longtemps la réputation d'être un radical qui aimait à combattre et à renverser les ministres du centre et de la droite sans accepter lui-même aucune responsabilité. Pendant les premières années de la Première Guerre mondiale, il attaqua violemment tous ceux qui étaient faibles ou incompétents. Président du Conseil en 1917, l'année la plus sombre de la guerre, il n'avait, dit-il, qu'un but: gagner la guerre. A son énergie et à sa détermination la France doit en grande partie sa victoire finale. Clemenceau représenta la France à la Conférence de Paris qui élabora le traité de Versailles (1919).

Aristide Briand (1862–1932) avait été d'abord un des chefs du parti socialiste. C'est lui qui prépara la loi de la séparation de l'Église et de l'État et l'exécuta avec modération. Par une action vigoureuse, il empêcha (en 1910) une grève des ouvriers des chemins de fer qui aurait paralysé le pays. Président du Conseil plusieurs fois pendant la Grande Guerre—onze fois au cours de sa vie—il poursuivit après la guerre une politique de rapprochement franco-allemand. Briand vit dans la Société des Nations (S.D.N.) une garantie de paix et lui donna son appui avec enthousiasme. Grâce à lui, la France, l'Allemagne, la Pologne, l'Italie, et la Grande-Bretagne jurèrent, par le Pacte de Locarno (1925), de se défendre mutuellement. C'est Briand, enfin, qui prépara (1928–1929) avec un homme d'État américain le « Pacte de Paris », dit « Kellogg-Briand Pact », par lequel quarante-cinq pays renoncèrent à la guerre—bel exemple de l'idéalisme dans les affaires internationales.

Léon Blum, arrivé au pouvoir en 1936, était connu depuis longtemps comme le chef du parti socialiste. Il introduisit rapidement une série de réformes sociales qui soulevèrent de violentes polémiques: contrats collectifs qui avaient pour but de diminuer l'arbitraire des patrons et d'assurer la représentation des salariés dans les entreprises, établissement d'un salaire minimum dans certaines branches de la production, semaine de quarante heures, obligation pour le patron de payer des congés annuels à ses employés, augmentation des indemnités de chômage. Ces réformes procédaient toutes du désir de traduire dans les faits certaines conceptions chères à la plupart des socialistes. L'agitation que ces mesures ont provoquée divisa la France et diminua sa puissance d'action dans les affaires étrangères.

La politique étrangère

Après la guerre, la solidarité qui unissait les Alliés s'effrita. Aux Etats-Unis le mouvement isolationniste reprenait son importance; certaines questions délicates ou mal comprises, telles que celle des dettes interalliées, accentuaient encore cette tendance. L'Angleterre, soucieuse peut-être de conserver un équilibre européen qu'elle jugeait désirable, critiquait parfois l'attitude de la France envers l'Allemagne.

La France crut trouver dans la Société des Nations la garantie de sa propre sécurité. De 1920 à 1930, malgré les sceptiques et les adversaires, la S.D.N. prit une importance croissante, et semblait autoriser certains espoirs de paix européenne. En même temps Aristide Briand poursuivait ses tentatives de rapprochement avec l'Allemagne.

Le réarmement plus ou moins secret de l'Allemagne commençait à inspirer de nouvelles inquiétudes. La France conserva sa confiance dans la Société des Nations, mais en même temps, elle crut nécessaire de fortifier sa puissance militaire. La Ligne Maginot, purement défensive, semblait lui fournir la sécurité dont elle avait besoin. Une nouvelle course aux armements commença, avec ses conséquences désastreuses pour la vie économique de l'Europe. Une période de tension inquiète succéda à la période relativement heureuse de l'après-guerre.

Après l'accession au pouvoir du chancelier Hitler (1933), le réarmement de l'Allemagne se fit ouvertement. Les violations répétées du traité de Versailles augmentaient constamment le sentiment d'inquiétude qui s'était répandu dans toute la vie française. Plusieurs conférences de désarmement proposées par la France furent sans effet sur le cours des événements. La Société des Nations, dont on attendait tant de bien, ne remplit pas efficacement la mission qui lui avait été confiée.

En même temps qu'elle poursuivait une politique active de préparation militaire contre la menace allemande, la France essayait de grouper autour d'elle, par des moyens diplomatiques, les pays qui avaient des raisons de craindre les ambitions allemandes. Des pactes de non-agression ou d'assistance mutuelle furent conclus avec la Roumanie, la Tchécoslovaquie, la Turquie, et la Pologne, ainsi qu'avec la Russie, avec laquelle la France avait pratiqué une politique de rapprochement. Par ailleurs, au cours des années 1930-1939, l'Angleterre se rendit progressivement compte que ses propres intérêts étaient à nouveau compromis par le développement de l'Allemagne et que, par contre, ils se trouvaient étroitement liés à ceux de la France. L'Angleterre se joignit donc à celle-ci et une collaboration intime et sincère s'établit entre ces deux grandes puissances. Quant à l'Italie, dominée par le dictateur Mussolini, un désaccord pénible la sépara de la France et de l'Angleterre. L'Italie s'éloigna des deux autres pays et s'allia bruyamment avec l'Allemagne.

Telles étaient les différentes positions des grandes puissances européennes en 1939. Les événements devaient se précipiter et avoir des conséquences tragiques. Après l'invasion de la Tchécoslovaquie, une nouvelle agression de l'Allemagne—elle envahit la Pologne—obligea la France et l'Angleterre à intervenir et à entrer en guerre contre l'Allemagne (septembre 1939).

La littérature (1914–1940)

Le roman

Avant la Première Guerre mondiale, les « grands » écrivains, ceux qu'on lisait le plus, étaient des hommes tels que Paul Bourget ou Anatole France. Formés par un enseignement classique, grec et latin, ils écrivaient dans une langue claire et facile et n'ignoraient rien des secrets de la rhétorique. Conservateurs, voulant surtout plaire à un public quelquefois un peu paresseux, ils n'apportaient en somme rien de très nouveau à la culture française. Ils étaient, en général, moraux, nationalistes, souvent « bien pensants », et ne faisaient que continuer avec talent les diverses traditions littéraires : classique, romantique, réaliste. Dans cette catégorie on peut classer, entre autres, la plupart des auteurs qui faisaient partie de l'Académie française.

Les « jeunes » qui, en 1918, revinrent des tranchées, étaient bien différents de leurs aînés. Ils s'étaient intéressés davantage aux langues vivantes qu'aux langues mortes ; ils avaient voyagé dans toute l'Europe. Ils avaient étudié ou apprécié des écrivains originaux dont on commençait à parler en France : le romancier russe Dostoïevski, le philosophe viennois Freud. Bref, ils avaient découvert des idées nouvelles et avaient acquis un esprit plus large, plus sincèrement cosmopolite. Pour eux, après quatre ans de guerre, les traditions auxquelles leurs aînés obéissaient avaient perdu leur valeur et leur signification ; dans la grande tragédie, « tous les absolus, disaient-ils, avaient fait faillite ». Leurs œuvres devaient logiquement montrer leur inquiétude ou leur nihilisme intellectuel : détruire, et quelquefois sans désir de reconstruire, sera pendant un temps l'idéal de plus d'un jeune.

Les maîtres de tels révoltés ne pouvaient être ni un Bourget ni un France. La génération de la Guerre se tourna donc vers des écrivains peu connus jusqu'alors, mais dont l'originalité était incontestable : André Gide et Marcel Proust.

André Gide (1869–1951) est un des écrivains les plus influents de la première moitié du vingtième siècle. « Mon rôle est d'inquiéter », disait-il. Pour jouer ce rôle, il s'est opposé à la morale traditionnelle dans toutes ses formes. Son œuvre est immense et complexe. Gide a traduit des œuvres d'écrivains étrangers : Shakespeare, Blake, Whitman, Goethe. Un de ses premiers romans, *l'Immoraliste* (1902) s'inspire d'une sensualité égoïste. Par contre dans *la Porte étroite* (1909), Gide pose un problème moral : la renonciation au bonheur temporel peut-elle mener au bonheur éternel ? *Les Caves du Vatican* (1914) pose le problème de l'acte gratuit ; le héros commet un meurtre uniquement pour

Albert Laurens. *André Gide*

se convaincre qu'il est maître de sa volonté. *La Symphonie pastorale* (1919) pourrait servir d'introduction à l'œuvre d'André Gide : en contant l'histoire d'un pasteur suisse qui aime malgré lui une jeune fille aveugle, l'auteur nous montre combien il est ardu de distinguer parfois le juste de l'injuste. C'est son roman *les Faux Monnayeurs* (1926) qui rendit l'auteur célèbre aux Etats-Unis. Dans ses nombreux ouvrages, André Gide représente un côté de l'esprit français moderne : l'individualisme, l'indépendance, la liberté morale. Gide reçut le Prix Nobel en 1947.

Marcel Proust (1871–1922) avait fréquenté dans sa jeunesse la haute société de Paris, mais il vivait souvent dans le recueillement d'une chambre silencieuse tapissée de liège. Sous la menace de fréquentes crises d'asthme, il passa les quinze dernières années de sa vie à retrouver et à analyser ses souvenirs dans seize volumes qui forment une des grandes œuvres de la littérature contemporaine, *A la recherche du temps perdu* et *Le Temps retrouvé*. Appliquant à la littérature les idées les plus audacieuses des philosophes et des psychologues modernes, Proust a poussé aussi loin que possible l'analyse des sentiments et l'étude de l'inconscient. *A la recherche du temps perdu* ressemble donc plus souvent à une profonde étude psychologique qu'à un roman ; le style est d'une complexité et d'un raffinement jamais atteints. Lire un

Marcel Proust par Jacques Émile Blanche (Affiche de l'Exposition du Musée Jacquemard André)

volume de la série, par exemple *Du côté de chez Swann*, est une expérience unique : indifférence absolue envers la morale traditionnelle et les conventions littéraires, point de vue original sur cent sujets—le temps, l'amour, la mémoire, l'art—qu'il développe jusqu'à leurs conséquences extrêmes, ce sont là les qualités de Proust qui ont eu une influence considérable sur les écrivains d'aujourd'hui.

Les romans de François Mauriac (1885–1970), un des meilleurs romanciers catholiques, enseignent tous la même doctrine : la liberté prêchée par Gide ne peut mener qu'au péché et au désastre moral. Tous ses personnages sont conduits par leur égoïsme ou leur avidité au mal ou au crime. Dans *Thérèse Desqueyroux* (1925), une jeune femme essaie d'empoisonner son mari. *Le Nœud de vipères* (1932) dépeint la famille d'un avare provincial. En dépit de ce parti pris pessimiste, Mauriac possède une connaissance profonde de la psychologie humaine. Tandis que Gide était surtout un Français du Nord (il est né en Normandie), Mauriac a choisi pour cadre de la plupart de ses romans le Midi, surtout la région des Landes, au sud de Bordeaux. Gide était libre penseur, Mauriac était profondément catholique. Lui aussi reçut, en 1952, le Prix Nobel.

Colette (1873–1954), de son vrai nom Sidonie Gabrielle Colette Goudeket, eut une vie très mouvementée. Son premier mari lui fit écrire des souvenirs d'enfance, qu'elle raconte dans la série des *Claudine*. Divorcée, elle gagna sa vie comme danseuse

Portrait de Colette

et actrice de music-hall et se mêla au demi-monde de Paris. Elle a raconté des épisodes de cette vie dans *Chéri* (1920). Son talent littéraire et son goût profond de la nature donnent à toute ses œuvres un grand charme. Son roman *Gigi* (1945), qu'on a transformé en comédie musicale et dont on a fait un film, a connu un gros succès. On l'a élue membre de l'Académie Goncourt.

Jean Giraudoux (1822–1944), romancier et auteur dramatique, découvre à chaque instant une nouvelle raison d'aimer la vie ; indifférent à la logique, il a écrit des romans tels que *Suzanne et le Pacifique* (1921), *Juliette au pays des hommes*, ou *Siegfried et le Limousin*, dans lesquels l'intrigue est fort secondaire, ou même incohérente. Ce qu'il veut, c'est transformer, poétiser les petits faits de la vie quotidienne. La subtilité, la fantaisie, la préciosité sont les qualités maîtresses de l'œuvre de Giraudoux.

Les premiers ouvrages de Georges Duhamel (1884–1965) sont assez pessimistes. Dans *les Hommes abandonnés*, dans *Vie et aventures de Salavin*, les héros sont des hommes humbles, isolés, perdus dans la vie moderne qu'ils renoncent à comprendre. Dans *La Vie des martyrs* (1971) et *Civilisation* (1918) il se penche avec sympathie sur les soldats français qui souffrent dans la Première Guerre mondiale. Idéaliste et épris de musique, Duhamel méprisait le matérialisme de la civilisation moderne. « Si la civilisation n'est pas dans le cœur de l'homme, s'écrie-t-il, eh bien ! elle n'est nulle part ! » Duhamel se montre moins pessimiste dans les dix volumes de *la Chronique des Pasquier* (1933–1945), où il nous fait voir et comprendre la bourgeoisie française du vingtième siècle. Duhamel fut élu à l'Académie française.

Parmi les écrivains du vingtième siècle, André Maurois (1885–1967) est un des plus prolifiques. Il publia plus de cent volumes, surtout des romans, des contes, des nouvelles, des essais, et des biographies. Deux livres basés sur la Première Guerre mondiale, *les Silences du Colonel Bramble* et *les Discours du Docteur O'Grady*, ont révélé son talent. Son *Cours de bonheur conjugal* (1951) est un très beau livre. Dans *le Cercle de famille* on trouve une étude de mœurs parisiennes. Ses meilleurs contes et nouvelles (il y en a quarante-quatre) sont réunis dans un volume, *Pour piano seul* (1960). Il s'est consacré dans la dernière partie de sa vie à de passionnantes biographies d'une quinzaine de personnages célèbres, parmi eux, Byron, Shelley, Voltaire, George Sand, Victor Hugo, Balzac. Maurois fut élu à l'Académie française.

Jules Romains (1885–1972), romancier, dramaturge et poète, développa une doctrine nouvelle: « l'unanimisme ». Pour comprendre un être humain, d'après cette doctrine, il faut savoir de quel groupe familial, social, et religieux l'individu fait partie. Le chef-d'œuvre dans lequel Jules Romains exprime ce point de vue est un ouvrage de vingt-sept volumes, *les Hommes de bonne volonté*; on y trouve plus de 400 personnages et un tableau très vivant de la société française entre 1906 et 1926. Jules Romains fut élu à l'Académie française.

Antoine de Saint-Exupéry (1900–1944), pilote d'avion, introduit dans la littérature française par son expérience d'aviateur

Antoine de Saint-Exupery

une nouvelle vision du monde et une conception de l'homme particulièrement noble. Les héros de *Courrier sud* (1928), *Vol de nuit* (1931), *Terre des hommes* (1939), *Pilote de guerre* (1942) sont tous des aviateurs courageux—et philosophes! La mort de Saint-Exupéry fut héroïque et mystérieuse: il disparut au cours d'un vol de reconnaissance au-dessus des Alpes à la fin de la Seconde Guerre mondiale.

Le théâtre

On trouve dans les meilleures pièces de théâtre de Jean Giraudoux les mêmes qualités que dans ses romans. *Siegfried* (1928), *Amphitryon 38* (1929), *La Guerre de Troie n'aura pas lieu* (1935), *Ondine* (1939), *la Folle de Chaillot* (1946) et *Pour Lucrèce* (1953)—ces pièces ingénieuses et poétiques ne manquent pourtant pas de profondeur. Des mises en scène modernes ont perpétué en particulier le succès de *La Guerre de Troie n'aura pas lieu*.

La comédie la plus connue de Jules Romains est *Knock* (1923). L'auteur se moque des médecins d'une manière aimable qui fait penser à Molière.

Jean Cocteau (1889-1963) à la fois peintre, poète, cinéaste, auteur dramatique, étroitement lié à tout le mouvement artistique de l'époque, fut l'ami de Proust, Apollinaire, Rostand, Gide, Giraudoux, Picasso, Stravinsky, d'autres encore. Il s'intéressa au cubisme, au dadaïsme, au surréalisme, et aux ballets russes! Le roman *les Enfants terribles* (1929) et la pièce de théâtre *les Parents terribles* (1938) sont ses meilleures œuvres en prose qui

La Guerre de Troie n'aura pas lieu de Jean Giraudoux mise-en-scène de Jean Vilar

furent d'ailleurs portées à l'écran. Très connu aux Etats-Unis, il fut élu à l'Académie française en 1955.

Les poètes

Dès 1916, en Suisse, un groupe de jeunes anarchisants manifestant leurs sentiments pessimistes et nihilistes créèrent le mouvement « dada » ou « dadaïste ». Pour leur chef de file, Tristan Tzara (1893–1963), il s'agissait d'accéder à une complète désagrégation du langage poétique (« je détruis les tiroirs du cerveau ») pour retrouver l'authentique brut. En 1919 Tzara se rend à Paris et, après quelques heurts, le dadaïsme se fond avec le mouvement surréaliste.

Ce mouvement surréaliste est sans doute le mouvement le plus remarquable de cette période d'après guerre, et ses répercussions furent considérables puisqu'il dépasse le domaine de la poésie, pour remettre en question la matière, le langage, et la signification de l'art. André Breton (1896–1966), le chef du mouvement, initié aux théories de Sigmund Freud lors de ses études en médecine, découvre dans la psychanalyse un nouveau moyen de connaissance. Autour de Breton se groupent d'autres poètes : Aragon, Desnos, Soupault, Eluard, et des peintres comme Ernst et Picabia.

Les comptes-rendus des rêves, les associations d'esprit, les fantaisies automatiques, illogiques, et incontrôlées représentent, selon eux, une réalité supérieure (sur-réaliste) à celle du monde réaliste et de la littérature délibérément contrôlée. Le poète surréaliste, rejetant toute contrainte, cultive l'association libre et l'écriture automatique. L'activité poétique se définit comme « une dictée de la pensée en dehors de tout contrôle exercé par la Raison, en dehors de toute préoccupation esthétique ou morale » (*Manifeste du surréalisme*, 1924).

Les manifestations les plus connus du surréalisme sont sans doute les horloges molles attaquées par des fourmis dans les tableaux de Salvador Dali. Le mouvement en tant que tel se dispersa au début de la Seconde Guerre mondiale en raison de dissensions politiques au sein de ses membres, mais son influence sur la pensée, la littérature, la peinture, et le cinéma reste considérable.

A la fin de la Première Guerre mondiale, Paul Eluard (1895–1952) fut un disciple d'André Breton. Pendant dix ans, il a écrit des poèmes surréalistes, mais en même temps, pourtant, il chantait dans des poèmes clairs, sincères, et émouvants, les réalités quotidiennes ainsi que la mort et l'amour. Eluard pensait que les poètes doivent être « profondément enfoncés dans la vie commune ». En 1942 il adhéra au parti communiste et pendant la guerre fit partie de la Résistance, ce qui lui inspira de beaux poèmes patriotiques, notamment *la Liberté*.

Louis Aragon, né en 1897, ressemble à plusieurs égards à Paul Eluard. Dans sa jeunesse, il fut fortement influencé par le dadaïsme et le surréalisme, mais, en 1930, il se soustrait à l'influence d'André Breton. Il est communiste depuis 1927. Profondément ému par la défaite de 1940, il compose *les Lilas et les roses*:

> *O mois des floraisons mois des métamorphoses*
> *Mais qui fut sans nuage et Juin poignardé*
> *Je n'oublierai jamais les lilas et les roses*
> *Ni ceux que le printemps dans ses plis a gardés*

Le ton rappelle Ronsard; le manque total de ponctuation, les poèmes d'Apollinaire. Aragon fait entendre la voix de la patrie blessée. Aussi poète de l'amour, il fut particulièrement inspiré par sa femme Elsa Triolet, elle-même écrivain.

Jules Supervielle (1844–1960), né à Montevideo (Uruguay) de parents français, passa une partie de sa vie en Amérique du Sud avant de venir en France. Plus proche du symbolisme que du surréalisme, il a écrit des poèmes très divers, classiques et modernes, où il exprime des sentiments personnels. Il décrit par exemple, à son retour en Uruguay, ses impressions de « toute la Pampa étendue à mes pieds comme il y a sept ans », ou bien s'écrie: « C'est beau d'avoir élu domicile vivant..., d'avoir aimé la terre,/La lune et le soleil,/comme des familiers/Qui n'ont pas leurs pareils. » Dans les poèmes de Supervielle, comme dans ceux de Mallarmé et de Claudel, la profondeur n'exclut pas des obscurités de pensée et de langage.

Alexis Saint-Léger né à la Guadeloupe en 1887, eut une brillante carrière diplomatique avant de devenir un poète célèbre. En 1940, s'étant opposé au gouvernement de Vichy, il quitta la France, vint en Amérique et obtint un poste à la *Library of Congress* à Washington. En 1925 il avait pris le nom de plume de Saint-John Perse. Ses premiers vers évoquent son enfance. Mais les sujets ne sont pas importants; c'est la profondeur de la méditation qui compte. En 1960 Saint-John Perse reçut le Prix Nobel de littérature. Parmi les poètes contemporains il est un représentant très original de la poésie pure et noble.

Pierre Reverdy (1889–1960), le poète des lieux clos, de l'absence, et de l'attente, participa au mouvement cubiste aux côtés de Picasso et de Braque et se déclara alors « poète cubiste » dans ses *Poèmes en prose* (1915). En 1916, il fonde la revue poétique *Nord-Sud*. Dans ses recueils *la Lucarne ovale* (1916), *Flaques de verre* (1929), *Ferraille* (1937) il fait preuve d'un lyrisme profond tout en utilisant des moyens verbaux et typographiques très nouveaux. Son influence sur la génération des poètes qui succéda au surréalisme fut prépondérante.

L'art (1914–1940)

La peinture

Quelle belle époque pour l'art français que celle qui a suivi la Première Guerre mondiale! Parmi les artistes qui enrichirent alors la culture française quelques-uns avaient commencé leur carrière avant 1914.

Pierre Bonnard (1867–1947) fit la connaissance, à l'Académie Julian, de Vuillard, de Maurice Denis, de Roussel, et de Sérusier, qui, plus tard, s'appelèrent « nabis » (prophètes). Bonnard s'éloigna souvent de Paris pour se consacrer à la peinture des paysages. Mais il se plaisait aussi à la peinture de natures mortes, d'intérieurs et de nus. Bonnard traitait d'agréables sujets dans un style impressionniste où transparaît un sentiment de bonheur. C'est le plus subtil des coloristes.

Edouard Vuillard (1868–1940) naquit à la campagne mais ses parents s'établirent à Paris quand il n'avait que neuf ans. Désormais il ne sortit guère de Paris. La plupart de ses meilleurs ouvrages sont des intérieurs de maisons bourgeoises où il aime à employer des couleurs pâles.

Henri Matisse (1869–1954), né dans un village du Nord, arriva à Paris en 1892 pour étudier l'art et termina sa carrière en Provence. Sous l'influence des peintures qu'il voyait au Louvre, il peignit d'abord d'une façon traditionnelle. Puis impressionniste, il fut attiré vers 1906 par le dynamisme et les couleurs intenses des « fauves ». Matisse voulait surtout plus de simplicité et d'harmonie dans l'art. L'élégance des lignes, la vivacité des couleurs donnent à ses œuvres—même si elles manquent parfois de profondeur—une grande séduction. Un de ses derniers ouvrages célèbres est la décoration de la chapelle de Vence. On a fait et on fait encore des expositions de ses tableaux à Paris, à Londres, à Berlin, à Moscou, et à New-York. Il est peut-être avec Picasso le plus connu des peintres modernes.

Georges Rouault (1871–1958) fut d'abord l'apprenti d'un vitrier qui faisait des vitraux pour les églises. La plupart des peintures de Rouault portent la marque de cette expérience. Il s'est souvent servi de couleurs fortes et plates, cernées de lignes noires. Ses sujets? Ils sont de portée sociale ou religieuse: des *Juges*, des prêtres, des rois, plusieurs représentations du Christ, des danseuses, des baigneuses, des prostituées, des personnages du cirque (surtout des clowns), des jeunes filles, des femmes.

Georges Rouault. *Tête de Christ*

Ironiques ou pitoyables, ils suggèrent souvent une profonde tristesse.

Maurice de Vlaminck (1876–1958) naquit à Paris de parents flamands. Son art fut curieusement marqué par des influences successives. En 1899, par exemple, celle d'André Derain; puis, ayant fait la connaissance de Matisse, il se mit à employer des couleurs brillantes. Après 1905, séduit par les "fauves," il en imita les audaces : ciels jaunes et arbres rouges. De 1908 à 1915 il revint au classicisme, maîtrisant la fougue de son tempérament dynamique qui s'était exprimé essentiellement dans le paysage (villages, vieux port de Marseille, la Seine, un moulin, un orage) et parfois dans la nature morte.

Raoul Dufy (1877–1953), né au Havre, d'abord impressionniste, subit l'influence de Cézanne et de Braque. Puis il développa un style personnel, dessin très spontané, taches de couleur claires et légères. D'une manière très spirituelle, il peint Paris et Versailles, Deauville et des courses de chevaux, la Côte d'Azur et des régates, des scènes du Maroc, de Venise, et d'Amérique (*Ball Park* et *Charles River* à Boston, des scènes à New-York, et dans l'Arizona).

Othon Friesz (1879–1949) fit la connaissance de Raoul Dufy et de Georges Braque à l'École des Beaux-Arts, à Paris. Après avoir peint des paysages normands et bretons et des portraits assez classiques, il devient en 1904 l'ami de Matisse et l'un des plus enthousiastes des "fauves." Mais en 1919 il abandonna le Fauvisme pour revenir à un style traditionnel. En 1938, aux Etats-Unis, on lui décerna le Prix Carnegie.

André Derain (1880–1954), peintre très attachant, fut une personnalité marquante du groupe néo-impressionniste, des nabis, des fauves, et des cubistes. C'est chez lui que Picasso découvrit le masque africain qui l'impressionna si fortement. Derain a peint de très beaux paysages, des natures mortes, des nus, et des portraits, mais est revenu finalement à un style classique.

Au commencement de sa carrière, Fernand Léger (1881–1955) était cubiste et ami de Braque, de Picasso, de Gleizes, et de Delaunay. Après la Première Guerre mondiale, il fut très frappé par le machinisme de la civilisation moderne et son style en resta marqué comme on le voit dans *La Ville* (1919) et *Élément mécanique* (1920, 1924). Les personnages qu'il peint ne sont pas du tout réalistes ni humains et sont toujours cernés d'un trait assez lourd. Il a réalisé de nombreuses et importantes décorations, des tapisseries, des vitraux, des mosaïques. Léger passa les années de la Seconde Guerre mondiale aux Etats-Unis où son renom est grand.

Contemporain de Fernand Léger et cubiste comme lui, Albert Gleizes (1881–1953) collabora avec un autre artiste, Jean Metzinger, pour écrire *Du cubisme* (1931), livre théorique du mouvement cubiste. Au cours d'un voyage aux Etats-Unis en 1917, Gleizes traversa une crise religieuse qui l'orienta vers l'art du Moyen Age. Il créa alors des tapisseries et des objets en terre cuite pour des églises.

Georges Braque (1882–1963), ami de Picasso, avait fondé avec lui le cubisme dès 1907. Il est par conséquent un des artistes les plus importants de son époque. Braque et Picasso ont souvent travaillé ensemble. Un cubiste reconstruit les sujets qu'il peint en considérant en même temps leurs différentes faces (dessus, devant, profil) et il les recompose en les simplifiant comme un géomètre. Par exemple, *la Femme à la guitare* n'est pas un portrait mais une harmonieuse composition décorative. Le cubisme de Braque est beaucoup plus aimable que le cubisme beaucoup plus agressif de Picasso. Après la Première Guerre mondiale Braque

Georges Braque. *La Table ronde*

délaissa le cubisme pour des œuvres plus classiques mais toujours d'une très belle harmonie décorative et expressive.

Jean Metzinger (1883–1956) fut tellement impressionné par un tableau d'Ingres qu'il décida de devenir peintre. Il passa par le néo-impressionnisme, le fauvisme, le cubisme. Il collabora, comme nous l'avons vu, avec Albert Gleizes pour écrire *Du cubisme*. Tandis que Braque et Picasso s'intéressaient plus aux lignes et à la forme d'un ouvrage, Metzinger, au contraire, avait le goût et le don de la couleur. Ses portraits, ses natures mortes, ses paysages, ses « compositions » utilisent des tonalités savamment dégradées.

Maurice Utrillo (1883–1955), fils naturel d'une artiste, Suzanne Valadon, fut adopté à l'âge de huit ans par l'artiste espagnol Miguel Utrillo. A dix-neuf ans, il se mit à peindre, à l'exemple de ses parents, les rues, les places, et les bâtiments de Paris, surtout ceux de Monmartre. En deux ans, il fit à peu près

Maurice Utrillo. *Montmartre*

250 tableaux! Et sa carrière d'artiste dura cinquante ans, malgré
l'alcool qu'il buvait depuis l'âge de treize ans, malgré le temps
qu'il a passé dans un asile d'aliénés. Utrillo peignait des édifices
tantôt sur nature, tantôt d'après des cartes postales! Parmi les
sujets de ses ouvrages, on trouve un grand nombre d'églises, de
places, et de murailles blanches. Le style d'Utrillo se reconnaît
facilement.

    Robert Delaunay (1885–1941), après des œuvres néo-impres-
sionnistes (*Disques*, *Tour Eiffel*, *Fenêtre sur la ville*), a introduit
l'abstraction dans la peinture française (*les Circulaires*, *les Verti-
cales*, *les Diagonales*, *les Triangulaires*). Son style abstrait est
pourtant plein de vie et de joie par la gaieté des couleurs pures et
très contrastées. D'ailleurs, la femme de Delaunay, Sonia Terk,
d'origine russe, qui travaillait en étroite collaboration avec lui,
avait le goût des couleurs vives de l'art populaire russe, comme
le montrent ses ouvrages *Prismes électriques* et *Rythme coloré*.

    Jacques Villon (1875–1963) et Marcel Duchamp (né 1887)
étaient des frères de Raymond Duchamp-Villon, le sculpteur, dont
nous avons déjà parlé. Pendant trente ans Jacques Villon s'intéressa surtout à la caricature, à la gravure, et à la lithographie.
Quand il commença à peindre, il adopta successivement les
principes de l'impressionnisme, du fauvisme, et du cubisme. En

1930 il faisait partie du groupe « Abstraction-Création ». Ses sujets? Natures mortes, fleurs, oiseaux, portraits, et abstractions aux couleurs fines.

Marcel Duchamp a peint surtout des ouvrages cubistes ou surréalistes. En 1911 il montra au public à New York une peinture sensationnelle, *Nu descendant un escalier*, qui obtint, a-t-on dit, « le plus grand succès de scandale jamais enregistré dans l'histoire de l'art moderne, et, du jour au lendemain, rendit son auteur célèbre dans toute l'Amérique ». La technique de ce tableau était toute nouvelle: les positions successive du personnage s'emboîtent les unes dans les autres comme une suite d'instantanés pour créer l'impression de mouvement.

L'œuvre très féminine de Marie Laurencin (1885–1956) est bien connue en Amérique. Elle plaît par la grâce féminine, la finesse, et les couleurs douces de ses compositions et de ses portraits aux charmes raffinés.

La sculpture

Emile-Antoine Bourdelle (1861–1929) fut un des meilleurs élèves de Rodin. Son premier chef-d'œuvre est un *Monument aux combattants de 1870*, dédié aux soldats de la guerre franco-prussienne. Bourdelle est l'auteur d'un célèbre *Héraclès archer* au mouvement original et puissant, et d'un remarquable buste de Beethoven. L'œuvre de Bourdelle est romantique, comme celle de Rodin, et d'une puissance expressive particulièrement virile.

Charles Despiau (1874–1946), après avoir été un élève de l'École des Arts Décoratifs et de l'École des Beaux-Arts à Paris, devint un assistant de Rodin et travailla sept ans dans son atelier. Il fut influencé aussi par les ouvrages de Maillol. Mais peu à peu Despiau s'en détacha et devint surtout un remarquable et très fin sculpteur de portrait: jeunes filles, femmes, enfants.

Henri Matisse n'était pas seulement un des peintres les plus importants de son temps, il était aussi un sculpteur de talent. Rodin refusa, dit-on, de l'accepter comme élève, mais Matisse travailla avec Bourdelle. Ses sujets sont variés: *le Serf*, *Grosse tête*, *Vénus*, *La serpentine*, *Jeannette*, et un grand nombre de nus.

Henri Laurens (1885–1954), voulant être sculpteur, s'intéressa d'abord aux œuvres de Rodin puis à la sculpture du Moyen Age. Mais l'influence de Braque l'amena pour un temps au cubisme utilisant des matériaux divers dans des œuvres comme *la Joueuse de guitare* (1919), *le Boxeur* (1920), et *Femme assise* (1922).

Jacques Lipchitz (ou Lipschitz), né en Pologne en 1891, arriva à Paris en 1909 et devint citoyen français en 1925. Ayant fait la connaissance de Picasso, Juan Gris, Modigliani, et Matisse, il créa des œuvres de style cubiste d'une grande puissance expressive. Du cubisme il passa facilement à l'abstractionnisme. Pendant la Seconde Guerre mondiale Lipchitz vint aux Etats-Unis. Aujourd'hui c'est un des sculpteurs modernes les plus distingués.

La musique (1914–1940)

En France la musique a souvent suivi les autres mouvements intellectuels. Elle a été tour à tour sentimentale avec Rameau à l'époque de Rousseau et de Greuze, romantique avec Berlioz à l'époque de Hugo et de Delacroix, réaliste avec Bizet à l'époque de Zola et de Manet.

Pendant l' « entre-deux-guerres » le célèbre « groupe des Six » marqua de son empreinte l'évolution musicale. On doit à Darius Milhaud (1892–1974) des œuvres excellentes dans tous les genres : opéras, ballets, oratorios, symphonies, et de la musique de scène et de cinéma. Le ballet, *la Création du monde*, est sans doute son chef-d'œuvre. Il a enseigné aux Etats-Unis pendant ses dernières années.

Arthur Honegger (1892–1955) est l'auteur d'oratorios (*Jeanne d' Arc au bucher*), de cantates (surtout *la Danse des morts*), et de symphonies, dont la plus célèbre, *Pacific 231*, imite le rythme puissant d'une locomotive dans un style particulièrement vigoureux.

« Le groupe des Six » avec Jean Cocteau au piano. De gauche à droite : Darius Milhaud, Georges Auric (absent, silhouette par Cocteau), Arthur Honegger, Germaine Tailleferre, Franci Poulenc, Louis Durey.

Francis Poulenc (1899–1963) a écrit non seulement des mélodies agréables, gaies ou sentimentales, mais aussi de charmantes pièces pour piano et un très beau *Stabat Mater*. Il a également écrit un opéra comique, *les mamelles de Tirésias*, sur le livret plein d'humour et de fantaisie du poète Apollinaire.

George Auric (né 1899), lui aussi, a un talent varié, tantôt charmant, tantôt lyrique. Il a composé des ballets, des sonates, et de la musique de film.

Les deux autres membres du groupe des Six, Louis Durey et Germaine Tailleferre, sont moins connus.

N'oublions pas que Maurice Ravel, dont nous avons déjà parlé, créa quelques-unes de ses meilleures œuvres pendant cette époque dont le très célèbre *Boléro* (1928).

Le cinéma

Le cinéma, tout comme la photographie qui fut inventée par le physicien français Niepce (1765–1833) en 1822, est une invention française. Dès 1727 on peut trouver dans le dictionnaire la description d'une forme primitive de cinéma, « la lanterne magique », cette même lanterne magique qui fit les délices de Proust enfant. Pourtant, même si le poète Charles Baudelaire fait allusion au début du dix-neuvième siècle à une « toupie éblouissante », c'est vraiment en 1895 que le cinématographe tel qu'on le conçoit de nos jours est né. C'est en effet le 22 mars 1895 que fut projeté sur un écran le premier film; *la Sortie des ouvriers de l'usine Lumière*, réalisé par les prodigieux frères Lumière, Louis (1864–1948) et Auguste (1862–1954). Malheureusement le cinéma jusqu'en 1914 fut essentiellement considéré comme du théâtre filmé, à l'exception sans doute de Georges Méliès (1861–1938) qui sentit très vite toutes les possibilités techniques de ce nouveau mode d'expression et dont *Le voyage dans la lune* (1902) est un exemple étonnant de son génie.

Ce n'est en fait qu'après la Première Guerre mondiale que le cinéma français, alors très influencé par le cinéma américain, prit son véritable essor. Abel Gance, par exemple, dans un film muet *la Roue* (1922) s'attache à décrire à travers les objets autant qu'à travers les personnages l'atmosphère mystérieuse qu'il recherche. C'est aussi l'époque du premier film de René Clair, *Paris qui dort*, suivi du très célèbre *Chapeau de paille d'Italie* (1927), son premier chef-d'œuvre. En 1929 la technique du film parlant, venue des Etats-Unis, fut introduite à Paris. L'industrie du cinéma allait en être transformée.

Vers la fin des années '20 se créa à Paris « le cinéma d'avant garde », mouvement groupant des artistes connus et des cinéastes

Danielle Darieux et Michèle Morgan

qui, rejetant les techniques théâtrales, voulurent exploiter les multiples possibilités intrinsèques du cinéma. C'est ainsi que le peintre Fernand Léger réalisa *Ballet mécanique*, le célèbre poète surréaliste Jean Cocteau, *Sang du poète*, et Salvador Dali, peintre surréaliste, en collaboration avec Luis Buñuel, *le Chien andalou*. Ce cinéma destiné à une élite eut néanmoins une influence essentielle sur la production des films commerciaux. Le cinéma était en train de devenir le « septième art ».

En 1930, René Clair réalise *Sous les toits de Paris* et *A nous la liberté*. D'autres grands metteurs en scène s'affirment: Julien Duvivier, Marcel Carné (*Quai des brumes*, 1938) et l'inimitable Jean Renoir—fils du grand peintre impressionniste—dont les films firent souvent scandale: *la Chienne* (1931), *Le crime de Monsieur Lange* (1935), *la Grande illusion* (1937), film contre la guerre, et *la Règle du jeu* (1939), qu'on reconnut seulement après la Seconde Guerre mondiale comme un des chefs-d'œuvre du cinéma français.

De même que certains metteurs en scène (Clair, Renoir) ont réalisé des films aux Etats-Unis aussi bien qu'en France, de nombreux acteurs français de réputation mondiale ont joué dans des films tournés à Paris, à Londres, ou à Hollywood: Charles Boyer, Maurice Chevalier, Michèle Morgan. Il faut aussi noter d'autres « monstres » comme Pierre Fresnay, Jean Gabin, Louis Jouvet, Michel Simon, Fernandel, Arletty, Danielle Darieux, et Edwige Feuillère qui ont joué dans cette période florissante du cinéma français.

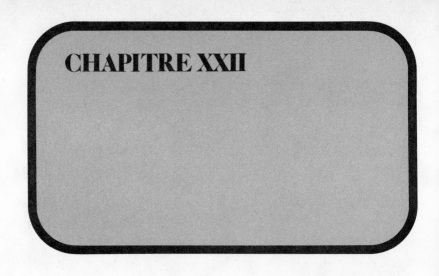

CHAPITRE XXII

La Seconde Guerre mondiale (1939–1945)

La cause de la Seconde Guerre mondiale, c'est l'ambition démesurée du chef de l'Allemagne, Adolf Hitler. Devenu chef du parti national-socialiste (NAZI) et, à partir de 1934, *Führer* (chef) de l'Etat allemand, il avait un pouvoir illimité dans son pays. En 1938, il fit annexer l'Autriche à l'Allemagne et il envoya une armée en Tchécoslovaquie. La France avait un pacte d'assistance avec ce pays mais les Français qui ne voulaient pas la guerre se contentèrent de protester.

Hitler commença à menacer la Pologne, protégée par la Russie. Au lieu de se battre contre la Russie, pourtant, Hitler conclut « un pacte de non-agression » avec ce pays et, le 1er septembre 1939, deux armées, l'une allemande, l'autre russe, envahirent la Pologne.

La France, avec l'Angleterre, déclara alors la guerre à l'Allemagne. La mobilisation générale fut assez mal accueillie dans le pays. L'armée française, d'ailleurs, n'était pas en état d'attaquer. Elle s'installa derrière la ligne Maginot—ligne de fortifications le long de la frontière est—dans ce qu'on appelle « la drôle de guerre ». Rien ne se passa de tout l'hiver 1939–1940.

En mai 1940, aux ordres d'Hitler, l'aviation allemande bombarda Rotterdam. Une armée allemande envahit la Belgique et la Hollande. Une autre armée envahit le nord de la France.

L'armée française du Nord, encerclée, se dirigea vers Dunkerque, où elle fit retraite en Angleterre grâce à l'aide des Anglais.

Au mois de juin, l'armée allemande s'approcha de Paris. Le gouvernement français abandonna la capitale et se réfugia d'abord à Tours, ensuite à Bordeaux. Des centaines de milliers de soldats français furent fait prisonniers par les Allemands, qui occupèrent Paris.

Le 14 juin, Benito Mussolini, dictateur de l'Italie, déclara la guerre à la France et à l'Angleterre.

A Londres, où il s'était réfugié, le général de Gaulle, alors presque inconnu, manifesta sa volonté de continuer la lutte en déclarant: « La France a perdu une bataille, elle n'a pas perdu la guerre. »

Le 22 juin, cependant, le gouvernement français, avec le maréchal Pétain à sa tête, signa un armistice avec l'Allemagne. Le 10 juillet, le Parlement français vota les pleins pouvoirs au «vainqueur de Verdun», le maréchal Pétain, chef respecté de la Première Guerre mondiale, et prononça sa propre dissolution. Ce fut la fin de la Troisième République.

L'Occupation allemande

Selon les termes du traité d'Armistice, le pays fut divisé en deux zones: au nord, la « zone occupée », de beaucoup la plus grande, comprenant les trois-cinquièmes du territoire, entièrement sous l'autorité allemande; au sud, la « zone libre », officiellement indépendante et sous l'autorité du maréchal Pétain.

La Guerre mondiale continua hors de France. Sous le commandement du général de Gaulle, et avec l'aide des Etats-Unis et de la Grande-Bretagne, s'étaient constituées les unités militaires de la France libre, appelée plus tard la « France combattante ». Ces régiments de volontaires, qui eurent également l'appui des possessions françaises d'Outre-Mer, combattirent dans le Proche-Orient, en Afrique, et en Italie, et, lors des débarquements alliés, en France.

Parallèlement à cet effort militaire basé à l'étranger, s'organisaient, sur le territoire français, des réseaux de Résistance clandestine. Leurs membres commettaient patriotiquement des actes de sabotage, publiaient des journaux—il y en avait plus de cent à la veille de la libération—et communiquaient à Londres des renseignements précieux sur les mouvements des troupes allemandes. « Forces Françaises de l'Intérieur (FFI) » ou « Maquis » (le nom est emprunté à la Corse dont les montagnes difficilement accessibles servent de refuge aux hors-la-loi et aux adversaires du gouvernement), ces Français contribuèrent de façon notable, souvent au prix de leur vie, à la libération du territoire.

Les quatre années de l'Occupation allemande comptent parmi les plus douloureuses de l'histoire de France. A l'humiliation de la défaite s'ajoutèrent les privations de toutes sortes, la peur de la police—aussi bien française qu'allemande—les déportations, les exécutions, les bombardements alliés, la conscription pour le travail obligatoire en Allemagne.

Au moment du débarquement des forces anglo-américaines en Afrique du Nord (en novembre 1942), les Allemands s'emparèrent de la zone « libre » et occupèrent la France entière de la Manche jusqu'à la mer Méditerranée.

La Libération

Le 6 juin 1944, après des bombardements intenses, le général Eisenhower fit débarquer en Normandie une armée anglo-américaine qui vainquit l'armée allemande et libéra bientôt le nord-ouest de la France. Les Allemands battirent en retraite vers le Rhin. Le 23 août, Paris fut libéré ; par une sorte de miracle, la ville échappa à la destruction. La lutte se poursuivit, dans l'est du pays, pendant l'hiver 1944–1945 et, au printemps, les derniers contingents allemands quittèrent la France.

Le maréchal Pétain fut condamné à mort en 1945 mais sa peine fut commuée en détention perpétuelle. Il mourut en 1951. Hitler, lui, s'était suicidé en 1945 quand les troupes alliées avaient envahi Berlin.

La Quatrième République (1946–1958)

Organisation politique

Le général de Gaulle, dès qu'il entra dans Paris, établit un Gouvernement Provisoire, composé presque entièrement de Français qui, après les débarquements de 1942 en Afrique du Nord, avaient formé à Alger une Assemblée temporaire. Des élections générales eurent lieu, au cours desquelles les femmes eurent le droit de vote pour la première fois. Une Assemblée constituante élabora une constitution, celle de 1946, qui établit la Quatrième République. Elle ressemblait à celle de la Troisième République et possédait la plupart de ses faiblesses : le pouvoir exécutif, par exemple, restait subordonné à l'Assemblée et, en quelque sorte, à sa merci. Les « gouvernements »—le Président du Conseil et ses ministres—devaient se succéder les uns aux autres rapidement. En onze ans, il y eut vingt-deux changements de gouvernement.

Le général de Gaulle, qui s'était opposé à la reconstitution d'un régime parlementaire, donna sa démission et refusa de jouer un rôle personnel dans la vie politique. Il se retira dans le village de Colombey-les-deux-Eglises (près de Chaumont), où il s'occupait à écrire ses *Mémoires*.

Les problèmes économiques

Au cours de la guerre et de l'occupation allemande, deux millions de bâtiments avaient été détruits ou endommagés, deux tiers de la marine marchande avaient été également détruits; plus de la moitié des ports était hors d'usage, ainsi que deux tiers des voies ferrées. La France se remit au travail, reconstruisit ses chemins de fer et ses ports, accrut rapidement sa production industrielle et agricole. Cet effort conduisit à la modernisation de l'économie française. Sous la direction d'un homme d'affaires aux idées jeunes et hardies, Jean Monnet, plusieurs plans de modernisation et d'équipement furent proposés et atteignirent la plupart de leurs objectifs.

De son côté, le gouvernement américain avait adopté en 1947 le « Plan Marshall » d'aide financière à l'Europe qui facilita aussi le relèvement de la France, grâce aux treize milliards de dollars qui lui étaient alloués.

Mentionnons ici deux autres faits d'une grande importance économique: la découverte dans le Midi de la France, près de Lacq, de réserves de gaz naturel, et la découverte d'immenses réserves de pétrole dans le Sahara. Grâce à ces deux sources d'énergie, un grand centre industriel se développa rapidement non loin de Marseille. Dans toute la France, malgré la destruction causée par la guerre et l'occupation, la production et la distribution de matériel de toutes sortes doublèrent de volume.

La France et l'Europe

Pendant la période d'après-guerre, la France a multiplié ses efforts pour essayer de regagner la place qu'elle possédait avant 1940. Sa politique étrangère, comme sa politique coloniale, fut dominée par une volonté inquiète et nerveuse de ne pas se laisser glisser au rang de puissance de second ou de troisième ordre.

Certains résultats ont été nettement positifs. La France a effectué un rapprochement avec l'Allemagne de l'ouest; elle a aidé au développement de l'Alliance Atlantique et elle a conçu l'œuvre des grandes Communautés européennes.

En 1950, le ministre des Affaires étrangères, Robert Schuman, aidé par Jean Monnet et soutenu par le chancelier de l'Allemagne Fédérale, Konrad Adenauer, proposa la création d'une Communauté Européenne du Charbon et de l'Acier, en vue de mettre en commun les ressources minières et métallurgiques de la France et de l'Allemagne de l'ouest, ainsi que celles de la

Belgique, du Luxembourg, des Pays-Bas, et de l'Italie. En 1952, le projet fut adopté. Il inaugurait une ère nouvelle de collaboration économique entre la France et l'Allemagne et jetait les bases d'un rapprochement politique entre les deux pays.

En mars 1957 la France conclua le traité de Rome avec l'Italie, l'Allemagne de l'ouest, et les pays du Benelux (Pays-Bas, Belgique, et Luxembourg). Les accords de Rome instituaient une Communauté économique européenne, qui prévoyait l'élimination des barrières douanières entre ses membres ainsi que la libre circulation de la main-d'œuvre et des capitaux. Ainsi fut créé un « Marché commun » de 175 millions d'habitants, qui rivalisait d'importance avec la puissance économique des Etats-Unis d'Amérique et avec celle de la Russie (URSS). Bientôt cette « Europe des Six » deviendra « l'Europe des Neuf » avec l'adhésion de l'Angleterre, du Danemark et de l'Irlande.

La France et les colonies

La politique coloniale de la Quatrième République obéit au souci de maintenir le prestige et l'autorité de la France à travers le monde. Convaincue de l'importance de sa mission civilisatrice, consciente aussi des sacrifices qu'elle avait faits et de ce qu'elle considérait être ses droits, la France s'efforça de faire échec aux poussées nationalistes de ses colonies. La période 1945–1958 fut marquée par des guerres continuelles et par une série de reculs et de défaites, tant militaires ou diplomatiques que morales. La liquidation de l'Empire colonial français, et surtout la question d'Algérie, ont suscité un drame national, à la fois politique et psychologique.

Rappelons brièvement les événements les plus importants.

En 1944 l'Empire français fit place à l'Union française, et des réformes à portée limitée furent introduites. On reconnaissait que les indigènes, qui s'étaient battus contre le Japon et l'Allemagne aux côtés des Français, avaient le droit de participer au gouvernement de leurs pays. Les pays communistes, aussi bien que les pays arabes, attaquaient le « colonialisme » et soulevaient des révoltes dans les possessions françaises.

En Indochine, colonie française depuis 1885 composée de trois pays : le Laos, le Cambodge, et le Viêt-nam, la défaite française de 1940 et l'occupation de la région par les Japonais pendant la Seconde Guerre mondiale avaient fort diminué le prestige de la France. Quand, après 1945, les Français essayèrent d'y rétablir leur autorité, ils se heurtèrent à l'opposition d'un chef communiste, Ho-Chi-Minh. L'offre d'indépendance faite par la France aux Indochinois—trop tard et à regret—n'amena pas la fin des hostilités, qui se terminèrent seulement en mai 1954, après les combats héroïques de Dien-Bien-Phu, où les forces françaises furent encerclées et faites prisonnières. La Conférence de Genève décréta la division du Viêt-nam en deux parties: le Viêt-nam du Nord devait être communiste sous l'autorité de Ho-Chi-Minh, le Viêt-nam du sud devait rester indépendant et démocratique.

Le conflit indochinois était à peine terminé qu'éclatait la guerre d'Algérie. L'Algérie avait été occupée et gouvernée par la France depuis 1830. De ses neuf millions d'habitants, un million et demi étaient de descendance française et, par la langue, l'éducation, et par leur patriotisme aussi, étaient profondément français. Les Français de la France métropolitaine considéraient l'Algérie comme faisant partie intégrale de la France.

En 1954, un certain nombre de Musulmans algériens déclarèrent la guerre aux Français. Le conflit opposa ces Nationalistes algériens aux colons français et à l'armée française. Les Nationalistes organisèrent le Front de Libération Nationale (FLN), qui avait son quartier général en Tunisie où, protégés par Bourguiba, président d'une Tunisie libre, et appuyés par les Sultans du Maroc, ils dirigèrent une guerre de terrorisme.

Peu à peu, l'opinion publique en France se dressa contre cette guerre qui, semblait-il, n'allait jamais finir et qui coûtait la vie à des milliers de jeunes soldats français. L'influence des colons et de l'armée, pourtant, restait très grande. L'opposition de ces colonies à toute politique de conciliation ou de négociation amena la chute de cinq cabinets ministériels.

En mai 1958, croyant qu'un nouveau gouvernement était sur le point de proposer des négociations avec le FLN, quelques officiers de l'armée en Algérie organisèrent une révolte et réclamèrent le retour au pouvoir du général de Gaulle.

De Gaulle vint à Paris et fut installé comme chef du gouvernement. Bientôt la Quatrième République fut remplacée par la Cinquième—mais la guerre en Algérie continuait.

La littérature (1940–1975)

Le théâtre

Il convient de distinguer entre les pièces de théâtre qu'on joue dans les « théâtres des boulevards » et dont on mesure le succès d'après les recettes et celles, moins nombreuses, qui possèdent de vraies qualités littéraires, comme c'est le cas des meilleures œuvres d'Henry de Montherlant, de Jean-Paul Sartre, de Jean Anouilh, d'Eugène Ionesco, et de Samuel Beckett.

On aurait pu croire en 1940 qu'Henry de Montherlant (1896–1973) deviendrait un des grands romanciers français du vingtième siècle. Mais ses pièces de théâtre se sont révélées de beaucoup supérieures à ses romans. Il remporta son premier grand succès avec *la Reine morte* (1942), où l'amour entre en conflit avec la raison d'état. Henry de Montherlant a écrit d'autres chefs-d'œuvre: *le Maître de Santiago* (1948), portrait d'un égoïste qui sacrifie tout, même le bonheur de sa fille, pour s'assurer, croit-il, son propre salut; *Port-Royal* (1954) qui oppose le christianisme véritable à l'autorité ecclésiastique, et *le Cardinal d'Espagne* (1960), drame poignant qui se déroule à l'époque de Charles-Quint. Montherlant aime à peindre les passions et les conflits moraux des rois et des nobles; il choisit pour cadres la France ou l'Espagne du passé. On dit que la pièce préférée de l'auteur est *la Ville dont le prince est un enfant*, jouée en 1967; la « Ville » dont il s'agit ici est une école catholique de garçons. C'est un drame émouvant, dans un cadre contemporain.

L'auteur français le plus célèbre de cette époque est sans doute Jean-Paul Sartre (né en 1905) dont la réputation d'auteur dramatique tend à dépasser, semble-t-il, celle qu'il s'est acquise comme romancier. On associe toujours le nom de Sartre à l'existentialisme, doctrine complexe qui repose sur trois principes: (1) « L'existence précède l'essence », c'est-à-dire qu'un être humain, à sa naissance, n'est rien, il ne fait qu'exister; le résultat de ses actions deviendra son « essence »; (2) l'homme est totalement libre; étant libre il est totalement responsable de ses actions; (3) le monde n'est pas rationnel, il n'y a pas d'autres lois morales que celles que chacun se donne; Dieu n'existe pas. Les pièces de Sartre sont imprégnées de sa doctrine. Tantôt elles transposent des thèmes anciens (la liberté d'Oreste meurtrier dans *les Mouches*), tantôt elles abordent des problèmes contemporains et politiques (*les Mains sales*, *Morts sans sépultures*). Au service de ses idées philosophiques et politiques Sartre a donc créé des pièces de théâtre qui à l'époque ont joui d'un grand succès. N'oublions pas qu'à cette œuvre s'ajoutent de remarquables essais critiques ou biographiques en particulier *Les Mots* et sa longue étude sur Flaubert. Pour des raisons politiques et philosophiques Sartre refusa le Prix Nobel en 1964.

Jean Anouilh (né en 1910) doit beaucoup aux auteurs dramatiques qui l'ont précédé: Giraudoux, Pirandello, Musset, Marivaux. Son premier succès fut *le Voyageur sans bagage* (1936), dont le personnage principal est un amnésique de guerre, comme le *Siegfried* de Giraudoux; Dans *Antigone* (1944), Anouilh modernise la pièce de Sophocle: à la tragédie grecque du destin chez Sophocle, se substitue le drame psychologique de la juste révolte

Jean Anouilh

d'Antigone. Ses personnages sont d'ailleurs habillés à la mode d'aujourd'hui. Les sujets d'Anouilh ne sont pas tous sérieux. *La Valse des toréadors* (1952), par exemple, est en quelque sorte une farce; c'est la seule de ses pièces qui ait connu un grand succès à Broadway. Son drame *Alouette* (1953), qui évoque l'idéalisme et l'héroïsme de Jeanne d'Arc, a été joué un peu partout en Amérique et a été repris à Paris en 1967. Avec plus d'une vingtaine de pièces, cet auteur prolifique est un des plus habiles dramaturges contemporains.

Eugène Ionesco (né en Roumanie en 1912) a écrit une quinzaine de pièces pour le théâtre d'avant-garde. *La Cantatrice chauve*, une parodie de la « pièce bien faite », n'a aucune cantatrice parmi ses personnages! On la joue tous les soirs depuis plus de vingt ans dans un théâtre de poche du quartier Latin. *Les Chaises* (1952), qui est une de ses meilleures pièces, a comme personnages une vieille femme de 94 ans et son mari âgé de 95 ans! A la fin de la pièce, la scène se remplit de chaises innombrables pour des personnages qui restent invisibles et les vieux époux se suicident. Le chef-d'œuvre d'Ionesco est sans doute le *Rhinocéros* (1960). A première vue, cette pièce, où tous les personnages (sauf un) deviennent des rhinocéros, n'est qu'une farce monstrueuse et en effet, son côté humoristique est une des raisons de son succès. Mais la pièce a un sens plus profond. Les rhinocéros

Eugène Ionesco

représenteraient des Nazis ; de même que la plupart des Allemands sont devenues Nazi sous l'influence d'Adolf Hitler, les Français de cette pièce perdent, sous l'influence d'une contagion invisible, leur humanité et deviennent des monstres—des « rhinocéros ». Une autre pièce d'Ionesco, *le Roi se meurt*, a été représentée avec succès à New-York en 1968 sous le titre *Exit the King*.

Samuel Beckett comme Ionesco n'est pas d'origine française. Né en Irelande en 1906 il a choisi d'écrire en français. Son chef-d'œuvre est sans aucun doute la pièce de théâtre, *En attendant Godot* (1953), qui a conquis une renommée internationale. On peut l'appeler « une farce philosophique ». Deux personnages clownesques, Vladimir et Estragon, sont des vagabonds qui se nourrissent de carottes et de navets. Quand les deux amis entendent un bruit, « ils écoutent grotesquement figés ». Un troisième personnage, Pozzo, mène partout au bout d'une corde un pauvre hère qui s'appelle Lucky. On fait danser Lucky ; c'est grotesque ; quand on le fait penser, il débite un long monologue absurde. Mais quels sont les rapports véritables entre les êtres humains ? Qu'est-ce que c'est que l'amitié ? Et la mémoire ? Est-ce que « le temps est un songe » ? Il est impossible de dire combien de temps dure l'action de la pièce—deux jours ou six mois ? Est-ce que la raison humaine « erre dans une nuit permanente » ? Enfin,

quand Vladimir pose cette question—« Que faisons-nous ici, voilà
ce qu'il faut se demander », et quand il affirme que « dans cette
immense confusion, une seule chose est claire : nous attendons
que Godot vienne », parle-t-il de « la condition humaine » ? Est-il
vrai que « nous naissons tous fous » et que nous attendons quelqu'un ou quelque chose qui n'arrive pas et qui peut-être n'arrivera
jamais ? Beckett incarne le pessimisme de sa génération et il
exprime dans des pièces parfois à peine articulée l'impuissance
de l'homme à communiquer. On lui décerna le Prix Nobel en 1969.

Passionné du théâtre, Albert Camus (1913–1960) qui tout
jeune avait fondé sa troupe « l'Equipe » en Algérie, a voulu
illustrer ses idées dans plusieurs pièces. Sa morale de l'absurde se
trouve exposée dans *le Malentendu* (1944) et, surtout de façon
magistrale, dans son *Caligula.* (1944). *L'Etat de siège* (1948)
reprend le même sujet que celui de son roman *la Peste* : l'humanisme de la révolte sous forme de fable allégorique. *Les Justes*,
pièce plus historique, met en scène une cellule de terroristes
russes pour qui le crime est à la fois « inexcusable et nécessaire ».

Jean Genêt (né en 1907) appartient au théâtre d'avant-garde.
Ses pièces dont en particulier *les Bonnes* (1947), *les Nègres* (1959),
et *le Balcon* (1960) mettent en scène de façon virulente et souvent
choquante des parias de la société qui gagnent une dignité supérieure dans le monde rituel et poétique du théâtre.

Au théâtre d'avant-garde appartiennent aussi Arthur Adamov (1908–1970), François Billetdoux (né en 1927), et Fernando
Arrabal. Les pièces d'Adamov, en particulier *Ping-Pong, Paolo-
Paoli*, et *Off Limits*, expriment, à travers des drames réalistes mais
souvent bizarres, une critique sociale et une politique de gauche.
Billetdoux est l'auteur, de pièces telles que *Tchin Tchin* et *Comment va le monde Môssieu* où la satire est toujours nuancée d'une
poésie et d'un humour très attachants. Arrabal, enfin, d'origine
espagnole, rêve dans ses pièces souvent cruelles, comme *le Cimetière des voitures*, d'un « théâtre où humour et poésie, panique et
amour ne feraient qu'un ».

La poésie

Le grand poète Louis Aragon, dont nous avons déjà parlé,
abandonna définitivement le surréalisme et écrit de 1941 à 1945 des
vers de forme classique et d'aspiration nationale (*le Crève-cœur,
les Yeux d'Elsa, la Diane française*). Au thème patriotique se mêle
bientôt le thème amoureux. Elsa, sa femme depuis 1927, n'a cessé
d'inspirer son œuvre. Aragon la chante avec une ferveur lyrique
où se mêle parfois l'angoisse dans des vers familiers et mélodieux.
Il ne faut pas oublier non plus qu'Aragon est aussi un romancier
engagé dans deux cycles de romans, *le Monde réel* (1944), *les*

Louis Aragon

Communistes (1951), et la très belle *Semaine sainte* (1958) où Aragon s'exprime à travers le personnage du peintre Géricault qui accompagne Louis XVIII fuyant devant le retour de Napoléon Ier. Il est aussi l'auteur de nombreux essais politiques, artistiques, et littéraires.

René Char (né en 1907) s'est d'abord attaché au mouvement surréaliste et collabora avec André Breton, comme en témoignent ses premières œuvres *Artine* (1930) et *le Marteau sans maître* (1934). Engagé dans la Résistance pendant la guerre, son expérience du Maquis le marqua profondément et lui inspira son très beau recueil *les Feuillets d'Hypnos* (1946). Sa poésie raffinée est souvent obscure, mais aucun poète depuis la guerre n'a autant passionné les critiques.

Pierre Emmanuel (né en 1916) fut l'un des grands poètes de la Résistance. Il écrit les œuvres *Tombeau d'Orphée* (1941), *Jours de colère* (1942), *la Liberté guide nos pas* (1945). Son œuvre épique et mystique est celle d'un poète engagé qui écrit à la fois pour Dieu et pour la révolution. Dans ses derniers recueils *Evangéliaire* (1961) et *la Nouvelle naissance* (1964), Emmanuel écrit de courts poèmes volontairement naïfs dans un élan, semble-t-il, vers la ferveur dans la simplicité.

Jacques Prévert (né en 1900), après avoir fait partie du groupe surréaliste jusqu'en 1930, s'en éloigne pour s'intéresser au cinéma (il est l'auteur de nombreux dialogues de film), à la chanson, et à la poésie populaire. Les poèmes de son recueil *Paroles* (1946), humoristiques, cocasses, anarchisants, souvent pleins de tendresse, mis en musique par Joseph Kosina, ont connu un très grand succès après la guerre. C'est le seul poète de cette période que l'on peut qualifier de poète populaire.

Miniature d'un manuscrit   *The Walters Art Gallery, Baltimore, Maryland*

Sélène et Endymion

Nicolas Poussin

The Detroit Institute of Arts, Michigan

Le Retour de Christophe Colomb   *The Toledo Museum of Art, Ohio*
                        Eugène Delacroix   *Gift of Thomas A. DeVilbuss, 1938*

Le Wagon de troisième classe
Honoré Daumier

Cathédrale de Rouen, portail ouest, effets de soleil
Claude Monet

National Gallery of Art, Washington, D. C.
Chester Dale Collection

La Répétition de ballet sur la scène
Edgar Degas

The Metropolitan Museum of Art, New York
Gift of Horace Havemeyer, 1929
The H. O. Havemeyer Collection

La Fenêtre
Henri Matisse   *The Detroit Institute of Arts, Michigan*

L'Illusionniste
Maurice Estève

Museum of Art
University of Michigan, Ann Arbor

Le roman

André Malraux (1901–1976), romancier, essayiste, critique d'art, fut non seulement un témoin mais un « acteur » des grands moments de son époque. En 1927 il participe à la révolution chinoise, gagne les rangs des républicains espagnols en 1936, et s'engage dans la Résistance en 1940. Après la guerre, membre proéminent du parti gaulliste, il fut sous De Gaulle ministre des affaires culturelles. Romancier engagé, Malraux non seulement rapporte des événements historiques, mais voit dans le roman « un moyen d'expression privilégiée du tragique de l'homme ». Après son expérience en Extrême-Orient, il écrit, entre autres, *la Voie royale* (1930) et *la Condition humaine* (1933), qui est sans doute son chef-d'œuvre. Il y relate la lutte et l'échec des communistes contre Tchang Kaï-chek en 1927. Il y étudie les différentes passions qui conduisent ses héros à lutter et à mourir pour un idéal. Protestant contre la condition humaine, il essaie d'en montrer aussi la grandeur dans le courage et la communion fraternelle.

Après son expérience espagnole, il écrit *l'Espoir* (1938) où il évoque dans une langue particulièrement lyrique les conflits anti-franquistes et la solidarité des hommes dans leur sacrifice. En 1945, dans *les Noyers d'Altenburg*, une sorte de récit philosophique, Malraux fait part de ses réflexions sur la guerre. Eusuite Malraux s'est surtout intéressé à la philosophie de l'art et, dans *les Voix du silence*, il a montré que l'art, éternelle affirmation de la liberté de l'homme, transcende l'histoire.

Albert Camus (1913–1960), né en Algérie, eut une enfance pauvre et maladive. Pendant la Seconde Guerre mondiale, il fit partie de la Résistance et dirigea un journal clandestin, *Combat*. Ses romans, *l'Etranger* (1942) et *la Peste* (1947), lui donnèrent vite une renommée internationale. Dans le premier de ces livres, le héros, Meursault, accusé d'un meurtre, ne fait rien pour se défendre. A quoi bon continuer à vivre dans un monde absurde ? Meursault est guillotiné. Le second roman est moins pessimiste. Une épidémie menace de tuer tous les habitants de la ville algérienne d'Oran. Qu'est-ce que cette peste : les querelles de toutes sortes, religieuses et politiques, qui divisent les hommes ? Ou bien l'occupation allemande en France, aux ordres de Hitler ? Quoi qu'il en soit, quelques hommes de bonne volonté s'unissent pour lutter contre « la peste » et réussissent à la vaincre. La solidarité humaine pourrait-elle donc surmonter l'absurdité de ce monde ? Les autres ouvrages de Camus—pièces de théâtre, essais, romans—*les Justes* (1949), *l'Eté*, *la Chute* (1956), ont eu moins d'influence que *l'Étranger* et *la Peste*. Son attitude philosophique est passée du pessimisme et de la révolte à la foi dans la solidarité

Portrait d'Albert Camus

humaine. Paradoxalement Camus succombe « de façon absurde » dans un accident de voiture en 1960. Il avait reçu le Prix Nobel en 1957.

Marcel Aymé (1902–1967) tout en exerçant les métiers les plus divers (ouvrier, employé de banque, courtier en assurance, journaliste) écrivit des romans, des contes, et des pièces de théâtre. Son troisième roman, *la Table aux crevés* (1929), obtint le Prix Théophraste Renaudot. Pendant une quarantaine d'années, il publia des ouvrages de toutes sortes parmi lesquels *la Jument verte* (1933) et *le Passe-Muraille* (1943) sont les plus populaires. Citons également un de ses contes, *le Proverbe* (1943), petit chef d'œuvre, et la pièce de théâtre, *la Tête des autres* (1952). C'est un des auteurs les plus spirituels de cette époque.

Jean Giono (1895–1970), romancier de la vie rustique, est né en Provence où il a toujours vécu « enraciné », à l'exception des années de guerre (1914–1918). Dans *Colline* (1928), son premier succès, il peint des êtres simples en proie à une nature hostile. *Un de Baumugnes* (1929), au contraire, décrit une nature bénéfique par opposition à la ville corruptrice. C'est d'ailleurs une des idées essentielles de ce qu'on appellera « le gionisme » : exaltation du retour à la terre, condamnation passionnée de la civilisation et du machinisme. C'est ce qu'enseigne son roman *les Vraies richesses* (1937), dans un style d'une poésie surprenante avec ses

Jean-Paul Sartre et Simone de Beauvoir

phrases bien rythmées et ses images puissantes. C'est toujours dans le même paysage de Provence que se déroulent les quatre romans (1951) de la vie d'Angelo Pardi, colonel piemontais exilé, qui ressemble à un héros stendhalien.

Simone de Beauvoir (née en 1908), disciple et compagne de Jean-Paul Sartre, est l'auteur d'essais et de romans. Avec son livre *le Deuxième Sexe* (1949) elle fut le pionnier des études féministes en France. A travers cette étude historique et sociologique elle défend « les droits de la femme » et attaque ce qu'elle appelle l'esclavage des femmes dans la société contemporaine. *L'Invitée* (1943) et *les Mandarins* (1954), bien qu'un peu touffus, sont ses meilleurs romans. Simone de Beauvoir est connue aussi pour son intéressante autobiographie *Mémoires d'une jeune fille rangée* (1958), *la Force de l'âge* (1960), et *la Force des choses* (1963) où elle interprète les faits à la lueur de la philosophie existentialiste.

Dans les années '50, on a groupé sous le nom de « nouveau romanciers » un certain nombre d'écrivains ayant des préoccupations communes et nouvelles sur les techniques du récit : « le matérialisme, la standardisation, l'obsession du temps ». Ces romanciers ont tous la même volonté de recherche et de renouvellement et y réussissent dans des directions différentes.

Alain Robbe-Grillet (*les Gommes, la Jalousie, le Voyeur*), le plus connu du groupe, tend à une littérature purement descriptive

Michel Butor   Nathalie Sarraute
Alain Robbe-Grillet   Marguerite Duras

où les objets longuement décrits apparaissent vus d'une façon répétitive à travers l'imagination des personnages obsédés jusqu'à l'angoisse.

Marguerite Duras (*les Petits chevaux de Tarquinia, le Square*), niant peu à peu l'intrigue, exprime des instants privilégiés dans un style de plus en plus neutre où le dialogue prend une importance prépondérante.

Michel Butor (*l'Emploi du temps, la Modification*) cherche dans le « nouveau réalisme » (narration des faits, des gestes, des monologues intérieurs, des conversations) à reconstituer la réalité intime de ses personnages, prisonniers de l'espace et du temps. La composition même de ses romans apparaît souvent comme un contrepoint musical subtil et ses paragraphes-strophes sont tout d'abord d'un poète.

Nathalie Sarraute (*Tropismes, Portrait d'un inconnu, le Planétarium*) s'attache dans ses romans à décrire ce qu'elle appelle la « sous-conversation », ce qui n'est pas dit et pourtant vécu, ces petits drames à peine perceptibles qui font notre vie psychique et sociale.

Claude Simon (*le Vent, l'Herbe, la Route des Flandres, le Palace, Histoire*) semble souvent écrire ses romans d'une seule phrase discontinue avec des reprises, des répétitions, de longues parenthèses où l'intrigue peu à peu s'efface devant le seul souci de l'écriture.

La critique littéraire

Un cinquième genre littéraire commence à s'imposer dans les années '50 tant par la nouveauté de ses méthodes que par les réactions passionnées qu'elle suscite. C'est la critique littéraire elle-même. Il a bien existé depuis le Moyen Age une critique littéraire en France mais les « critiques » étaient le plus souvent des écrivains (du Bellay, Boileau, Diderot, Sainte-Beuve). Au cours du dix-neuvième siècle la critique littéraire a commencé à se séparer de la création littéraire propre (Ferdinand Brunetière, Rémy de Gourmont). Mais c'est surtout après la Seconde Guerre mondiale que la critique littéraire prend un essor particulier, car à côté du critique traditionnel—dans le sens où le critique littéraire est aussi un grand écrivain, tel que Jean-Paul Sartre— nous trouvons d'éminents intellectuels souvent de formation différente (littéraire, linguistique, philosophique, psychologique, sociologique) qui cherchent à redéfinir la littérature même et, par là, à établir une « nouvelle critique ». Ainsi Roland Barthes, très influencé par le grand linguiste suisse Ferdinand de Saussure (1857–1913), par l'école linguistique de Prague, et par la linguistique structurale, publie un essai, *le Degré zéro de l'écriture*, qui aura des répercussions importantes dans le monde littéraire. Analysant la littérature selon des critères propres à la linguistique, Barthes s'efforce de placer l'expression littéraire dans un système de signes où le langage ne serait qu'une des branches d'une science plus vaste, la sémiologie (la science des signes) envisagée par de Saussure. Englobant dans sa synthèse une reprise de la vieille rhétorique—avec sa taxonomie complexe— aussi bien que certaines hypothèses de la psychanalyse freudienne, Barthes lance un nouveau langage de critique littéraire dérivé de plusieurs disciplines (ce languauge est d'ailleurs d'un accés difficile au non-initié). La critique littéraire se veut désormais une science.

Mais la critique traditionnelle dite « universitaire » riposte. Un professeur de Sorbonne, Raymond Picard, publie un pamphlet intitulé *Nouvelle critique ou nouvelle imposture?* Selon lui, le critique littéraire doit tenir compte de l'intention consciente de l'auteur et du sens précis, à un moment donné de l'histoire, des mots dont l'auteur se sert, aussi bien que des circonstances historiques et biographiques qui entourent l'œuvre en question. Picard proteste contre la primauté du subconscient postulée par certains nouveaux critiques et selon laquelle l'écrivain obéit à

Roland Barthes

un code de composition déterminé. Les « nouveaux critiques » répondent à leur tour. Ainsi éclate, à la première page des grands quotidiens parisiens, la « Querelle de la Nouvelle critique », comme avait éclaté au dix-septième siècle la Querelle des Anciens et des Modernes. « Nouvelle critique » finalement, est un terme peu adéquate puisque les adversaires de la critique traditionnelle sont des intellectuels de tendances très diverses. On peut différencier une critique existentielle, une critique psychanalytique, une critique sociologique ou marxiste, une critique structuraliste, etc.

Par ailleurs, un ethnologue français, Claude Lévi-Strauss, professeur au Collège de France, publie plusieurs livres en même temps que Barthes, dont en particulier *Tristes tropiques* et *l'Anthropologie structurale*, où, se servant des systèmes de la linguistique structurale, il propose une nouvelle manière de concevoir la culture, la science, la philosophie. Avec Lévi-Strauss, Barthes, et leurs nombreux disciples un nouveau mouvement est né: le structuralisme, qui, remplaçant la vogue de l'existentialisme, va passionner les milieux intellectuels pendant les années '60 et '70. L'apogée de ce mouvement coïncide avec les événements de mai 1968 causés par un désir général de changement politique, social et culturel. On fait désormais des cours de structuralisme et de sémiologie à l'Ecole des Hautes Etudes, division importante de l'enseignement supérieur. Livres, essais, articles, revues, colloques nationaux et internationaux prolifèrent. Le structuralisme dépasse alors la littérature et l'anthropologie et sert de moyen d'analyse dans tous les domaines: cuisine, vêtements, publicité, télévision, cinéma.

Les beaux-arts depuis 1940

La peinture

Parmi les artistes qui ont enrichi la culture français depuis 1940, on trouve plusieurs qui, bien sûr, s'étaient déjà distingués avant 1940: Matisse, Rouault, Vlaminck, Raoul Dufy, André Derain, Fernand Léger, Albert Gleizes, Georges Braque, Jean Metzinger, Maurice Utrillo, et Marie Laurencin dont nous ne reparlerons pas.

Jean Dubuffet, né en 1901 au Havre, était le fils d'un marchand de vins. Après la mort de son père, il continua à vendre du vin. Il ne se consacra à la peinture qu'en 1944 et exposa pour la première fois en 1945. Dans la plupart de ses tableaux il se sert de l'huile traditionnelle mais il a fait aussi des collages et des gouaches où il s'est servi même d'ailes de papillon! Jean Dubuffet s'intéresse moins au sujet qu'au rendu de la matière. Une grande exposition à Paris en 1974 a révélé ses dernières œuvres sculptées, modelées en blanc, bleu, rouge pour décor de plein air.

Alfred Manessier (né en 1911) faisait d'abord partie d'un groupe d'artistes appelé « Jeunes peintres de tradition française ». Cependant, il abandonna la peinture traditionnelle pour se consacrer à l'art abstrait, mais un art abstrait expressif et symbolique, et souvent religieux. Parfois ses peintures évoquent le vitrail; il en a d'ailleurs créé de très beaux.

Tragique fut le destin de Nicolas de Staël (1914–1955). Né en Russie, sa famille aristocratique fut obligée de fuir le pays au commencement de la Révolution bolcheviste et de se réfugier à Bruxelles. Pendant la Seconde Guerre mondiale il fit la connaissance de Georges Braque, qui, avec Picasso, fondait le Cubisme. En 1940, de Staël, étant à Nice, commença enfin sa carrière artistique. En 1948 il devint citoyen français. Peintre abstrait plutôt que cubiste, il voyagea beaucoup, peignant parfois des paysages, des joueurs de football, des musiciens, des nus, mais surtout composant des tableaux formés de lignes rythmiques et de taches colorées ou d'un noir tragique, par exemple, *Vert pâle, Gris et rouge, Composition, Nocturne*. A quarante et un ans il se suicida.

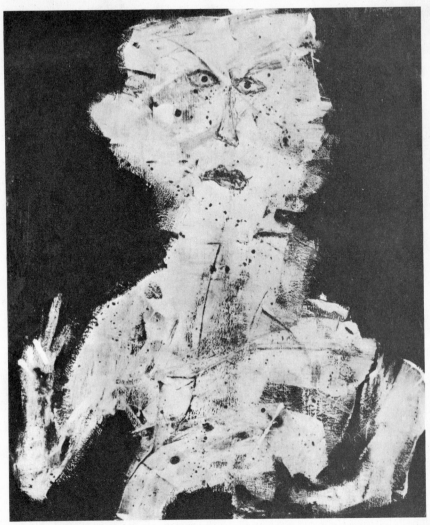

Jean Dubuffet. *Figure*

L'œuvre de Pierre Soulages (né en 1919), peintre abstrait lui aussi, est d'un style analogue. Né à Rodez dans le Midi, il alla à Paris en 1938, à l'âge de dix-neuf ans, pour étudier la peinture. La Seconde Guerre mondiale, pourtant, l'empêcha de commencer sa carrière avant 1946. Ses compositions n'ont souvent pour titre que leurs dates : *le 20 octobre 1955*, *le 12 juillet 1957*, *le 3 mai '61*, *7-3-65* ou simplement *Composition*. Bien connu à l'étranger, il a obtenu des prix aux expositions de São Paulo (Brésil, 1953), de Windsor (Angleterre, 1957), et même de Tokyo.

Composition par Pierre Soulages (1961)

Bien différent est le peintre figuratif Bernard Buffet (né en 1928) qui gagna le *Prix de la Jeune Peinture* en 1947 et le *Prix de la Critique* en 1948. Son génie précoce a été proclamé extra-ordinaire par la critique entre 1950 et 1955. Ses premières œuvres au graphisme noir tragique et sec témoignent d'une inquiétude fondamentale. La réussite artistique et le succès des reproduc-tions de ses œuvres sont assez remarquables. Il évolue actuelle-ment vers un style plus coloré, moins tragique et sec.

Deux peintres, l'un tachiste, Georges Mathieu, l'autre abstrait, Victor Vasarely, marquent de leur forte personnalité la peinture actuelle, ainsi que la décoration murale, voire l'affiche publicitaire. L'« *action painting* » de Mathieu, très rapide (il lui suffit d'une heure pour faire un tableau) mais très contrôlée, crée un jaillissement de lignes et de couleurs d'une rare élégance. C'est, selon André Malraux, « le premier calligraphe de l'occi-dent ». Il a créé pour Air France d'étonnantes affiches symbo-liques de chaque nation.

Peintre et décorateur Vasarely (né en 1908) d'origine hongroise base ses compositions sur des formes géométriques, des structures de réseaux vibrantes et lumineuses qui donnent l'impression de mouvement. Il a également exécuté de grandes

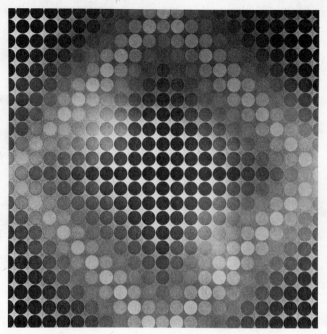

Victor Vasarely. *Planche en couleur CTA-102*

réalisations pour l'architecture. Il habite aujourd'hui un château du quatorzième siècle, à Gordes en Provence, où il expose ses toiles.

La sculpture

Le sculpteur Maillol, qui disait "Le difficile c'est d'échapper à la nature... La nature est décevante, si je la regardais moins souvent, je ne ferai pas réel mais vrai," semble avoir inspiré la sculpture contemporaine où s'affirment deux tendances. L'une tend vers une interprétation et une transposition des formes existantes, l'autre est purement abstraite, géométrique et anti-figurative.

Henri Laurens (1885–1954) appartient plutôt à la première tendance avec ses sculptures cubiques d'une belle matière pleine.

Hans Arp, qui fut d'abord Dada, appartient à la deuxième tendance. Il cherche dans ses statues de bronze, de bois, de verre et de papier à créer qulque chose de nouveau, d'étonnant et d'inattendu. L'originalité de ses titres est, à elle seule, significative: *Découpage, Simplicité sinueuse, Vue et entendu, Animal de rêve, Constellation-ponctuation.*

François Stahly, qui comme Arp fit partie du groupe "Témoignage", sculpte en particulier des groupes de volumes en beau bois lissé, comme son portique de la Maison de la Radio et Télévision Française à Paris, qui se dresse telle une forêt d'arbres-totems.

Henri Adam, lui, sculpte surtout des volumes noyaux ou des monoliths de marbre ou de calcaire aux formes souples.

A côté de ces sculpteurs et de ces peintres français, il faudrait pouvoir mentionner un bon nombre d'artistes étrangers qui vivent à Paris, qui ont été influencés par les théories artistiques nées dans la capitale et qui à leur tour ont souvent influencé leurs contemporains. En tête de file on pense à l'Espagnol Picasso dont le génie et l'influence ne sont plus à démontrer; tout près de nous au Russe Antoine Pevsner qui, recherchant des formes nouvelles à l'aide de matières nouvelles telles que l'acier, le fer et le cuivre, fut le créateur du "constructivisme." Sans eux l'École de Paris n'aurait ni le prestige ni l'importance qu'elle possède encore.

La musique

Un grand nombre de musiciens se sont distingués en France depuis 1940. Bien entendu, les membres du « Groupe des Six » continuent à enrichir la musique française. Ne signalons ici que quelques-uns des compositeurs les plus représentatifs.

Henri Dutilleux (né en 1916), d'ailleurs plutôt classique que moderne, fait preuve dans ses compositions (symphonies, ballets, sonates, et musique de chambre) d'une grande originalité. Chef des « illustrations musicales » à la Radiodiffusion-Télévision française de 1945 à 1963, il a exercé une forte influence sur le goût musical des Français. Depuis 1961 Dutilleux enseigne la composition à l'École Normale de Musique. En 1967 on lui a décerné le *Grand Prix National de la Musique*.

André Jolivet (né en 1905), très connu par ses symphonies, ses concertos nombreux, et en particulier par ses compositions pour l'orgue, a introduit dans la musique française des modes asiatiques et africains. Dans un esprit délibérément moderne, il s'intéresse à la musique électronique, ne craignant pas de remplacer l'orchestre par des mécanismes. Mentionnons que Pierre Schaeffer est l'inventeur de la « musique concrète », d'où est née cette musique électronique.

Depuis 1940 Olivier Messiaen (né en 1908) est le théoricien et le compositeur français le plus important. On l'a appelé « le successeur de Debussy » et en effet il a développé et érigé en système les idées de Debussy. Nommé en 1942 professeur de musique au Conservatoire de Paris, il a exercé, par ses conférences et par ses propres compositions pour piano, orchestre,

orgues, ou ondes électroniques, une très grande influence. Ce
sont surtout les structures rythmiques de Debussy et de Stravinsky qu'il a fait étudier à ses élèves. Au cours de ses séjours au
Japon, il a été très influencé par les modes musicaux extrême
orientaux, et ses *Quatre études de rythme* (1949) ont répandu son
influence dans toute l'Europe. En 1967 on a joué à New-York
avec grand succès son *Amen de la création* (1943) et une partie de
ses *Vingt Regards sur l'Enfant Jésus* (1944), deux œuvres pour
piano. M. Messiaen est membre de l'Institut de France.

Le meilleur élève de Messiaen est sans aucun doute Pierre
Boulez (né en 1925), compositeur et chef d'orchestre. Mentionnons
qu'il a composé des œuvres pour accompagner des poèmes
de Stéphane Mallarmé, d'Henri Michaux, et de René Char.
Boulez se manifeste surtout comme chef d'orchestre et chef de
file de la musique d'avant-garde.

Parmi les jeunes compositeurs français qui composent de
la musique moderniste, « sérielle », expérimentale, on peut citer
Martinet, Barraqué, Le Roux, Amy, Barraud, Rivier, Bondeville,
Rosenthal.

Depuis une vingtaine d'années, on a souvent critiqué les
différents orchestres de Paris, en les accusant surtout de conservatisme. Il est vrai en tout cas qu'ils n'ont pas eu suffisamment
l'appui du public. Un nouvel *Orchestre de Paris* a donc été organisé sous les auspices de l'État. Le premier chef en fut Charles
Munch (1891–1968), aussi célèbre en Amérique qu'en France.
Le public parisien a accueilli les premiers concerts de cet or-

Pierre Boulez au Palais des Congrès

chestre avec enthousiasme et continue à les suivre d'autant plus qu'ils ont lieu dans la nouvelle et vaste salle du Palais des Congrès.

Le cinéma depuis 1940

La production cinématographique française a beaucoup décliné pendant l'occupation allemande. Les films de cette époque empruntent le plus souvent leur sujet à des légendes, à des mythes, ou à des époques historiques passées. Marcel Carné, par exemple, avec son scénariste-poète, Jacques Prévert, réalise *les Visiteurs du soir* (1942), un conte moyenâgeux mêlé de fantastique, puis, en 1945, son chef-d'œuvre très attachant, *les Enfants du paradis*, l'histoire des petites gens du théâtre au début du dix-neuvième siècle.

Dans les années qui suivent la guerre, le cinéma reprend vite son essor; de seulement vingt films par an en 1944 la production atteint en 1950 cent-dix films annuellement. Les metteurs en scène d'avant la guerre comme Carné, Renoir, et Clair continuent à faire des films sans modifier leur style. L'atmosphère poétique de ces films, tournés en studio, est très caractéristique et, souvent, la réalité et le rêve s'y trouvent mêlés, comme dans *Belles de nuit* (1953) de René Clair ou dans le chef-d'œuvre de Cocteau, *Orphée* (1950). D'autres metteurs en scène traditionnels comme Henri Clouzot (*le Salaire de la peur, les Diaboliques*), René Clément (*Jeux interdits, Gervaise*), Claude Autant-Lara (*le Diable au corps*) montrent une maîtrise exceptionnelle de la technique cinématographique sans faire preuve toujours de grande originalité. Au contraire, quelques novateurs indépendants ont à cette époque réalisé un certain nombre d'excellents films très personnels, ainsi le film finement comique de Jacques Tati, *les Vacances de Monsieur Hulot* (1952), ou, par contre, celui, austère et réaliste de Robert Bresson, *le Pickpocket* (1959), tournés loin des contraintes des studios et avec des acteurs non-professionnels.

C'est aussi peu après la guerre que fut créé le Festival de Cannes qui demeure de nos jours un événement annuel d'importance internationale pour le monde du cinéma. Le gouvernement français commença à subventionner un certain nombre de films chaque année. Ciné-clubs et cinémathèques se développèrent dans toute la France et les revues consacrées au cinéma se multiplièrent.

Parmi ces revues, les très remarquables *Cahiers du cinéma* ont joué un rôle prépondérant dans cette quasi-révolution du cinéma que constitua la « Nouvelle Vague » en 1958. En effet

Yves Montand et Catherine Deneuve

son équipe d'écrivains et de critiques, d'ailleurs très admiratrice du cinéma américain, réclamait à hauts cris le droit du metteur en scène d'être le créateur et le maître de son film négligeant complètement le rôle du producteur et ses exigences commerciales. Ce nouveau « cinéma des auteurs » partit en guerre contre la tradition cinématographique héritée du théâtre et contre les techniques à succès. C'est de l'équipe des *Cahiers du cinéma* que sont sortis les metteurs en scène de la Nouvelle Vague qui allaient renouveler tout le concept du cinéma, en particulier François Truffaut dont *les 400 coups* triompha au Festival de Cannes en 1959, Jean-Luc Godard (*A bout de souffle*), et Claude Chabrol (*les Cousins*). Les subventions du gouvernement se multiplièrent et pendant les années de la Nouvelle Vague (1958–1963) plus de deux cents cinéastes purent tourner leur premier film.

Ces films étaient en général réalisés avec de petits budgets loin des studios du cinéma traditionnel et avec des acteurs inconnus. Les metteurs en scène, la plupart du temps, écrivaient eux-mêmes scénario et dialogues. Bien souvent ces scénarios sont autobiographiques et limités aux préoccupations de leurs auteurs et aux milieux qu'ils connaissent bien. C'est donc un cinéma très personnel qui porte la marque de sa rupture avec le passé dans son mélange des genres, son souci de réalisme, sa technique recherchée, son montage souvent déconcertant, et son rythme rapide.

Beaucoup de ces caractéristiques se retrouvent dans les films de cinéastes de renom qui, sans appartenir à la Nouvelle

Jeanne Moreau dans *Louise* de Philippe de Broca

Vague proprement dite, s'imposent comme des novateurs. Le groupe intellectuel de la « Rive Gauche », par exemple, très lié au nouveau roman, comprend des romanciers-metteurs en scène comme Marguerite Duras, Robbe-Grillet, l'éminent Alain Resnais (*Hiroshima mon amour*, *l'Année dernière à Marienbad*, *Nuit et Brouillard* avec Jean Cayrol), et Agnès Varda, la première femme réalisateur française d'un long métrage avec *la Pointe contre* (1955).

Il faut noter aussi d'autres metteurs en scène remarquables ne se rattachant à aucun groupe, tels, entre autres, Jacques Demy (*les Parapluies de Cherbourg*) et Louis Malle, dont *les Amants* firent scandale en 1958 et dont le film *Lacombe Lucien* atteignit une renommée internationale en 1974.

Assez curieusement ce nouveau cinéma qui rejetait le « *star system* » a néanmoins découvert des acteurs et actrices désormais de réputation mondiale: Brigitte Bardot, Yves Montand, Jeanne Moreau, Jean-Paul Belmondo, Catherine Deneuve, et bien d'autres.

L'éducation en France

Au Moyen Age, nous l'avons vu, l'Université de Paris attirait des étudiants de toute l'Europe. Mais il ne faut pas croire qu'il y eût en France à cette époque des écoles pour tous les Français. Au contraire, la plupart des enfants n'avaient droit à aucun enseignement. La Renaissance encouragea le goût des études, mais on cultivait parfois l'érudition plus que l'intelligence. Rabelais et Montaigne eurent le mérite de prôner une éducation plus vivante et plus moderne. Pendant le dix-septième siècle, les jésuites établirent en France un assez grand nombre d'écoles secondaires dont l'enseignement était réputé, mais on négligea encore presque complètement l'éducation des enfants du peuple. L'Université de Paris restait somnolente et s'attardait dans une instruction surtout verbale. Au dix-huitième siècle, Rousseau écrivit un traité célèbre sur l'éducation sous forme de roman, *Emile*, où il proposa pour son élève imaginaire une éducation individuelle au contact avec la nature et fondée sur l'expérience. Il ne suggéra même pas un système d'enseignement public. Ainsi pendant trois siècles—le seizième, le dix-septième, et le dix-huitième—plus de la moitié des Français et les trois quarts des Françaises demeurèrent illettrés.

Pendant la Révolution, la Constituante proclama le droit à l'éducation pour tous les citoyens. Mais les assemblées révolutionnaires n'eurent pas le temps d'établir un système d'écoles publiques. La Révolution, on l'a dit, a laissé des principes, non pas des institutions. Napoléon Bonaparte ne s'intéressa pas à l'éducation du peuple. Cependant, pour avoir des officiers dans ses armées et des fonctionnaires dans son Empire, il créa, en 1808, des écoles secondaires, appelées « lycées », qui sont désormais l'essentiel de l'enseignement secondaire français, et, à l'imitation de la centralisation politique de l'Empire, il établit une « université impériale » qui avait le monopole de l'enseignement. Mais de 1815 à 1870, c'est l'Eglise, plutôt que l'Etat, qui garda le monopole de l'éducation.

Il resta donc à la Troisième République à établir l'enseignement démocratique en France. Le ministre Jules Ferry, qui fut l'organisateur de l'empire colonial français, fut aussi l'architecte principal de ce système. On établit, en 1880, des lycées pour les jeune filles. En 1882 on institua un enseignement primaire basé sur trois principes fondamentaux: l'enseignement doit être obligatoire, gratuit (assumé par l'Etat), et laïque. On trouve ce même principe dans les constitutions des Quatrième et Cinquième Républiques: « La Nation garantit l'accès égal de l'enfant et de l'adulte à l'instruction, à la formation professionnelle, et à la culture. L'organisation de l'enseignement public, gratuit et laïque à tous les degrés, est un devoir de l'Etat ».

L'Etat fut donc chargé de l'enseignement public. A côté des établissements publics, il existe des écoles, des collèges, et même des universités privés, créés et entretenus surtout par l'Église. S'il y avait en 1962, par exemple, près de sept millions d'enfants dans les écoles primaires publiques, il y avait en même temps près d'un million d'écoliers dans les écoles libres (c'est-à-dire catholiques). Il existe, en France, cinq universités catholiques (à Paris, Angers, Lille, Lyon, et Toulouse).

L'Etat, néanmoins, peut seul donner des diplômes officiels. Il en résulte que les programmes des écoles et des collèges libres, qui préparent les élèves à obtenir ces diplômes, ressemblent étroitement à ceux des établissements publics.

Jetons maintenant un coup d'œil sur l'enseignement et son évolution depuis la Troisième République.

L'enseignement primaire

De six à quatorze ans, les enfants du peuple allaient à l'école primaire. Chaque commune était tenue d'avoir soit deux écoles, l'une pour les garçons, l'autre pour les filles, soit (dans les petits villages) une école mixte. Les écoliers apprenaient à lire intelligemment, à écrire d'une manière correcte, à faire des opérations mathématiques, à se familiariser avec la géographie et les faits essentiels de l'histoire de leur pays—en somme à mieux connaître le français et à mieux connaître la France. A l'âge de quatorze ans, ils passaient un examen assez difficile, dans lequel ils devaient faire montre non seulement de mémoire, mais aussi de logique, et, s'ils y réussissaient, ils recevaient un certificat d'études primaires. Après avoir obtenu ce diplôme, l'enfant pouvait abandonner toute étude ou bien suivre des « cours complémentaires » pendant quatre ans dans des établissements qui, bien qu'ils fussent d'un niveau supérieur, faisaient partie de l'enseignement primaire. Ces cours étaient surtout pratiques; les enfants qui les suivaient apprenaient des métiers manuels.

L'enseignement secondaire

C'est dans les lycées et les collèges que les jeunes Français de familles aisées recevaient, depuis l'ère napoléonienne, leur éducation. Lycées et collèges étaient des établissements d'enseignement secondaire (ou, comme on dit souvent, du second degré); les lycées étaient entièrement sous le contrôle de l'État tandis que les collèges étaient en partie entretenus par les villes. Avant d'entrer au lycée ou au collège, un enfant recevait une instruction privée ou bien assistait à des classes préparatoires données au lycée ou au collège. Il est apparent qu'au commencement même de leur éducation, les enfants du peuple et ceux de la bourgeoisie suivaient déjà des routes divergentes.

A l'âge de onze ou douze ans, après les études « primaires », le jeune garçon ou la jeune fille entrait dans une classe de « 6ème » dans un lycée ou collège. (Il y avait des lycées séparés pour les deux sexes.) Sept années de dur travail l'attendaient. Qu'allait-il apprendre?

D'abord du français, beaucoup de français. Les textes des grands écrivains sont soigneusement étudiés, analysés, disséqués presque. Les idées et le style de l'auteur sont examinés avec un soin, un respect presque religieux; des pages entières de Corneille ou de Racine sont apprises par cœur. Le médecin, le professeur, l'homme politique, est souvent jugé par sa culture littéraire, et le jeune lycéen le sait bien. Il devra pouvoir comprendre sans hésiter les allusions empruntées aux « classiques », et, le cas échéant, citer au bon moment des vers de Lamartine ou de Victor Hugo ou une maxime de La Rochefoucauld.

En même temps, le lycéen consacre une grande partie de son temps à l'étude des langues vivantes. D'ordinaire il étudie une première langue pendant six ans, une seconde pendant trois ans. A la fin des sept années de lycée, l'élève peut parler ces langues assez couramment ; mais de plus il connaît la littérature, l'histoire, la civilisation des pays dont il a appris la langue.

Bien entendu, l'étude du français et des langues étrangères ne forme pas tout le programme. Le latin, dont le prestige reste immense en France, le grec, l'histoire, la géographie, les mathématiques, et les sciences ont leurs places dans le programme du lycée.

Il n'y a pas longtemps la discipline du lycée ou du collège était fort stricte. Les externes, qui vivaient chez eux, étaient assez libres ; mais les internes, dont les familles habitaient loin des centres scolaires et qui devaient vivre la plus grande partie de l'année dans les bâtiments du lycée, étaient souvent malheureux. Bien des choses rappelaient le fondateur des lycées, Napoléon Ier : c'était par un tambour qu'étaient réveillés les élèves, qu'ils étaient appelés en classe, au réfectoire, ou aux dortoirs où régnait une austérité militaire ; les « retenues » qui les obligeaient à rester au lycée un peu en prisonniers, rappelaient les arrêts militaires.

Depuis plusieurs années l'atmosphère des lycées est devenue de plus en plus libérale. Mais classes nombreuses, devoirs difficiles, préparation très sérieuse des examens du baccalauréat, laissent toujours au lycéen peu de temps. Grâce à cet effort continu, les éducateurs français arrivent à leur fin : « L'éducation secondaire doit offrir une culture générale, et doit avoir pour but, moins de remplir la mémoire, que de former une intelligence non spécialisée, complète et bien faite. Elle doit servir, non à préparer l'élève à exercer telle ou telle profession, mais, sans le préparer à rien, à le rendre propre à tout, à lui donner l'habitude de penser avec force et avec précision. »

Une des originalités de l'enseignement secondaire français a été la classe terminale de philosophie parallèle à la classe terminale de mathématiques élémentaires. Le lycéen se présente à la première partie de ses examens à la fin de la classe de « Première », à la seconde partie à la fin de l'année « Philosophie »

Lycée de Reims

ou de « Mathématiques élémentaires ». Voici des exemples des questions qu'on pose aux élèves: « Peut-on concilier l'égalité et la liberté? », « Quel est le rôle de l'intuition dans les mathématiques? » « Examinez cette pensée de Paul Valéry: « On sait bien qu'on est le même, mais on serait fort en peine de le démontrer. Le moi n'est peut-être qu'une notation commode. » « En quoi consiste la critique des documents en histoire? » « Molière, dit-on, a pourchassé le mensonge sous toutes ses formes. Est-ce vrai, et explique-t-on ainsi tous les aspects de son génie? » Les examens du baccalauréat sont depuis longtemps le tourment des jeunes Français—mais cet examen seul permet à un garçon ou à une jeune fille d'entrer à l'université ou d'obtenir un emploi qualifié et par conséquent détermine son avenir tout entier.

L'enseignement supérieur: les universités

Jusqu'à ces dernières années la France comptait environ vingt villes d'«université»: Aix-en-Provence, Besançon, Bordeaux, Caen, Clermont-Ferrand, Dijon, Grenoble, Lille, Lyon, Montpellier, Nancy, Nantes, Orléans, Paris, Poitiers, Reims, Rennes, Rouen, Strasbourg, et Toulouse. En fait ce sont des sièges d'académie dont dépendent des établissements d'enseignement supérieure, parfois très importants, dans d'autres villes. L'Université de Tours, par exemple, dépend de l'Académie d'Orléans, l'Université du Mans de celle de Nantes, etc. L'Université de Paris—maintenant divisée en plus d'une douzaine d'universités: Paris I, Paris II, Paris III, etc.—par le nombre de ses étudiants, est presque aussi grande que toutes les autres universités prises ensemble.

Chaque université a, en général, la même organisation; c'est une association de «facultés», surtout de lettres et des sciences, d'ordinaire aussi de droit. Plusieurs universités ont une faculté ou une école de médecine. De plus, on trouve un grand nombre d'«instituts» (il y en a plus de quarante à Paris) et de «centres» pour des études spécialisées. Les professeurs font deux ou trois cours par semaine—chaque cours se compose

La Sorbonne

d'une ou deux conférences. Un professeur d'université fait aussi des recherches et, en surveillant leur travail individuel, initie les étudiants aux moyens d'acquérir de nouvelles connaissances. Qu'un professeur consacre la plus grande partie de son temps à ses recherches plutôt qu'à ses cours peut étonner l'étudiant américain qui passe un « *Junior Year Abroad* » dans une université française. Les universités en France, en effet, ressemblent beaucoup plus aux « *graduate schools* » qu'aux « *colleges* » en Amérique.

Lorsque le jeune étudiant arrive à l'université, à l'âge de 18 ans mais déjà mûri par ses études au lycée, il se trouve assez libre. Il y a quelques années l'étudiant pouvait même faire ce qu'il voulait, assister aux cours qu'il préférait, ou rester éloigné de ceux qu'il dédaignait, lire à loisir les livres indiqués au début de l'année par ses professeurs ou bien au contraire passer son temps dans les cafés de la ville, ou, s'il était à Paris, dans ceux du Quartier latin. Mais maintenant l'étudiant est plus encadré et son travail est contrôlé de près par des examens chaque trimestre ou chaque semestre.

Les Grandes Écoles

L'esprit de concurrence règne surtout dans les très difficiles concours d'entrée aux Grandes Ecoles chargées de former une élite en lettres, en sciences ou en techniques. Chaque année, un candidat sur dix seulement est admis. Les noms de quelques Grandes Ecoles révèlent leur spécialité: Ecole Nationale des Langues Orientales, Ecole Nationale Supérieure des Mines, Ecole Supérieure de Commerce, Ecole des Arts et Industries Textiles. L'Ecole Polytechnique prépare des militaires et des ingénieurs. L'Ecole Normale Supérieure de Paris, la plus célèbre des Grandes Ecoles, forme les professeurs les plus qualifiés des lycées et des universités, et en même temps des hommes de lettres et des hommes d'Etat.

Un esprit de solidarité parfois un peu exclusif se maintient souvent durant toute la vie professionnelle entre les « anciens » d'une Grande Ecole.

L'evolution de l'enseignement

L'enseignement français ne cesse de se développer. La formation scolaire est devenue obligatoire de cinq à seize ans mais les écoles maternelles sont ouvertes aux enfants dès deux ans. De nombreux lycées modernes ont été construits. A côté des lycées traditionnels se sont créés, tant dans les campagnes que dans les villes, des lycées techniques. Les transports scolaires gratuits se sont multipliés. Quant à l'enseignement supérieur, bien des villes moyennes ont maintenant leur université.

L'enseignement continue de se démocratiser par la multiplication des bourses d'internat au niveau secondaire et des bourses d'enseignement supérieur.

L'enseignement secondaire s'est diversifié et assoupli avec des types de baccalauréat nouveaux: technique, artistique, musical, et en sciences économiques.

L'assouplissement a gagné l'enseignement supérieur où désormais les examens sont pluridisciplinaires avec la possibilité d'options très diverses, à l'image des universités américaines.

En outre, pour répondre aux besoins de l'industrie, l'enseignement théorique traditionnel s'est modernisé en s'orientant d'avantage vers le pratique: par exemple, les nouveaux Instituts Universitaires Techniques (I.U.T.) forment des techniciens en deux ou trois années après le baccalauréat.

Enfin, depuis la « révolution » de 1968, une libéralisation est apparue dans la mentalité et dans les méthodes traditionnellement autoritaires de l'enseignement français: rapports moins distants entre maîtres et élèves, discipline allégée, un peu plus proche des habitudes américaines, avec un souci de participation active et de travail en équipe. Crise d'autorité, disent les conservateurs; heureuse libéralisation, estiment les progressistes.

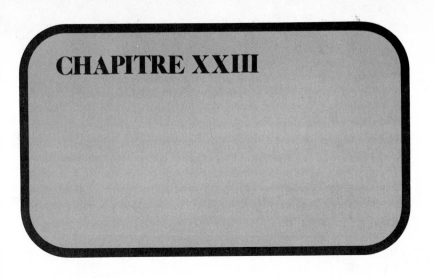

CHAPITRE XXIII

La Cinquième République (1958–   )

Comme nous l'avons déjà vu, en mai 1958, un certain nombre d'officiers appuyés par des colons réactionnaires, exigèrent le retour au pouvoir du général de Gaulle, qui leur paraissait être le seul homme capable de résoudre le problème algérien. Le Parlement accorda les pleins pouvoirs au général pour une durée de six mois. C'était la fin de la Quatrième République.

De Gaulle élabora sans tarder une nouvelle Constitution qui fut approuvée, au cours d'un référendum, par 26 millions de voix contre 4 millions et demi. La date du référendum, le 28 septembre 1958, marque le commencement de la Cinquième République. Puis de Gaulle organisa des élections générales, qui furent un triomphe personnel pour l'ancien chef de la France Combattante. En janvier 1959 il fut élu Président de la République pour sept ans.

« Montez sur les hauteurs; il y a moins de monde. » Cette remarque pourrait servir de devise ou de règle de conduite au général de Gaulle. Elle résume sa conception aristocratique de la vie et dénote son mépris de la médiocrité. De plus, le général porte à la France un amour quasi-mystique. « La France, dit-il, ne peut être la France sans grandeur. » Cette conviction inspire toute son action politique.

La Cinquième
République : organisation politique

Préparée sous la direction du général de Gaulle, la Constitution de la Cinquième République reflète les idées du Président.

C'est une Constitution républicaine et démocratique qui unit certains traits du régime parlementaire à certaines caractéristiques du régime présidentiel. Elle repose sur la séparation des pouvoirs entre l'exécutif et le législatif. La faiblesse de l'exécutif fut le grand défaut de la Troisième et de la Quatrième République. Sous la Cinquième République, au contraire, le Président dispose de pouvoirs étendus. Il a le droit de veto sur presque tous les sujets. Il peut dissoudre l'Assemblée nationale. Il nomme le premier ministre, qu'il choisit lui-même. En cas de crise grave, il dispose de pouvoirs extraordinaires. En instituant un référendum, il peut porter certaines questions devant le peuple français. C'est ainsi que les présidents de la République seront désormais élus au suffrage universel.

Le Parlement est composé de deux Chambres, l'Assemblée nationale et le Sénat, qui ressemblent à celles de la Troisième et de la Quatrième République, mais dont les pouvoirs ont été réduits. Et c'est là, avec l'accroissement de l'autorité présidentielle, un des traits fondamentaux du nouveau régime. Ce changement contribue à assurer la stabilité gouvernementale. Les crises ministérielles ont été moins fréquentes que dans le passé. Aux élections de 1959, d'ailleurs, un seul parti—celui du Président de Gaulle—a élu une forte majorité des députés, ce qui n'était jamais arrivé sous les Républiques précédentes.

La Communauté française

L'aspect le plus important et le plus libéral de la Constitution, en matière coloniale, avait trait aux anciennes colonies françaises des régions sub-sahariennes et à Madagascar. Un référendum en décembre 1958 permit à ces possessions françaises de décider de leur avenir : elles pouvaient opter pour l'indépendance ou pour diverses formes d'association avec la France. Un seul de ces territoires—la Guinée—désira devenir indépendant. Les douze autres voulurent devenir des « états-membres » de la Communauté française. Au cours des années 1958–1961, les états-membres proclamèrent leur indépendance, mais conservèrent volontairement des liens économiques et psychologiques avec la France.

Politique économique

Pendant les deux premières années de son administration, le Président de Gaulle prit des mesures économiques importantes qui eurent pour effet d'enrayer l'inflation et de stabiliser la monnaie. L'effort de redressement économique de la Quatrième République, qui avait été considérable, fut poursuivi et élargi. Le franc, qui, pendant si longtemps, avait été une monnaie dépréciée, est redevenu une monnaie solide et stable.

Le Marché commun, établi par le traité de Rome en 1957, a réussi mieux qu'on n'avait osé l'espérer. Malgré des désaccords, qu'il faut s'attendre à trouver, de temps en temps, dans les relations internationales, on a créé une alliance économique complète entre les neuf pays qui forment la Communauté Économique Européenne.

L'Algérie

Pendant quatre ans la question algérienne échappa à toute solution. La politique de plus en plus libérale du général de Gaulle se heurta à l'opposition de l'armée française et des colons européens. Après avoir manifesté son mécontentement à plusieurs reprises pendant l'année 1960, l'armée déclencha, en avril 1961, un soulèvement en Algérie contre la métropole, sous les ordres des généraux Salan et Challe. Grâce à la fermeté du général de Gaulle, l'insurrection fut vite étouffée. Il était devenu évident aux Français que, malgré le sacrifice de milliers de vies, l'armée ne pourrait vaincre la résistance des terroristes algériens. L'indépendance de l'Algérie devint le but de la politique algérienne du Président de Gaulle. Au début de 1961, la France métropolitaine, au cours d'un référendum, s'était prononcée en faveur de cette politique.

Peu après, le gouvernement français entrait en négociations avec les représentants du gouvernement provisoire algérien. Ces pourparlers furent violemment contestés par les adhérents de la politique d'une « Algérie française », qui eurent recours à des actes terroristes, non seulement en Algérie mais même à Paris. Pourtant les négociations continuèrent à Evian-les-Bains, sur le lac Léman. Les représentants de la France et de l'Algérie réussirent à élaborer les « accords d'Evian ».

Par le référendum du 19 mars 1962, les Algériens acceptèrent ces accords et, après sept ans de guerre, devinrent complètement indépendants.

La plupart des Algériens de descendance française quittèrent le pays qui n'était plus leur patrie et s'établirent en France.

La France actuelle

Aux élections de 1965, de Gaulle fut réélu Président pour sept ans, mais à une majorité bien réduite. Comment expliquer la diminution de sa popularité? C'est que sa politique tendait à l'arbitraire, alors que les Français, nous l'avons vu bien des fois, sont très attachés à leur indépendance. D'autre part les partis de gauche—socialiste et communiste—devenaient de plus en plus puissants.

Dans les affaires étrangères, le Président de Gaulle réussit à améliorer les rapports entre la France et son ennemie tradition- nelle, l'Allemagne. Mais le but principal de sa politique étrangère fut d'affermir l'indépendance de la France parmi les nations du monde. Pour donner au pays sa propre « force de frappe », il voulut que la France eût sa bombe atomique, qu'on fit éclater en février 1960. Il réduisit le rôle de la France dans le pacte de l'Atlan- tique (OTAN). Pour ne pas affaiblir le rôle du pays dans le Marché commun, il empêcha l'Angleterre d'entrer dans cette association. Il semblait craindre l'influence des Etats-Unis sur la vie écono- mique de la France.

Aux élections de 1967, dont le but était de choisir une nouvelle Assemblée nationale, le parti gaulliste triompha de nouveau, mais à une majorité si faible qu'il lui fallut, pour gouverner, l'aide d'autres partis.

En mai 1968 les étudiants de Nanterre et de Paris se révol- tèrent. Quels étaient leurs buts? Protester contre les règlements archaïques de l'université? Détruire la société telle qu'elle est? Quoi qu'il en soit, les étudiants organisèrent des émeutes qui ressemblaient à celles de 1789 ou de 1848. Ils firent des barricades d'arbres et de pavés. Ils essayèrent même de détruire la Bourse. Un assez grand nombre d'étudiants réclama l'anarchie totale. Mais leurs buts étaient si mal définis qu'ils n'accomplirent rien de positif.

Leur exemple, pourtant, provoqua une grève d'ouvriers, qui se répandit rapidement par toute la France. La vie économique, soit dans les usines, soit dans les services gouvernementaux, s'arrêta presque. Paris fut paralysé.

Le Président de Gaulle hésita. Devrait-il démissionner? Enfin il prit un parti: dissoudre le gouvernement, annoncer de nouvelles élections.

Le danger d'un triomphe communiste effraya la France. Aux élections de juin 1968 de Gaulle remporta la plus grande victoire politique de sa vie. Les partis de gauche perdirent la plupart de leurs députés. Appuyé par une forte majorité de députés, de Gaulle resta président jusqu'en 1969 quand il démissionna mécontent des résultats d'un référendum sur les parlements régionaux. Quittant brusquement le Palais de l'Élysée, il retrouva de nouveau sa retraite à Colombey-les-deux-Églises où il devait mourir en 1970. Des chefs d'état du monde entier vinrent à Paris assister à ses obsèques et lui rendre un dernier hommage.

Graffiti. Mai 1968

Quel que soit le jugement de l'histoire, il est indiscutable
que cet homme, par son patriotisme et sa personnalité, est le
Français qui aura exercé la plus grande influence sur l'histoire
de l'Europe au vingtième siècle.

Le successeur de de Gaulle, le deuxième président de la
Cinquième république, Georges Pompidou (1911–1974), avait
déjà été premier ministre de 1962 à 1968. De formation classique,
ayant l'expérience du monde des affaires et du gouvernement, il
continua la politique de de Gaulle: indépendance de la politique
étrangère de la France, rapprochement avec l'Union Soviétique,
les pays socialistes de l'est, et la Chine populaire, expansion
économique et industrielle de la France, qui, effectivement,
connut une très grande prospérité sous son régime. Les consulta-
tions régulières entre Paris et Bonn continuèrent. L'Angleterre,
l'Irlande, et le Danemark entrèrent dans le Marché commun. A
l'insu de la plupart des Français, Pompidou, pendant les derniers
mois de sa présidence, tout en s'acquittant de ses devoirs, com-
battait une grave maladie à laquelle il succomba en 1974.

Dès 1972 le régime de Pompidou avait été secoué par des
élections parlementaires privant le gouvernement de sa forte
majorité gaulliste. Néanmoins, avec les députés du centre, la

politique de Pompidou s'était maintenue malgré l'opposition remarquable de la nouvelle « Union de la Gauche » socialiste-communiste. A la mort de Pompidou, le candidat présidentiel de celle-ci, François Mitterand, premier secrétaire du parti socialiste, qui s'était déjà présenté contre de Gaulle en 1965, a manqué de justesse la victoire qu'il espérait. En 1974, les Français ont préféré élire Valéry Giscard d'Estaing, républicain indépendant et ancien ministre des finances de Pompidou. A la fois aristocrate et technocrate, le nouveau président, moins soucieux de pompe

Valéry Giscard d'Estaing

et de grandeur que ces prédecesseurs, promet de poursuivre une politique permettant une plus juste répartition de la prospérité du pays parmi les Français. Sa tâche, en face de la crise économique qui frappe presque tous les pays industriels dans les années '70, ne sera pas facile.

Paris d'aujourd'hui

Paris—le nom évoque des pensées, des rêves, des désirs divers. Des idées d'indépendance, de gaieté libre, d'élégance se sont toujours associées avec la vie de Paris. Certains espèrent y trouver l'excitation nécessaire à une activité intellectuelle ou à une carrière artistique et, peut-être, voient en Paris le lieu où ils recevront la consécration de leur talent.

Les monuments

Paris est une ville moderne, dix, quinze fois plus étendue qu'elle ne l'était lorsque les habitués de l'Hôtel de Rambouillet s'y promenaient dans leurs chaises à porteurs. La Tour Maine-Montparnasse, avec ses cinquante-six étages, et les gratte-ciel du quartier de la Défense dominent l'horizon parisien autant que la Tour Eiffel. Mais Paris reste une ville ancienne riche de magnifiques monuments.

Tour Maine-Montparnasse

L'Ile de la Cité

L'Ile de la Cité est encore pleine de souvenirs. Notre-Dame, la Notre-Dame de Philippe Auguste, est toujours là, se reflétant dans les eaux calmes de la Seine; la Sainte-Chapelle de Saint Louis est presque intacte; le vieux Palais des rois conserve encore ses tourelles. Le Pont-Neuf, après trois siècles, est aussi fréquenté qu'il était sous Henri IV.

Le Paris de la rive gauche a subi bien des transformations, mais dans ses rues étroites, tracées au dix-septième siècle ou même au Moyen Age, il est encore facile d'évoquer le passé. On peut y voir un joyau d'architecture médiévale, l'Hôtel des Abbés de Cluny, devenu un musée. L'église bâtie par Richelieu pour la Sorbonne qu'il protégeait est encore dans la cour de la nouvelle Sorbonne, et le cardinal lui-même y est enterré. Sainte Geneviève, la patronne de Paris, repose près de Pascal et de Racine dans une église pittoresque, Saint-Etienne-du-Mont; et, dans le Panthéon reposent les cendres de Rousseau, Voltaire, Hugo, Zola, et de bien d'autres grands hommes. Tout près de là, rue d'Ulm, Pasteur avait son laboratoire. C'est dans le Quartier latin aussi qu'on trouve le lycée Louis-le-Grand, qui n'est autre que le collège où Molière étudia, et le lycée Henri IV, que fréquenta Musset. Le palais du Luxembourg où vécut Marie de Médicis, est entouré d'un des plus beaux jardins de Paris.

Le Faubourg Saint-Germain, au charme provincial, reste l'un des quartiers aristocratiques de Paris. Les vieux hôtels nobles présentent aux passants leurs façades sévères et un peu mystérieuses. L'Hôtel des Invalides, l'hôpital élevé par Louis XIV pour ses soldats âgés, n'a pas changé d'apparence non plus; il renferme dans son église les restes de Napoléon.

Sur la rive droite, églises et vieilles demeures sont nombreuses. Le Marais des Précieuses reste plein de charmes, et s'est enrichi de souvenirs historiques: Richelieu, Madame de Sévigné, Hugo, Daudet y ont habité. Le Louvre, ce palais bâti et rebâti par dix rois de France, est devenu un musée, le plus grand et le plus riche du monde. De ses fenêtres, on peut voir le Jardin des Tuileries et, plus loin, la place de la Concorde, où furent guillotinés

Place des Vosges (dans le Marais)

L'Arc de Triomphe

Louis XVI et Marie-Antoinette. Sous l'Arc de Triomphe se trouve
la tombe du Soldat inconnu de la Première Guerre mondiale. Il y
brûle une flamme éternelle.

Sur la rive droite, on trouve aussi des bâtiments plus modernes. Des avenues spacieuses, bien aérées, y ont été percées par
Napoléon III, autant pour embellir Paris que pour empêcher les
barricades. C'est là que se trouve la Bourse, là que naît la mode
de Paris, là que sont la plupart des grands magasins et des grands
hôtels. C'est aussi sur la rive droite que se trouvent les grands
théâtres, les salles de concert, et la Bibliothèque nationale, une
des plus riches collections du monde.

La vie intellectuelle
Depuis longtemps, l'enseignement supérieur a trouvé son
symbole dans la Sorbonne, maintenant devenue « Paris III » et
« Paris IV », deux des nombreuses branches de l'Université de

Paris. Cette université est si grande que l'étranger ignore souvent que la ville possède d'autres centres de culture. Autour de la vieille Sorbonne se sont développés d'autres organismes dont chacun remplit un rôle spécial. Le Collège de France, créé par François Ier, offre des cours sur des sujets très spécialisés. L'Institut de Physique et de Chimie s'honore d'avoir eu Pierre Curie parmi ses professeurs. L'Ecole des Chartes prépare des archivistes cultivés dont les travaux apportent des renseignements précieux sur le passé de la France, ses vieux monuments, et ses manuscrits. Signalons enfin que la Faculté de Médecine de l'Université de Paris est souvent considérée comme la première d'Europe.

Pour bien des Français, l'Académie française n'a rien perdu de son prestige. Les élections y ont toujours été ardemment disputées et ont retenu l'attention de la presse et du public cultivé. L'Académie ne limite pas son choix aux hommes de lettres. Des soldats comme Joffre et Foch, des hommes d'Eglise, des hommes d'Etat y sont admis. Cependant, des écrivains célèbres (Molière, Flaubert, Maupassant, Baudelaire) n'ont pu en faire partie. On a souvent raillé l'esprit conservateur de l'Académie. Il convient de dire à sa décharge qu'elle a servi de modérateur contre les initiatives littéraires trop hardies, et qu'elle a toujours maintenu la liaison avec le passé, si nécessaire aux choses de l'esprit.

Pour réagir contre l'autorité parfois un peu hautaine de l'Académie française, un autre groupement littéraire a été fondé à la fin du siècle dernier par l'aîné des frères Goncourt : l'Académie Goncourt. L'Académie Goncourt est composée de dix membres exclusivement recrutés parmi les écrivains professionnels. Elle décerne chaque année un prix destiné à attirer l'attention sur un jeune écrivain jusqu'alors inconnu.

En dehors de ces groupements officiels, la vie littéraire se présente à Paris sous une forme entièrement originale. On sait le goût des Français pour les cafés. Certains cafés, rendez-vous d'hommes politiques, d'artistes, et d'écrivains sont devenus très célèbres. Le Procope, au dix-huitième siècle, a vu Voltaire, Beaumarchais, et Diderot. Paul Verlaine passa la fin de sa vie dans les cafés. Au vingtième siècle, le café de Flore, centre de l'existentialisme, a été le plus fréquenté : on y jugeait les livres qui venaient de paraître et on y élaborait des théories nouvelles. Bien que les cafés aient perdu de leur importance et de leur atmosphère, ils demeurent néanmoins des sortes de « Bourses » de l'esprit, des endroits de rencontre pour écrivains, pittoresques aux yeux de l'étranger et propices aux jeux de l'intelligence. Certains cafés du Quartier latin sont parmi les rendez-vous préférés des étudiants de l'Université de Paris.

La vie artistique de Paris s'est concentrée plus particulièrement dans les quartiers de Montparnasse, Saint-Germain-des-Prés, et Montmartre. C'est là qu'ont habité les vrais et les faux artistes, et le sculpteur célèbre y a côtoyé le peintre obscur. Que de rêves ambitieux, que d'efforts sincères, souvent sans résultats, ont été poursuivis dans les ateliers de Montparnasse!

Paris a de nombreux musées. Le Musée du Louvre, à lui seul, mériterait une longue description. C'est un des plus riches musées du monde. Sa collection représente toutes les époques de l'histoire de l'art dans les pays d'Europe et d'Asie. Il possède, par exemple, des chefs-d'œuvre tels que la *Vénus de Milo*, la *Victoire de Samothrace*, et la *Joconde* (*Mona Lisa*) de Léonard de Vinci.

Citons parmi les autres musées le Musée du Jeu de Paume, où l'on peut voir le développement de l'Impressionnisme et en admirer les meilleurs tableaux; le Musée d'Art moderne; le Musée Carnavalet (installé dans l'ancien hôtel de Madame de Sévigné), où l'étude de la vie du vieux Paris est rendue si vivante; le Musée de Cluny qui réunit beaucoup de souvenirs du Moyen Age et de la Renaissance.

Le théâtre à Paris est depuis longtemps une des manifestations les plus importantes de la vie intellectuelle. Le gouvernement a créé trois théâtres officiels—la Comédie-Française, le Théâtre de France-Odéon et le Théâtre National Populaire—qui ont un répertoire consacré par le temps et composé surtout de pièces classiques et d'œuvres du dix-neuvième siècle. Mais leur caractère conservateur n'exclut pas certaines audaces et certaines concessions à l'époque. A côté de ces théâtres se sont créées d'autres scènes dues à l'initiative privée. Le groupe des théâtres du Boulevard met surtout en scène des comédies pleines d'esprit. D'autres théâtres, comme le Vieux Colombier, ont favorisé des tendances plus avancées, et un art théâtral plus purement intellectuel. De nouveaux théâtres comme l'Espace Pierre Cardin et le Théâtre de la Ville présentent essentiellement des pièces contemporaines dans des mises en scène modernes.

D'autre part de jeunes troupes enthousiastes s'installent de plus en plus à Paris et en banlieue, loin du rouge et de l'or des théâtres conventionnels, palliant la pauvreté du local par une recherche théâtrale d'avant-garde; ainsi les troupes maintenant bien connues du Théâtre des quartiers d'Ivry ou de la Cartoucherie de Vincennes.

L'Opéra de Paris rivalise avec les établissements célèbres de Londres, de Milan, et de New-York. Les Parisiens y aiment surtout les soirées de ballet.

Il existe aussi un autre Paris dont nous n'avons pas parlé; c'est pourtant celui que la plupart des touristes connaissent le mieux : le Paris cosmopolite des Folies-Bergère et des « boîtes de nuit ». On n'y trouve pas de « culture » française : les artistes et les clients viennent des quatre coins du monde.

Il y a d'autres aspects de Paris qui sont de meilleur aloi. Qui n'a entendu parler des petits artisans parisiens, si fiers de leurs travaux délicats, des midinettes qui aident à créer la mode de demain, des marchandes des quatre-saisons qui poussent, au hasard des rues, leurs voitures chargées de légumes ? C'est le Paris travailleur.

La France d'hier et de demain

Nous arrivons au point où doit se terminer cette initiation à la culture française. Considérons donc dans son ensemble l'évolution du grand pays qu'est la France depuis tant de siècles.

Que de noms et que de dates ! Que de belles œuvres créées en art et en littérature ! Que de triomphes et que de catastrophes ! Bien des fois, il a semblé que la « doulce France » dont parlait déjà *la Chanson de Roland* allait disparaître, et sa civilisation avec elle. Mais la France ressemble à ce vaisseau qu'on voit sur les armes de la ville de Paris : « Il est battu par les flots, mais il ne sombre pas. » Toute l'histoire de la France est dans ces mots.

En l'an 1000 les rois capétiens n'étaient rois que de nom, et leur royaume n'étaient qu'un domaine sans limites bien définies, entouré de grands domaines féodaux hostiles ; que pouvait bien réserver l'avenir à un tel royaume ? Mais les Capétiens étaient énergiques. Le petit royaume s'étend, l'autorité du roi est reconnue : au début du treizième siècle, Philippe Auguste est plus puissant qu'aucun de ses rivaux. Sous ce grand roi, la France connaît la prospérité économique. Il y a déjà une littérature florissante ; trouvères et troubadours ont célébré les exploits de Charlemagne et du roi Arthur ou bien ont écrit des poèmes d'amour.

Puis une catastrophe se produit : la Croisade des Albigeois ruine le Midi de la France ; la civilisation provençale disparaît. Mais le Nord n'en devient que plus fort. Pendant le treizième siècle, les villes se développent, la bourgeoisie s'enrichit ; Saint Louis fait respecter et aimer la royauté, l'Université de Paris attire les étudiants des quatre coins de l'Europe. La culture française est suprême, et rien n'indique que son importance puisse diminuer.

Alors éclate la guerre de Cent Ans. La plus belle armée d'Europe est vaincue par les Anglais qui ont développé des

tactiques nouvelles; la bataille de Crécy n'est que le prélude de
désastres plus grands: le roi de France est fait prisonnier, la plus
grande partie du royaume est occupée par l'ennemi; les grands
seigneurs féodaux cherchent à regagner leur puissance; la guerre
civile divise la France en deux camps; la Grande Peste cause la
mort de millions de Français. Au début du quinzième siècle,
lorsque Charles VI devient fou, tout semble perdu. De plus haut,
il était impossible de tomber plus bas. Est-ce la fin de la France?
Non, une jeune bergère lorraine se présente au roi, lui demande
une armée, l'obtient, fait couronner le jeune souverain à Reims,
et, en trois ans, sauve la France. Mais une nation peut-elle
survivre à un siècle de guerres sans être à jamais épuisée? Il n'y a
plus de grands écrivains, on n'élève plus de palais ni de cathédrales. La gloire de la France est-elle donc tout entière dans son
passé? Non, répond l'historien.

Au seizième siècle, en effet, les horreurs de la guerre de
Cent Ans sont déjà oubliées. La Renaissance couvre la France
d'un manteau doré de châteaux et de palais; la vie de cour devient
délicate, raffinée; Rabelais, Ronsard, les humanistes rendent sa
gloire à la littérature française. La splendeur du règne de François Ier semble devoir durer. Mais une fois de plus, la catastrophe
qui suit si souvent les périodes de trop grande prospérité éclate:
les guerres de Religion sont pires encore que la guerre de Cent
Ans. Quatre millions de Français tués par des Français, des
villages entiers ruinés, des provinces dévastées. Montaigne, dans
son château, est sceptique à juste raison.

Mais la France, comme le phénix, renaît toujours de ses
cendres. Un roi énergique et populaire, Henri IV, pacifie le
royaume, proclame la liberté de conscience; le commerce et
l'agriculture ramènent en quelques années la prospérité. Grâce
à Henri IV, puis à Richelieu, puis au Roi-Soleil, la splendeur du
siècle de Louis XIV surpasse celle de la Renaissance. Versailles
s'élève, copié bientôt par tous les souverains d'Europe. Corneille,
Descartes, Pascal, Molière, Racine, Poussin, Le Brun, cent autres
écrivains et artistes rendent illustres l'art et la littérature
classiques.

Le dix-huitième siècle n'est pas seulement le siècle de
Watteau, de Fragonard, de Marivaux, et de la « joie de vivre ».
C'est aussi le siècle de Voltaire, de Montesquieu, de Rousseau, et
de la Révolution. En cinq ans, le système monarchique qui
depuis dix siècles avait prévalu en France, disparaît. Une fois
encore, la guerre civile divise la nation; la guillotine fonctionne
sans arrêt, l'étranger pénètre en France. Cette fois-ci, tout est
bien perdu, semble-t-il: le pays ne pourra pas se relever; les
miracles ne se produisent plus. Et pourtant...et pourtant, ce

vieux pays a encore assez de vie pour survivre aux pires excès, aux pires désordres. En 1800, la Révolution est terminée, la France a un gouvernement fort, celui de Napoléon Bonaparte: le pays peut panser ses blessures. Une crise de plus est passée.

Quinze ans plus tard, une autre crise éclate. La défaite de Waterloo exile Napoléon à Sainte-Hélène; des millions de jeunes hommes ont été tués; Paris, pour la première fois depuis la guerre de Cent Ans, a été occupé par l'étranger.

Mais la France est immortelle. Au dix-neuvième siècle, on assiste à de grands progrès économiques et sociaux, à de grands changements en art et en littérature. C'est un autre Age d'or pour la France. Jamais la vie n'a été plus brillante que sous le Second Empire, jamais la France n'a été si riche et si respectée. Puis la guerre franco-prussienne éclate. L'Alsace et la Lorraine sont perdues, la guerre civile divise la France. Mais en France l'histoire se répète toujours: à une période de décadence succède une période de gloire. On le voit bien à la fin du siècle, sous la Troisième République. Et deux guerres mondiales ont prouvé au monde que le vieux pays sait toujours trouver de nouvelles sources d'énergie.

La France ne peut pas mourir. Elle a survécu à la guerre de Cent Ans, aux guerres de Religion, aux extravagances de Louis XIV, aux horreurs de la Révolution, à la chute de Napoléon, à la débâcle de la guerre franco-prussienne, aux fléaux des guerres

Le Concorde

mondiales, à quatre années d'occupation, à la perte de son empire colonial et, après sept années de guerre, à la perte de l'Algérie. Après chaque désastre, elle se relève et monte toujours plus haut. On n'oubliera jamais l'essor intellectuel et artistique du treizième siècle, de la Renaissance, et des dix-septième et dix-huitième siècles; on se rappellera toujours le « gai Paris » du Second Empire; on admirera les œuvres de ses artistes et de ses savants du vingtième siècle. L'esprit de la France est un esprit de jeunesse éternelle.

EXERCICES

I

A. Lisez les phrases suivantes, en remplaçant les tirets par des mots appropriés :

1. Les premiers ancêtres des Français sont les _____ et les _____.
2. Les descendants de ces deux peuples sont les _____, qui habitent aujourd'hui la région des _____. 3. Les Celtes sont venus des bords du _____ et des plaines de _____. 4. Ce sont les _____ qui ont donné aux Celtes le nom de _____. 5. Le pays des _____ s'appelait _____.
6. Si l'on voulait trouver sur une carte de France la grotte de Lascaux, on devrait la chercher près de la ville de _____. 7. Parmi les animaux représentés dans cette grotte il y a des _____, des _____, et des _____.
8. Ces peintures sont mystérieuses parce que personne ne sait _____.
9. Il ne reste de la civilisation gauloise que _____. 10. On trouve des menhirs près de la ville de _____. 11. Un menhir est _____, un dolmen est _____. 12. Les menhirs et les dolmens sont mystérieux parce que _____. 13. Les légendes bretonnes racontent les exploits du roi _____ et des _____. 14. Trois villes importantes de la Bretagne sont _____, _____, et _____.

B. Répondez en français aux questions suivantes :

1. Où a-t-on découvert des traces des premiers habitants du sol français? 2. A quelle époque ces premiers habitants y vivaient-ils? 3. D'où sont venus les Celtes? 4. Quelle est l'époque de la migration des Celtes? 5. Quand les Celtes étaient-ils au sommet de leur pouvoir? 6. D'où est venu le mot français *Gaulois*? 7. D'où est venu le nom de *la Gaule*? 8. Que reste-t-il de la civilisation gauloise? 9. Pourquoi les peintures de la grotte de Lascaux sont-elles célèbres? 10. Où est Carnac? 11. Quels monuments peut-on voir près de Carnac? 12. Qu'est-ce qu'un menhir? 13. Qu'est-ce qu'un dolmen? // 14. Pourquoi dit-on que la Bretagne est la terre des Celtes? 15. Où se trouve le pays de Galles? 16. Peut-on aller facilement du pays de Galles en Bretagne? 17. De quoi la Bretagne est-elle entourée? 18. Pourquoi une partie de la Bretagne s'appelle-t-elle « le Finistère »? 19. Quelles sont les principales caractéristiques des Celtes? 20. Quand la Bretagne a-t-elle été rattachée au royaume français?

II

A.   Complétez les phrases suivantes:

1. Jules César commença ses guerres contre _____ en _____ (avant J.-C.). 2. La domination de Rome dura _____. 3. Les mots *pax romana* veulent dire en français _____ _____, et en anglais _____ _____. 4. La ville d'Arles avait une grande importance parce que _____. 5. Les arènes d'Arles rappellent surtout _____. 6. La ville de Nîmes se trouve _____. 7. La *Maison Carrée* est _____. 8. Le Pont du Gard est en effet un pont, mais autrefois c'était aussi un _____. 9. La Provence s'étend du Rhône jusqu'à _____. 10. Le climat de la Provence est doux parce que _____. 11. Toulon est une ville importante parce que _____. 12. La ville de Grasse doit son renom actuel à _____. 13. Parmi les artistes qui ont aimé la Provence on peut mentionner _____ et _____. 14. Le Provençal typique est _____.

B.   Répondez en français aux questions suivantes:

1. En quelle année est-ce que le sud de la Gaule est tombé sous la domination de Rome? 2. En quelle année est-ce que Jules César commença la conquête de la Gaule entière? 3. Quand finit-il cette conquête? 4. Dans quel livre César a-t-il raconté sa conquête de la Gaule? 5. Qui est le chef gaulois le plus célèbre? 6. Pourquoi la civilisation de la Gaule s'est-elle développée rapidement pendant la domination romaine? (*deux raisons*) 7. Quelles villes françaises possèdent aujourd'hui les meilleurs monuments romains? 8. A quoi les Thermes servaient-ils autrefois? 9. Quels monuments romains se trouvent à Nîmes? 10. Où commence la Côte d'Azur et où finit-elle? 11. Il y a un très grand nombre d'hôtels à Nice et à Cannes. Pourquoi? 12. Pourquoi les artistes aiment-ils la Provence? 13. A quoi la petite ville de Vence doit-elle sa renommée actuelle? 14. Quelles sont les caractéristiques du Provençal?

III

A.   Pour chaque nom propre de la premiére colonne, trouvez dans la seconde colonne la phrase descriptive qui s'y rapporte:

1. Mérovée	le maire du palais
2. Attila	roi mérovingien
3. Lutèce	fils de Charlemagne
4. Clovis	roi de la Lotharingie
5. Saint Rémi	fondateur de la première race des rois francs
6. Charles Martel	un petit village
7. Pépin le Bref	archevêque de Reims
8. Louis le Débonnaire	fils de Charles Martel

9. Lothaire   frère de Lothaire
10. Charles le Chauve   « le fléau de Dieu »

Répondez en français aux questions suivantes :
1. En quel siècle est-ce que l'empire romain s'écroula? 2. D'où est venue la tribu des Francs? 3. D'où est venu le nom « France »? 4. Quand est-ce qu'Attila et les Huns ont envahi la France? 5. Qui a persuadé les Parisii de ne pas abandonner leur village? 6. Pendant combien de temps la dynastie mérovingienne a-t-elle régné? 7. En quelle année Clovis a-t-il été baptisé? 8. Par quel traité est-ce que Charles et Louis, petits-fils de Charlemagne, ont scellé leur union? 9. Pourquoi ce traité est-il célèbre? 10. Pourquoi peut-on dire que Charlemagne était « Européen » plutôt que « Français »? 11. Pourquoi est-ce que le 25 décembre de l'année 800 est une date importante dans l'histoire de France? 12. Quelle ville est la capitale de l'Alsace? 13. Pourquoi la Lorraine est-elle une province riche? 14. Quelle ville est la capitale de la Lorraine? 15. Quelle grande bataille a eu lieu à Verdun?

IV

A. **Cherchez (à la bibliothèque) une encyclopédie ou un dictionnaire encyclopédique, tel que le** Petit Larousse, **qui contient un tableau chronologique des souverains et des chefs d'état de la France.**
Combien y eut-il de rois de la race mérovingienne? Combien de la race carolingienne? Combien de la race capétienne?

B. **Répondez en français aux questions suivantes :**
1. Quels étaient les titres de Hugues le Grand? 2. Quel roi français donna la Normandie aux Normands? 3. Comment Hugues Capet et ses successeurs ont-ils agrandi leurs domaines? 4. Combien de temps les Capétiens directs ont-ils régné? 5. Pourquoi Guillaume le Conquérant croyait-il avoir droit à l'Angleterre? Qu'est-ce que c'est que la « tapisserie de Bayeux »? 7. Pourquoi la Normandie jouit-elle d'un climat agréable? 8. Quelle boisson célèbre fabrique-t-on en Normandie? 9. Quel est le port principal de la Haute-Normandie? 10. Pourquoi y a-t-il des stations balnéaires dans la Basse-Normandie? 11. Qu'est-ce qu'un touriste trouverait d'intéressant à Caen? 12. Et à Bayeux? 13. Quels sont les traits caractéristiques des paysans normands? 14. Citez un écrivain et un peintre normands. 15. Quelle est la « huitième merveille » du monde?

V

A. **Trouvez les phrases suivantes dans le texte et expliquez leur signification :**
1. délivrer le tombeau du Christ
2. la *Conquête de Constantinople*
3. Les Croisades ne furent pas toujours désintéressées.

4. Les rois favorisèrent le départ des seigneurs.

5. ces expéditions d'outre-mer

B.   Répondez en français aux questions suivantes:

1. Qui a prêché la première Croisade? 2. la deuxième Croisade?
3. Qui a mené la troisième Croisade? 4. les deux dernières Croisades?
5. Comment les Croisades ont-elles contribué à l'affaiblissement de la
féodalité? 6. Où est Conques? 7. En quel siècle a-t-on bâti la fameuse
abbaye de Conques? 8. Quel est le style architectural de l'abbaye de
Conques? 9. Qu'est-ce qu'on peut voir au-dessus du portail principal?
10. Quelle statue pouvait-on voir autrefois à l'intérieur de l'église?
11. A quoi les moines s'occupaient-ils dans les monastères du Moyen
Age? 12. Où trouve-t-on, sur une carte de France, le Languedoc?
13. En quels siècles la civilisation provençale a-t-elle fleuri? 14. Qui
étaient les troubadours? 15. Comment cette civilisation a-t-elle été
détruite? 16. Pourquoi la ville de Carcassonne attire-t-elle de nombreux
visiteurs? 17. Qu'est-ce qui attire les touristes à Nîmes et à Toulouse?
18. Pourquoi Montpellier est-il célèbre?

VI

A.   Répondez en français aux questions suivantes:

1. Quelle est la classe sociale qui s'est développée en France au
douzième siècle? 2. Un "bourg" est une ville; qu'est-ce qu' "un bourgeois"? 3. Qu'est-ce que "la bourgeoisie"? 4. Pourquoi les bourgeois
ont-ils moins souffert que les serfs à l'époque féodale? 5. Quelle était
la fonction des guildes? 6. De quelle manière les bourgeois ont-ils
montré qu'ils étaient fiers de leurs villes?

VII

A.   Il y a des cathédrales gothiques dans les villes suivantes:

1. Amiens	6. Dijon	11. Saint-Denis
2. Beauvais	7. Laon	12. Strasbourg
3. Bordeaux	8. Le Mans	13. Toulouse
4. Bourges	9. Orléans	14. Tours
5. Chartres	10. Rouen	

Trouvez ces villes sur une carte de France.

B.   Répondez en français aux questions suivantes:

1. En quel siècle a-t-on bâti Notre-Dame de Reims? 2. Quels
événements importants avaient lieu à Reims? 3. Où l'art gothique
naquit-il? 4. Quels sont les traits les plus frappants de l'architecture
gothique? 5. Pourquoi peut-on dire que les portails de Reims forment
une « Bible de pierre »? 6. Pourquoi la Champagne a-t-elle été souvent
un champ de bataille? 7. Quelle a été l'époque la plus brillante de
l'histoire de la ville de Troyes? 8. Qui était (a) Chrétien de Troyes,

(b) Thibaut IV, (c) Villehardouin? 9. A quoi la Champagne doit-elle sa prospérité actuelle?

C. Résumez, en quelques lignes, le règne de chacun des rois suivants:

1. Philippe Auguste
2. Louis IX
3. Philippe IV

D. Répondez en français aux questions suivants:
1. Quel est le sujet de *la Chanson de Roland*? 2. Est-ce que ce poème a une valeur historique? 3. Quels sont, en général, les sujets des « romans antiques »? 4. Quelle est l'origine du vers alexandrin? 5. Quels poètes ont été les premiers à raconter l'histoire de Tristan et Yseult? 6. Avez-vous déjà lu, en anglais ou en français, des légendes celtiques? Lesquelles? 7. Mentionnez quelques sujets de *fabliaux*. 8. Connaissez-vous quelques épisodes du *Roman de Renard*? 9. Qu'est-ce que c'est qu'un drame liturgique? 10. Dans quelle région de la France est-ce que la littérature bourgeoise s'est développée d'abord?

VIII

A. Mentionnez un fait historique à propos de chacun des personnages suivants:

1. Isabelle de France
2. Charles le Bel
3. Philippe de Valois
4. Édouard III
5. Jean le Bon

6. Charles V
7. Du Guesclin
8. Charles VI
9. Henri V
10. Isabeau de Bavière

B. Complétez les phrases suivantes:
1. Jeanne d'Arc naquit à _____ en _____. 2. Elle entendit les récits de _____. 3. Elle entendit les voix de _____. 4. Malgré l'opposition de son père, elle décida de_____. 5. Il était dangereux de marcher sur les routes de France à ce moment-là parce que _____. 6. Jeanne voulait aller à Chinon, parce que _____. 7. Jeanne reconnut le dauphin, bien qu'il _____. 8. Charles la fit interroger par _____. 9. Charles finit par lui donner _____. 10. Jeanne d'Arc délivra la ville d' _____, qui était occupée par les _____. 11. Jeanne conduisit le Dauphin à _____, où elle _____. 12. Ensuite elle essaya de prendre la ville de _____. 13. Elle échoua; puis elle voulut prendre la ville de _____. 14. Elle fut faite prisonnière par les _____, qui la vendirent aux _____.

15. Les Anglais la conduisirent à _____.   16. Pour la libérer, le roi Charles VII ne fit _____.   17. Jeanne fut gardée prisonnière dans _____. 18. Au cours de son procès, Jeanne fit aux questions de ses juges des réponses qui étaient _____.   19. Le tribunal la trouva coupable de _____ et la condamna à être _____   20. Jeanne d'Arc mourut sur un bûcher dressé sur la place _____, le 10 mai _____.

IX

A.   Est-ce que les phrases suivantes sont vraies ou fausses?
1. Le roi que Jeanne d'Arc fit couronner à Reims est Charles VI. 2. Louis XI était le souverain le plus économe de la France.   3. A la mort de Louis XI, la France fut plongée dans une guerre civile.   4. Les premiers ducs de Bourgogne établirent leur cour à Mâcon.   5. Ce n'est que récemment que Dijon est devenu une ville importante.   6. Dans le palais des ducs de Bourgogne, on trouve aujourd'hui des œuvres exécutées par de grands artistes bourguignons.   7. La Bourgogne est devenue une des régions les plus prospères de la France.   8. Mais la Bourgogne est restée une région paisible.

B.   Répondez en français aux questions suivantes:
1. Est-ce que Louis XI était « le petit roi de Bourges »?   2. Est-ce que Louis XI s'intéressait beaucoup aux problèmes économiques de la France?   3. Est-ce que Louis XI a fait empoisonner Charles le Téméraire?   4. D'où est venu le nom de la Bourgogne?   5. Quand est-ce que la province a offert un refuge aux arts?   6. Pourquoi la cathédrale de Dijon porte-t-elle le nom de Saint Bénigne?   7. Est-ce que Dijon a été la seule ville à obtenir une charte au douzième siècle?   8. Qui étaient les Valois?[1]   9. Mentionnez quelques exemples du luxe des ducs de Bourgogne.   10. Expliquez les mots « gisants » et « pleurants ».

C.   Pourquoi les œuvres suivantes sont-elles intéressantes?
1. les *Chroniques* de Froissart
2. *la Farce du Cuvier*
3. *la Farce de Maître Pathelin*
4. les poèmes de Charles d'Orléans
5. la *Ballade pour prier Notre-Dame* de François Villon
6. la *Ballade des dames du temps jadis* de François Villon
7. *Notre-Dame de Paris* de Victor Hugo

X

A.   Répondez en français aux questions suivantes:
1. Est-ce que Paris était au quinzième siècle la plus grande ville d'Europe?   2. Quand est-ce que Philippe Auguste a fait bâtir Notre-

[1] Consultez une encyclopédie.

Dame? 3. En quelle année l'Université de Paris a-t-elle été fondée?
4. Quels étaient les sept arts libéraux? 5. Quand la Sorbonne a-t-elle
été fondée? 6. Qui a fondé la Sorbonne? 7. Dans quel but l'a-t-on
fondée? 8. Pourquoi tant de rues de la rive droite ont-elles des noms
pittoresques? 9. Pendant la guerre de Cent Ans, est-ce que Jeanne
d'Arc a réussi à chasser les Anglais de Paris? 10. En quelle année
a-t-on établi à Paris la première imprimerie?

B. Pourquoi devrait-on aller voir, en Ile-de-France:
1. la forêt de Fontainebleau
2. le château fort de Pierrefonds
3. l'abbaye de Saint-Denis
4. l'ancienne Lutèce

C. Répondez en français aux questions suivantes:
1. Quels sont les trois groupes de musique moyenâgeuse? 2. Quel
est le grand musicien français du treizième siécle? Citez une de ses
œuvres. 4. Nommez un musicien français du quatorzième siècle.
5. Quelle création musicale doit-on au Moyen Age français?

XI

A. Quels événements peut-on associer aux noms suivants:
1. Gutenberg
2. Jacques Cartier
3. Marignan
4. Pavie → *François I*
5. Le Cateau-Cambrésis → *1557 Paix la France renonce à l'Italie*

B. Répondez en français aux questions suivantes:
1. Quelles sont les causes principales de la Renaissance en France?
2. Charles VIII est né en 1470, Louis XII est né en 1462, François Ier
est né en 1494. Quel âge chacun de ces personnages avait-il quand il est
devenu roi? 3. Comment la Bretagne est-elle devenue une partie de la
France la première fois? la seconde fois? 4. Comment François Ier a-t-il
essayé de gagner l'appui de Henri VIII? 5. Prisonnier en Espagne,
comment François Ier a-t-il pu se libérer? 6. Pourquoi François Ier est-il
allé en Italie? 7. Qu'est-ce qu'il y a admiré surtout? 8. Pourquoi le
palais de Fontainebleau ressemble-t-il de près à un *palazzo* florentin?
9. Nommez deux des artistes italiens qui ont décoré l'intérieur du
palais de Fontainebleau. 10. Qui était (a) la duchesse d'Étampes?
(b) Marguerite de Navarre? *la sœur*

C. Répondez en français aux questions suivantes:
1. Pourquoi les rois de la Renaissance choisirent-ils les bords de
la Loire comme lieu de résidence? 2. Quel est l'intérêt du château de
Blois? 3. Pourquoi appelle-t-on la Loire un « miroir à châteaux »?

4. Citez trois châteaux importants et caractérisez-les. 5. Nommez trois écrivains nés en Tourraine. —

XII

A. Répondez en français aux questions suivantes:
1. Est-ce Martin Luther, Jean Calvin, ou tous les deux, qui ont eu une forte influence en France? 2. La Sorbonne était-elle, au XVIᵉ siècle, libérale ou conservatrice? 3. Qu'est-ce que c'est que « l'Affaire des Placards »? 4. Quand Calvin s'est enfui de France, où est-il allé vivre? 5. Est-ce que Calvin a continué à exercer une forte influence en France? 6. Pourquoi François Iᵉʳ, au lieu d'être tolérant, s'est-il opposé aux Huguenots? 7. Est-ce que François Iᵉʳ a réussi à supprimer le mouvement protestant en France? 8. Combien d'années les guerres de Religion ont-elles duré? 9. On a accusé François II et Charles IX d'être des rois très faibles. Pourquoi? 10. A la mort de Henri III, quel changement de dynastie a eu lieu? 11. Henri IV n'était pas le fils de Henri III; comment a-t-il pu devenir roi? 12. Mentionnez les premières victoires célèbres de Henri IV. 13. Qu'est-ce que Henri IV a fait pour pouvoir prendre possession de Paris? 14. Comment sait-on que Henri IV voulait améliorer la condition des paysans? 15. Expliquez l'importance de l'Edit de Nantes.

B. Répondez en français aux questions suivantes:
1. Quel est le but de Rabelais en écrivant Pantagruel et Gargantua? 2. Quelle est l'importance de du Bellay? 3. Qu'est-ce que la Pléiade? 4. Qui était Ronsard? 5. Que veut faire Montaigne en écrivant « les Essais »? 6. Qu'est-ce que l'humanisme? 7. Citez deux peintres et deux sculpteurs de la Renaissance.

XIII

A.
1. Faites une liste, d'après le texte, des accomplissements de Richelieu. 2. Expliquez brièvement l'importance du traité de Westphalie. 3. Expliquez les causes et les résultats de la Fronde. 4. Faites un bref portrait de Louis XIV. 5. Quelle est l'importance de Colbert? 6. Pourquoi la révocation de l'Edit de Nantes a-t-elle été une grande erreur?

B.
1. Nommez les architectes du palais de Versailles et l'artiste qui a en dessiné les jardins. 2. A quoi la Galerie des Glaces doit-elle son renom? 3. Quand on parle de « la décoration » du palais, à quoi pense-t-on? 4. Combien de personnes formaient la cour de Louis XIV?

C.

Bibliographie. Faites une liste de 4 ou 5 livres (en français ou en anglais) dans lesquels on peut trouver des descriptions de Versailles et de la vie qu'on y menait au XVIIᵉ siècle.

XIV

A. **Après chaque nom d'auteur, mentionnez le genre littéraire dans lequel il s'est spécialisé et les titres d'un,
deux, ou trois de ses ouvrages importants :**

Ex.: Malherbe—poèmes—*Consolation à M. du Périer*
Corneille—tragédies—*Le Cid, Horace, Polyeucte*

1. Descartes
2. Pascal
3. Molière
4. La Rochefoucauld
5. La Fontaine

6. Racine
7. Boileau
8. Mme de Sévigné
9. Mme de Lafayette
10. Fénelon

B.   Répondez en français aux questions suivantes :
1. Qui a été le décorateur principal du palais de Versailles?
2. Quelles sont les qualités principales des tableaux de Poussin?
3. Quels sont les sujets préférés de Claude Lorrain?   4. Quels sont les
sujets préférés de Georges de La Tour?   5. Mentionnez trois artiste du
XVIIᵉ siècle qui ont peint des portraits.   6. Où peut-on trouver de nombreuses statues faites au XVIIᵉ siècle?   7. Citez deux musiciens français
du XVIIᵉ siècle et préciser leur importance.

C.   Répondez en français aux questions suivantes :
1. Où trouve-t-on les mots latins: « Fluctuat nec mergitur »?
2. A quelle époque est-ce que le Paris médiéval s'est transformé en
une ville presque moderne?   3. Quand a-t-on commencé à penser
que l'architecture gothique était « barbare »?   4. Expliquez ce qu'-
était le Parlement au XVIIᵉ siècle.   5. Pourquoi y avait-il toujours
beaucoup de monde près du Palais?   6. Comment le Pont-au-Change
a-t-il reçu son nom?   7. Pourquoi un des plus vieux ponts sur la Seine
s'appelle-t-il le « Pont Neuf »?   8. Dans quelle partie de Paris, au XVIIᵉ
siècle, pouvait-on trouver des collèges, des couvents, et des abbayes?
9. Pourquoi et quand a-t-on construit le palais du Luxembourg, avec
son grand jardin célèbre?   10. Quel était le quartier aristocratique de
Paris au XVIIᵉ siècle?   11. Pourquoi, dans la première partie du XVIIᵉ
siècle, la société raffinée se trouvait-elle à Paris et non à Versailles?
12. Où la société la plus raffinée se réunissait-elle?   13. Qu'est-ce que
c'est que « la préciosité »?   14. Quel est l'auteur qui s'est moqué des
« précieuses »?   15. Est-ce que les auteurs dramatiques du XVIIᵉ siècle
ont fait représenter la plupart de leurs pièces à Paris ou à Versailles?
16. Quand on disait « la province » au XVIIᵉ siècle, à quoi pensait-on?

17. Comment un grand seigneur pouvait-il voyager de Paris « en province »? 18. En quelle année a-t-on commencé à publier le premier journal? 19. Quelles étaient les occupations préférées des jeunes nobles qui demeuraient en province? 20. Mentionnez quelques-uns des « privilèges » des nobles. 21. Comment la bourgeoisie provinciale était-elle organisée au XVIIᵉ siècle? 22. Quelle était la condition des paysans au XVIIᵉ siècle? 23. Qu'est-ce que Henri IV avait voulu faire pour les paysans? 24. A-t-il réussi à le faire? 25. A quoi est-ce que La Bruyère a comparé les paysans?

XV

A. Complétez les phrases suivantes:

1. En 1715, le Régent était un soldat courageux mais _____.
2. John Law proposa d'établir _____ et de mettre en circulation _____.
3. Louis XV abandonna la conduite du royaume à _____. 4. La femme la plus influente du XVIIIᵉ siècle a sans doute été _____. 5. Par la guerre de Sept Ans, la France perdit _____. 6. Louis XV donna la Louisiane à _____. 7. Louis XVI n'était pas le fils de Louis XV mais _____. 8. La femme de Louis XVI était _____. 9. Parmi les Français qui ont aidé les États-Unis à gagner leur indépendance, on doit signaler _____. 9. Le chef-d'œuvre de Watteau est _____. 10. Chardin aimait à peindre _____. 11. François Boucher a représenté _____. 12. Fragonard a peint des _____. 13. Parmi les chefs-d'œuvre de Greuze sont _____ et _____. 14. Hubert Robert est le peintre des _____. 15. La Tour est surtout un peintre de _____. 16. Houdon a fait surtout des _____.

B. Répondez en français aux questions suivantes:

1. Mentionnez quelques caractéristiques de la littérature du XVIIIᵉ siècle que la littérature du XVIIᵉ siècle ne possédait pas. 2. Quelle est l'importance des salons parisiens? 3. Qu'est-ce que Montesquieu décrit dans ses *Lettres persanes*? 4. En quel pays se passe l'action de *Gil Blas*? 5. Quel est le chef-d'œuvre de Marivaux? 6. Expliquez la signification de la phrase « la séparation des genres ». 7. Est-ce que Beaumarchais a écrit des comédies ou des opéras? 8. Comment les héros et les héroïnes des romans du XVIIIᵉ siècle montrent-ils leur sensibilité? 9. Qu'est-ce que Montesquieu voulait faire dans *l'Esprit des lois*? 10. Qu'est-ce que Diderot voulait faire dans l'*Encyclopédie*? 11. Quel est le sujet de *la Henriade* de Voltaire? 12. Qu'est-ce que Voltaire raconte dans son *Essai sur les mœurs*? 13. Mentionnez deux principes fondamentaux de la philosophie de Jean-Jacques Rousseau. 14. Croyez-vous que l'Age d'or ait existé dans le passé? 15. S'il est impossible de retourner à « l'état de nature », qu'est-ce que Rousseau nous conseille de faire? 16. Quel est le caractère distinctif de l'autobiographie de Rousseau? 17. Si vous vouliez lire toutes les œuvres d'un seul écrivain du XVIIIᵉ siècle, quel auteur choisiriez-vous? 18. Citez un musicien français du XVIIIᵉᵐᵉ siècle.

XVI

A. **Expliquez l'importance des noms propres suivants:**

1. les Etats Généraux
2. le Tiers-Etat
3. le serment du Jeu de Paume
4. la Manche
5. le Jura

6. la Fête de la Fédération
7. « la fuite à Varennes »
8. Valmy et Jemmapes
9. le Comité de Salut public
10. la Grande Terreur

B. **Expliquez (en français ou en anglais) la signification des phrases suivantes:**

1. « l'infaillibilité du monarque »
2. « roi par la grâce de Dieu »
3. « cahiers de doléances »
4. « la Bastille »
5. « la nuit du 4 août »

6. « les biens énormes du clergé »
7. « la fuite à Varennes »
8. « La Vendée est reconquise. »
9. « C'est le sang de Danton qui t'étouffe! »
10. « le neuf Thermidor »

C. **Cherchez, dans un dictionnaire ou une encyclopédie, des renseignements supplémentaires à propos des noms suivants:**

1. le comte de Mirabeau
2. Jacques Necker
3. Camille Desmoulins
4. le marquis de Lafayette (en France aussi bien qu'en Amérique)

5. Rouget de Lisle
6. Jean-Paul Marat
7. Georges-Jacques Danton
8. Robespierre

XVII

A. **Répondez en français aux questions suivantes:**
1. Pourquoi, à l'époque du Directoire, la vie était-elle difficile pour la plupart des Français? 2. Pourquoi n'était-elle pas difficile pour tous les Français? 3. Qui étaient les Incroyables? 4. Et les Merveilleuses? 5. Un jour, un groupe d'hommes marchait le long de la rue Saint-Honoré; qu'est-ce que ces hommes avaient l'intention de faire? 6. Comment les a-t-on empêchés de le faire? 7. Où Napoléon Bonaparte est-il né? 8. En quelle année est-il né? 9. Quel a été son premier exploit militaire? 10. Pourquoi le gouvernment du Directoire l'a-t-il envoyé en Italie? 11. Qu'est-ce qui s'est passé « le 18 Brumaire »? 12. Expliquez l'importance du Concordat. 13. Qu'est-ce que c'est que « le Code Napoléon »? 14. Qu'est-ce que c'est qu'un lycée? 15. Pourquoi Napoléon

voulait-il être couronné? 16. Pourquoi Napoléon a-t-il divorcé d'avec Joséphine? 17. Qui a-t-il épousé? 18. Après son retour de Russie, où est-ce que Napoléon a été exilé? 19. Le 26 février 1815, Napoléon s'est échappé de l'île d'Elbe et le 20 mars, il est rentré à Paris; il a perdu la bataille de Waterloo le 18 juin. Pourquoi cette époque de l'histoire de France s'appelle-t-elle les « Cent-Jours »? 20. Où est-ce que Napoléon est mort? 21. Où est son tombeau?

B. **Expliquez l'importance de chacune des batailles suivantes (cherchez des renseignements supplémentaires dans une encyclopédie ou un dictionnaire encyclopédique):**

1. Marengo   3. Iéna   5. Friedland   7. Waterloo
2. Austerlitz 4. Eylau   6. Borodino

C. **Répondez en français aux questions suivantes:**
1. En quelle province se trouve la Malmaison? 2. Pourquoi dit-on que Joséphine était « une créole »? 3. Trouvez quelques adjectifs qui décrivent « le style Empire ». 4. Comment s'amusait-on à la Malmaison? 5. Pourquoi peut-on dire que la Malmaison « a mérité son nom »?

XVIII

A. **Répondez en français aux questions suivantes:**
1. Pourquoi peut-on dire que le gouvernement de Louis XVIII n'était libéral qu'en apparence? 2. Le peuple n'a joué aucun rôle politique sous Louis XVIII; pourquoi? 3. Décrivez brièvement le roi Charles X. 4. A quels nobles est-ce que Charles X a donné un milliard de francs? 5. Pourquoi cette générosité a-t-elle déplu aux bourgeois? 6. Jusqu'en 1962, l'Algérie faisait partie de la France; expliquez comment cette région était devenue française. 7. Qu'est-ce que c'était que « les Trois Glorieuses »? 8. Pourquoi a-t-on appelé le gouvernement « la monarchie de Juillet »? 9. Pourquoi ni les royalistes ni les républicains n'aimaient-ils Louis-Philippe? 10. Pourquoi les bourgeois approuvaient-ils la politique de « la paix à tout prix »? 11. Qu'est-ce qui s'est passé en France en février 1848?

B. **Après le nom de chaque écrivain, indiquez le genre littéraire ou les genres littéraires dans lesquels il s'est distingué et donnez un ou deux titres de ses ouvrages:**

1. Chateaubriand   7. Alexandre Dumas père
2. Mme de Staël   8. George Sand
3. Lamartine   9. Stendhal
4. Vigny   10. Mérimée
5. Victor Hugo   11. Balzac
6. Musset

C. Trouvez pour chacun des artistes ou groupes suivants des adjectifs ou des phrases qui à votre avis caractérisent bien ses œuvres:

1. David   4. Géricault   7. L'école de Barbizon
2. Gros   5. Delacroix   8. Rude
3. Ingres   6. Corot

D.
Expliquez pourquoi Hector Berlioz est un musicien « romantique ».

E. Répondez en français aux questions suivantes:
1. Quelles classes sociales profitèrent le plus de la Révolution?
2. Si la bourgeoisie était « le Tiers-Etat », quelles personnes composaient le premier et le second « État »? 3. Expliquez ce que c'était que « la révolution économique » de la première partie du XIXe siècle. 4. Quelle était la théorie fondamentale de Saint-Simon? 5. Comment Louis Blanc a-t-il voulu aider les ouvriers? 6. Quand la classe ouvrière s'est-elle révoltée contre la bourgeoisie?

XIX

A. Répondez en français aux questions suivantes:
1. Après l'abdication de Louis-Philippe, comment le gouvernement provisoire a-t-il essayé de rendre le pays plus démocratique? 2. Combien de temps la Deuxième République a-t-elle duré? 3. Expliquez « le coup d'état » de Louis-Napoléon Bonaparte. 4. Pourquoi presque tous les Français ont-ils accepté le Second Empire? 5. Qu'est-ce que le baron Haussmann a fait pour « moderniser » Paris? 6. Quelles guerres ont eu lieu sous le Second Empire? 7. Combien de temps le Second Empire a-t-il duré?

B. Trouvez parmi les écrivains de la seconde colonne les auteurs des œuvres littéraires de la première colonne:

1. *Germinie Lacerteux*   Flaubert
   Les Fleurs du mal   Les Goncourt
   Madame Bovary   Leconte de Lisle
   Émaux et camées   Baudelaire
   Poèmes antiques   Théophile Gautier

2. A quel genre littéraire appartient chacun des ouvrages de la première colonne: poésie ou roman? 3. Qui est Carpeaux?

C. Répondez en français aux questions suivantes:
1. Qu'est-ce que Gustave Courbet voulait dire quand il s'est écrié: « Le beau, c'est le laid! »? 2. Quels sont les sujets préférés de Daumier?

D. Indiquez, en suivant l'exemple ci-dessous, la science ou les sciences au progrès desquelles les savants nommés ont contribué:

Ex: Pascal—l'arithmétique, la géométrie, la physique

1. Buffon
2. D'Alembert
3. Lagrange
4. Monge
5. Laplace
6. Lavoisier
7. Gay-Lussac
8. Berthollet
9. Claude Bernard
10. Ampère
11. Arago
12. Cuvier
13. Lamarck

XX

A. Indiquez brièvement l'importance de chacun des personnages suivants:

1. Thiers
2. Charles X
3. Louis-Philippe
4. Gambetta
5. Jules Ferry
6. le capitaine Dreyfus

B. Citez les réformes religieuses et sociales de la Troisième République.

C. Esquissez le développement de l'Empire Colonial francais

D. Indiquez briévement l'importance de chaque personnage:

ECRIVAINS

1. Zola
2. Maupassant
3. Daudet
4. Becque
5. Antoine
6. Verlaine
7. Rimbaud
8. Mallarmé
9. Loti
10. Anatole France
11. Bourget
12. Rolland
13. Rostand
14. Maeterlinck
15. Claudel
16. Péguy
17. Apollinaire

ARTISTES

1. Monet
2. Pissarro
3. Degas
4. Sisley
5. Morisot
6. Renoir
7. Gauguin
8. Van Gogh
9. Henri Rousseau
10. Seurat
11. Toulouse-Lautrec
12. Cézanne
13. Rodin
14. Maillol

COMPOSITEURS

1. Bizet
2. Massenet
3. C. Franck
4. Saint-Saëns
5. Fauré
6. Ravel
7. Debussy

E.   **Répondez en français aux questions suivantes:**
1. Comment Henri Becquerel a-t-il rendu possible l'œuvre de Pierre et de Marie Curie?   2. Comment les savants français ont-ils aidé l'agriculture?   3. Qu'est-ce que Chardonnet a inventé?   4. Pourquoi a-t-on construit la Tour Eiffel?   5. Pourquoi a-t-on donné le nom d'Eiffel à cette tour?   6. Mentionnez quatre découvertes importantes de Louis Pasteur.

XXI

A.   **Répondez en français aux questions suivantes:**
1. En quelle année la Première Guerre mondiale a-t-elle éclaté? 2. En quelle année s'est-elle terminée?   3. Faites une liste des pays qui ont participé à cette guerre.   4. Quels pays ont gagné les batailles suivantes: (a) la bataille de la Marne, (b) la bataille de Verdun (c) la bataille de Caporetto (d) les batailles de Soissons et de Péronne?   5. Quel événement important a eu lieu le 11 novembre 1918?   6. Quelles sont les clauses de la paix de 1919?

B.
1. Quel homme d'état a réussi à améliorer la situation financière de la France de 1926 à 1930?   2. Quelles classes de la société française étaient en conflit entre 1920 et 1939?   3. Pourquoi, entre 1920 et 1940, les présidents du Conseil étaient-ils plus importants que les présidents de la République?   4. Pourquoi Clemenceau est-il un homme d'état célèbre?   5. A quel traité associe-t-on le nom d'Aristide Briand?   6. A quel parti appartenait Léon Blum?   7. Pourquoi la France a-t-elle construit la Ligne Maginot, qui devait se montrer inutile?   8. Que veut dire l'expression « une course aux armements »?   9. Avec quels pays la France s'est-elle alliée entre 1930 et 1939?   10. En quelle année est-ce que le chancelier Hitler a fait éclater la Seconde Guerre mondiale?

C.   **Ecrivez, après chacun des noms suivants, deux ou trois phrases pour indiquer l'importance littéraire de l'écrivain:**

1. Marcel Proust
2. André Gide
3. François Mauriac
4. Jules Romains
5. Georges Duhamel
6. Jean Giraudoux
7. Antoine de Saint-Exupéry
8. Colette
9. Cocteau
10. Breton
11. Valéry
12. Eluard
13. Aragon
14. Saint-John Perse
15. Reverdy

D.   **Répondez en français aux questions suivantes:**
1. Mentionner un trait caractéristique de chacun des artistes suivants: (a) Matisse, (b) Braque, (c) Rouault, (d) Utrillo, (e) Dufy,

(f) Delaunay, (g) Duchamp, (h) Bourdelle, (i) Lipchitz   2. Quels sont les compositeurs les plus importants de « l'Entre-deux-guerres »?   3. Quelle est la date du premier film français et quels sont ses réalisateurs? 4. Donnez le nom de 3 réalisateurs de films entre les années '20 et '30 et citez leurs œuvres principales.

XXII

A.   Répondez en français aux questions suivantes:

1. Qui déclara la Seconde Guerre mondiale?   2. Comment le général de Gaulle, presque inconnu, a-t-il révélé son patriotisme?   3. Quelle action a marqué la fin de la Troisième République?   4. Combien d'années la Troisième République avait-elle duré?   5. Qu'est-ce que la « Zone libre » et la « Zone occupée »?   6. Qu'appelle-t-on la Résistance? 7. Quand Paris fut-il libéré?   8. La Quatrième République ressemblait à la Troisième République. Quelles étaient donc ses faiblesses?   9. Après la guerre, comment les Etats-Unis ont-ils aidé la France à se relever? 10. Quelles découvertes ont permis à la France d'augmenter sa prospérité?   11. Comment s'appelle en français le « Common Market »? 12. (a) Qu'est-ce que la France voulait faire en Indochine en 1945? (b) A-t-elle réussi?   13. Quand est-ce que la France avait conquis la Cochinchine (Viêt-nam du Sud)? (Voyez le chapitre 20).   14. Comment le Viêt-nam a-t-il été divisé par la Conférence de Genève en 1954?   15. Comment la France avait-elle pris possession de l'Algérie? (Voyez le chapitre 18.)   16. Quels étaient les rapports entre la France et l'Algérie en 1954?   17. Quelle fut la cause du retour du général de Gaulle au pouvoir?

B.

1. Est-ce que les pièces de théâtre de Montherlant sont sérieuses ou amusantes?   2. Quels sont les trois principes de l'existantialisme? 3. Est-ce que les pièces de Jean Anouilh sont aussi philosophiques que celles de Sartre?

(Répondez aux questions suivantes si vous avez lu ou vu les pièces dont il s'agit.)

4. Quelle est la vraie signification de la pièce d'Ionesco, *Rhino-céros*?   5. Quelles questions doit-on se poser en lisant ou en voyant *En attendant Godot*?   6. Citez trois auteurs dramatiques d'avant-garde. 7. Quelles différences pouvez-vous faire entre Char et Prévert?   8. Quelle a été la principale source d'inspiration de Pierre Emmanuel? 9. Quels sont les chef-d' œuvres de Camus?   10. Quel a été le but principal de Marcel Aymé.   11. Quelle region de France a surtout inspiré Jean Giono?   12. Citez trois ''nouveaux romanciers'' et caractérisez-les. 13. Qui est Roland Barthes?   14. Qu'est-ce que « la Querelle de la Nouvelle critique »?   15. Qui est Claude Levi-Strauss?

C.   Trouvez quelques adjectifs ou quelques phrases pour décrire l'œuvre des artistes suivants:

1. Jean Dubuffet
2. Alfred Manessier
3. Nicolas de Staël
4. Pierre Soulages

5. Bernard Buffet
6. Georges Mathieu
7. Victor Vasarely

D.

1. Pourquoi Henri Dutilleux a-t-il pu influencer le goût musical des Français? 2. Quelle est l'importance d'André Jolivet? 3. Comment Olivier Messiaen exerce-t-il une grande influence sur la musique contemporaine? 4. Pourquoi le nom de Pierre Boulez est-il bien connu? 5. Et celui de Charles Munch?

E. Répondez en francais aux questions suivantes:
1. Quelle est l'importance des *Cahiers du cinéma*?
2. Qu'est-ce que « la Nouvelle Vague »? 3. Quelle est la caractéristique du groupe de la « Rive Gauche »? 4. Si vous avez vu un ou des films français, dites en quoi il ou ils diffèrent des films américains.

F. Expliquez brièvement l'importance des metteurs en scène suivants:

1. René Clair
2. René Clément
3. Jacques Tati
4. Robert Bresson

5. François Truffaut
6. Jean-Luc Godart
7. Louis Malle
8. Agnès Varda

G.

En lisant l'exposé de l'éducation en France, faites une liste des différences *frappantes* entre l'éducation française et l'éducation américaine. (*Par ex.*: Remarquez les différences entre les écoles primaires des deux pays ou bien entre les lycées et les collèges français et les « high schools » américains.)

XXIII

A. Répondez en français aux questions suivantes:
1. Depuis quand la Cinquième République existe-t-elle? 2. Sur quelle idée ou quelle conviction est fondée presque toute l'action politique du Président de Gaulle? 3. Quelle est la condition actuelle de l'ancien Empire français? 4. Quand est-ce que l'Algérie est devenue complètement indépendante? 5. Quelle est, à votre avis, la signification des événements du printemps de 1968? 6. Georges Pompidou a-t-il innové en matière politique? 7. Quels étaient les deux candidats les plus importants à la présidence en 1974? Qui a été élu?

B.

Faites une liste d'une dizaine de monuments que vous voudriez voir si vous alliez à Paris (ou qui vous ont laissé une forte impression si vous les avez visités).

C.   Expliquez l'importance des établissements suivants:

1. le Collège de France
2. l'Ecole des Chartes
3. l'Académie Française
4. l'Académie Goncourt

5. le Musée du Jeu de Paume
6. le Musée Carnavalet
7. le Musée de Cluny
8. la Comédie-Française

D.

De 1400 à 1976 il y a presque six siècles. Faites une liste de douze événements (deux par siècle) que vous considérez les plus importants de leur époque.

LEXIQUE

A

abaisser to lower
abandonner to abandon
abasourdi bewildered, dumfounded
abbaye *f.* abbey
abbé *m.* abbot
abdiquer to abdicate
abime *m.* abyss
abnégation *f.* abnegation; self-sacrifice
abolir to abolish
abondance *f.* abundance
abondant abundant, plentiful
abord *m.* approach; *pl.* surroundings, vicinity; **d'—, tout d'—** first, at first
aborder to approach, attack, deal with
abri *m.* shelter
abrupt abrupt, rugged, steep
absenter: s'— to be absent
absolu *n.m. and adj.* absolute
absolument absolutely
absorber to absorb
abstractionnisme *m.* abstractionism; principles, ideals of abstract art
abstractionniste *m.* artist practicing the principles of abstract art
abstrait abstract
absurde *adj.* absurd
absurdité *f.* absurdity
abus *m.* abuse, error
abuser (de) to take advantage (of)
académicien *m.* academician, member of an academy
académie *f.* academy; society of distinguished or learned men

académique academic
académisme *f.* formalism; unoriginal imitation of classic models
Acadie *f.* Acadia
acajou *m.* mahogany
accentuer to accentuate, emphasize; **s'—** to become accentuated, become more marked
accès *m.* access, admission
accidenté rugged, uneven
accompagner to accompany
accomplir to accomplish, perform; **s'—** to be accomplished, be brought about
accomplissement *m.* accomplishment, achievement
accord *m.* agreement
accordée *f.* bride; bethrothal, engagement
accorder to accord, grant; **s'—** to agree, coincide
accoutumer:s'—(à) to become accustomed to, acquire the habit of
accrocher to hang, hang up
accroissement *m.* increase
accroître to enlarge, extend, increase; **s'—** to increase, grow
accru, accrut *from* **accroître**
accueillir to receive, welcome
acétylène *m.* acetylene
acheter to buy
achever to achieve, complete, finish; **s'—** to be completed, be finished
acier *m.* steel
acquérir to acquire, obtain
acquis, acquit *from* **acquérir**

acteur *m.*   actor
actif   active
action *f.*   action, influence; share (of stock); *pl.*   stocks
activité *f.*   activity
actuel   contemporary, present, of the present time
actuellement   at the present time
adapter   to adapt; **s'—(à)**   to be adapted to; to conform to; to fit, suit
adhérent *m.*   adherent, supporter
adhérer (à)   to join
adieux *m.pl.*   farewell
admettre   to admit, allow
administrateur *m.*   administrator
administrer   to administer, manage
admirer   to admire
adonner: s'—(à)   to devote oneself (to)
adopter   to adopt
adoucir   to soften, make mild or gentle; **s'—**   to soften, become or grow gentle or more refined
adresser   to address, send; **s'—à** to appeal to, turn to
adversaire *m.*   adversary, opponent
affable   affable, kindly
affaiblir   to weaken; **s'—**   to become or grow weak; to weaken
affaiblissement *m.*   weakening
affaire *f.*   affair; *pl.*   business
affairé   busy, bustling
affamé   famished, starving
affermir   to make firm, strengthen
afficher   to paste up, post, stick up
affliger   to afflict
affirmer   to affirm; **s'—**   to assert oneself
affluent *m.*   tributary (*of river*)
affreux   dreadful, frightful, horrible, shocking, terrible
afin de   in order to
africain *adj.*   African
Afrique *f.*   Africa

âge *m.*   age; **en—de**   old enough to; **le Moyen Age**   the Middle Ages
âgé   old
agenouiller: s'—   to kneel, kneel down
aggraver: s'—   to aggravate, make worse
agir   to act; **s'—de**   to be a question or matter of
agité   agitated
agiter: s'—   to be agitated, excited; to bustle, move about
agneau *m.*   lamb; **peau d'—** lambskin, vellum
agrafer   to clasp, hook
agrandir   to enlarge; **s'—**   to become or grow larger
agréable   agreeable, pleasant
agresseur *m.*   aggressor
agression *f.*   aggression
agricole   agricultural
aide *m.*   assistant
aide *f.*   aid, help
aider   to aid, assist, help
aïeul *m.*   ancestor
aigle *m.*   eagle
aigrir   to embitter, exasperate, sour
aigu, aiguë   sharp, shrill
aile *f.*   wing
ailé   winged
ailleurs   elsewhere, somewhere else; **d'—**   besides, moreover; **par—**   besides, furthermore, otherwise
aimable   agreeable, pleasant
aimer   to like, love; **—mieux** to like better, prefer
aîné *m.*   elder, senior; *adj.* elder, eldest
ainsi   so, thus; in this or that manner or way; **—que**   as well as
air *m.*   air; **en plein—**   in the open air, out of doors; (*music*) air, tune
aise *m.*: **à son—**   well off, comfortable
aisé   well off, well-to-do
ajouter   to add
Albigeois *m.pl.*   Albigenses, inhabitants of Albi

alcool *m.* alcohol
alexandrin *n.m. and adj.* alexandrine (*line of poetry having 12 syllables*)
algèbre *f.* algebra
Alger *m.* Algiers (*capital of Algeria*)
Algérie *f.* Algeria
Algérien *m.* Algerian
algérien *adj.* Algerian
aliéné *m.* insane person, lunatic, madman
alignement *m.* straight line
aligner to line up, set in lines
alimenter to feed, nourish
allée *f.* path, walk
alléger to lighten, alleviate
allégorie *f.* allegory
allégorique allegorical
Allemagne *f.* Germany
allemand *m.* German (*language*); *adj.* German; **Allemand** *m.* German (*person*)
aller to go; **s'en—** to go away
allié *m.* ally; **les Alliés** the Allies
allier to ally; **s'—à** to join together with, form an alliance with
allouer to allocate, grant
aloi *m.* quality
alors then, at that time; **—que** whereas, while
alouette *f.* lark
alourdir to make heavy
amant *m.* lover
amateur *m.* connoisseur, lover
ambassadeur *m.* ambassador
ambitieux ambitious
âme *f.* soul; **état d'—** soul state, mental and emotional condition
amélioration *f.* improvement
améliorer to ameliorate, better, improve; **s'—** to improve
amener to bring, bring on, cause
amer bitter
américain *adj.* American
Amérique *f.* America
amertume *f.* bitterness
améthyste *f.* amethyst
ami *m.* friend; *adj.* friendly

amitié *f.* friendship
amnésique *m.* person afflicted with amnesia
amour *m.* love; *pl.* love affairs
amour-propre *m.* self-esteem, self-respect, conceit, pride, vanity
amoureux *m.* lover
amoureux in love
an *m.* year; **avoir (X) ans** to be (X) years old
analyse *f.* analysis
analytique analytical
anarchie *f.* anarchy
ancêtre *m.* ancestor, predecessor
ancien ancient, old, former
ancienneté *f.* ancientness, oldness
âne *m.* ass, donkey; **peau d'—** ass' skin, parchment
anéantir to annihilate, crush, destroy
ange *m.* angel
anglais *m.* English (*language*); *adj.* English; **à l'—e** in the English fashion, manner *or* style; **Anglais** *m.* Englishman; *pl.* English, British
Angleterre *f.* England
angoisse *f.* anguish
angularité *f.* angularity
animé animated
année *f.* year
annexer to annex
annonce *f.* announcement
annoncer to announce, proclaim; to foretell
annuel annual
anonyme anonymous
anormal abnormal
antan *m.* last year, yesteryear
anti-Dreyfusard *m.* opponent of Dreyfus
antique ancient
antiquité *f.* antiquity
août *m.* August
apaiser to appease, quell, quiet
apathie *f.* apathy
apercevoir to observe, perceive; **s'—de** to perceive, be aware of, notice
apitoyer: s'— to feel pity

apogée *m.* climax, height

apothéose *f.* apotheosis, glorification

apothicaire *m.* apothecary

apôtre *m.* apostle, leader

apparaître to appear

apparat *m.*: **robe d'**— ceremonial or state robe

apparence *f.* appearance; **en**— in appearance, apparently

appartement *m.* apartment

appartenir to belong

appauvrir to impoverish

appel *m.* appeal; **faire**—**à** to appeal to, make an appeal to; to resort to

appeler to call; **s'**— to be called, be named; **en**—**à** to appeal to

appliquer to apply; **s'**— to be applied

apport *m.* contribution, gift

apporter to bring

apprécier to appreciate

apprendre to learn

apprentissage *m.* apprenticeship

apprêter: **s'**— to get ready, prepare

approcher: **s'**— to approach

approuver to approve, approve of

appui *m.* support

appuyer to support; **s'**— to depend, lean

après *prep.* after; **d'**— after, according to, adapted from; *adv.* after, afterwards

après-guerre *f.* postwar period or years

âpreté *f.* bitterness, fierceness, violence

aqueduc *m.* aqueduct

arabe *adj.* Arabian

Arabe *m.* Arab

araignée *f.* spider

arbitraire *m.* arbitrariness, absoluteness, willfulness; *adj.* arbitrary, absolute

arbre *m.* tree; —**fruitier** fruit tree

arc *m.* arch

arc-boutant *m.* flying buttress

archaïque archaic

arche *f.* arch, arching

archéologie *f.* archeology

archer *m.* archer

archevêque *m.* archbishop

archiduc *m.* archduke

archiduchesse *f.* archduchess

architecte *m.* architect

archiviste *m.* archivist

ardemment ardently, intensely, spiritedly

ardeur *f.* ardor, eagerness, fervency

ardu arduous, difficult

arènes *f.pl.* arena

argent *m.* money, silver

argenté silvery

aride arid, dry; barren

aristocratie *f.* aristocracy

aristocratique aristocratic

arithmétique *f.* arithmetic; *adj.* arithmetical

Arlésienne *f.* girl or woman from Arles

arme *f.* arm, weapon; *pl.* coat of arms

armé armed

armée *f.* army

armement *m.* *see* **course**

armer (de) to arm (with); **être armé chevalier** to be made a knight, be dubbed a knight

armoiries *f.pl.* coat of arms

armure *f.* armor

arracher to pull out

arrestation *f.* arrest

arrêt *m.* rest, stop; (*judicial*) sentence; **temps d'**— pause, stoppage; **sans**— without a stop

arrêter to arrest, stop

arrière: **en**— back, behind

arrière-garde *f.* rear guard

arrière-petit-fils *m.* greatgrandson

arriver to arrive, come; to happen

arrondir: **s'**— to round oneself out, increase one's size

arroser to water

art *m.* art; **beaux-arts** fine arts

articulé articulate

artifice *m.* artifice, trick
artificiel artificial
artillerie *f.* artillery
artisan *m.* artisan, workman
artiste *m. and f.* artist, performer
artistique artistic
asiatique Asiatic
Asie *f.* Asia
asile *m.* shelter, sanctuary
asphalte *m.* asphalt
assassinat *m.* assassination, murder
assassiner to assassinate, murder
assaut *m.* assault
assemblée *f.* assembly, company
assembler: s'— to assemble, meet
asseoir: s'— to sit down
assez enough, rather
assidu assiduous, diligent
assiduité *f.* assiduity, diligence
assiéger to besiege, lay siege to
assiette *f.* plate
assignat *m.* promissory note
assigner to assign
assister (à) to be present at; to attend, witness
association: droit d'— right to form labor unions
associer to associate
assoiffé thirsty, eager
assommoir *m.* tavern, saloon
assoupir: s'— to become dull, drowsy, quiet or sleepy
assuré certain, positive, sure
assurer to assure, assert, make certain; **s'—** to secure for oneself
asthme *m.* asthma
astronomie *f.* astronomy
atelier *m.* workshop, studio
athée *m.* atheist
Atlantique *adj. and n.m.* Atlantic, Atlantic Ocean
atmosphère *f.* atmosphere
atomique atomic
atroce atrocious
attacher to attach; **s'—** to unite; to devote oneself, interest oneself
attaque *f.* attack

attaquer to attack; **s'—à** to attack
atteindre to attain, reach, arrive at; (*of illness*) to attack
attendre to await, expect, wait for; **s'—à** to expect
atténuer to attenuate, soften, weaken
attirer to attract, draw; **s'—** to incur; to gain, obtain, win
attitré appointed, regular
attrait *m.* attraction
attrayant attractive
aube *f.* dawn
auberge *f.* inn
aucun *adj. and pron.* any; (*with neg.*) no, none, not one
audace *f.* audacity, boldness
audacieux audacious, bold, daring
au-delà (de) beyond
au-dessus de above, over
audience *f.* (*judicial*) hearing, sitting
augmentation *f.* increase
augmenter to augment, enlarge, increase
aujourd'hui today
aumônier *m.* chaplain
auparavant before
auprès de near, close to
auspices *m.pl.* auspices, support
aussi also, too, therefore; **— ... que** as ... as
aussitôt immediately; **—que** as soon as
austère austere, stern
austérité *f.* austerity, severity, sternness
autant as much, as many, so much, so many
auteur *m.* author, creator; **—dramatique** dramatist
authentique authentic
autobiographique autobiographical
automnal autumnal
autonomie *f.* autonomy, self-government
autonomiste *m.* autonomist
autoriser to authorize, warrant
autoritaire authoritative, dictatorial

autorité *f.*   authority
autour de   around, about
autre   other; **d'autres**   others;
 aucun—   any other
autrefois   formerly
Autriche *f.*   Austria
autrichien *adj.*   Austrian;
 Autrichien *n.m.*   Austrian
avance: d'—   in advance,
 beforehand
avancé *f.*   advance
avancer: s'—   to advance
avant *prep.*   before; *adv.*
 before; **—Jésus-Christ**   B.C.
avantage *m.*   advantage, benefit; **tirer—de**   to take advantage of, profit by
avantageux   advantageous
avant-garde *f.*   vanguard; *n.*
 and adj.   ultra-modern
avare *m.*   miser; *adj.*   miserly
avarice *f.*   avarice, stinginess
avec   with
avènement *m.*   accession,
 coming, rise, (*first*) appearance
avenir *m.*   future
aventure *f.*   adventure
aventurier *m.*   adventurer
avenue *f.*   avenue, line
aveuglé   blind, deluded
aveuglément   blindly, implicitly
aviateur *m.*   aviator
avidité *f.*   greediness
avion *m.*   airplane; **—sans**
 moteur   glider
avis *m.*   opinion; **à son—**   in
 one's-(his, her)-opinion; **à**
 votre—   in your opinion
avocat *m.*   lawyer
avoir   to have; **il y a** + *exp. of*
 time   ago
avril *m.*   April
azur *m.*   azure

B

baccalauréat *m.*   baccalaureate
 (*examination or degree*)
bactériologie *f.*   bacteriology
badin   playful, jesting
bagage *m.*   baggage
baie *f.*   bay
baïonnette *f.*   bayonet
bal *m.*   ball, dance
balance *f.*   balance, scales

balancer: se—   to swing
balbutier   to stammer
balcon *m.*   balcony
ballon *m.*   balloon
balnéaire   *see* **station**
banal   commonplace, ordinary
bande *f.*   band, strip
bannissement *m.*   banishment,
 exile
banque *f.*   bank
banqueroute *f.*   bankruptcy
banquier *m.*   banker
baptiser   to baptize
barbare *n.m.*   barbarian; *adj.*
 barbaric
barbier *m.*   barber
baromètre *m.*   barometer
barque *f.*   boat
barre *f.*   bar; *pl.*   prisoner's
 base (*game*)
barrière *f.*   barrier
bas   low, base; **le—peuple**   the
 common people
bas *adv.*   low; **à— . . . !**   down
 with . . . !
base *f.*   base, basis, foundation
baser   to base; **se—sur**   to take
 as a basis; to depend on, rely on
bas-fonds *m.pl.*   bottom, lowest
 level, lowest strata
basilique *f.*   basilica
bas-relief *m.*   bas-relief
Basse-Normandie *f.*   Lower
 Normandy
bataille *f.*   battle
bateau *m.*   boat; **—à vapeur**
 steamboat
bateleur *m.*   buffoon; juggler
bâtiment *m.*   building
bâtir   to build, construct, erect
battre   to beat; **se—**   to fight;
 —en retraite   to retreat
bavarder   to gossip, talk
beau   beautiful, fine; **avoir—** +
 infin.   to be in vain to, be
 useless to
beaucoup   much, many, a great
 deal; **de—**   by far
beau-père *m.*   father-in-law
beauté *f.*   beauty
beaux-arts *m.pl.*   fine arts
belge   Belgian
Belgique *f.*   Belgium
belliqueux   belligerent, warlike

bénéfice *m.* profit
bénitier *m.* holy water basin
Berezina a river in Russia
berger *m.* shepherd
bergère *f.* shepherdess
bergeries *f.pl.* pastorals
besoin *m.* need; **au**— in case
of need, on occasion; **avoir—de**
to need; **si—est** if need be, if
necessary
bête *f.* animal, beast
bêtise *f.* folly, stupidity
betterave *f.* sugar beet
bibliothèque *f.* library
bien well, very; —**que** although, though; —**de** many
bien *m.* good; *pl.* estate, property
bien-être *m.* well-being, welfare
bienfaisant beneficent, benevo-
lent, kind, kindly
bienfait *m.* benefit, good deed,
act of kindness; *pl.* advantages
bienfaiteur *m.* benefactor
bienséance *f.* decency, deco-
rum, propriety
bientôt soon
bière *f.* beer
bilan *m.* balance sheet
billet *m.* note
biographie *f.* biography
biologie *f.* biology
biologiste *m.* biologist
bizarre strange, odd
blanc white
blanchisseuse *f.* laundress
blasé blasé, indifferent
blasphème *m.* blasphemy
blé *m.* grain, wheat
blesser to wound
blessure *f.* wound
bleu *n.m. and adj.* blue
blindé armored
bloc *m.* block
blocus *m.* blockade
blond blond, light
bohème *m.* Bohemian
bois *m.* wood
boiserie *f.* panelling; woodwork
boisson *f.* drink
boîte *f.* box; —*de nuit* night
club
bolcheviste *m.* bolshevik, com-
munist

bombardement *m.* bombard-
ment, shelling
bombe *f.* bomb
bon good
bonapartiste *m.* Bonapartist
(*supporter of Napoleon
Bonaparte*)
bonheur *m.* happiness, joy,
pleasure
bonhomme *m.* simple, easy-
going man
Bonne-Espérance (cap de) *f.*
Cape of Good Hope
bonnet *m.* cap
bonté *f.* goodness, kindness
bord *m.* border; bank, shore
border to border
borne *f.* bound, limit; **sans—s**
unbounded, unlimited
borné limited, narrow, petty,
shallow
borner to limit
bosquet *m.* thicket, clump of
trees or shrubbery
boucher *m.* butcher
boueux muddy
bouffon *m.* buffoon, jester
boulanger *m.* baker
bouleverser to upset, to bowl
over
bouquetin *m.* ibex
bourg *m.* town
bourgeois *m.* man of the middle
class
bourgeoisie *f.* middle class
Bourgogne *f.* Burgundy
bourguignon *n.m. and adj.*
Burgundian
bourreau *m.* executioner
bourse *f.* purse; scholarship
Bourse *f.* Stock Exchange
bout *m.* end; **de—en**— from end
to end; **d'un—à l'autre** from
one end to the other, from end
to end; **jusqu'au**— to the end,
completely; **venir à—de** to
get the better of
boutique *f.* shop
boutiquier *m.* shopkeeper
branchage *m.* branches, bough
bras *m.* arm
brave good, worthy
bref, brève *adj.* brief, short;
bref *adv.* in short

Bretagne *f.*   Brittany
breton *adj.*   Breton, of Brittany;
  Breton *m.*   Breton (*native or
  inhabitant of Brittany*)
brièvement   briefly
brillant   brilliant
briller   to glitter, shine
brique *f.*   brick
briser   to break, break down; to
  shatter
brochure *f.*   pamphlet
broderie *f.*   embroidery
brouillard *m.*   fog
Bruges   *city in Belgium*
bruit *m.*   noise, report, rumor
brûler   to burn
Brumaire *m.*   Brumaire (*second
  month of the calendar of the first
  French Republic, Oct. 25–Nov.
  21*)
brumeux   foggy, misty
brun *n.m. and adj.*   brown
brut *adj.*   rough, unrefined,
  primary (product)
bruyamment   noisily, clamor-
  ously
bruyant   noisy, blusterous
bûcher *m.*   pile, stake; **mourir
  au—**   to die at the stake
Bulgarie *f.*   Bulgaria
bureau *m.*   office; **—d'esprit**
  drawing room (*in Paris*); **—de
  location**   box office
Burgondes *m.pl.*   Burgundians
buste *m.*   bust; statue
but *m.*   goal, object, purpose
butin *m.*   booty, spoils
byzantin *adj.*   Byzantine

C

çà   here; **—et là**   here and there
cabaret *m.*   cabaret, tavern
cabinet *m.*   office, study
cacher   to conceal, hide; **se—**
  to hide
cachet *m.*   characteristic, quality; **lettre de—**   arbitrary
  warrant of imprisonment without trial
cachot *m.*   cell, dungeon
cadavre *m.*   corpse
cadet *adj.*   younger

cadet *m.*   younger brother,
  youngest son; **un —de famille**
  the younger son of a good family
cadre *m.*   frame, framework,
  setting
cage *f.*   cage, frame
cahier *m.*   notebook; **—de
  doléances**   statement of
  grievances (1789)
calcul *m.*   calculation, calculus
calculateur *m.*   calculator
calculer   to calculate, compute
calendrier *m.*   calendar
calligramme *m.*   example of fine
  penmanship
calvaire *m.*   wayside cross
calvinisme *m.*   Calvinism
camarade *m.*   comrade
camaraderie *f.*   companionship,
  intimacy
Cambodge *m.*   Cambodia
camée *m.*   cameo
camélia *m.*   camellia
camisole *f.*   camisole, jacket
campagne *f.*   country, country-
  side; campaign; **en pleine—**
  in the open country, out in the
  country
candidature *f.*   candidacy; *see
  also* **poser**
canne *f.*   cane
cannibale *m.*   cannibal
cantate *f.*   cantata
cantatrice *f.*   professional singer
capacité *f.*   capacity, capability
Capétien *m.*   Capetian
capitaine *m.*   captain
capital *n.m.*   capital (*financial*);
  adj.   capital, of great importance
capitale *f.*   capital, chief city
capitalisme *m.*   capitalism
capitaliste *m.*   capitalist
capituler   to capitulate,
  surrender
captif *n. and adj.*   captive,
  prisoner
captivité *f.*   captivity
car   for
caractère *m.*   character;
  describe; **se—**   to be charac-
  terized
caractéristique *n.m. and adj.*
  characteristic

Caravage Caravaggio
caravane *f.* caravan, band, troop
caricaturiste *m.* caricaturist
carnage *m.* carnage, slaughter
carolingien *adj.* Carolingian
Carolingien *m.* Carolingian (*a king during the Carolingian dynasty*)
carotte *f.* carrot
carré square
carreau *m.* small square; tile (*flooring*)
carrefour *m.* crossroad
carrière *f.* career
carrosse *m.* carriage, coach
carte *f.* card, map; —**postale** postcard
carton *m.* pattern (*for tapestry*)
cas *m.* case; **en tout (tous)**— in any case, at all events
catégorie *f.* category
cathédrale *f.* cathedral
catholique *n.m. and adj.* Catholic
cause *f.* cause; **à**—**de** because of, on account of
cave *f.* cellar
céder to yield
ceindre to gird, surround; **ceint de** wearing
ceinture *f.* belt
célèbre celebrated, famous
célébrer to celebrate, solemnize
célébrité *f.* celebrity, fame
céleste celestial, heavenly, of heaven
cellule *f.* cell
Celte *m.* Celt
celtique Celtic
cendres *f.pl.* ashes
cent hundred; **Cent Jours** period from March 20 to June 22, 1815
centaine *f.* hundred
centralisation *f.* centralization
centraliser to centralize
centre *m.* center
cependant however, nevertheless
céramique *f.* ceramics, pottery
cercle *m.* circle
cérémonie *f.* ceremony
cerf *m.* deer, stag

cerner to encircle, surround
certain *adj.* certain; *m. or f.pl.* some
certainement certainly, surely
certains *m.pl.* certain ones
certes certainly, to be sure
certificat *m.* certificate
cerveau *m.* brain
César Caesar
cesser to cease, stop
chacun each
chaîne *f.* chain
chair *f.* flesh, meat
chaise *f.* chair; —**à porteurs** sedan chair
chaleur *f.* heat
chaleureusement cordially, warmly
chamade *f.* drum-beat (*announcing a surrender*)
chambellan *m.* chamberlain (*court officer*)
chambre *f.* room, bedroom, chamber; (*govt.*) chamber, house; **musique de**— chamber music
champ *m.* field; —**de bataille** battlefield, battleground; **laisser le**—**libre à quelqu'un** to let someone have things his own way
champenois *m.* dialect of the province of Champagne
champêtre rural, rustic
chance *f.* fortune, luck
chancelier *m.* chancellor
chandelle *f.* candle
changement *m.* change
changeur *m.* money-changer
chanson *f.* song
chant *m.* song
chantefable *f.* chantefable (*work partly in prose, partly in verse*)
chanter to sing; to sing of, celebrate, praise
chaotique chaotic
chapeau *m.* hat
chapelle *f.* chapel
chapiteau *m.* capital (*of column*)
chapitre *m.* chapter
chaque each, every
charbon *m.* coal; anthrax (*disease*)

charge *f.* burden; office, post
charger to load, commission
charme *m.* charm, spell
charte *f.* charter, document, constitution
chartreuse *f.* monastery; convent of the order of St. Bruno
chasse *f.* hunt; **faire la—** to hunt; **pavillon de—** hunting lodge
chasser to drive, drive out; to hunt
château *m.* chateau, castle; **—fort** castle
châtelaine *f.* mistress (of a chateau)
châtiment *m.* punishment
chaud hot, warm
chauffage *m.* heating
chauffer to heat, warm
chaume *m.* thatch; *à toit de—* with a thatched roof
chaussure *f.* footwear, boots, shoes
chauve bald
chaux *f.* lime
chef *m.* chief, leader; *—d'état* head of state; *—d'orchestre* conductor
chef-d'œuvre *m.* masterpiece
chemin *m.* road, way; **—de fer** railroad
cheminée *f.* chimney
chemise *f.* shirt
chêne *m.* oak tree
cher dear, expensive
chercher to look for, seek; to endeavor, try
chercheur *m.* investigator, researcher, seeker
chéri *m.* loved one, darling
chétif puny, sickly, thin
cheval *m.* horse; **—de course** race horse
chevaleresque chivalrous, knightly
chevalerie *f.* chivalry, knighthood, knights
chevalier *m.* knight; chevalier (*title of nobility*)
cheveu *m.* hair
chez at, to, or in the house of; among, in, with
chicane *f.* chicanery, quibbling

chien *m.* dog
chiffre *m.* figure, number
chimérique chimerical, fantastic
chimie *f.* chemistry
chimique *adj.* chemical
chimiste *m.* chemist
chirurgien *m.* surgeon
chlorure *m.* chloride
choisir *to* choose
choix *m.* choice
chômage *m.* unemployment
chômeur *m.* unemployed person
choquant offensive, shocking
chose *f.* thing, matter; **grand—** much; **peu de—** little, not much; **quelque—** something; **—jugée** *see* **juger**
chrétien *adj.* Christian; **Chrétien** *m.* Christian
Chrétienté *f.* Christendom
Christianisme *m.* Christianity
chronique *f.* chronicle
chroniqueur *m.* chronicler
chronologique chronological
chute *f.* fall; downfall, failure
cidre *m.* cider
ciel *m.* heaven, sky
cigogne *f.* stork
ciment *m.* cement
cimetière *m.* cemetery
cinéaste *m.* film maker
cinéma *m.* movies, movie theater
circonstance *f.* circumstance
ciseaux *m.pl.* scissors
ciseler to carve; to engrave (*metals*)
citadelle *f.* citadel
citation *f.* quotation
cité *f.* city
citer to cite, quote; to mention, name
citoyen *m.* citizen
civilisateur *adj.* civilizing
civilisé civilized
clair clear, bright; (*of color*) light
clairement clearly, distinctly
clair-obscur *m.* chiaroscuro
clandestin clandestine, secret
clarté *f.* clarity, clearness
classicisme *m.* classicism
classique classic, classical
clef *f.* key

clerc *m.* clerk
clergé *m.* clergy
cléricalisme *m.* clericalism
(*influence of the church in non-religious affairs*)
client *m.* customer; patient
climat *m.* climate
cloche *f.* bell
cloître *m.* cloister
clore to close, conclude, end
club *m.* club, association
(*usually political*)
coaliser: se— to form a coalition or union; to combine
coalition *f.* coalition, union
cocarde *f.* cocarde, rosette
cocher *m.* coachman
cochère *see* **porte**
Cochinchine *f.* Cochin China
codifier to codify
cœur *m.* heart
coffre *m.* coffer, box, chest
coffret *m.* small box or chest
coiffer: coiffée à l'antique
with a classic hairdo
coin *m.* corner; (*fig.*) country place, spot
coïncider to coincide
col *m.* mountain pass
collaborer to collaborate
collectif collective
collège *m.* college (*secondary school*); assembly (*of electors*)
collègue *m.* colleague
coller to cling, stick
colline *f.* hill
colombe *f.* dove
colon *m.* colonist, settler
colonie *f.* colony
colonisateur *m.* colonizer, colonist
colonne *f.* column, pillar
colorer to color
combat *m.* combat, battle, fight
combattant *m.* combatant, fighter; *adj.* fighting
combattre to fight
comble *m.* height; highest degree; **de fond en—** from top to bottom
comédien *m.* actor
comique comic
comité *m.* committee
commandant *m.* commander;

— -en-chef commander-in-chief
commandement *m.* command, order
comme as, like
commémorer to commemorate
comment how
commentaire commentary
commenter to comment on
commerçant *adj.* commercial, mercantile, trading; *n.m.* trader, businessman
commerce: de— commercial
commettre to commit
commode convenient
commun common, ordinary
communal communal, municipal
Communard *m.* Communard (*supporter of the Commune, 1871*)
communauté *f.* community, society
commune *f.* commune; municipality
communiquer to communicate
compagnie *f.* company
compagnon *m.* companion
compatriote *m.* compatriot, fellow countryman
complémentaire: études—s advanced studies
complet complete; full
complètement completely
compléter to complete
complexe complex, complicated
compliqué complicated
complot *m.* plot
composer to compose, constitute; **se—** to be composed, made up
compositeur *m.* composer
comprendre to understand, comprehend; to comprise, include
compromettre to compromise; to injure
compromis *m.* compromise
compte *m.* account; **en fin de—** in the end, everything considered, when all is said and done; **rendre—de** to report about; **se rendre—de** to realize, understand

compter to count, reckon; to be important or significant

comptoir *m.* branch, outlet; counter

comte *m.* count (*title*)

comtesse *f.* countess

concentrer: se— to be concentrated; to center

conception *f.* conception, idea

concert *m.* (*of nations*) organization; agreement

concevoir to receive

concilier to reconcile

concis concise

conclure to conclude

concordat *m.* concordat (*agreement between pope and sovereign*)

concours *m.* competitive examination

concret concrete

conçu *p.p. of* **concevoir**

concurrence *f.* competition; **faire—à** to compete with

condamnation *f.* condemnation

condamner to condemn

condisciple *m.* schoolmate, fellow student

conducteur *m.* conductor

conduire to conduct; to induce, lead; to take

conduite *f.* conduct; direction, guidance, leadership

conférence *f.* conference, lecture; **faire une—** to give a lecture

conférer to bestow, grant

confiance *f.* confidence

confier to confide, entrust

confisquer to confiscate

conflit *m.* conflict

confluent *m.* confluence, juncture

confondre to confuse, mingle

confort *m.* comfort

confronter to confront, face

congé *m.* vacation

congédier to dismiss

congrégation *f.* assembly

conique conic

connaissance *f.* knowledge; **faire la—de** to become acquainted with; *pl.* knowledge, learning, information

connaître to know, be acquainted with; to experience, enjoy, have

connu known

conquérant *m.* conqueror

conquérir to conquer, gain, obtain

conquête *f.* conquest

consacrer to consecrate, devote, sanction, make complete or final; **consacré** devoted, established

conscience *f.* conscience; **avoir—de** to be conscious of, aware of; **liberté de—** freedom of religious belief; **prendre—de** to become conscious of, aware of

consciencieux conscientious

conscient conscious

conseil *m.* council, cabinet; **—de guerre** court-martial

conseiller *m.* counselor, adviser

conseiller to advise, counsel

consentement *m.* consent

consentir to consent

conséquent: par— consequently, therefore

conservateur *n. and adj.* conservative

conservatoire *m.* conservatory

conserver to preserve, keep, maintain

considérer to consider, look upon, regard

consolider to consolidate, strengthen

consommer to accomplish, complete

conspirateur *m.* conspirator

conspiration *f.* conspiracy, plot

conspirer to conspire, plot

constamment constantly

Constituante *f.* Constituant Assembly (*during French Revolution and in 1848*)

constituer to constitute, establish

construire to construct, build, put together

consulat *m.* consulate

conte *m.* short story

contempler to contemplate, gaze at

contemporain *n.m. and adj.* contemporary

contenir to contain, hold

contenter: se— to content oneself, be contented, be satisfied

contester to contest

conteur *m.* narrator, storyteller

continu continued, continuous

continuer to continue, carry on

contour *m.* contour, outline

contradictoire contradictory

contraindre to constrain, compel, force

contrainte *f.* constraint

contraire *adj.* contrary, adverse, unfavorable

contraire: au— on the contrary

contre against; **par—** by way of compensation, on the other hand

contrefort *m.* chain (*of mountains*); bottress

contribuer to contribute

contrôle *m.* control, management

contrôler to control

convaincre to convince

convenable fitting, proper, suitable

convenir to be fitting, proper, right, advisable, appropriate

conventionnel conventional

convertir: se— to be converted

convoiter to covet, desire

convoquer to convoke, convene, call together

copie *f.* copy

copier to copy, imitate

coquet coquettish, vain

cor *m.* horn

corbeau *m.* crow

corbeille *f.* basket

corde *f.* rope

cordon *m.* ribbon, decoration

cordonnier *m.* shoemaker, cobbler

coreligionnaire *m.* coreligionist

corne *f.* horn

Cornouailles *f.* Cornwall (*southwestern England*)

corporation *f.* corporation, guild

corps *m.* body, part; **—de justice** court

corriger to correct

corrompu corrupt

Corse *f.* Corsica

cortège *m.* procession; **faire—à** to accompany; to serve as attendants

corvée *f.* corvée (*unpaid labor due from a vassal or serf to his lord*)

Cosaque *m.* Cossack

cosmopolite *n.m. and adj.* cosmopolitan

costume *m.* costume, clothes, dress

costumé with costumes

côte *f.* coast; (*fig.*) aspect

côté *m.* side; **à—de** by the side of, beside, alongside; **de tous les—s** on all sides, on every side; **des deux—s** on both sides; **de l'autre—** on the other side; **du—de** towards, in the direction of

coteau *m.* hillside

coton *m.* cotton

côtoyer to be at the side of, rub elbows with

coucher to pass the night

coucher *m.* setting; **—du soleil** sunset

couler to flow, run

couleur *f.* color

coup *m.* blow; **—d'état** *see* état; **—de théâtre** unexpected event; **tout à—** suddenly

coupable guilty

couper to cut

cour *f.* court, courtyard; **de—** *adj.* court; **vie de—** court life

courageux courageous

couramment currently, regularly, fluently

courant *m.* current; **se tenir au—de** to keep oneself informed about

courir to run, hasten; (*of a rumour*) to be current, be reported

couronne *f.* crown

couronnement *m.* coronation

couronner to crown

courrier *m.* mail

cours *m.* course; **—d'eau**
river, stream
course *f.* race; **—aux armements** armament race
court *adj.* short
courtisan *m.* courtier
courtois courteous
coûter to cost
coutume *f.* custom
couturier *m.* tailor, dressmaker
couvent *m.* convent, monastery
couvert covered
couvrir to cover
craindre to fear, be afraid
crainte *f.* fear, dread
crâne *m.* skull
cravate *f.* cravat, necktie
créateur *m.* creator
créateur *adj.* creative
création *f.* creation, production
créer to create
Créole *n.f.* Creole (*a white
person of French or Spanish
descent born in the West Indies*)
crever to burst; to die
cri *m.* cry, shout
Crimée *f.* Crimea
crise *f.* crisis
cristal *m.* crystal
critique *m.* critic; *f.* criticism;
adj. critical
critiquer to criticize
croire to believe
croisade *f.* crusade
Croisé *m.* Crusader
croiser to cross; **se—** to cross
each other
croissant growing, increasing
croix *f.* cross
crouler to fall, collapse,
crumble
croyance *f.* belief
croyant: profondément—
having profound faith
cru *adj.* crude, harsh; raw
cruauté *f.* cruelty
cruel cruel
crypte *f.* crypt
cueillir to gather, pick
cuir *m.* leather
cuirasse *f.* breastplate
cuire to cook
cuisine *f.* kitchen
cuisinière *f.* cook

cuivre *m.* copper
culminant culminating
culte *m.* worship, religion
cultiver to cultivate, educate
culture *f.* culture, civilization;
pl. crops
cupidité *f.* cupidity, covetous-
ness, greed
curieusement curiously
curieux curious, strange
cuvier *m.* tub, wash tub
cyprès *m.* cypress tree
Cythère *f.* Cythera (*island
where there was a famous temple
to Aphrodite*)

D

d'abord first, at first, beforehand
dadaïsme *m.* dadaism
d'ailleurs besides, moreover
dais *m.* canopy
dalle *f.* flagstone
dame *f.* lady
Danemark *m.* Denmark
dangereux dangerous
danse *f.* dance; **—macabre**
dance of death
danseur *m.* dancer
danseuse *f.* dancer; **—d'opéra**
opera ballet dancer
d'après *see* **après**
dauphin *m.* dauphin, crown
prince
davantage more
dé *m.* doe (*pl.* dice)
débâcle *f.* collapse, disaster,
downfall
débarquement *m.* landing
débarquer to land
débarrasser: se—(de) to rid
oneself (of), take off
débauché debauched, dissolute,
dissipated
débiter to recite
débonnaire good-natured, easy-
going
débouché *m.* market, outlet,
opening
début *m.* beginning
débuter to begin, commence
déception *f.* disappointment,
disillusionment
décerner to award, bestow

déchaîner to let loose, loosen, unchain

décharge *f.* discharge; **à sa—** in his or her favor, in his or her defense

déchirer to tear

décider to decide, persuade

décimer to decimate, destroy

décisif decisive

déclarer to declare; to find (guilty or not guilty)

déclencher to launch, start

déclin *m.* decline

décomposer to decompose

déconcertant disconcerting, confusing

décor *m.* scenery, setting

décorateur *m.* decorator; decorative painter

décorer to decorate, adorn

découler to flow, proceed, spring (from)

découper to carve, cut up

décourager to discourage

décousu *m.* looseness, unconnectedness

découverte *f.* discovery

découvrir to discover

décret *m.* decree

décrire to describe

dédaigner to disdain

dédaigneux disdainful, scornful

dédain *m.* disdain, scorn

déesse *f.* goddess

défaite *f.* defeat

défaitisme *m.* defeatism, despair

défaut *m.* defect, fault; **à leur—** in their absence

défavorable unfavorable

défection *f.* defection, disloyalty

défendre to defend; to forbid, prohibit

défenseur *m.* defender

défensif defensive

défi *m.* defiance, challenge

définir to define, determine

définitivement definitely, decisively

déformer to deform, disort

défricher to clear ground (*for farming*)

dégénérer to degenerate

degré *m.* degree, level; (*of school*) **premier—** elementary

déguisement *m.* disguise

dehors outside; **en—de** outside of; **au—** outside, abroad

déja already

déjeuner *m.* breakfast, lunch; **—sur l'herbe** picnic

delà: au—de beyond

délicat delicate, fastidious, sensitive, tender

délicatesse *f.* delicacy

délivrance *f.* deliverance, freeing

délivrer to deliver, free

demande *f.* request

demander to ask, ask for; to want, wish

démanteler to dismantle

démembrer to dismember, break up

demeure *f.* residence

demeurer to dwell, reside, remain

demi half; **à—** half

demi-aventurier *m.* semi-adventurer

demi-fou half insane

demi-monde *m.* fringes of society

demi-siècle *m.* half a century

démission *f.* resignation; **donner sa—** to resign

démocratique democratic

démodé old-fashioned, antiquated

démontrer to demonstrate, prove

démoraliser to demoralize

dénoncer to denounce

dénoter to denote

dénouement *m.* dénouement, outcome

dentelle *f.* lace

départ *m.* departure

département *m.* department

dépasser to pass, exceed, surpass

dépêche *f.* dispatch, telegram

dépeindre to depict, describe, portray

dépens *m.* expense; **aux—de** at the expense of

dépenser to spend

dépensier extravagant

déplacé misplaced, out of place
déplacer to displace, move
déplaire to displease
déployer: se— to extend, spread, stretch
déporter to deport, exile
déposer to deposit, lay
dépouiller to deprive; to plunder, strip, lay waste
déprécié depreciated
depuis since, for
député *m.* deputy, representative
déraisonnable unreasonable, senseless
dérèglement *m.* dissoluteness, irregularity, licentiousness
dérision *f.* derision, mockery
dériver to derive
dernier last
déroger to lose caste; to derogate
dérouler: se— to take place, unfold
déroute *f.* rout; **mettre en—** to defeat, rout
derrière *adv. or prep.* behind
dès from, as early as; **—que** as soon as
désaccord *m.* disagreement
désagréable disagreeable
désarmement *m.* disarmament
désastre *m.* disaster
désastreux disastrous
descendance *f.* descent, lineage
désavantage *m.* disadvantage
descendre to descend
désenchanté disillusioned
désenchantement *m.* disenchantment
déserter to desert, abandon
désespéré desperate, discouraging, disheartening; **bataille —e** battle fought in desperation
désespoir *m.* despair
désigner to designate, appoint, choose
désintéressé disinterested, unselfish
désir *m.* desire
désoler to afflict, distress, trouble

désordre *m.* disorder
désorienté bewildered, disconcerted
désormais henceforth
despote *m.* despot, tyrant
despotique despotic
dessécher to dry
dessein *m.* design, project, scheme
dessin *m.* design, drawing
dessiner to design, lay out
destin *m.* destiny, fate
destinée *f.* destiny, fate
destiner to destine, design, intend
destructeur destructive
destructif destructive
détroit *m.* strait
détruire to destroy
dette *f.* debt; **faire des—s** to run into debt, incur debts
devant before, in front of, in the presence of
dévaster to devastate, lay waste
développement *m.* development
développer to develop; **se—** to be developed; to expand, grow, unfold
devenir to become
dévêtir: se— to undress
deviner to guess
devise *f.* device, motto
dévoiler to unveil, uncover, disclose
devoir to owe, ought, should, must; to be obliged to, have to; (*imperf.*) to be destined to; (*cond. perf.*) should have, ought to have
devoir *m.* duty; (*school*) assignment, exercise, task; **croire qu'il est du—de quelqu'un** to deem it a duty to, think it someone's duty to; **rendre ses —s à** to wait upon
dévouement *m.* devotion, devotedness
diable *m.* devil
diamant *m.* diamond
dictateur *m.* dictator
dictature *f.* dictatorship
dictée *f.* dictation

dicter to dictate, order
dictionnaire *m.* dictionary
Dieu *m.* God
dieu *m.* god, divinity, deity
différencier to differentiate,
  distinguish
différer to differ, be different
difficile difficult, hard
difficilement with difficulty;
  plus— with less patience
diffus diffused; diffuse
digne worthy
dignité *f.* dignity
dilapider to squander, waste
dilatation *f.* expansion
diligence *f.* stagecoach
dimanche *m.* Sunday
diminuer to diminish, decrease
diminution *f.* decrease, lowering
diplomatie *f.* diplomacy
diplôme *m.* diploma, degree
dire to say, tell; « **qu'en dira-t-
on** » *m.* "what will people say
  about it"
directeur *m.* director, manager
Directoire *m.* Directory
dirigeable *m.* dirigible, airship
dirigeant *m.* director, leader;
  adj. directing
diriger to direct, aim, conduct,
  manage; **se—à** to make one's
  way to, proceed to
discours *m.* discourse, speech
discréditer to discredit, bring
  into discredit or disrepute
discret discreet, cautious,
  judicious
discuter to discuss
disgracié out of favor
disparaître to disappear, vanish
dispersé dispersed, scattered
disperser: se— to disperse,
  scatter
disposer to dispose; **—de** to
  have at one's disposal, for one's
  use
disputer: se— to dispute; to
  contend for, strive for
disséquer to dissect
dissoudre to dissolve
distinguer to distinguish
divergent divergent, diverging,
  different

divers diverse, varied
diversité *f.* diversity
divertissement *m.* amusement,
  entertainment, recreation
divin divine
diviser to divide
divisionnisme *m.* technique
  used by Impressionists of
  putting pure color directly on
  the canvas instead of mixing it
  on a palette
Djinn *m.* Jinn (*supernatural
  creature*)
docteur *m.* doctor; **—en théologie** doctor of theology
doctorat *m.* doctor's degree,
  doctorate
documentaire documentary,
  factual
doge *m.* Doge (*Venetian official*)
dogme *m.* dogma, principle
doléance *f.* grievance
dolmen *m.* dolmen
domaine *m.* domain, estate
domicile *m.* abode, dwelling,
  home, residence
dominer to dominate
dommage *m.* damage
don *m.* gift, present, donation;
  aptitude, knack, talent
donc then, therefore, consequently
donjon *m.* castle, dungeon
donner to give
Dordogne *f.* a department of
  southwestern France
dorer to gild; **doré** gilded,
  golden
dormant sleeping, still
dormir to sleep
dortoir *m.* dormitory
dorure *f.* gilding, gold orna-
  mentation
douane *f.* customhouse
douanier *m.* customs officer;
  adj. of customs
doubler (de) to double, line
  (with)
doucement gently, smoothly
douceur *f.* gentleness, pleasure,
  sweetness
doué endowed
douleur *f.* sorrow, suffering

douloureusement   grievously, painfully

douloureux   grievous, painful, sorrowful

doute *m.*   doubt; **sans—**   probably

doux   gentle, soft; pleasant, mild, sweet

douzaine *f.*   dozen

dramatique   dramatic; **auteur—**   dramatist

dramaturge *m.*   dramatist, playwright

drame *m.*   drama

drap *m.*   cloth; **—d'or**   cloth of gold

drapeau *m.*   flag

draperie *f.*   drapery

drapier *m.*   cloth merchant

drastique   drastic; rigorous

dresser   to compose, draw up, erect, raise; **se—**   to arise, rise up, stand

droit *m.*   right, claim, law; *adj.*   right, straight

duc *m.*   duke

duché *m.*   duchy

duchesse *f.*   duchess

duperie *f.*   dupery, trickery

dur *adj.*   hard, harsh; *adv.*   hard

durable   durable, lasting

durée *f.*   duration

durer   to endure, last

dynamique   dynamic

dynastie *f.*   dynasty

E

eau *f.*   water

ébéniste *m.*   cabinet maker, woodworker

éblouissant   brilliant, dazzling

ébranler   to shake, unsettle

ecclésiastique *m.*   ecclesiastic; *adj.*   ecclesiastical

échafaud *m.*   scaffold

échange *m.*   exchange; **en—de**   in exchange for

échapper   to escape, baffle, elude; **s'—**   to escape

échéant   *see* **échoir**

échec *m.*   check, defeat, failure; **faire—à**   to check

échoir   to become due; **le cas échéant**   if the occasion should

occur, if the occasion should require it

échouer   to fail

éclairage *m.*   lighting

éclairer   to illuminate, light up

éclat *m.*   burst, outburst; brilliancy, brightness, splendor

éclatant   brilliant, dazzling, striking

éclater   to break out; to explode, burst

école *f.*   school; **é. maternelle**, nursery school, kindergarten

écolier *m.*   pupil, student

économe   economical, thrifty

économie *f.*   economy

économique   economic

économiste *m.*   economist

écossais   Scotch

Écosse *f.*   Scotland

écouler: s'—   to elapse, pass (*of time*)

écouter   to listen to, attend to

écrier: s'—   to exclaim, cry out

écrin *m.*   jewelry box, jewel case

écrire   to write

écrivain *m.*   writer

écrouler: s'—   to fall to pieces, collapse, crumble

écouler: s'—   to fall to pieces, collapse, crumble

écueil *m.*   rock, reef

édifiant   edifying

édifice *m.*   edifice, building

édifier   to edify, improve, instruct

édit *m.*   edict, decree

éducateur *m.*   educator

effacer   to erase, obliterate; **s'—**   to become obliterated; to die out

effectuer   to carry into effect, bring about, execute

effet *m.*   effect; **en—**   in effect, indeed, in fact

efficacement   efficiently

effondrement *m.*   collapse

efforcer: s'—de   to endeavor, make an effort to, strive

effrayé   frightened

effrayer   to frighten

effréné   unrestrained, ungovernable

égal *n.m. and adj.*   equal

également   equally, also, likewise

égaler to equal, to be the equal of

égalité *f.* equality

égard: à cet— in this (that) respect; **à beaucoup d'—s, à bien des—s** in many respects; **à certains—s** in certain respects; **à plusieurs—s** in several respects

église *f.* church

égoïsme *m.* egoism, selfishness

égoïste *adj.* egoistic, selfish

égorger to slaughter

égyptien Egyptian

élaborer to elaborate, work out

élan (pour) *m.* enthusiasm (toward, in regard to)

élancer: s'— to rise, soar, dash, spring

élargir to enlarge, widen

électeur *m.* elector, voter

électronique electronic

élégie *f.* elegy

élevage *m.* cattle-raising

élève *m.* pupil, student

élevé high

élever to raise, build, erect, bring up; **s'—** to rise

élire to elect

éloge *m.* praise

éloigné distant, far, remote; **peu—(de)** not far from, not far away from

émail *m.* enamel

embarquement *m.* embarkation

embarquer: s'— to embark, go on board ship

embellir to embellish, beautify; **s'—** to become, grow beautiful

embouchure *f.* mouth (*of river*)

émettre to emit, give out, send forth

émeute *f.* riot

émeutier *m.* rioter

émigré *m.* (*royalist*) fugitive

émigrer to emigrate

emmener to take along, take away

émouvant moving, stirring, touching

émouvoir to move, stir, touch

emparer: s'—de to take possession of, seize

empêcher to hinder, prevent; **s'—de** to keep from

empereur *m.* emperor

Empire: Saint—romain Holy Roman Empire

emplacement *m.* site, situation

emploi *m.* employment, use, position

employé *m.* employee

employer to employ, use

empoisonner to poison

emporter to carry away, take away; **l'—sur** to prevail, be victorious

emprisonnement *m.* imprisonment

emprisonner to imprison

emprunt *m.* borrowing

émulation *f.* emulation, rivalry

encadrer to frame, encircle

encercler to encircle

enchanter to enchant, charm, delight

enchères: aux— by auction

encore still, again, yet, even

encyclopédie *f.* encyclopedia

endommager to damage

endosser to put on

endroit *m.* place

Énée *m.* Aeneas (*hero of Virgil's Aeneid*)

énergie *f.* energy

énergique energetic

enfance *f.* childhood

enfant *m. and f.* child

enfer *m.* hell

enfin at last, finally

enfoncer to plunge, thrust

enfouir to bury

enfuir: s'— to flee, run away, run off

engager to engage; **s'—** to enlist, take part in, participate in; **engagé** involved

engrais *m.* fertilizer

enjeu *m.* stake

enlèvement *m.* abduction, kidnapping, capture

enlever to take away, take off

enluminer to illuminate, hand color

ennemi *n.m.* enemy; *adj.* enemy, hostile

ennui *m.* boredom, tediousness

énoncer to express, state
enorgueillir: s'—(de) to be proud (of)
énorme enormous, excessive, huge
enragé (*of animals*) rabid, mad
enrayer to check
enrichir to enrich, embellish, adorn; **s'—** to enrich oneself, get or grow rich; to thrive
enrichissement *m.* enrichment
ensanglanter to make bloody, stain with blood
enseignant teaching
enseigne *f.* ensign, banner, flag; sign, signboard
enseignement *m.* instruction, teaching, education
enseigner to teach
ensemble *adv.* together; *n.m.* ensemble, whole
ensuite afterwards, next, then
entasser: s'— to crowd together, pile up
entendre to hear, listen to; to understand; **—parler de** to hear about, hear of
entendu: bien— of course
entente *f.* agreement, understanding; **—cordiale** alliance, esp. between France and England in 1904
enterrement *m.* burial
enterrer to bury
enthousiasmer to render enthusiastic, enrapture; **s'— pour** to become enthusiastic about
enthousiaste enthusiastic
entier entire, whole
entièrement entirely, wholly
entourer to surround
entraîner to carry away, involve, drag down
entraver to hinder, impede
entre between, among
entrecouper to interrupt, break
entrée *f.* entrance
entreprendre to undertake
entreprise *f.* enterprise
entrer to enter; **—dans les ordres** to take (holy) orders, join a monastic order

entretenir to maintain, support, keep up
entrevue *f.* interview, meeting
énumérer to enumerate
envahir to invade
envahisseur *m.* invader
évènement *m.* event
envers toward
enviable enviable, to be envied
envier to envy
environ about
environs *m.pl.* surroundings; **aux—de** in the neighborhood of
envolée *f.* flight; soaring quality
envoler: s'— to fly away
envoyé *m.* envoy, representative
envoyer to send
épais thick
épanouir: s'— to bloom
épanouissement *m.* blooming; development
épargner to save, spare
épée *f.* sword
éperdu distracted, desperate
épice *f.* spice; *pl.* judges' fees
épidémie *f.* epidemic
épine *f.* thorn
épingle *f.* pin; **tête d'—** pinhead
épique *adj.* epic
épopée *f.* epic (poem)
époque *f.* epoch, period; **faire—** to make an epoch
épouse *f.* wife
épouser to marry
épouvantable dreadful, frightful
épouvanter to frighten
époux *m.* husband; *m.pl.* married couple
éprendre: s'—de to fall in love with; **épris (ed)** fond (of), in love (with), infatuated (with), smitten (with)
épreuve *f.* proof, test, trial, ordeal
éprouver to test; to experience, feel
épuisement *m.* exhaustion
épuiser to exhaust; **épuisant** exhausting
Équateur *m.* Equator

équestre equestrian
équilibre *m.* equilibrium, balance
équipement *m.* equipment
équité *f.* equity, fairness, justice
ère *f.* era, epoch, age
ériger to erect
ermite *m.* hermit
errant wandering
errer to wander
erreur *f.* error, mistake
érudit erudite, learned
escalier *m.* staircase, steps
esclave *m. and f.* slave
espace *m.* space
Espagne *f.* Spain
Espagnol *n.m.* Spaniard
espagnol *adj.* Spanish
espèce *f.* species, kind, sort
espérer to hope
espoir *m.* hope
esprit *m.* spirit, mind, wit;— -**de-vin** alcohol
esquisse *f.* sketch
esquisser to sketch
essai *m.* essay; attempt
essayer to try
essence *f.* essence; gasoline
essentiel essential
essentiellement essentially
essor *m.* soaring; **donner—à** to give an impulse to, launch
est *m.* east
esthétique aesthetic
estrade *f.* platform, stage
établir to establish; **s'—** to be established; to fix one's residence, settle
établissement *m.* establishment, institution
étaler to display, show
étang *m.* pond, pool
étape *f.* stage
état *m.* state, condition; estate; position;—**d'âme** *see* **âme;** **coup d'—** coup d'état, (*sudden change in government by force*); **homme d'—** statesman; **tiers- —** third estate (*common people as distinguished from clergy and nobility*)
état-major *m.* staff
état-membre *m.* member state

États-Unis *m.pl.* United States
été *m.* summer
éteindre: s'— to go out; to die away, die out, become extinct
étendre to extend, spread, stretch; **s'—** to stretch oneself out; to run
étendu extensive
étendue *f.* extent
éternel eternal
éternellement eternally
étincelant glittering, sparkling
étoffe *f.* cloth, fabric
étoile *f.* star
étonnant astonishing
étonner to astonish; **s'—** to be astonished, be amazed
étouffer to choke, smother, suppress
étrange strange
étranger *m.* foreigner, stranger; **à l'—** abroad; *adj.* foreign
être *m.* being, person; *pl.* human beings, people
étroit narrow, close
étroitement narrowly, closely
étrusque Etruscan
étude *f.* study; **faire des—s** to carry on or pursue studies
étudiant *m.* **(étudiante** *f.***)** student
étudier to study
évacuer to evacuate
éveiller to awake, rouse: **s'—** to wake up
événement *m.* event
évêque *m.* bishop
évidemment evidently, obviously
éviter to avoid
évocation *f.* evocation, vision
évoluer to evolve
évoquer to evoke, conjure up
exactitude *f.* exactness, accuracy, correctness
exagération *f.* exaggeration
exagéré exaggerated
exagérer to exaggerate
exaspérer to exasperate
excellence: par— predominantly, preeminently, above all
exceller to excel
exceptionnel exceptional

excès *m.* excess

exciter to excite, arouse

exclure to exclude

exclusivement exclusively

exécuter to execute, accomplish, carry out

exemple *m.* example; **â l'—de** following the example of; **par—** for example, for instance

exercer to exercise; **s'—** to exercise, practice; to be exerted (upon)

exigence *f.* demand(s), requirement(s)

exiger to demand, require

exilé *m.* exile

exotique exotic

expédier to forward, send on

expérience *f.* experience, experimenting

expérimentateur *m.* experimenter

expérimentation *f.* experiment

explication *f.* explanation

expliquer to explain

exploit *m.* exploit, deed, achievement

exploiter to exploit, take advantage of

explorateur *m.* explorer

exposer to exhibit, show; (*of the dead*) to lie in state

exprimer to express; **s'—** to express oneself, be expressed

exquis exquisite

extase *f.* ecstasy, rapture

extérieur *n.m.* exterior; **à l'—** on the outside; abroad; in foreign affairs

externe *m.* day student

extraire to extract, dig

extraordinairement extraordinarily

extrême *n.m. and adj.* extreme; **à l'—** to an extreme, extremely

extrêmement extremely

extrémité *f.* extremity, end; extreme, excess

F

fabliau *m.* fabliau (*story in verse*)

fabrication *f.* manufacture

fabriquer to manufacture, produce

face: en—de opposite, in opposition to, confronting; **faire—à** to face, confront

fâcheux disagreeable, unpleasant; regrettable, unfavorable

facile easy; fluent

facilement easily

facilité *f.* facility, fluency; ease

faciliter to facilitate, make easy

façon *f.* manner, way, fashion; **de telle—que** in such a way that

faculté *f.* ability, power; (*of a university*) school, division

faible feeble, weak

faiblesse *f.* feebleness, weakness

faïence *f.* crockery, earthenware, pottery

faillite *f.* bankruptcy; **faire—** to be or go bankrupt, fail

faim *f.* hunger

faire to do, make, cause, have; **—le roi** to act like a king; **se—** to be done, become; to be carried on

fait *m.* fact, deed; **de—, en—** in fact, indeed, in reality

fait-divers *m.* incident, happening; news item

falaise *f.* cliff

falloir to be necessary; must; to need, require; **il ne faut pas** one must not, one should not

falsifier to falsify, alter

fameux famous

familial *adj.* family

familiariser: se— to become, get, or grow familiar

familier *n.m.* close friend, intimate friend; *adj.* familiar, homelike, well-known

famille *f.* family

fanatique *n.m. and adj.* fanatic

fanatisme *m.* fanaticism

fantaisie *f.* fancy, imagination

fantastique fantastic

fardeau *m.* burden, load

farouche fierce, wild

faste *m.* magnificence, pomp, pageantry

fatal fatal, inevitable

fatalité *f.* fatality, fate, destiny

fatigant fatiguing, tiresome, wearisome
fatigué tired, weary
fatiguer to tire, weary; **se—de** to become tired of
faubourg *m.* quarter, suburb
faussement falsely
fausser to bend; to pervert, warp
faute *f.* fault, error, mistake; **—de** for lack of
fauteuil *m.* armchair
fauve *n.m.* wild animal
faux false
faux-monnayeur *m.* counterfeiter
faveur *f.* favor
favori *adj.* favorite; *n.m.* favorite
favoriser to favor, aid, assist
favorite *n.f.* favorite, mistress
fée *f.* fairy
fêler to crack
féliciter to congratulate
femelle *f.* female
féministe *f.* feminist, women's rights supporter
femme *f.* woman, wife
fenêtre *f.* window
féodal feudal
féodalité *f.* feudalism
fer *m.* iron; **—à cheval** horseshoe
ferme *adj.* firm
ferme *f.* farm, farmhouse
fermement firmly
fermer to close, shut
fermeté *f.* firmness, steadiness
fermier *m.* tenant; **—général** farmer general (*tax collector*)
féroce ferocious
fertilité *f.* fertility
ferveur *f.* fervor
feston *m.* festoon
fête *f.* party, entertainment, celebration, social affair
feu *adj.* deceased, late
feuille *f.* leaf; sheet; journal, newspaper
feuillée *f.* arbor, bower
fidèle *m.* adherent, follower
fidèle *adj.* faithful, loyal, true
fidélité *f.* fidelity, faithfulness
fief *m.* fief (*feudal estate*)

fier proud
fierté *f.* pride
fièvre *f.* fever
fiévreux feverish
figure *f.* figure, personage; **faire—de** to appear, seem (to be); **faire piètre—(de)** to make a poor or sorry appearance (as)
figurer to appear, stand; to imagine, think
fil *m.* thread, wire; **sans—** wireless
file *f.* file, rank, movement
fille *f.* girl, daughter; **jeune—** girl
film *m.* film, movie
fils *m.* son; **—de France** royal prince
fin *f.* end, purpose; **en—de compte** *see* **compte;** **mettre—à** to put an end to; **prendre—** to come to an end
fin *adj.* fine, delicate; keen, penetrating, shrewd
finalement finally
financier financial
finement finely, delicately, subtly
finesse *f.* acuteness, sharpness, keenness; shrewdness, cunning
finir to finish; **—par** to do (*something*) finally, in the end
fixement fixedly
flamand Flemish; **Flamand** *m.* Fleming
flambeau *m.* torch
Flandre *f.* Flanders
flanquer to flank
flatter to flatter, charm, delight, please
flatterie *f.* flattery
flatteur *m.* flatterer; *adj.* flattering
fléau *m.* scourge
flèche *f.* spire, arrow,
fleur *f.* flower
fleurir to bloom, blossom; to flourish
fleuve *m.* river
floraison *f.* blossoming
florentin *adj.* Florentine
florissant flourishing
flot *m.* wave

flotte *f.* fleet; —**militaire** navy
flotter to float
fluidité *f.* fluidity
foi *f.* faith, religion
foie *m.* liver; **pâté de—gras** goose liver pâté
foire *f.* fair
fois *f.* time; **à la—** at the same time; **cette—** this or that time
fol *see* **fou**
folie *f.* folly, madness, mania
fonction *f.* function; *pl.* functions, duties, office
fonctionnaire *m.* officer, officeholder
fonctionner to operate, run
fond *m.* background; depth; **au—** at bottom, in the main; all in all; **au—de** deep within; **de—en comble** from top to bottom
fondamental fundamental
fondateur *m.* founder
fondation *f.* foundation, creation, establishment
fonder to found, establish, institute
fondre: se— to blend
fontaine *f.* fountain, spring
force *f.* force, strength; expeditionary force; **tour de—** accomplishment, achievement; —**de frappe** striking force
forcer to force, compel, oblige
forêt *f.* forest
formation *f.* formation, training
forme *f.* form, shape
former to form, constitute, train; **se—** to be formed
formule *f.* formula
formuler to formulate, draw up
fort *adj.* strong, large; *adv.* much, very, greatly
fortement strongly, greatly, very much; vigorously
forteresse *f.* fortress
fortifier to fortify, strengthen; to confirm
fossile *m.* fossil
fou *adj.* foolish, crazy, insane, senseless; extravagant; —**de** very fond of
fou *n.m.* madman; **folle** *n.f.* madwoman

foudre *f.* lightning; **coup de—** flash of lightning, thunderbolt
fouiller to excavate, dig
foule *f.* crowd, mob; **en—** in a crowd, in crowds
fouler (aux pieds) to trample (underfoot)
four *m.* oven
fournir to furnish, provide, supply
fournitures *f.pl.* supplies
foyer *m.* hearth, home
fraîcheur *f.* freshness
frais fresh, cool
frais *m.pl.* expense, expenses, cost
Franc *m.* Frank; **franc** *adj.* Frankish
franchir to cross
franchise *f.* frankness, sincerity
francien *m.* dialect of the Ile-de-France
franco-prussien Franco-Prussian
frappant impressive, striking
frappe: force de— striking force
frapper to strike, attack; to impress
fraternité *f.* fraternity
frayeur *f.* fright, terror, fear
frein *m.* check, curb, control, restraint
frêle frail, delicate
frémir to shudder
fréquenter to frequent, attend; to associate with; **un lieu fort fréquenté** place or spot very much frequented, very popular place
frère *m.* brother
fresque *f.* fresco
frisson *m.* shudder; thrill
frivole frivolous
frivolité *f.* frivolity
froid *n.m. and adj.* cold
froidement coldly
front *m.* forehead
frontière *f.* frontier, border
fugitif *m.* fugitive
fuir to flee, take flight; to pass away; to avoid, shun
fuite *f.* flight
fumée *f.* smoke

funèbre *adj.* funeral
funérailles *f.pl.* funeral, funeral
  ceremonies
fureur *f.* fury
furie *f.* fury, rage
furieux furious
fusiller to shoot
fusion *f.* fusion, blending
futile futile, trivial

G
gagner to gain, earn; to get;
  to win
gai gay, cheerful, pleasant
gaieté *f.* gaiety, cheerfulness,
  liveliness
gala *m.* gala; *see also* **habit**
galamment gallantly
galant gay, elegant; gallant
galères *f.pl.* galleys (*formerly
  punishment for criminals*)
galerie *f.* gallery, hall; arcade
Galles Wales
Gallo-romain *m.* Gallo-Roman
Gand *m.* Ghent
gant *m.* glove
garantie *f.* guarantee
garantir to guarantee
garçon *m.* boy, fellow
garde *f.* guard; care
garde *m.* guard; soldier
garder to guard, watch, keep
garde-robe *f.* wardrobe; **maitre
  de—** master of the wardrobe
gaspiller to squander, waste
gâter to spoil; **se—** to become
  or get spoiled
gauche left; *n.f.* left hand, left
  side; **de—** left wing, radical
Gaule *f.* Gaul
gaulois *adj.* Gallic; bawdy; **les
  Gaulois** *m.pl.* the Gauls
gaz *m.* gas
géant *m.* giant
gelée *f.* frost
gendarme *m.* gendarme
  (*policeman*)
gendre *m.* son-in-law
gêne *f.* embarrassment; **sans—**
  unconstrained, unrestrained,
  free and easy
généralissime *m.* generalissimo,
  commander-in-chief
généreusement generously

généreux generous, noble
Gênes Genoa
Genève Geneva
génie *m.* genius
genre *m.* kind, sort; literary or
  artistic style
gens *m. or f. pl.* people;
  jeunes— young people, young
  persons, young men; **petites—**
  humble people, humble folk
gentilhomme *m.* nobleman
Germanie *f.* Germany
  (*historical*)
geste *m.* gesture, action, deed;
  chanson de— medieval epic
  poem of heroic exploits
gibier *m.* game (*wild animals*)
gisant *m.* reclining figure
  (*statuary*)
glace *f.* mirror
gladiateur *m.* gladiator
glisser to slide, slip
gloire *f.* glory, fame; **faire
  la—de** to be the glory of
glorieux glorious, vainglorious
glorifier to glorify
gothique Gothic
goût *m.* taste, liking
gouvernement *m.* government
gouvernemental governmental,
  public
gouverner to govern, rule
gouverneur *m.* governor
Graal *m.* Grail
grâce *f.* grace, gracefulness; **—à**
  due to, thanks to
gracieux graceful
graduellement gradually
grammaire *f.* grammar
grand *adj.* great, large; **en—**
  on a large scale; **—'chose**
  much
grand *m.* grandee, nobleman
Grande-Bretagne *f.* Great
  Britain
Grande-Jatte resort near Paris
grandeur *f.* grandeur, greatness,
  importance
grandiose grand
grandir to grow, develop,
  increase
grandissant growing,
  increasing
grand-père *m.* grandfather

granit *m.* granite
gras *adj.* fat; **corps—** *m.pl.*
fats
gratuit free, free of cost
grave grave, serious
graver to engrave
gravité *f.* gravity, seriousness
gravure *f.* engraving
gré *m.* will; **de son plein—** of
one's free will, willingly
grec *adj.* Greek; *n.m.* Greek
(*language*)
grégorien Gregorian (*chant*)
grève *f.* strike (*of workmen*)
grimace *f.* grimace, affectation
grinçant grating, grinding,
horrifying
gros big, great, large; fat
grossier coarse, crude, indecent,
rough
grossir to become, get, or grow
larger
grotesque *n.m. and adj.*
grotesque
grotesquement grotesquely,
absurdly
grotte *f.* grotto, cave
groupe *m.* group
groupement *m.* group,
grouping; society
Guadeloupe *f.* island in West
Indies, now a French
department
guère: ne . . . — hardly,
scarcely
guérilla *m.* band of guerillas;
guerre de— guerilla warfare
guérir to cure
guérison *f.* cure
guerre *f.* war
guerrier *m.* warrior, soldier;
adj. warlike, martial
gui *m.* mistletoe
guider to guide, lead
guilde *f.* guild
Guillaume William
Guinée *f.* Guinea
Guyane française *f.* French
Guiana
Guyenne *f.* Guienne (*province
in southwestern France*)

H

habile clever, skillful
habilement cleverly, skillfully

habileté *f.* cleverness, skill
habillement *m.* clothing
habiller to clothe, dress; **s'—**
to dress oneself, get dressed
habit *m.* garment, suit; **—de
gala** court dress, full dress
habitant *m.* inhabitant
habiter to inhabit, dwell (in),
reside (in)
habitude *f.* habit
habitué *m.* frequenter
habituer to accustom, habituate
haine *f.* hatred
haïr to hate
hâlé sunburned, tanned,
swarthy
halle *f.* market
hardi bold
harmonie *f.* harmony
harmonieux harmonious
harpe *f.* harp
hasard *m.* hazard, chance;
par— by chance; **au—des
rues** at random through the
streets
haut *m.* height, top; *adj.* high,
tall, upper; **avoir (100) mètres
de—** to be (100) meters high;
le—Moyen Age the early
Middle Ages, the Dark Ages
(*7th to 10th centuries*)
hautain haughty
Haute-Normandie *f.* Upper
Normandy
hauteur *f.* height
hélas! alas!
herbe *f.* grass
hère *m.* wretch, poor devil
héréditaire hereditary
hérédité *f.* heredity,
inheritance
hérétique *n.m.* heretic; *adj.*
heretical
héritage *m.* inheritance
hériter (de) to inherit
héritier *m.* heir
héritière *f.* heiress
hermétique hermetic; (*fig.*)
incomprehensible
hermine *f.* ermine
héroïne *f.* heroine
héroïque heroic
héros *m.* hero
hésiter to hesitate
heure *f.* hour; **à toute—** at all

hours, at all times; **de bonne—** early, soon

heureusement happily, fortunately

heureux happy, lucky

heurter: se— to collide, bump, clash

hier yesterday

histoire *f.* history, story

historien *m.* historian

hiver *m.* winter; **en plein—** in the middle of winter

hollandais Dutch

homme *m.* man; **—du monde** man of the world; **—d'affaires** businessman; **—d'État** statesman; **—de lettres** man of letters, writer

homogène homogeneous

Hongrie *f.* Hungary

honnête honest

honneur *m.* honor; **dame d'—** maid of honor; **être à l'—** to be in honor, have an honorable place, hold a distinguished place

honorer to honor; **s'—de** to be proud of

honteusement shamefully, scandalously

horde *f.* horde, rabble

horreur *f.* horror

hors de out of, outside of

hors-la-loi *n.m.* outlaw; *adj.* outlawed

hôtel *m.* hotel; mansion, large house, residence; **—de ville** city hall

Huguenot *m.* Huguenot

huile *f.* oil

huis *m.* door; **—clos** closed doors

huissier *m.* usher

humain human

humaniser: s'— to become humanized, become softened

humanisme *m.* humanism

humaniste *m.* humanist

humanitaire humanitarian

humanité *f.* humanity, mankind

humide humid, damp, wet

humilier to humiliate; **s'—** to humble oneself

humoristique facetious

humour *m.* good humor

hutte *f.* hut

hydraulique hydraulic

hymne *m.* hymn; patriotic song

hypocrisie *f.* hypocrisy

hypocrite *adj.* hypocritical

hypothèse *f.* hypothesis

hystérie *f.* hysteria

I

Ibère *m.* Iberian

ibérien Iberian

idéaliste idealistic

idée *f.* idea

identique identical

idole *f.* idol

Iéna Jena

ignominieux ignominous, shameful

ignorer to be ignorant of, not to know; to ignore

île *f.* island

illettré illiterate

illimité unlimited

illogique illogical

image *f.* image, picture

imagé figurative

imagier *m.* image-maker, sculptor

imiter to imitate

immatériel immaterial

immérité *adj.* undeserved

immoraliste *m.* immoral person

impasse *f.* impasse

impassible impassive, unmoved

impatienter: s'— to become impatient

impeccable impeccable; flawless, perfect

impératrice *f.* empress

implorer to implore, beseech, entreat

imposant imposing, impressive

imposer (à) to impose, force (on, upon)

impôt *m.* tax

imprimer to print

imprimerie *f.* printing

improviste: à l'— suddenly, unexpectedly

impuissant impotent, powerless

inattendu unexpected

inaugurer to inaugurate, begin, start

incendie *m.* fire, conflagration

incessamment incessantly, constantly, unceasingly

incliné bent, bowed

incommode inconvenient

incomplet incomplete

incompris not understood

inconnu unknown

inconscient *m.* subconsciousness; *adj.* unconscious

incorporer to incorporate

incroyable incredible

inculquer to inculcate, instill, implant

inculte uncultivated

Inde *f.* India; **les—s** the (East) Indies

indécence *f.* indecency

indemnité *f.* indemnity; **—de chômage** unemployment compensation

Indien *m.* Indian

indigène *n.m. and adj.* native

indigne unworthy

indiquer to indicate, state

indiscutable indisputable

individu *m.* individual

Indochine *f.* Indochina

indochinois Indochinese

industriel *m.* manufacturer

inégal unequal, uneven

inerte inert, inactive

inévitable inevitable, unavoidable

inexcusable inexcusable, indefensible

inexprimable inexpressible

infaillibilité *f.* infallibility

infâme infamous

Infante *f.* Infanta (*Spanish princess, heiress to throne*)

inférieur inferior; lower

infester to infest, overrun

infini infinite

infiniment infinitely

infirme infirm, feeble, weak

infliger to inflict

influent influential

informe shapeless

ingénieur *m.* engineer

ingénieux ingenious

inintelligible unintelligible, incomprehensible

iniquité *f.* iniquity, evilness

initier to initiate, introduce

injouable unactable, unperformable

injuste unjust

inné innate

innombrable innumerable, numberless

inouï unheard of

inquiet anxious, restless, uneasy, worried

inquiéter to annoy, disturb; to make uneasy

inquiétude *f.* uneasiness, worry

insensé senseless, foolish, unwise

insensible imperceptible

insérer to insert

insister to insist, lay stress

insouciant careless, unconcerned

insoupçonné unsuspected

inspirateur *m.* inspirer

inspirer to inspire; **s'—de** to be inspired by; to follow, imitate

instable unstable

installer to install, set up

instituer to institute, establish

instituteur *m.* (**institutrice** *f.*) teacher

instruit educated, well-informed

insuccès *m.* failure

insultant insulting

insupportable insupportable, unbearable

intégral entire, total, whole; (*math.*) integral

intelligemment intelligently

intendant *m.* steward; intendant (*government official*)

interallié interallied

interdiction *f.* prohibition

interdire to forbid, prohibit

intéresser: s'—à to be interested in

intérêt *f.* interest; self-interest, selfishness

intérieur *n.m.* interior; **à l'—de** inside, within; *adj.* interior, internal, domestic

interne *m.* boarder (*school*)

interner to intern

interroger to examine, question, interrogate

interrompre to interrupt

intervenir to intervene
intimider to intimidate
intime intimate
intimiste *m.* painter of interior scenes
intimité *f.* intimacy
intituler to entitle, name
intrépide intrepid, fearless
intrigue *f.* intrigue, plot
intriguer to puzzle
introduire to introduce
introspectif introspective
inutile useless
inutilement uselessly, in vain
invalide *m.* veteran
inventeur *m.* inventor
invoquer to invoke
invraisemblable improbable, unlikely
Irlande *f.* Ireland
ironie *f.* irony
irrégulier irregular
irréprochable irreproachable, blameless
irrésolu irresolute
irrévérencieux irreverent, disrespectful
Islande *f.* Iceland
isolationniste *n.m. and adj.* isolationist
isolement *m.* isolation
isolé isolated, detached, alone
Israélite *n.m. and f.* Hebrew, Jew; *adj.* Jewish
italianiser to Italianize
Italie *f.* Italy
Italienne *f.* Italian woman or girl; **à l'—** Italian style, in the Italian manner
ivoire *m.* ivory
ivre intoxicated
ivrognerie *f.* drunkenness

J
jadis formerly, in olden times
jaillir to spring forth, out, or up
jalousie *f.* jealousy
jaloux jealous
jamais never, ever; **à—** forever
Jansénisme *m.* Jansenism
Janséniste *m.* Jansenist

Japon *m.* Japan
japonais Japanese
jardin *m.* garden, park; yard
jaune yellow
jeter to throw; **se—** to empty (*of rivers*)
jeu *m.* game, exercise; **—de mot** pun
Jeu de Paume *see* **Paume**
jeune young; **—s gens** young people, young men
jeunesse *f.* youth
joie *f.* joy
joindre to join; **se—** to be joined, be added
jongleur *m.* minstrel, bard; juggler
jouer to play, act, perform; **se—** to be played, be performed; to be at stake
joug *m.* yoke
jouir to enjoy, possess
jouissance *f.* enjoyment
jour *m.* day; **de—en—** from day to day; **de nos—s** in our days; **du—au lendemain** overnight
journal *m.* newspaper
journalier daily
journée *f.* day
joyau *m.* jewel
joyeux joyous, joyful, happy
judiciaire judicial
juge *m.* judge
jugement *m.* judgment, sentence, trial
juger to judge; to believe, consider, deem; (*in court*) to try; **chose jugée** final judgment
Juif *m.* Jew
juillet *m.* July
juin *m.* June
Jules Julius
jurer to swear
jusqu'à as far as, up to, until; **jusqu'alors** until then; **jusqu'ici** until now, so far, thus far
justaucorps *m.* close-fitting coat
juste just, correct; **au—** exactly, precisely
justement justly, with reason
justesse *f.* justness, accuracy

K

Karl der Grosse Charlemagne
kilogramme *m.* kilogram (*about*
  2⅛ *lbs.*)
kilomètre *m.* kilometer (*1000
  meters, about* ⅝ *of a mile*)

L

laboratoire *m.* laboratory
laborieux laborious,
  industrious, painstaking
labourer to plow
lac *m.* lake
lâche cowardly
laid homely, ugly; **le—** that
  which is homely or ugly
laideur *f.* homeliness, ugliness
laine *f.* wool
laïque *n.m.* layman; *adj.* lay,
  nonclerical, secular
laisser to leave, let
lait *m.* milk
lancer to throw
lande *f.* heath, moor
Landes *f.pl.* region along Atlantic coast, south of Bordeaux
langage *m.* speech, style
langue *f.* language; **—vivante**
  modern language
lapin *m.* rabbit
large broad, wide
largement abundantly, largely
largeur *f.* breadth, width
larmoyant tearful, weeping;
  pathetic
las tired, weary
latin *n.m.* Latin (*language*); *adj.*
  Latin
laver to wash
leçon *f.* lesson
lecteur *m.* reader
lecture *f.* reading
légendaire legendary
légende *f.* legend
léger light, frivolous, thought-
  less; **le cœur—** lightheartedly
légèreté *f.* lightness
Légion d'honneur, La *f.* the
  Legion of Honor (French
  government award)
légitime legitimate
légitimiste *m.* supporter of the
  count of Chambord
légume *m.* vegetable

lendemain *m.* following day,
  next day; **du jour au—** overnight
lent slow
lentement slowly
lenteur *f.* slowness
lettre *f.* letter; *pl.* letters, hu-
  manities, literature; **homme de
  —s** man of letters; writer
lettré *m.* literary person, culti-
  vated person; scholar
lever to raise; to levy; **se—** to
  rise, stand up
liaison *f.* connection, joining,
  linking
libérer to liberate, set free
librairie *f.* bookstore
libre free; **—penseur** *m.* free-
  thinker, agnostic
librement freely
licence *f.* Master's degree
licorne *f.* unicorn
lien *m.* bond
lier to bind, connect, join, unite
lieu *m.* place, locality; **—commun** commonplace; **—x
  saints** Holy Land; **au—de**
  instead of; **avoir—** to take
  place, occur
ligne *f.* line
Ligure *m.* Ligurian
lilas *m.* lilac
limiter to limit, bound
limpide clear
linge *m.* linen, cloth; clothes
linteau *m.* lintel
lire to read
lis *m.* lily; fleur-de-lis
lit *m.* bed
littéraire literary
littéralement literally
littérateur *m.* man of letters
littérature *f.* literature
littoral *m.* coast, shore
liturgie *f.* liturgy
liturgique liturgical
livide livid
livre *m.* book
livrer to abandon, surrender,
  give over or up; to fight (*a
  battle*); **se—** to be fought (*of a
  battle*)
local *n.m.* place, premises; *adj.*
  local
logique *n.f.* logic; *adj.* logical

logiquement logically
loi *f.* law
loin far, distant; **au—** far
away; **de—** from afar
lointain distant
loisir *m.* leisure; **à—** at leisure
Londres London
long *n.m.* length; **le—de**
along; *adj.* long
longtemps a long time
longuement at length, at great
length
lopin *m.* bit, piece
lorrain *adj.* of Lorraine;
Lorrain *m.* (**Lorraine** *f.*)
native of Lorraine
lors then; **—de** at the time of
lorsque when
louer to praise
loup *m.* wolf
lourd heavy
lourdeur *f.* heaviness
lucide lucid, clear
lucidité *f.* clearness, insight
lumière *f.* light
lumineux luminous
luminosité *f.* luminosity,
brightness
lune *f.* moon
Lutèce *f.* Lutetia (early name of
Paris)
luthérien of Luther, Lutheran
lutte *f.* contest, struggle
lutter to struggle, fight
luxe *m.* luxury; **de—** luxurious
lycée *m.* lycée (*secondary school*)
lycéen *m.* (**lycéenne** *f.*) student
at a lycée
Lyon *m.* Lyons
lyrique lyrical
lys *m.* lily

M
macabre: danse— dance of
death
maçon *m.* mason
mage: les Trois—s the Three
Wise Men of the East
magique magic
magistral masterly
maigre meager
main *f.* hand; **—d'œuvre** labor, man power
maintenant now
maintenir to maintain, preserve

maintien *m.* maintenance, keep-
ing, staying
maire *m.* mayor
mais but
maison *f.* house
maître *m.* master; **—d'hôtel**
head waiter, steward; **rester—**
de remain in control of;
petit— minor master; **—ver-**
rier *m.* master glassmaker
maîtresse *f.* mistress, ruler; *adj.*
chief, governing, principal
majesté *f.* majesty, stateliness
majestueux majestic
majeur *adj.* major, greater; of
age
Majorque *f.* Majorca
mal *m.* evil, harm; malady,
disease, sickness; *adv.* badly,
ill, poorly
malade *n.m.* invalid, sick person, patient; **adj.** ill, sick
maladie *f.* disease, illness,
sickness
maladif sickly, unhealthy
mâle *n.m. and adj.* male
malédiction *f.* curse
malentendu *m.* misunder-
standing
malgré in spite of; **—eux** in
spite of themselves
malheur *m.* misfortune, unhap-
piness; **—à** woe to
malheureusement unfor-
tunately
malheureux unfortunate, un-
happy, unlucky
malsain unhealthy
mamelle *f.* breast
mameluk *m.* Mameluke
(*Egyptian soldier or ruler*)
manche *f.* sleeve
Manche *f.* English Channel
mander to inform, send word
manger to eat
manière *f.* manner, way;
d'une—à in such a way as to,
so as to; **à leur—** in their
manner
manifestation *f.* demonstration
manifeste *m.* manifesto
manifester to show; **se—** to
appear, be made manifest
manoir *m.* manor house
manque *m.* lack

manquer to fail; to lack, be wanting; **il leur manquait** they lacked

manteau *m.* mantle, cloak

manuel manual

manuscrit *m.* manuscript

maquis *m.* underbrush; (*fig.*) underground

marais *m.* marsh, swamp

marbre *m.* marble

marchand *m.* **(marchande** *f.*) merchant, tradesman, tradeswoman; —**e des quatre-saisons** vegetable vendor (*in streets of Paris*)

marchandise *f.* merchandise, goods

marche *f.* march; **se mettre en—pour** to set out for

marché *m.* market; **bon—** cheap; —**commun** Common Market

mare *f.* pool

maréchal *m.* marshal

mari *m.* husband

mariage *m.* marriage

marin *n.m.* sailor; *adj.* marine, by the sea

marine *f.* navy; —**marchande** merchant marine

maritime maritime, on the sea

Maroc *m.* Morocco

marque *f.* mark, evidence, sign

marquer to mark, determine, fix; to appoint

marteau *m.* hammer; —**pilon** steam hammer

Martinique *f.* island in West Indies, now a French department

martyr *m.* **(martyre** *f.*) martyr

martyre *m.* martyrdom

masque *m.* mask

massacrer to massacre, slaughter

masse *f.* mass

massif massive, heavy

matérialiste *adj.* materialistic

matériel *n.m.* arms, equipment, goods, products; *adj.* material

matière *f.* material, matter, subject matter; —**s premières** raw material

matin *m.* morning

maudit cursed, accursed

mauvais bad, evil

maxime *f.* maxim

mécanique *f.* mechanics

méchanceté *f.* wickedness

méchant bad, wicked

méconnaissable unrecognizable

méconnaître to fail to recognize, not to recognize

méconnu unrecognized, unappreciated

mécontentement *m.* discontent, dissatisfaction

médecin *m.* doctor, physician

méditer to meditate; to consider

Méditerranée *f.* Mediterranean Sea

Méduse *f.* Medusa

méfiance *f.* mistrust, distrust

mégalithique *adj.* megalithic (*of prehistoric stone*)

meilleur *adj.* better; **le—** best

mélancolie *f.* melancholy, dejection

mélancolique *adj.* melancholic, in a melancholy manner

mélange *m.* mixture, mingling

mélanger to mix

mêlée *f.* conflict; battle, fray

mêler to mix, mingle, intermingle, involve; **se—à** to mix, mingle, blend (with); **s'en—** to be mixed in, become a part of; to meddle with

mélodieux melodious

mélodrame *m.* melodrama

membre *m.* member

même *adj. and adv.* same, very, even; **de—que** the same as, in the same manner as; **il en est de—avec (pour)** it is the same way with, it is also true of

mémoire *f.* memory

mémoires *m.pl.* memoirs

menace *f.* threat

menacer to threaten

ménagère *f.* housewife

mendier to beg for, implore

mener to conduct, lead, take

menhir *m.* menhir

mensonge *m.* falsehood, lie

mentionner to mention

mentir to lie, tell a lie

mépris *m.* scorn
mépriser to despise, scorn
mer *f.* sea; **—du nord** North Sea
mercenaire *m.* mercenary
merci *f.* mercy
mercier *m.* haberdasher
mère *f.* mother
mériter to deserve
Mérovingien *n.m.* Merovingian; **mérovingien** *adj.* Merovingian
merveille *f.* marvel, wonder
merveilleusement marvelously, wonderfully
merveilleux marvelous; *n.f.* affected lady, "Précieuse"; *n.m.* marvelousness
messe *f.* mass
mesure *f.* measure, moderation; **à—que** in proportion as; **outre—** too much, excessively
mesurer to measure
métallurgique metallurgic; **usine—** steel mill
métamorphose *f.* metamorphosis
méthode *f.* method
métier *m.* trade, profession; **à tisser** weaving loom
métrage *m.* **long—**feature-length movie
mètre *m.* meter
métrique metrical
métropole *f.* mother country
metteur en scène *m.* director
mettre to put, place; **—à mort** to kill, execute; **—fin à** to put an end to; **se—à** to begin
meuble *m.* piece of furniture; *pl.* furniture, furnishings
meurtre *m.* murder
meurtrier *m.* **(meurtrière** *f.***)** murderer, murderess; *adj.* murderous, bloody
meute *f.* pack (*of hounds*)
Mexique *m.* Mexico
mi half; **à—-chemin** half-way
Michel Michael; **—-Ange** Michelangelo
midi *m.* noon
Midi *m.* South (*of France*)
mi-dieu *m.* half god (deity)
midinette *f.* working girl

mieux *adv.* better; **le—** best; **de son—** to the best of one's ability, as well as one can (could)
mi-homme *m.* half man
Milanais *m.* Milanese (*region around Milan*)
milieu *m.* middle, midst, environment; **le juste—** the "golden mean," the "middle of the road"
militaire military; naval
mime *m.* mimic; actor who mimes
mince slender, thin
mine *f.* mine; **—de fer** iron mine
minerai *m.* ore
minier *adj.* mining
ministère *m.* ministry; cabinet
ministériel ministerial, of ministers
ministre *m.* minister
minnesinger *m.* German lyric poet of the Middle Ages
minuscule tiny
minutieux minute, detailed, circumstantial
miraculeux miraculous
miroir *m.* mirror
misanthrope *m.* misanthrope
mise:—en scène *f.* stage-setting, staging
misère *f.* misery, poverty, wretchedness
mixte (*of schools*) co-educational
mobilité *f.* mobility
mode *f.* fashion; **à la—** fashionable, in style
mode *m.* mode; mood
modèle *m.* model, pattern
modérateur *n.m.* moderator, restraining influence; *adj.* moderating, restraining
modéré *n.m. and adj.* moderate
modifier to modify
mœurs *f.pl.* customs, manners
moi *n.m.* self, ego
moindre less, lesser; **le—** least
moine *m.* monk
moins les; **au—** at least; **du—** at least, at any rate; **de—en—** less and less; **—de monde** fewer people

mois *m.* month
Moïse *m.* Moses
moitié *f.* half
moment *m.* moment; **au bon—** at the proper time, appropriately
momentanément momentarily
monarchiste *adj.* monarchical
monarque *m.* monarch
monastère *m.* monastery, convent
monastique monastic
mondain *n.m.* member of high society; *pl.* society people; *adj.* worldly, social
monde *m.* world, people; **tout le—** everyone, everybody
mondial *adj.* world
monnaie *f.* money, currency; **fausse—** counterfeit money
monopole *m.* monopoly
monotone monotonous
monstre *m.* monster
monstrueux monstrous
mont *m.* mount, mountain
montage *m.* editing (of motion pictures)
montagne *f.* mountain
monter to ascend, go up, mount; to ride (*a horse*)
montre *f.* show, exhibition; **faire—de** to show, exhibit
montrer to show; **se—** to appear
monument *m.* monument; public building; edifice
moquer: se—de to make fun of, laugh at
moqueur mocking, scoffing
moral moral, ethical
morale *f.* ethics, moral philosophy
moralement morally
moralisateur moralizing, edifying
moraliste *m.* moralist, moral philosopher
morceau *m.* piece
mordant biting, sarcastic, sharp
mordre to bite
mort *f.* death; **à—** to death
mort dead; *n.m.* dead person; **les—s** the dead
morue *f.* cod
mosaïque *f.* mosaic, mosaic work

Moscou Moscow
mot *m.* word
moteur *m.* motor; **—à explosion** internal combustion engine; *see also* **avion**
motif *m.* motive; motif, design, pattern
mouche *f.* fly
mouchoir *m.* handkerchief
moulin *m.* mill
mourir to die, end; to dwindle away
mousquetaire *m.* musketeer
mousse *f.* moss
mousseux sparkling, frothy
mouton *m.* sheep
mouvement *m.* movement
mouvementé agitated, eventful
moyen *adj.* middle; **le Moyen Age** the Middle Ages
moyen *n.m.* means, manner; **au—de** by means of
mule *f.* slipper
mulet *m.* mule
mur *m.* wall
muraille *f.* wall
mûrir to mature, ripen
musée *m.* museum
musicien *m.* musician
music-hall *m.* variety show theater
musique *f.* music; **—de chambre** chamber music
musulman *m.* Musulman, Saracen, Arab; *adj.* Mohammedan
mutilé mutilated
mutuellement mutually
mystère *m.* mystery; religious play during Middle Ages
mystérieux mysterious
mysticisme *m.* mysticism (*theory that direct knowledge of God is possible through intuition or insight*)
mystique mystic, mystical; deeply or fervently religious
mythologie *f.* mythology
mythologique mythological

N
naïf naive, ingenuous
nain *m.* dwarf
naissance *f.* birth; **de—** by birth

naître to be born, have one's origin

naïvement naively, ingenuously

narrateur *m.* narrator

natal native

natif *m.* native

nationaliser to nationalize

nationaliste nationalistic

naturalisme *m.* naturalism

naturaliste *n.m.* naturalist; *adj.* naturalistic

nature *f.* nature; **—morte** still life painting

naturellement naturally, of course

naufrage *m.* shipwreck; **faire—** to be shipwrecked

navet *m.* turnip

navigateur *m.* navigator, sailor

navire *m.* ship, vessel; **—de guerre** warship

néanmoins nevertheless

nécessité *f.* necessity, need

nef *f.* nave

négliger to neglect

négocier to negotiate

nègre *n.m. and adj.* negro

neige *f.* snow

néo-classique neoclassical

néo-Dadaïsme *m.* new dadaism

néologisme *m.* neologism (*newly-coined word*)

nerf *m.* nerve

nerveux nervous, excitable

nervure *f.* (*architecture*) rib

nettement clearly

neuf new; **du—** something new

neveu *m.* nephew

ni neither, nor

nid *m.* nest

nier to deny

nihilisme *m.* nihilism

n'importe no matter

nitrate *m.* nitrate

niveau *m.* level

nivellement *m.* leveling

noblesse *f.* nobility, nobleness

Noël *m.* Christmas

nœud *m.* knot, tangle

noir black, dark

noircir to blacken

nom *m.* name; **—de plume** pen name; **—propre** proper noun

nombre *m.* number, quantity

nombreux numerous

nommer to name, appoint, call

nonne *f.* nun

non-technique non-technical

nord *m.* north; **—-est** northeast; **—-ouest** northwest

nordique Nordic

Normand *n.m.* Norman; *adj.* Norman

notable notable, considerable

notaire *m.* notary, lawyer

notamment notably, especially, particularly

noter to note, note down, set down; to notice, remark

nourrir to nourish, feed; to maintain, support, educate

nouveau new; **à—, de—** again

nouveauté *f.* newness, innovation

nouvelle *n.f.* news, tale, story

Nouvelle-Angleterre *f.* New England

Nouvelle-Calédonie *f.* New Caledonia (*island in Pacific Ocean*)

nouvellement newly, recently

novateur *m.* innovator

noyer to drown

nu bare

nuage *m.* cloud

nuance *f.* shade

nucléaire nuclear

nudité *f.* nudity, barrenness, bareness

nuit *f.* night; **la—** at night

nul no, not any; **nulle part** nowhere, not anywhere

nymphéa *m.* white water-lily

O

obéir to obey

obéissance *f.* obedience

objectif *m.* objective

objet *m.* object; **—d'art** objet d'art (*article of artistic worth*)

obligatoire obligatory, compulsory

obliger to oblige, force, compel

obscur obscure, dark

obtenir to obtain

obus *m.* shell

occasion *f.* occasion, apportunity

Occident *m.* West
occupé occupied, busy, engaged; concerned
Oceano Nox night on the ocean
octroyer to grant
odalisque *f.* odalisk, concubine
odyssée *f.* odyssey, travels
œil *m.* (*pl.* **yeux**) eye; **coup d'—** glance
œuvre *f.* work; production
officier *m.* officer
offrir to offer
ogive *f.* pointed arch; **en—** ogival, pointed
oindre to anoint; **oint** anointed
oiseau *m.* bird
oisif idle
olivier *m.* olive tree
Olympe *m.* Mount Olympus
ombragé shaded
ombre *f.* shade, shadow
oncle *m.* uncle
ondes *f.pl.* waves; **lumineuses** light waves
onéreux onerous
opéra *m.* opera; **—comique** light opera, musical comedy
opiniâtreté *f.* obstinacy, stubbornness
opposé opposed, contrary, contrasting
opposer to oppose; **s'— à** to be opposed to; to oppose
opprimer to oppress, crush
opter to choose
opulent opulent, wealthy
or *m.* gold
or *conj.* now, well
orage *m.* storm
oraison *f.* funeral oration, prayer
oranger *m.* orange tree
orateur *m.* orator
oratoire oratorical
ordonnance *f.* order, arrangement, disposition
ordonner to order, decree
ordre *m.* order; **entrer dans les ordres** to take (holy) orders, join a monastic order
orfèvrerie *f.* jewelry; articles of gold or silver
organique organic

organisateur *m.* organizer
organiser to organize; **s'—** to be, become organized
organisme *m.* organism
organiste *m.* organist
orgueil *m.* pride
orgueilleux proud
origine *f.* origin; **à l'—** originally, at first
Orléanais *m.* inhabitant of Orléans
Orléaniste *m.* supporter of the Count of Paris
ornement *m.* ornament
orner to ornament, adorn
orphelin *m.* orphan
oser to dare
otage *m.* hostage
ôter to remove, take off
oubli *m.* oblivion, forgetting, forgetfulness
oublier to forget
ouest *m.* west
ours *m.* bear
outrancier excessive, exaggerated, extreme, way out
outre beyond; **—-mer** beyond the sea, overseas
ouvertement openly
ouverture *f.* opening
ouvrage *m.* work
ouvrier *m.* workman; *pl.* workers, laborers, wage earners; *adj.* working, labor
ouvrir to open; **s'—** to open, be opened
oxygène *m.* oxygen

P

pacifier to pacify
pacifique *adj.* peaceful
pacte *m.* pact, treaty
page *m.* page (boy)
page *f.* page; **se tenir à la—** to keep up to date
païen *adj.* pagan; *n.m.* pagan
pain *m.* bread
pair *m.* peer; **aller (être) de— avec** to be on a par, on an equal footing, with
paisible peaceful, quiet
paix *f.* peace
palais *m.* palace
pallazzo *m.* (*Italian*) palace

pâlir to pale, grow pale, grow dim

pâmer: se— to faint, swoon

panache *m.* plume

panser to dress, bind up (*a wound*)

pantoufle *f.* slipper

Pape *m.* Pope

papier *m.* paper; —**monnaie** paper money

Pâques *m.* Easter

paradis *m.* paradise; — **terrestre** Garden of Eden

paradoxal paradoxical

paraître to appear, seem; (*of books*) to be published

parallèle parallel

paralyser to paralyse

parc *m.* park

parcourir to run through; to glance or skim through

par-dessus *adv. and prep.* over

pareil *n. and adj.* similar, equal, such

parent *m.* relative; parent

paresse *f.* indolence, laziness

paresseux lazy

parfait perfect

parfaitement perfectly

parfois at times, sometimes, occasionally

parfum *m.* perfume

parfumerie *f.* perfumery

parlement *m.* court, Supreme Court; parliament

parlementaire parliamentary

Parme *m.* Parma

parmi among

Parnasse *m.* Parnassus

parnassien *adj.* Parnassian; *n.m.* member of the Parnassus group of poets

parodie *f.* parody

parodier to parody

parole *f.* word; **tenir—** to keep one's word

part *f.* part; **à—** apart; **de la—de** on behalf of; **d'autre—** besides, moreover, furthermore; **nulle—** nowhere; **prendre—à** to take part in, participate in

partager to divide, share

parti *m.* party; **prendre—** to take sides; **prendre un—** to

make a decision, make up one's mind; —**pris** *m.* prejudice; **tirer—de** to derive advantage from, make use of

partial partial, biased, unfair

participer to participate, take part

particule *f.* particle

particulier *adj.* particular, private, special, own; *n.m.* individual

particulièrement particularly

partie *f.* part, game; match; **en—** in part, partly; **en grande—** in large measure, to a great extent; **faire—de** to be or form a part of, belong to

partir to leave, depart, set out

partisan *m.* partisan, supporter

partout everywhere

parure *f.* adornment, ornament; necklace

parvenir to attain, reach; — **à** to succeed in

passager passing, transitory

passé *n.m.* past; *adj.* past

passer to pass; to take (*an examination*); **se—** to pass; to happen, take place

passionné impassioned

passionner to excite, delight, thrill, interest fervently

pastelliste *m.* painter in pastels

pasteur *m.* pastor, clergyman, minister

pastorale *f.* pastoral

pâté *m.* meat pie

pathétique *n.m.* pathos; *adj.* pathetic

pâtissier *m.* pastry cook

patois *m.* dialect

patrie *f.* native country, fatherland

patriote *n.m.* patriot; *adj.* patriotic

patriotique patriotic

patriotiquement patriotically

patron *m.* patron, master; boss, employer

patronne *f.* patroness (*saint*)

pâturage *m.* pasturage

Paume (Jeu de) covered hand ball court, scene of famous meeting (1789)

pauvre *n.m.*   poor person; *pl.* poor people; *adj.*   poor
pauvrement   poorly, in poverty
pauvreté *f.*   poverty
pavé *n.m.*   paving stone, pavement; *adj.*   paved
pavillon *m.*   pavilion, wing (*of a building*); summer house; **—de chasse**   hunting lodge
pax romana (*Latin*)   Roman peace
payer   to pay, pay for
pays *m.*   country
paysage *m.*   landscape
paysagiste *m.*   landscape painter
paysan *m.*   peasant
paysanne *f.*   peasant girl or woman
Pays-Bas *m.pl.*   Low Countries, Netherlands
peau *f.*   skin; **—d'âne**   ass's skin, parchment; **—d'agneau**   lambskin, vellum
péché *m.*   sin
pêche *f.*   fishing
pécheur *m.*   sinner
pêcheur *m.*   fisherman
pédantisme *m.*   pedantry
peindre   to paint, depict, portray
peine *f.*   pain; **à—**   hardly, scarcely; **être en—de**   to be at a loss to, find it hard to; **valoir la—de**   to be worth the trouble to, be worth while to
peintre *m.*   painter
peinture *f.*   painting; portrayal
pèlerin *m.*   pilgrim
pèlerinage *m.*   pilgrimage
pencher   to incline; **se—**   to lean, bend
pendaison *f.*   hanging
pendant   during, for; **—que**   while
pendre   to hang
pendu *m.*   man who has been hanged
pénétrant   penetrating
pénétrer   to penetrate; to pervade; to enter
pénible   painful
péniche *f.*   canal boat
péninsule *f.*   peninsula
pénitentiaire   penitentiary
pensant: bien—   right-minded

orthodox
pensée *f.*   thought, thinking
penser   to think; **faire—à**   to make one think of, remind one of
penseur *m.*   thinker; **libre-—**   free-thinker, agnostic
pensif   pensive, thoughtful
pension *f.*   pension; *see* **retraite**
pente *f.*   slope
perdre   to lose, waste; **se—**   to become lost, disappear
père *m.*   father
perfectionnement *m.*   improvement
perfectionner: se—   to perfect or improve oneself
perfide   perfidious, treacherous
perfidie *f.*   perfidy, treacherousness
période *f.*   period, epoch
périr   to perish
permanent   permanent, everlasting; **d'une facon—e**   permanently
permettre   to permit, allow
Pérou *m.*   Peru
perpétuer   to perpetuate
perruque *f.*   wig
persan *adj.*   Persian; **Persan** *m.*   Persian
persécuter   to persecute
personnage *m.*   personage, character
personnalité *f.*   personality
personne *f.*   person
personne   no one, nobody
personnel   personal
personnifier   to personify
perspicace   perspicacious, penetrating, keen
perte *f.*   loss, ruin
pesanteur *f.*   weight, gravity
peser   to weigh
peste *f.*   plague
petit   little, small; **—maitre**   minor master; **en—**   on a small scale
petit-fils *m.*   grandson; **—de France**   royal grandson
pétrole *m.*   oil
peu   little, few, not very, but little, only a little; **—à—**   little by little, gradually; **—de chose**   little

peuple *m.* people, common people; nation; tribe; **le bas—**, **le petit—** the common people

peuplé inhabited, well populated

peupler to populate, inhabit

peur *f.* fear; **avoir—** to be afraid

peut-être perhaps

phare *m.* lighthouse, beacon

phénix *m.* phoenix

phénomène *m.* phenomenon

philosophe *m.* philosopher; *adj.* philosophical

phosphate *m.* phosphate

phrase *f.* phrase, sentence; **tour de—** phrasing, expression

physicien *m.* physicist

physique *n.f.* physics; *adj.* physical

physiquement physically

picard *m.* dialect of Picardy

Picardie *f.* Picardy

picaresque *adj.* picaresque; dealing with rogues

pièce *f.* room; play **—de théâtre** play; **—d'eau** sheet of water, artificial lake

pied *m.* foot

piège *m.* snare, trap; **tendre un—** to lay a snare, set a trap

pierre *f.* stone

Pierre Peter

pierreries *f.pl.* precious stones, gems

piété *f.* piety

piètre poor, sorry; *see also* **figure**

pieux pious

pilastre *m.* pilaster

pilier *m.* pillar

pillage *m.* pillage, plundering

piller to pillage, plunder

pilote *m.* pilot

pin *m.* pine tree

pinceau *m.* brush

pingouin *m.* penguin

pionnier *m.* pioneer

piquer: se—de to be proud of, take pride in, be concerned about

pire *adj.* worse; **le—** worst

pis *adv.* worse; **le—** worst

Pise Pisa

pitié *f.* pity; **avoir—de** to pity

pitoyable pitiful, pitiable

pittoresque *n.m.* picturesqueness; *adj.* picturesque

placard *m.* placard, poster

place *f.* place; square; **faire—à** to give way to, make way for

placer to place, put; to locate, situate

plafond *m.* ceiling

plage *f.* beach

plaideur *m.* litigant

plaindre to pity; **se—** to complain

plaine *f.* plain

plaire to please

plaisance *f.* pleasure

plaisir *m.* pleasure

plan *m.* plan; map (*of city*); **premier—** foreground; **au second—** in second place, in the background

plancher *m.* floor, flooring

plastique plastic

plat flat, level

plâtre *m.* plaster

plein full; **en—air** in the open air

pleurant *m.* weeping figure; mourner

pleurer to cry, weep; to mourn

pli *m.* fold

plume *f.* feather, pen; *see also* **nom**

plupart *f.* most, greater part; **pour la—** for the most part, in general

pluridisciplinaire *m. ou f.* interdisciplinary, broad liberal arts (academic program)

plus more; **le—** most; **de—** besides, in addition, furthermore: **de—en—** more and more; **en—** in addition, besides; **ne—** no longer, no more; **non tout au—** at most

plusieurs several

Plutarque Plutarch

plutôt rather

pluvieux rainy

poésie *f.* poetry; *pl.* poems

poète *m.* poet

poétique poetic

poétiser to poetize, idealize

poids *m.* weight
poignant gripping, thrilling
poignarder to stab
point *m.* dot, point, aspect; **—du
jour** daybreak, dawn
pointe *f.* point; cape
pointillisme *m.* pointillism
pointu pointed, peaked
polémique *f.* polemics, dispute,
quarrel
poli *n.m.* polish; *adj.* polished,
refined
polir to polish
politesse *f.* politeness
politique *n.f.* policy, politics;
—étrangère foreign policy;
adj. political
Pologne *f.* Poland
polonais Polish; **Polonais** *m.*
Pole
polyphonie *f.* polyphony
Polytechnique *n.f.* School or
Institute of Technology
pommier *m.* apple tree
Pomone goddess of fruit and
gardens
pompe *f.* pomp, splendor
pont *m.* bridge
pont-levis *m.* drawbridge
porche *m.* porch
port *m.* port, harbor, seaport
portail *m.* portal, doorway
porte *f.* door, doorway; gate,
gateway; **—cochère** carriage
entrance
portée *f.* reach, bearing; import,
significance
porte-parole *m.* spokesman
porter to carry, bear, bring
portique *m.* portico
portraitiste *m.* portrait painter
pose *f.* pose; laying
poser to place, lay; **—sa candidature** to announce one's
candidacy, become a candidate
positiviste *m.* positivist
(*philosophical*)
posséder to possess, have, hold
poste *m.* position
poste *f.* post, mail
pot *m.* pot, kettle
poterie *f.* pottery, earthenware
poudre *f.* powder
poudrer to powder

poule *f.* hen, fowl
pourchasser to pursue
pourparlers *m.pl.* negotiations
poursuivre to pursue, follow;
se— to follow one another; to
continue, go on
pourtant however, nevertheless
pourvoir (à) to provide (for); to
meet (expenses)
poussée *f.* pressure, push
pousser to push, push on or
along; to incite, urge on
pouvoir to be able, can, may
pouvoir *m.* power; **les pleins—s**
full power
pratique *n.f.* practice; *adj.*
practical
pratiquement practically
pratiquer to practice, exercise
pré *m.* meadow
précédent preceding
précéder to precede
précepte *m.* precept
prêcher to preach
précieuse *f.* affected lady
précieux precious, costly, valu-
able; affected, overrefined
préciosité *f.* affectation, over
refinement
précipiter: se— to rush, rush
forward, rush on
précis precise, exact
prédécesseur *m.* predecessor
prédicateur *m.* preacher
prédire to predict, foretell
préféré *n.m.* favorite
préfet *m.* prefect (*governor of a
department*)
préjugé *m.* prejudice
premier first
prendre to take; **—un parti** to
make a decision, make up one's
mind
préparatoire preparatory
préparer to prepare; **qui se
prépare** which is being pre-
pared, which is coming
préromantisme *m.* preromanti-
cism
près *adv.* near; **à peu—** almost,
approximately; **—de** prep.
near; **de—** close, near
prescrire to prescribe, direct,
order

présenter to present, offer; **se—** to present oneself, appear

présider to preside, preside over; to direct

présomptif presumptive, apparent

presque almost

presse *f.* press

pressé hurried, in a hurry

presser: se— to press, crowd

prêt ready

prétendre to affirm, claim, assert

prétention *f.* pretension

prêter to lend

prétexte *m.* pretext, excuse

prêtre *m.* priest

preuve *f.* proof, evidence; **faire—de** to prove, show evidence of

prévaloir to prevail

prévoir to foresee, provide for

prière *f.* prayer

primaire primary, elementary

primitif *n.m.* primitive; *adj.* primitive, original

primordial primordial, elemental

principe *m.* principle

printemps *m.* spring

prise *f.* taking, capture

prisonnier *m.* (**prisonnière** *f.*) prisoner; **en—** as or like a prisoner

privé private

priver to deprive

privilège *m.* privilege, special right; monopoly

privilégié *m.* privileged person

prix *m.* price, cost; prize; **à bas—** at a low price; **à tout—** at any price, at any cost

procédé *m.* procedure, process, operation

procéder to proceed, arise, originate, spring (from)

procès *m.* lawsuit, trial; **—verbal** written record (*legal*); **style de—** accurate, precise style

prochain next

proche near; **Proche-Orient** *m.* Near East

proclamer to proclaim

procurer: se— to procure, get, obtain

prodigieux prodigious

prodigue lavish; profuse

produire to produce; **se—** to occur, take place

produit *m.* product

profit *m.* profit, advantage, benefit; **au—de** to the advantage of, for the benefit of; **tirer—de** to derive profit from, profit by

profiter (de) to profit, benefit, gain; to make the most (of)

profond profound, deep

profondément profoundly, deeply

profondeur *f.* depth

programme *m.* program

progrès *m.* progress

proie *f.* prey; **en—à** a prey to, the victim of; suffering from

projet *m.* project, plan

prolifique prolific

prolixe verbose, wordy

prolonger to prolong, lengthen

promesse *f.* promise

promouvoir to promote; **promu** promoted

prononcer to pronounce, decree; to utter; **se—** to declare oneself; to announce a decision

propagation *f.* propagation, diffusing, spreading

propager to propagate, spread

propédeutique preparatory

prophétesse *f.* prophetess

propice propitious, favorable

propos: à—de in reference to, in regard to

propre clean; own; very; **—à** appropriate to, adapted to, suited to; **nom—** proper noun

proprement properly; **—dit** properly called; **à—parler** properly speaking

propriétaire *m.* landlord, owner

propriété *f.* property, ownership; private property; characteristic

prosaïque prosaic

prosateur *m.* prose writer

prospère prosperous

prospérer   to prosper, thrive
prostituée *f.*   prostitute
protecteur *m.*   protector, patron
protégé *m.*   protégé
protéger   to protect, patronize;
to favor; to support
protestation *f.*   protest,
demonstration
proue *f.*   prow; **figure de—**
trailblazer
prouesse *f.*   prowess, feat of
prowess
prouver   to prove
provençal *adj.*   Provençal; *n.m.*
Provençal   inhabitant of
Provence
province *f.*   province (*either a
particular province or all of
France outside Paris*); **en—**   in
or to the country; **—frontière**
frontier province, border
province
proviseur *m.*   headmaster,
principal
provisoire   provisional
provoquer   to provoke; **—en
duel**   to challenge to a duel
proximité *f.*   proximity, nearness
prudemment   prudently,
cautiously
Prusse *f.*   Prussia
prussien   Prussian
psaume *m.*   psalm
pseudo   pseudo, false
pseudonyme *m.*   pseudonym,
pen name
psychologue *m.*   psychologist
public *n.m.*   public; *adj.*   public
publier   to publish
publiquement   publicly
puéril   puerile, childish
puis   next, afterwards, then
puisque   since
puissance *f.*   power (*ability*);
power (*sovereign state*)
puissant   powerful
punir   to punish
punition *f.*   punishment
pur   pure
purement   purely
pureté *f.*   purity
purifier   to purify
putréfaction *f.*   putrefaction;
decay, rotting

Pyrénées *f.pl.*   Pyrenees
Mountains

Q

quadrivium (*Latin*)   four
subjects
qualifié   qualified, trained
qualité *f.*   quality, virtue;
characteristic
quand   when
quant (à)   regarding, as (to), as
(for), with respect (to)
quarantaine *f.*   about forty
quart *m.*   quarter
quartier *m.*   quarter, district;
—général   headquarters
que *conj.*   that, than; (*exclama-
tory*) how; **ne . . . —**   only;
—de   how many
quelque   some; *pl.*   a few
quelquefois   sometimes
querelle *f.*   quarrel
quereller: se—   to quarrel
question: il est—de   it is a
question of, it is a matter of
questionner   to question,
interrogate
quêter   to search for
quiconque   whoever
quitter   to leave, abandon
quoi   which, that; **de—**   something; **—qu'il en soit**   what-
ever it may be, however it may
be
quoique   although
quotidien   daily

R

rabaisser   to humble, lower
rabelaisien   Rabelaisian
racine *f.*   root
raconter   to relate, narrate,
tell of
rade *f.*   roads; harbor
radeau *m.*   raft
radio-activité *f.*   radioactivity
radio-diffusion *f.*   broadcasting
raffiné   refined
raffinement *m.*   refinement
rage *f.*   rabies, hydrophobia
raide   stiff
railler   to laugh at, mock
raison *f.*   reason, reasonable-
ness; **à juste—**   with good

reason, rightly; **avec—** rightly, correctly; **avoir—** to be right; **donner—à** to decide in someone's favor; **en—de** by reason of, on account of; **— d'état** interest of the State
raisonnable reasonable
raisonnement *m.* reasoning
ralentir to retard, slacken
rallier: se— to rally
ramener to bring back
rançon *f.* ransom
rancune *f.* rancor, ill will; **garder—à** to bear ill will toward, have a grudge against
rang *m.* rank, number
rangée *f.* row, line
ranger to arrange; **faire—** to make stand back, make stand in place
ranimer to reanimate, restore, revive
rappeler to recall; **se—** to remember
rapport *m.* report, contact, relation
rapporter to bring back, bring in; to produce, yield
rapprochement *m.* bringing together, reconciliation
rapprocher to bring together, unite; **se—** to come or draw nearer, be allied (to), be close (to); to be like, resemble
rare rare, scarce
rarement rarely
raser to raze, tear down
rationaliste rationalistic
rattacher to connect, join
ravager to ravage, lay waste
ravitailler to supply, support
rayon *m.* ray
rayonner to radiate, shine
réactionnaire *n.m. and adj.* reactionary
réagir to react
réalisable realizable, workable
réaliser to realize, make real, accomplish, attain; **se—** to be accomplished, come true
réarmement *m.* rearming; rearmament
rebâtir to rebuild
rebours: à— backwards

récemment recently
recette *f.* receipt
recevoir to receive; *see also* **reçu**
recherche *f.* research; **à la—de** in search of, in quest of, in pursuit of
rechercher to seek; **recherché** contrived
récit *m.* recital, narration, account, story
réclamer to claim, demand
récolte *f.* crop, harvest
récompenser to reward
réconfort *m.* comfort, encouragement
reconnaissance *f.* recognition
reconnaitre to recognize, acknowledge, confirm; **reconnu** recognized, accepted
reconquérir to reconquer
reconstruire to reconstruct, rebuild
recopier to recopy, copy over again
recours: avoir—à have recourse to, resort to
recouvrir to cover, cover over, conceal
recruter to recruit, choose, select
reçu received; **être—à un examen** to pass an examination
recueil *m.* collection
recueillement *m.* contemplation, meditation
recueillir to collect, gather, reap
récupérer to recover
recul *m.* withdrawal
reculer to withdraw, retreat
rédacteur en chef *m.* editor-in-chief
redécorer to redecorate
redécouvrir to rediscover
redevenir to become again
rédiger to draw up; to compose, write
redoubler to redouble
redoutable redoubtable, formidable
redoute *f.* redoubt, fort
redressement *m.* recovery

réduire to reduce, diminish, restrict

réel real

réélire to re-elect

refaire to make again, remake, rebuild

réfectoire m. refectory, dining hall

réfléchir to reflect; **se—** to be reflected

reflet m. reflection

refléter to reflect; **se—** to be reflected

réflexion f. reflection; consideration, thought

réformateur m. reformer

réforme f. reform, reformation

réformé m. reformer (*early Protestant*)

réfugier: se— to take refuge

refuser to refuse; **être refusé (à un examen)** to fail (an exam)

regagner to regain, win back

régence f. regency

régénérer to regenerate, reform

régime m. form of government, reign, rule

régir to govern, rule

règle f. rule

règlement m. regulation

régler to regulate, rule, settle

règne m. reign

régner to reign, prevail, rule

regret: à— regretfully

régulier regular

reine f. queen

réintégrer to reinstate

réintroduire to introduce again

rejeter to reject, drive out, throw out

rejoindre to join, rejoin

relater to relate, state

relatif relative

relèvement m. reconstruction, restoration, recovery

relever to raise (again), raise up (again), elevate; **se—** to rise again

relier to connect, join

religieux religious

religion: —réformée reformed religion, Protestantism

relique f. relic

reliure f. binding, book binding

remarier: se— to marry again

remarquable remarkable

remarque f. remark

remarquer to remark, notice, observe

remercier to thank

remettre to bring back, restore; to hand to; **se—à** to begin again to

Rémois m. inhabitant of Rheims

remonter to ascend, go up; to return

rempart m. rampart, walls (*of a city*)

remplacer to replace, take the place of

remplir to fill, fulfill, accomplish, perform; **se—** to fill, become full

remporter to carry away; **—un succès, une victoire** to gain, obtain, win a success or victory

remuer to move, stir up

renaissance f. renaissance; renewal, revival

renaître to be born again, rise again, spring up again

renard m. fox

rencontre f. meeting, meeting place; conjunction

rencontrer to meet, come upon, find; **se—** to meet

rendez-vous m. meeting place; **—de chasse** hunting lodge

rendre to render, restore, make; **se—** to go, proceed; to surrender; **se—compte (de)** to be aware of, realize

renfermer to comprise, contain, hold

renforcer to reinforce, strengthen

renne m. reindeer

renom m. renown, fame

renommé renowned, famous, famed

renommée f. renown, fame

renoncer (à) to renounce, give up

renonciation f. renunciation

renouveler to renew

renouvellement m. renewal

renseignements m.pl. information

rentier *m.* bondholder, stock-holder; person living on income from investments

rentrer to come back, return

renverser to knock down, overthrow

renvoyer to send back, dismiss

réorganiser to reorganize

repaire *m.* den, lair, nest (*of pirates*)

répandre to diffuse, scatter, spread; **se—** to spread, be spread or diffused

reparaitre to reappear

réparer to repair, redeem, make up for

reparler to speak again

répartir to divide, distribute

repas *m.* repast, meal

répertoire *m.* repertory

répéter to repeat

repolir to repolish

répondre to respond, reply, answer; to agree (with); to correspond (with)

réponse *f.* response, reply

repos *m.* rest

reposer to rest; **se—** to rest

repousser to repel, repulse, beat back, drive back

reprendre to take up again, take back, take away, recover, resume

représentant *m.* representative

représentation *f.* representation, performance

représenter to represent, act, perform, play

réprimer to repress, check, curb, put down

reprise *f.* revival; **à plusie-urs—s** several times

reproche *f.* reproach, fault

reprocher to reproach

reproduire to reproduce

répudier to repudiate, reject

réseau *m.* network

réserve *f.* reservation; deposit (*of gas or oil*)

résider to reside, dwell, live

résister (à) to resist; to hold out (against)

résolu resolute, determined

résoudre to resolve, solve, settle

respecter to respect; **respecté** respected

respiration *f.* respiration, breathing

respirer to breathe

responsable responsible

ressemblance *f.* resemblance

ressembler to resemble, be like

ressentir to feel

resserrer to confine; to tighten; to crowd, press

ressource *f.* resource

restaurer to restore, reestablish

reste *m.* remainder, remains

rester to remain; **il ne reste pas moins que . . .** the fact remains that . . .; **il ne reste plus qu'à . . .** there is nothing left to do but to . . .

restituer to restore

restreindre to restrict, limit

résultat *m.* result

résumé *m.* summary

résumer to sum up; **se—** to be summed up

rétablir to reestablish, restore; **se—** to recover

retardataire belated, behind time

retarder to delay, slow up

retenir to retain, hold, hold back, keep

retentir to resound

retenue *f.* detention, keeping-in

retirer to withdraw

retour *m.* return

retourner to return, go back

retracer to recount, relate (*briefly*)

retraite *f.* retreat, retirement; **battre en—** to retreat; **pension de—** retirement, pension, retirement allowance

retrouver to find again, meet again; **se—** to be found again

réunion *f.* meeting, session, social gathering, union

réunir to unite, assemble; **se—** to assemble, gather, meet

réussir to succeed; **—à** to pass (*of examinations*)

réussite *f.* success

revanche *f.* revenge

rêve *m.* dream; **de—** dream-like, fanciful

réveil *m.*   waking, awakening
réveiller   to awake
révéler   to reveal
revendication *f.*   claim, demand
revendre   to sell again
revenir   to return, come back, recur
rêver   to dream
révérer   to revere, reverence, worship
rêverie *f.*   reverie, daydream
revers *m.*   reverse, misfortune
revivre   to live again, live through again
révolte *f.*   revolt, rebellion
révolté *m.*   rebel
révolter: se—   to revolt
révolutionnaire *n.m.*   Revolutionist; *adj.* revolutionary
révolutionner   to revolutionize, change completely
révoquer   to revoke, repeal
revue *f.*   magazine, periodical; (*military*) review; **passer en—** to review
rhétorique *f.*   rhetoric
Rhin *m.*   Rhine River
Rhône *m.*   Rhone River
riant   agreeable, cheerful, pleasant
richesse *f.*   riches, wealth, richness
ridicule   ridiculous
rien *m.*   nothing, not anything; **il n'en fut—** nothing of the sort happened
rime *f.*   rhyme
rire   to laugh
rite *m.*   rite, ceremony
rivage *m.*   shore
rivaliser   to rival, compete
rivalité *f.*   rivalry
rive *f.*   bank, shore
rivière *f.*   river, stream
robe *f.*   dress, gown; **—de chambre** dressing gown
robuste   robust, sturdy
roc *m.*   rock
roche *f.*   rock
roi *m.*   king; **faire le—** to act like a king, be kingly
rôle *m.*   role, part
romain *adj.*   Roman; **Romain** *m.* Roman

roman *m.*   novel; (*language*) Romance
roman *adj.*   Romanesque
romancier *m.*   novelist
romanesque   romantic
romantique *n.m.*   romanticist; *adj.* romantic
romantisme *m.*   Romanticism
rompre   to break
rond   round
rose *n.f.*   rose; rose window; *adj.* rosy, pink
rosse   malicious; satirical
rossignol *m.*   nightingale
roturier *m.*   commoner, plebeian
rouge *n.m. and adj.*   red
rougeole *f.*   measles
rougir   to redden
Roumanie *f.*   Rumania
rousse *n.f.*   red-haired girl or woman; *adj.* red-haired
rousseauiste *adj.*   Rousseauistic, Rousseau-like
route *f.*   route, road;—**nationale** national highway
rouvrir   to open again; **se—** to open again, reopen
royaliste *m.*   royalist
royaume *m.*   kingdom
royauté *f.*   royalty
rubis *m.*   ruby
rude   rough, uncouth
rudesse *f.*   roughness, uncouthness, fierceness, primitiveness
rue *f.*   street
ruelle *f.*   bedside; space between bed and wall where callers, received by ladies reclining in bed, were seated
ruiner   to ruin
ruisseau *m.*   stream
rusé   deceitful, cunning, crafty, sly
russe *adj.*   Russian; **Russe** *n.m.* Russian
Russie *f.*   Russia
rythme *m.*   rhythm
rythmique   rhythmical

S
sable *m.*   sand
sablonneux   sandy
sabotage *m.*   sabotage, destruction

saccager to sack, pillage, ransack

sacre *m.* coronation

sacré sacred

sacrer to anoint, consecrate, crown

sacrifier to sacrifice

sage wise

saigner to bleed

saint *n.m.* saint; *adj.* saintly, sacred, holy

sainte *f.* saint

Saint-Laurent *m.* Saint Lawrence River

saisir to seize; **se—de** to take possession of

salaire *m.* pay, wages

salamandre *f.* salamander; mythical animal able to pass through fire unharmed

salarié *m.* wage earner

sale dirty

salique: loi— Salic Law (*this law excluded women from inheriting royal power or rights*)

salle *f.* hall, room; **—de classe** classroom

salon *m.* drawing room; **— d'attente** waiting room, antechamber; **—de musique** music room

salut *m.* safety; salvation

sang *m.* blood; **prince, princesse du—** royal prince, royal princess

sanglant bloody

sanglier *m.* wild boar

sans without; **—que** *conj.* without; **—gêne** *see* **gêne**

santé *f.* health

Sarrasin *m.* Saracen

satirique satirical

satisfaire to satisfy

sauf except

saule *m.* willow tree

sauvage savage, wild, uncivilized, barbarous, fierce

sauvegarder to maintain, protect

sauver to save

savant *m.* learned man, scholar, scientist; *adj.* learned, scholarly

savoir to know, know how, be able; **on ne saurait . . .** one cannot . . .

savoir *m.* knowledge, learning

savon *m.* soap

scandale *m.* scandal; **succès de—** success based on scandal

scandaliser to scandalize, shock

scandinave Scandinavian

sceller to seal

scène *f.* scene, stage; **en—** on the stage

scepticisme *m.* skepticism

sceptique *m.* skeptic; *adj.* skeptical

science *f.* science, knowledge, learning

scientifique scientific

scintiller to scintillate, glisten, sparkle

scolaire academic

scrupule *m.* scruple, scrupulousness

sculpter to sculpture, carve, cut

séance *f.* session

sec dry, insensible

secondaire secondary

seconder to second

secourir to help

secours *m.* help

secrétaire *m.* secretary

secrètement secretly

secte *f.* sect

séduisant attractive, fascinating

seigneur *m.* nobleman, lord

seigneurial seignorial, belonging to the nobility

séjour *m.* sojourn, stay

séjourner to remain, stay

selon according to

semaine *f.* week

semblable similar

sembler to seem, appear

semences *f. pl.* seeds; (*fig.*) seeded ground

semer to sow, spread

sénat *m.* senate

sénéchal *m.* seneschal (*bailiff or steward of a medieval lord*)

sens *m.* sense, meaning; **bon— common sense**

sensation: faire— to create or make a sensation; to be sensational

sensibilité *f.* sensibility, sensitiveness, feeling

sensible sensitive, perceptible, considerable

sensiblerie *f.* sentiment (ality)

sensualité *f.* sensuality

sensuel sensual, voluptuous

sentiment *m.* sentiment, feeling, consciousness

sentir to feel

séparément separately

séparer to separate; **se—** to adjourn

sépulcre *m.* sepulcher; **le saint—** the holy sepulcher

serbe Serbian

Serbie *f.* Serbia

serein serene

sérénité *f.* serenity, sereneness

serf *m.* serf

série *f.* series

sériel serial

sérieusement seriously

sérieux *n.m.* seriousness; *adj.* serious

serment *m.* oath

serrer to press, crowd, squeeze; to put close together

serviette *f.* napkin

servile servile, slavish

servir (à) to serve to; **—(de)** to serve as; **se—de** to use, make use of

serviteur *m.* servant

seul alone, only, single

seulement only

sévérité *f.* severity

si *conj.* if; *adv.* so

siècle *m.* century

siège *m.* seat, capital; (*military*) siege

siéger to sit

signaler to distinguish, point out

signe *m.* sign

signer to sign

significatif significant

signification *f.* significance, meaning

sinon if not

sire *m.* lord

situer to situate

sobriété *f.* sobriety, moderation

société *f.* society; **vie de—** social life; **—des Nations** League of Nations

sœur *f.* sister

soie *f.* silk

soif *f.* thirst; **avoir—** to be thirsty

soigné elaborate, carefully written

soigner to care for, take care of

soigneusement carefully

soi-même oneself; himself

soin *m.* care

soir *m.* evening

soirée *f.* evening

soit *adv.* either; **— . . . —** either (whether) . . . or

sol *m.* soil

solaire solar

soldat *m.* soldier

soleil *m.* sun; **le coucher du—** sunset

solennel solemn

solide strong, substantial

solliciter to solicit, request

sombre dark, gloomy

sombrer to founder, sink

sommaire summary, brief

somme *f.* sum, total; **—toute** on the whole; **en—** on the whole, in short

sommet *m.* summit

somnolent somnolent, sleepy

somptueux sumptuous

son *m.* sound

sonate *f.* sonata

songe *m.* dream

songer to dream; to consider

sonner to sound, blow

sonorité *f.* sonorousness

Sophocle Sophocles

sorcellerie *f.* sorcery, witchcraft

sorcière *f.* sorceress, witch

sordide sordid

sort *m.* fate, destiny, lot, state

sorte *f.* sort, kind; **de—que** so that; **de telle—que** in such a manner that, to such a degree that; **en quelque—** in some measure, in some degree, in a way

sortir to go out, come out, leave

sottise *f.* foolishness
sou *m.* cent
souci *m.* care, anxiety, concern
soucier: se—de to care about, be concerned about, be anxious about
soucieux anxious
soucoupe *f.* saucer
soudainement suddenly
Soudan *m.* Sudan
souffrance *f.* suffering
souffrir to suffer
soulagement *m.* relief
soulèvement *m.* rising, revolt, insurrection
soulever to raise, stir up; **se—** to rise, rebel, revolt
soulier *m.* shoe
soumettre to subdue, subjugate, overcome; **se—** to submit, yield
soumission *f.* submission, subjection; demonstration of respect
souple supple, flexible
source *f.* spring (*of water*)
sourire to smile; *n.m.* smile
sournois cunning, sly
sous under; during
sous-préfet *m.* subprefect
soustraire: se—à to withdraw or escape from
soutenir to sustain, support, maintain, uphold
soutien *m.* support
souvenir *m.* memory, remembrance
souvenir: se—de to remember
souvent often
souverain *n.m. and adj.* sovereign
souveraineté *f.* sovereignty
spécialisé specialized
spirituel spiritual, witty
spontané spontaneous
spontanément spontaneously
stabiliser to stabilize; **se—** to become stabilized, become stationary
station *f.* resort; **—balnéaire** seaside resort, bathing beach
statuaire *m.* sculptor
stérile sterile, barren
stipuler to stipulate

stoïque stoic, stoical
stratégique strategic
subir to undergo, endure
subordonné subordinate
suborner to bribe
sub-saharien *adj.* south of the Sahara desert
subsister to be extant, remain in existence
substituer to substitute
subtil subtle, refined, delicate
subtilité *f.* subtlety
subvenir (à) to provide for, meet
succédané *m.* by-product
succéder to succeed, follow, take the place of; **se—** to follow each other or one another
successeur *m.* successor
succession *f.* succession; **prendre la—de** to take the place of
sucre *m.* sugar
sud *m.* south
Suède *f.* Sweden
suffire to suffice, be sufficient
suffisamment sufficiently
suffrage *m.* suffrage, franchise
suggérer to suggest
suicider: se— to commit suicide
suisse *adj.* Swiss; **Suisse** *f.* Switzerland
suite *f.* succession, consequence; **par—** as a consequence, consequently; **par—de** in consequence of, as a result of; **tout de—** at once, immediately
suivant *adj.* following; *prep.* following, according to, proportionate to
suivre to follow; to take (*a road*)
sujet *m.* subject, matter
sulfurique sulphuric
superficiel superficial
supérieur *m.* superior, master; *adj.* superior, higher, upper
superposer to superimpose
supplice *m.* punishment, torture
supporter to support, endure
supprimer to suppress, abolish, do away with
suprématie *f.* supremacy
sûr sure, certain, safe

surélever to raise higher
surhumain superhuman
surmenage *m.* overwork, excessive work
surmonter to overcome
surnaturel *m.* supernatural
surnommer to name, nickname
surpasser to surpass, excel
surtout *m.* overcoat
surtout *adv.* above all, especially
surveiller to survey, watch over
survivant *m.* survivor
survivre to survive
susciter to raise up, call forth; to create
suspect *n.m.* suspicious person, suspect; *adj.* suspect, suspicious
suspendre to suspend
svelte slender
symbole *m.* symbol
symboliser to symbolize, be a symbol of
symétrie *f.* symmetry
sympathique sympathetic, agreeable, likeable
syndicat *m.* syndicate, (labor) union
synthèse *f.* synthesis
systématiser to systematize

T

tableau *m.* painting, picture
tache *f.* spot
tâche *f.* task
taciturne taciturn, habitually silent, uncommunicative
tactique *f.* tactics
taffetas *m.* taffeta
taille *f.* tax (*on property*)
tailler to cut, carve, hew
tailleur *m.* tailor
tambour *m.* drum; drummer
tandis que whereas, while
tanière *f.* den
tant so much, so many; **en—que** in so far as; **—que** as long as
tante *f.* aunt
tantôt: —...— sometimes ... sometimes, now ... now
tapis *m.* rug, carpet
tapisserie *f.* tapestry

tard late
tarder to be long, delay
tarte *f.* tart
taudis *m.* hovel; *pl.* slums
taureau *m.* bull
taxonomie *f.* taxonomy, system or principles of classification
Tchécoslovaquie *f.* Czechoslovakia
technicien *m.* technician
technique *n.f.* technique; *adj.* technical
tel such; **—que** such as
télégraphie *f.* telegraphy; **— sans fil** wireless telegraphy
téméraire bold
témérité *f.* temerity, boldness, rashness
témoignage *m.* testimony, evidence
témoigner to show; **—de** to testify to, give evidence of, bear witness to
témoin *m.* witness
temple *m.* temple, (*Protestant*) church
Templier *m.* Knight Templar
temporaire temporary
temporel temporal
temps *m.* time; **de son—** in one's day; **de—en—** from time to time; **en même—** at the same time; **peu de—** shortly
tenace tenacious, obstinate, persistent
ténacité *f.* tenacity
tendance *f.* tendency; **avoir—à** to have a tendency to
tendre tender, soft
tendre to stretch out, hold out, tend, lead; to hang (*tapestry*); *see also* **piège**
tenir to hold; **se—** to be held, take place; **se—au courant de** to keep informed about; **—à** to be anxious to, desire to; **—de** to be in the nature of, be like; **être tenu de** to be required to, be obliged to; *see also* **page** *and* **parole**
tentative *f.* attempt
tente *f.* tent, pavilion
tenter to tempt; to attempt, try

terme *m.* term, condition, expression

terminer to terminate, finish, end; **se—** to end, come to an end

terne dull

ternir to dim, dull

terrain *m.* ground, soil

terrasse *f.* terrace

terre *f.* earth, ground, land, dominion, territory; **par—** by land; **—sainte** Holy Land

terre-cuite *f.* terracotta

Terre-Neuve *f.* Newfoundland

terrestre terrestrial, earthly; **Paradis—** Garden of Eden

terreur *f.* terror; **la Terreur** the Reign of Terror (1793)

territoire *m.* territory

testament *m.* testament, will

tête *f.* head; *see also* **épingle**

thé *m.* tea

théâtral theatrical

théâtre *m.* theater; scene; **coup de—** unexpected event

théoricien *m.* theorist

théoriquement theoretically

thermes *m.pl.* thermal baths, hotwater baths

Thermidor *m.* Thermidor (*eleventh month of the calendar of the first French Republic, July 20-August 18*)

thèse *f.* thesis, theme; **pièce à—** thesis play; propaganda play

thon *m.* tuna

Tibre *m.* Tiber River

tiers third; *see also* **état**

tirer to draw, pull; to fire; **—à sa fin** to draw to its close; *see also* **avantage, parti** *and* **profit**

tisser to weave; *see also* **métier**

tisserand *m.* weaver

titre *m.* title, claim; **à juste—** appropriately, deservedly, justly

toile *f.* cloth (*cotton or linen*); canvas; (*oil*) painting

toilette *f.* toilet, dress, dressing

toit *m.* roof

toiture *f.* roofing

tolérer to tolerate

tombe *f.* tomb

tombeau *m.* tomb, grave

tomber to fall

ton *m.* tone; **donner le—** to give the tone, set the fashion

tonne *f.* ton

toréador *m.* toreador, bull-fighter

tort *m.* wrong; **à—** wrongly; **avoir—** to be wrong

tortueux tortuous, twisting, crooked

tôt soon, early

touchant touching, affecting, moving, impressive

touffu bushy, thick

tour *f.* tower

tour *m.* turn; tour; **—à—** in turn, by turns; **—de force** accomplishment achievement; **—de phrase** phrasing

tourment *m.* torment

tourner to turn; **se—** to turn

tournoi *m.* tournament

tournure *f.* turn, construction

toutefois however, nevertheless

trace *f.* trace, sign, evidence

traducteur *m.* translator

traduction *f.* translation

traduire to translate, explain, express, interpret

tragédien *m.* tragedian (*actor in tragedies*)

tragique tragic

trahir to betray

trahison *f.* treason, treachery

train: être en—de to be in the act of, be engaged in

traînard *m.* straggler

trait *m.* trait, feature, charac-teristic; **avoir—à** to have reference to, concern

traité *m.* treaty; treatise, dissertation

traiter to treat; **—de** to treat, discuss, write about

traître *m.* traitor

traîtrise *f.* treason

tranche *f.* slice

tranchée *f.* trench; **guerre de—** trench warfare

trancher to cut off

tranquille tranquil, quiet

tranquillement calmly, quietly

tranquillité *f.* tranquillity

transformer   to transform; **se—**
to be transformed
transmettre   to transmit, hand
down
transports: *m.pl.* **les—** trans-
portation
transporter   to transport, carry
travail *m.*   work, piece of work
travailler   to work, labor
travailleur *m.*   worker; *adj.*
laborious, industrious
travers *m.*   eccentricity, oddity,
peculiarity; **à—** across,
through, throughout
traverser   to cross, pass through
trésor *m.*   treasure, treasury
trêve *f.*   truce
tribu *f.*   tribe
tribunal *m.*   tribunal, court
tribune *f.*   gallery
tricolore   tricolored; **drapeau—**
three-colored flag
Triplice *f.*   Triple Alliance
(*Germany, Austria-Hungary,
and Italy*)
triste   sad; deplorable, dreary;
poor
tristesse *f.*   sadness, dreariness
trivium (*Latin*)   three subjects
Troie *f.*   Troy
tromper   to deceive; **se—** to be
mistaken, be deceived, be fooled
trompeur   deceptive
trône *m.*   throne
trou *m.*   hole
troubadour *m.*   medieval poet of
southern France
troupe *f.*   troop, company
troupeau *m.*   flock
trouver   to find; **se—** to be
located, be situated; **enfant
trouvé**   foundling
trouvère *m.*   medieval poet of
northern France
tuer   to kill
Turc *m.*   Turk
turc   Turkish
Turquie *f.*   Turkey
tutelle *f.*   tutelage, guardianship,
protection
tympan *m.*   tympanum (*in
church architecture*)
typique   typical
typiquement   typically

tyran *m.*   tyrant
tyrannie *f.*   tyranny

U

ultra *m.*   extremist
un   a, an, one; **les uns . . . les
autres**   some . . . others; **les
uns aux autres**   to one
another
unique   unique, single
uniquement   only, solely
unir   to unite, join; **s'—** to
unite
unité *f.*   unity, unit
univers *m.*   universe, world
universitaire   of a university
usage *m.*   usage, custom
usine *f.*   factory
usurpateur *m.*   usurper
utile   useful
utiliser   to employ, make use of
Utrecht   city in Holland

V

vaciller   to vacillate
vaccin *m.*   vaccine
vaccine *f.*   vaccination
vache *f.*   cow
vagabond *m.*   vagabond, tramp
vague *n.f.*   wave; *adj.*   vague
vaguement   vaguely
vaincre   to conquer, defeat,
subdue
vainqueur *m.*   conqueror, victor;
adj.   victorious
vaisseau *m.*   ship
val *m.*   valley
valet *m.*   valet; **—de chambre**
servant; footman
valeur *f.*   value, worth, merit
vallée *f.*   valley
vallon *m.*   valley
vallonnement *m.*   dells and hills
valoir   to be worth; to win for,
gain; **—mieux** to be better;
see also **peine**
valse *f.*   waltz
vapeur *f.*   steam
varié   varied, diverse
variété *f.*   variety
vase *m.*   vase, vessel
vassal *n.m. and adj.*   vassal
veille: à la—de   on the eve of

veiller to watch, keep watch;
—**à** to attend to, see to, watch
over
velours *m.* velvet
vendre to sell
venger to avenge, revenge
venir to come; —**de** to have
just; **en**—**à** to come to the
point of
Venise *f.* Venice
Vénitien *m.* Venetian
vent *m.* wind
vente *f.* sale
ver *m.* worm; —**à soie** silk-
worm
verdure *f.* verdure, greenness
verger *m.* orchard
vérifier to verify, confirm
véritable veritable, genuine
vérité *f.* truth
vermeil *m.* silver gilt
vernis *m.* varnish
vérole: petite— smallpox
Véronèse Veronese (*Italian
painter, 16th century*)
verre *m.* glass
verrier *m.* glassmaker
verrière *f.* stained-glass window
vers *m.* verse, line (*of poetry*);
pl. poetry
vers *prep.* toward (s); about (*of
time*)
vert *n.m. and adj.* green
vertu *f.* virtue
Vertumne goddess of the
seasons
verve *f.* animation, spirit
veste *f.* jacket
vêtements *m.pl.* clothes
vêtir to dress
veuve *f.* widow
vice *m.* vice, defect, fault
vicomte *m.* viscount
victime *f.* victim
victoire *f.* victory
victorieux(de) victorious (over)
vide *adj.* empty, open
vide *n.m.* vacuum, void, gap
vider to empty
vie *f.* life; —**de cour** court life;
—**de société** social life
vieillard *m.* old man
vieillesse *f.* old age
vieillir to grow old

vielle *f.* hurdy-gurdy
viennois Viennese
vierge *f.* virgin; **la Vierge** the
Virgin Mary
vieux old
vif alive, lively; (*of colors*) bright
brilliant, vivid
vigne *f.* vine, grapevine
vignoble *m.* vineyard
vigoureux vigorous, powerful,
strong
vigueur *f.* vigor; **en**— in vigor,
in force
vilain *m.* peasant; *pl.* common
people
ville *f.* city, town
vin *m.* wine; **esprit-de**—
spirits of wine, alcohol
violemment violently
violer to violate
violet *adj.* violet, violet colored;
n.m. violet color
vipère *f.* viper, snake
visiteur *m.* visitor, caller
vite quickly, rapidly, fast
vitrail *m.* stained-glass window
vivant alive, living; **langues
vivantes** modern languages
vivant: de son— during one's
lifetime; while alive, while
living
vogue *m.* vogue, popularity
voie *f.* way, road; —**ferrée**
railroad
voilier *m.* sailing ship; sailboat
voir to see
voisin *adj.* neighboring
voisinage *m.* neighborhood,
vicinity
voiture *f.* vehicle, carriage, cart
voix *f.* voice; **à**—**basse** in a
low voice; **à haute**— in a loud
voice, aloud
vol *m.* theft, robbery; flight
voler to steal; to fly
voleur *m.* thief, robber;
—**d'enfants** kidnapper
volontaire *m.* volunteer
volontairement voluntarily
volonté *f.* will, willpower
votant *m.* voter
vouloir to will, wish; —**dire** to
mean, signify
voûte *f.* arch, vault

voyager to travel
voyageur *m.* traveler
voyelle *f.* vowel
vrai *adj.* true, real; **à—dire** to
  tell the truth, properly speaking
vraiment really, truly
vraisemblance *f.* verisimilitude,
  lifelikeness
vue *f.* view, sight; **à première—**
  at first sight; **en—de** with a
  view to, in order to

vulgaire vulgar, coarse; popular
vulgarité *f.* vulgarity

W
wagon *m.* railway car

Z
zoologie *f.* zoology

INDEX